"一带一路"民间文化探源工程

邱运华 总主编

秘境天籁

——南方丝绸之路与节日民歌调研文集

韦苏文 主编

学苑出版社

图书在版编目（CIP）数据

秘境天籁：南方丝绸之路与节日民歌调研文集 / 韦苏文主编 . -- 北京：学苑出版社，2022.7
ISBN 978-7-5077-6460-4

Ⅰ.①秘… Ⅱ.①韦… Ⅲ.①少数民族—民歌—中国—文集 Ⅳ.① J607.2-53

中国版本图书馆 CIP 数据核字（2022）第 129883 号

责任编辑：杨　雷
印制总监：张　翔
出版发行：学苑出版社
社　　址：北京市丰台区南方庄 2 号院 1 号楼
邮政编码：100079
网　　址：www.book001.com
电子信箱：xueyuanpress@163.com
联系电话：010-67601101（销售部）、010-67603091（总编室）
印　刷　厂：北京建宏印刷有限公司
开本尺寸：880×1230　1/32
印　　张：16.125
字　　数：345 千字
版　　次：2022 年 8 月第 1 版
印　　次：2022 年 8 月第 1 次印刷
定　　价：60.00 元

"一带一路"民间文化探源工程编委会

总主编　邱运华

副总主编　吕　军

执行总主编　王锦强

编委　孔宏图　严　琴　张礼敏
　　　程　溪　覃　奕

本书主编　韦苏文

总　序
开通大道，走向世界

"一带一路"这个新鲜词汇在新世纪最初几年开始发出耀眼的光芒，成了中国式发展理念"世界不同民族和不同国家文明互通互鉴"的代名词。"丝绸之路"，这个由德国地理学家李希霍芬在其地理学著作里提出的术语，获得了从未有过的崇高荣誉。李希霍芬是自然地理学家，他总体来说不太注重人文和社会地理因素而偏重于自然地理，但这一学术倾向并不妨碍他在《中国》（1877年第一卷）一书中叙述大量的人文和社会元素与自然地理之间的关系。他把《汉书》、马里努斯、托勒密简要点及的中亚大道，把贯穿中国新疆与中亚、西亚阿拉伯世界腹地的道路，用"丝绸之路"这一术语表达出来。尽管他更多地使用"交通""道路"这样的术语，而不是诗意性的"丝绸"，甚至"丝绸贸易"这样的术语。现在想来，李希霍芬看重的"交通""道路"，未必离得了人与社会。我以为，"交通"和"道路"更为精确地表达出地理学家李希霍芬的真实意图。

"丝绸之路"在本质上是古代中国走向世界的一条通衢大道。当然，这样性质的大道不仅仅只此一条。

古代中国走向世界的道路有很多条，每一条都充满艰险与神秘。但是，中华民族祖先血液里流淌着探险冒险的基因，他们走向未知领域的勇气巨大无边。西部的戈壁、沙漠阻挡不了他们的雄心，北部的无边草原、沙漠和森林也不能阻挡他们。张库大道从张家口经由包头可以直达乌兰巴托（旧称"库伦"），有人认为：张库大道作为贸易之途，大约在汉代已经开始，出现茶的贸易，大约不晚于宋元时代。东北部从辽宁省和吉林省之交的腹地开原往东，明代设有辽东镇25卫，皆设置有交通驿站，沿着驿路，每15～30千米建有一座驿站或递运所、铺、亭、路台等，形成交通传递系统。东北亚所谓"丝绸之路"，并不像通往西域的丝绸之路那样，沿途扬起阵阵烟尘，来来往往的中西商贾带着满载货物的驼队、马帮，构成一幅壮观的瀚海行旅图，而是通过设关互市、贡赏等形式，把明朝内地的彩缎等物运往东北边陲，与各民族进行交易。在古代，正是靠这条交通要道，把内地的丝绸、茶叶等商品运往东北亚地区，把古老的长江、黄河流域文化与东北亚文化联系起来，使这一地区在明代显得生机盎然。2017年，中国民间文艺家协会组织了一批专家沿着这条道路一直走到黑龙江与乌苏里江交汇口，进行了一次系统的民间文艺考察调研活动。

西北和东北的道路仅仅是古代中国走向世界的一部分，在西南部和南部还有多条通向域外的交通道路。例如商业化程度很高的"茶马古道"。有若干条"茶马古道"从中国西南各地通向东南亚和南亚，而在西藏边陲的阿里地区，原古格王朝所在地，就发现了在丝绸上绘就的古代唐卡。中国民间文艺家协会唐卡调查组在阿里地区的科迦寺发现两幅传统唐卡，一幅背面边沿有"浙江杭州织局益昌"的字样，另有一幅唐卡有吉祥童子图案。可以想见自古以来中国内地商贸、文化与西部边陲之地的长久交往。

在通往世界的道路中，特别应该提到的是海上"丝绸之路"。当然，海上"丝绸之路"更是一个比喻。著名历史文化专家常任侠先生把先秦时期徐福的故事视为海上丝绸之路的最早起源之一，他在《海上丝路与文化交流》里，叙述了中国通过海上丝路与古代日本、印度、东南亚诸国进行物产、宗教、文学、艺术等方面的相互交流；郑和七下西洋更是海上丝绸之路谈论的重点内容。2017年11月，中国学者与来自亚洲、非洲、欧洲等地的学者汇集科伦坡城，召开了"国际儒学论坛：科伦坡国际学术讨论会"，主题是"海上丝绸之路的历史交往与亚非欧文明互学互鉴"。会议上，埃塞俄比亚学者把中国与非洲的交往追溯到公元前2世纪的西汉时期。斯里兰卡卡凯拉尼亚大学学者阿玛勒赛格尔（Amarasakara）通过总结斯里兰卡境内有关中国的考古发现情况，如古都博隆纳鲁瓦山寺中国晋代高僧法显故居遗址，以及古代中国钱币、古代中国陶瓷瓷片等，证实了中国古代与斯里兰卡地区存在着经贸、文化、宗教的交流情况。澳门大学学者汤开建则就耶稣会士传入澳门的欧洲图书，结合16世纪末中国境内的第一座西式图书馆——圣保禄学院图书馆藏书的相关史料，详细考证了明清之际欧洲图书传入澳门的情况，认为中国大陆的西学东渐在很大程度上与此相关。

2017年是中国民间文学的"丝路文化年"。中国民间文艺家协会主持的"一带一路"民间文化探源工程，针对"一带一路"沿线民间文化资源进行系统梳理和选点研究，开展了福建海上丝绸之路重要节点的代表性民间文化考察活动；以冼夫人传说为核心议题对南海（广东茂名博贺）开渔节以及海上丝绸之路与岭南文化进行了调查研讨；围绕"阿凡提类型故事"主题展开了新疆民间民族文化调研；"重拾黑水魂——黑龙江丝绸之路"沿着明朝亦失哈将军走过的水路梳理了"鹰路"文化历史脉络；召开了探索"丝绸之源"的嫘祖文化调研座谈会；展开了贵州"南方丝绸之路与夜郎古国"民间文化生态考察调研等活动。这个系列的民间文化探源，力求立足当代、观照历史、面向未来，致力于通过新经验、新启示、新方法、新途径来提振民族文化、地域文化的精气神，得到专家学者以及所在地民间文艺工作者的高度认同与积极配合。上述调研成果及今后开展的系列考察活动成果，均将以调研文集形式陆续出版。

鲁迅先生有句名言："世上本无路，走的人多了，也便成了路。"这句话反过来说更具当下价值：世上原有的路，若是没有人走，便无所谓路了。中国古人踏出了迈向世界各地的通衢大道，在上下几千年的历史长河中，通过中外商贾、政治家和平民百姓的来往，成为交换、交流、交往的大道。古人常把"道路""大道"哲学式理解为通向真理的路径。而我们当代人自谓"世界公民",切莫冷落了这些"大道",使之荒芜了;自中国通往世界各地的大道,中国人要继续走下去,也欢迎世界各地的人们继续走进来。在这个意义上,重拾"一带一路"上的民间文艺,重温"一带一路"上世界各地民间文化交流交往历史,具有重大的现实意义。

是为序。

邱运华

2018年4月13日于北京万芳园

目 录

面对原生态民歌的源头活水，先活下来就是最好的守望
——"一带一路"·文旅融合语境下的民间歌谣守望人

            朱智忠 / 001

跨区域民间歌谣传承路径探讨
——谈潇贺古道上瑶族民间歌谣生态保护 柯 琳 / 017

最美人间三月天   韦苏文 / 039

从遗产解说的角度探讨民歌的保护与传承 覃 奕 / 138

歌圩是什么
——文人学者眼中的"歌圩"概念与民间表述

            陆晓芹 / 153

当代贵州苗族情歌的传承种类及艺术特点 李 雯 / 180

瑶乡寻歌记   何晓兵 / 208

瑶族民间音乐探访
——2019南岭走廊田野笔记   李月红 / 233

"非遗"语境下民间文学的新特征及其法律保护

　　　　　　　　　　　　　　　　　田茂军 / 249

侗族北部方言区民间歌谣文学特征探析　　欧阳大霖 / 266

湘南瑶族坐歌堂中歌唱文本的模式化特征　　郑长天 / 297

德靖一带的"吟诗"传统　　　　　　　　陆晓芹 / 306

"一带一路"的美声
　　——瑶族蝴蝶歌与侗族大歌的潜能作用　王光荣 / 348

侗乡歌谣文化和谐发展的几点思考　　　　杨顺丰 / 357

瑶族盘王祭祀的特点与社会功能拓展　　　罗树杰 / 368

广东瑶族歌堂与歌舞艺术
　　　　许天富阿旺（瑶族）　唐罗古五（瑶族）/ 386

文化自信与秩序建构
　　——布依族歌谣传承保护个案研究　　鄂启科 / 407

浅谈遗产视域下的水族《开控史诗》　　　蒙耀远 / 426

侗族村寨文化的市场经济方向研究
　　　　　　　　覃桂双　杨尚荣（执笔）/ 446

论我国鱼图腾崇拜及其演变　　　　　　　姚　德 / 469

粤北排瑶民歌述略　　　　　　　　　　　许文清 / 485

面对原生态民歌的源头活水，先活下来就是最好的守望

——"一带一路"·文旅融合语境下的民间歌谣守望人

朱智忠[*]

2019年4月6日到12日，刚刚结束从广西贺州、湖南江永、广东连南、贵州黎平等地参加由中国民间文艺家协会主办，广西壮族自治区、湖南省、广东省、贵州省民协共同协办的"一带一路"民间文化探源工程桂湘粤黔民族地区"三月三"节庆民间歌谣的考察调研活动，整个身心还沉浸在瑶族舞曲、侗族大歌的律动中；4月25日到27日又迎来第二届"一带一路"国际合作高峰论坛和4月28日中国北京世界园艺博览会的开幕，关于生态文明与人类命运共同体的话题所引发的头脑风暴，再一次刷新耳目，拓宽思路。而这次专家组沿着"潇贺古道"的

---

[*] 朱智忠，中央人民广播电台高级编辑，导演，作曲家，现任中国民间文艺家协会民间音乐艺术专业委员会主任，中国民间文学大系出版工程歌谣组副组长，四川文化艺术学院艺术总监。

印迹，一路深入瑶族、侗族村寨，对桂湘粤黔民族地区民间歌谣的生存状态、表现形式、发展变化进行深入了解，就是要探索"一带一路"视野下南方民族地区民间歌谣的生态保护和传承发展的路径与方式，对话采访生活在源头活水中的原生态民间歌谣的传承人。生态兴则文明兴，生态衰则文明衰。人类丰厚的原生态民间歌谣往往都是生长在保存完好的原生态自然景观中，与自然景观生长在一起，形成一道道美丽多彩的原生态人文景观。自古以来生活在"潇贺古道"中的瑶族、壮族、侗族、苗族等兄弟民族的歌和舞，就是与山歌唱在一起，与水舞蹈在一起的生态化民族歌舞。纵观生长在我国各兄弟民族乃至世界众多民族的原生态民间歌舞就是地球生态文明中一道亮丽的人文生态景观，是生态文明的人文诠释和活态表达。

一、何为源头？啥是活水？如何表达？

对于生长在原生态文化背景中的民间歌谣传承人来说，是首要问题，必须清清楚楚明明白白。因为，这是原生态歌种能否保有活态并继续生存下去的大事。

有"百里瑶山"之称的广东连南瑶族自治县是八排瑶的主要聚居地，那里有延绵不绝的高山峻岭，坐落着大大小小的瑶族村寨。在风光秀丽的山岭之中，保留着古老的瑶族长鼓舞歌、优嗨歌和油岭村的"耍歌堂"。千年瑶寨是南岗排瑶乡民的居住地，根据当地政府工作人员介绍，原始的瑶族民居和古道、瑶寨及瑶王屋，正在被打造成为扶贫文化旅游的景点。这次考察组里有一位瑶族歌王，他的名字叫唐罗古五。因为他的名字，一路上我一直在和他了解瑶族起名的习俗，而唐罗古五的全名确实很说明问题，唐法罗罗古吊方五贵，唐为姓氏，法罗是大家族代名，罗古是家族分支，吊方为父母名，五是家里排行，贵是未婚时的名字，而唐罗古五只是身份证上的名字，因为身份证规定名字不超过四个字，所以，只能叫身份证名字为唐罗古五。实际上和唐罗古五早在三年前就认识。在2016年中央电视台举办的争奇斗艳少数民族冠军歌手争霸赛和2018年第二届全国少数民族优秀声乐作品展演活动中都有他的歌声，我正是这两个活动的策划和评委。从中央人民广播电台到中央电视台几十年推广我国原生态音乐文化，我一直关注瑶族民间歌谣的传播，却始终没有机会走进瑶山。这次机缘已到，身在瑶山听瑶歌，而唐罗古五就是当地油岭村人，瑶族民间长鼓舞歌、盘王调、优嗨歌和油岭村的"耍歌堂"就长在他的身上，流淌在他的血液里。唐罗古五从娘胎里就开始学唱瑶歌，出生就在瑶族民间音乐的摇篮里，生长的环境就是生态音乐的海洋，瑶族的文化印记都在外公、外婆、父亲、母亲、伯父、伯母的歌声里，他的血液中与生俱来流淌的就是瑶族的民间歌谣文化。随着城市化的步伐逐渐加快，边远少数民族原生态民族民间歌谣文化面临着巨大的生存和传承危机，瑶族民歌也同样面临失传。

我们的话题是从观看实景演出《瑶颂·瑶族舞曲》开始的，是假唱？还是真情表达？唐罗古五一脸茫然地追问着，他需要一个明确的答案。唐罗古五的第一个身份是实景演出剧组的演员，现在就在连南实景演出剧组上班，平时每天19点到21点都要在这里演出，月收入1800元，演出一场补助20元，只是参加这次瑶族文化考察活动才有人替他做实景演出，一周活动结束后他还要回到这里继续实景演出。第二个身份是广东省级非遗项目瑶族传统民歌的代表性传承人，经常应邀参加当地瑶族举办的各种民俗活动，作为组织者也有一些零星收入。第三个身份是有少量山林和农田的农民，两个孩子的父亲，虽然田地不够种，养家糊口不足，但也是有田地的人。唐罗古五是地地道道的瑶族人，他土生土长的广东清远市连南瑶族自治县就是这首耳熟能详的经典乐曲《瑶族舞曲》的发源地，在文旅产业如此融合发达的今天，对于当地而言，《瑶族舞曲》一定是一个不二选择的文化品牌，会有许多像我一样久仰这首乐曲的人，对于它的诞生之地充满向往，于是，著名的《瑶族舞曲》也加入实景演出系列，成为瑶族中唯一重金打造的文旅产品《瑶颂·瑶族舞曲》。

从2004年广西阳朔著名的《印象刘三姐》开始，出自张艺谋、王潮歌、樊越三位铁三角导演之手的系列实景演出就一发不可收拾，之后《印象丽江》《印象西湖》《印象海南岛》《印象大红袍》《印象普陀》《印象武隆》等印象系列文旅产品雨后春笋般涌现，大有遍洒神州之势。关键是经原创团队策划实施的每一部"印象系列"都十分完美地给观众展现出当地的民俗特色、人文风情、生态文化等，"印象系列"不仅开创了我国大型山水实景演出的先河，也吸引更多团队加入，实景演出市场与旅游业相得益彰蓬勃发展，是文旅融合产品的典范。所以，对于同样是实景演出的《瑶颂·瑶族舞曲》，我充满期待，特别想看到丰厚的瑶族民间音乐文化在实景演出市场中的角色和作用。而《瑶颂·瑶族舞曲》是一部虚构的爱情故事，与我们一路听到的瑶族歌谣所倡导的爱情观有些距离，我们听到的瑶族情歌，火辣辣，浪漫漫，直勾勾，情柔柔，听着过瘾，所以，和对着大山和风表达的民歌手相比，文人的一己之作就显得乏味而又做作了。

从一个游客的观光需求而言，大美的瑶乡自然景观和人文景观对他来说都是具有极大吸引力的，否则，绝不会大老远地花着时间和金钱走进瑶乡，而吸引他的主要是瑶族不同的人文、风情、民俗、饮食、文化、特色、生态等等。大型实景演出是中国人的独创，是中国旅游业向人文旅游、文化旅游转型下的特殊产物，一般都以真山真水为演出舞台，以当地文化、民俗为主要内容，因为只有真实的才是最有力量的，也最有吸引力和文化能量。实景演出中的成功之作《印象刘三姐》《印象丽江》等都在"实"上下尽了功夫，而来自那山、那水、那村、那寨的人才是魅力所在，因为，他们才是那一方水土的文化表情，真正的文化表达者。实景演出作为文旅相融的产品最主要的亮点和成功之处就是强化了当地原生态的自然景观和人文景观，使得许多原生态文化的守望者能够在自己的家乡向全世界表达自己民族的文化，歌唱出自己民族的心声，舞蹈出自己民族的自豪，而这正是每一个民族文化的传承者祖祖辈辈的心愿。

当今实景演出最让我无法理解的是还音的问题，这也是许多地区实景演出中存在的最大问题，是普遍现象，大家司空见惯。当然，这与预算有着密切关系，为了节省成本，虽然，成本降下来了，但产品的质量也降下来了。所以，我们考察组观看的这一场《瑶颂·瑶族舞曲》只有全体考察组成员和几个零星观众，实景演出的售票工作人员介绍说，只要有10人以上的观众买票，就安排演出，显然，是属于惨淡经营。作为演员，在现场与观众的互动与真情表达是天赐机缘，珍贵如黄金，如果你是好演员就会像黄金一样熠熠生辉。允许假唱首先是文化市场执法失职，假唱是对观众最大的欺骗，同时，参与其中的表演者也是对职业的亵渎。特别是参与其中的民间文化传承人，原本是要通过实景演出的平台来传播民族的文化，却在自己的故土家园成为假唱者，本民族的摇篮曲、迎客歌和酒歌也会因为假唱而慢慢枯萎凋谢。民族地区打造实景演出的文旅品牌，财力、物力、人力的投入都是巨大的，面对家乡的父老乡亲，他们需要一个良性的回报，既要有经济效益，更要有社会效益。

　　瑶族人的日常生活都离不开歌唱和舞蹈，对于歌王级别的唐罗古五来说，瑶族民间歌舞是他生命中最为珍贵的东西，他对于自己民族的文化有着独特的认知。考察期间总能听到他的《优嗨歌》《出路歌》以及结婚的喜歌、敬酒歌等。唐罗古五说："我们挖掘整理民歌，不但是为了传承，也是为了发展，瑶族民歌为我的音乐创作提供了用之不竭的源泉。"唐罗古五的民歌唱腔包含了家族传承、师徒传承，除了记录和整理古老的瑶族民歌，他把对瑶族民歌的新创作和组建一支瑶族歌谣队作为当务之急，我们期待并携手像唐罗五古这样的民间歌谣的传承人和守望者，搭建更多真心、真意、真情、真名的实景演出舞台，让他们真喊、真唱、真哭、真跳地表达。民间歌谣的源头在歌手身上，在他们的日常生活方式之中，如何表达民间歌谣文化是我们需要进一步思考的问题。对于文化旅游产业来说，文化在前，旅游在后，只有保存好文化的灵魂，才能向世界更好地表达自己。民间歌谣是生活中的歌，是真性情的表达，绝不同于舞台上的歌，而舞台上的歌多为表演。而生活中的歌者是自信、享受而幸福的。何为源头？啥是活水？如何表达？对于生长在原生态文化背景中的民间歌谣传承人来说，是首要问题，必须清清楚楚明明白白。因为，这是原生态歌种能否保有活态并继续生存下去的大事。

二、原生态民间歌谣活态传承的未来之路如何走下去？

原生态民间歌谣能否千秋万代地活下去，为之建立现代化的教育体系是最好的传承与守望。但是，问题来了，教什么？育什么？怎么教？怎么育？传什么？守什么？怎么传？怎么守？原生态民间歌谣的生长规律自古以来就是自然生长、瓜熟蒂落，如今城市化、现代化铺天盖地而来，原生态民间歌谣活态传承的未来之路如何走下去？

徐维笙1995年9月出生于富川瑶族自治县葛坡镇岐山村老屋栎寨，是一个24岁的年轻人，我们考察组在青山脚村见到他时，他正在为我们的考察活动组织芦笙长鼓舞、瑶族古歌、瑶族八音和祭祀仪式。他的简历这样写着自己的特长：1.富川平地瑶《十二姓人师贤发烛歌》《千家洞源榜文歌》传唱艺人。2.平地瑶民间"吹笙踏鼓"及"瑶族八音"演奏艺人。3.平地瑶芦笙、踏鼓制作艺人。师承关系非常清晰：师从葛坡镇青山脚村"吹笙踏鼓""瑶族八音"演奏第四代传人何自后（瑶族）；湖南江华民间打长鼓、制长鼓艺人赵德明（瑶族）；四川宜宾制笙大师李朝贵（苗族）；百色西林县苗族芦笙舞、苗笛制作艺人项正刚（苗族）。我们互相扫微信的时候，我对他的名字中的笙与现在所做的事情产生兴趣，他告诉我，原来叫徐维生，后来对笙的感情日益浓烈，索性改名为徐维笙，以证此生和笙的情缘。

一路为考察组介绍各地瑶族风土人情、文化习俗的瑶族文化学者刘小春这样介绍徐维笙："他执着于瑶族芦笙长鼓舞传统文化，他的梦想是做一名瑶族芦笙长鼓舞的传承人。2014年曾考入广西师范大学音乐学院少数民族音乐专业学习，但不久主动退学，这个90后瑶族音乐青年深深热爱着瑶族音乐文化，他大学辍学回到村里以后就一门心思研习芦笙长鼓舞。现在，他不仅走村串寨唱瑶歌、吹芦笙、跳长鼓舞、创作瑶歌、编导芦笙长鼓舞，还传承瑶族芦笙制作、瑶族长鼓制作等传统乐器。"刘晓春关于徐维笙从大学主动退学回到家乡的原因说得很明白，但我还是直接问了徐维笙，他的回答有几层意思。首先，他认为进入大学学习以后，理论太多，实践太少，学校正统教育离自己的音乐太远。其次，民族艺术的课堂应该在田野，老师应该是那些深藏在乡村里的民族民间文化传承人。而更重要的原因是许多瑶族优秀的民间音乐传承大师相继离世，走得匆忙，世代相传的绝技来不及教授和传承就被带入坟墓了。"再在大学学下去就来不及传承我们瑶族的文化了，因为有文化的瑶族民间音乐大师都老了，今天走一个，明天走一个，一天都不能等啊！"开始报考大学选择专业时，徐维笙是因为对传统文化的热爱，才毅然选择了民族音乐学专业。从大学一年级开始，每年的寒假和暑假，他都要独自一个人到各地去参加民俗节日，广西融水县良寨、国里、塘苟等地，贵州从江县斗里、中里、贯洞等地的苗族、侗族坡会他都参加过，仅贵州从江县的苗族坡会就参加了3次。几年下来，在学校系统学习到的音乐理论知识和采风实践活动对他的自信和退学选择还是起到一定的作用。

笔者由于多年来传播原生态民间音乐文化，一直在关注我国民间音乐的守望传承人群体的生存与发展状况。可以说，徐维笙生长在一个标准的瑶族原生态民间音乐环境里，祖祖辈辈都是平地瑶的农民，滋养他的文化就是瑶族丰厚的民间音乐，但是，在传播手段日益全媒体化的时代里，每个人又都身在其中。全世界各种类型的音乐，只要你想听想看都可以满足，正是青春年少的徐维笙也在每天刷屏看世界、听世界，在用瑶族古老的音乐和世界对歌。古老的潇贺古道就在徐维笙家所在的老屋栎村村前穿过，平地瑶在富川的乡村沃野定居较早，他们创造了自己灿烂的平地瑶文化，富川的正月十五炸龙闹元宵、瑶族民间吹芦笙、跳长鼓舞、唱山歌、抢花炮等传统民族文化，让徐维笙从小就耳濡目染，这种血液中的文化始终流淌在他心里，早已经深深地扎下了根。

　　人们对于文化的自信是由他对文化的认知所决定的，而确定文化的方向才是最关键的。退学以后的徐维笙说干就干，将自己的想法付诸实践，由于全县能吹瑶族芦笙的年轻人已经不超过十人，在富川当地，目前全县能够按照传统方法制作芦笙和长鼓这两种民族乐器的人也已经寥寥无几。所以，传承瑶族芦笙长鼓演奏和制作更是当务之急。他的梦想就是要制作出中国最好的瑶族芦笙和长鼓，让人们听到最美的芦笙音符，听到最好的瑶族长鼓的声音。徐维笙首先在自己的家乡富川县葛坡镇教平地瑶跳创新版瑶族芦笙长鼓舞，融入多种民族艺术元素，而这种创新与融入的思维本身也是在大学学习的所得，而这种对于传统瑶族文化的表达已经具有自己独立的思考，所以，他向传统学习与传承求艺的心情就更加迫切了。

　　从网上查看媒体对徐维笙的采访报道，对他退学后拜师学艺和取得的成绩显然是持褒赞态度的，其中一篇文章这样写道："徐维笙平时除了向富川瑶族自治县新华乡两位自治区级芦笙长鼓舞传承人学习芦笙和长鼓制作技术外，他还到四川宜宾拜苗族芦笙制作师李朝贵先生为师，将四川、贵州、云南、广西各地的苗族、侗族芦笙与自己制作的瑶族芦笙进行比较。""徐维笙以富川平地瑶芦笙为基础，按照传统工艺方法，进行技术上的创新，制作出来的芦笙音质更加清脆、悦耳、雄浑，一把不起眼的小芦笙，吹奏出非常优美的音乐，让老一辈芦笙制作艺人都刮目相看。"

　　一个人的文化自信首先来自所在族群的认可，其次是社会大众的认知。退学后的徐维笙显然做到了这一点：

1. 2017年3月徐维笙具有创新色彩的瑶族芦笙长鼓舞，在富川瑶族自治县弘扬民族传统文化艺术大赛中获得了一等奖。

2. 2017年9月，徐维笙制作的芦笙、长鼓，参加广西工艺美术作品（旅游工艺品）暨大师精品展"八桂天工奖"中，荣获自治区级铜奖。

3. 2017年11月18日，在贺州学院为设计学院和音乐学院的师生讲授瑶族民俗、织造工艺、瑶族乐舞。

4. 2017年12月15日，他又应邀到广西师范大学音乐学院，给在校大学生讲授贺州平地瑶歌曲、民族舞蹈及传统音乐知识。

5. 在退学后的两年里，徐维笙还应邀多次到区内外参加瑶族文化学术研讨会。

结束对徐维笙的对话和采访后，我想起内蒙古艺术学院首个集民族音乐教学、科研、信息资料收集为一体的民族音乐传承传播机构——"民族音乐传承驿站"，为我国原生态民间音乐艺术在高校教学研究蹚出一条新路，已经引起学界的广泛关注。民族音乐传承驿站每年聘请大量来自民间的民族音乐传承大师，进行活态音乐研究，开展民族音乐传播与传习，以这种研究加教学的机制，保留在教育中传承民族音乐的精髓。同时，中央民族大学音乐学院也已经在全国范围招生三届少数民族英才班，举办了多场少数民族民间音乐会。内蒙古艺术学院和中央民族大学音乐学院为探索我国多民族原生态音乐艺术在教育中传承和教学体系建设探索出一条新路。原生态民间歌谣能否千秋万代地活下去，为之建立现代化的教育体系是最好的传承与守望。但是，问题来了，教什么？育什么？怎么教？怎么育？传什么？守什么？怎么传？怎么守？原生态民间歌谣的生长规律自古以来就是自然生长、瓜熟蒂落的，如今城市化、现代化铺天盖地而来，原生态民间歌谣活态传承的未来之路如何走下去？

三、如何破茧化蝶，浴火重生？

原生态民间歌谣就生长在我们的生产劳动中，生产劳动就是载体，有什么样的生产劳动就会产生什么样的歌。人类从狩猎、游牧、农耕、工业、大数据等文明中一步步走来，原生态民间歌谣守望者们那腔、那调、那韵、那神，却依然如我。如今，在文旅融合的时代话语下，这个庞大的群体如何破茧化蝶，浴火重生？

民间歌谣探源工程专家组离开黄洞乡，来到位于贺州市布头镇的过山瑶家文化园，考察李素芳瑶族服饰工作室，这个工作室也是她的家，我们的晚餐就安排在她的工作室里。她的工作室，也是瑶族刺绣的展览馆。走进工作室，迎面电视里播放的就是她在北京服装学院进修结业的设计展的视频，传播意识极强的原因是她丈夫是百色电视台的纪录片导演，因为拍摄瑶族原生态民间歌谣的系列纪录片两人结缘而走到一起，当时，纪录片的拍摄主角是李素芳的妈妈，因为，她是瑶族原生态民间歌谣传承人，有唱不完的瑶族原生态民歌。李素芳成为瑶族服饰制作技艺代表性传承人，是妈妈的言传身教，更是原生态环境的必然，听到李素芳妈妈的敬酒歌，再看瑶族的刺绣，就能听出一针一线都是歌。李素芳对瑶族绣娘的评价是她们和生长的音乐连在一起："在外人眼里，刺绣是个很辛苦的事情，其实我们绣娘并不觉得苦，就像一种爱好、兴趣一样，唱着歌就完成了。""我们瑶族的民歌不按首算，绣娘们只要一唱起来，你一句，我一句，她一句，一唱就是一宿，只要机会成熟，我们就是一支现成的绣娘歌队。""我的顾客主要是本地瑶胞。现在好多村镇都搞起了民族风情旅游，穿瑶服唱瑶歌特别受游客喜欢。最重要的是，市县、乡镇甚至村屯里面的文艺活动也越来越多，逢年过节才穿的瑶服，平常也有了展示的机会。"将瑶族刺绣和瑶族民歌与文化创意产业结合是我们采访中的主要话题。在采访中李素芳希望能一直坚持发展传承瑶族刺绣技艺，并把瑶族民歌结合进来，将瑶族文化带上更大的舞台。李素芳的故事是通过传统的瑶族刺绣来脱贫致富的生态产业，她也正在带动一批人走在脱贫致富的路上，我们期待古老的瑶族民间歌谣能为李素芳的瑶族刺绣插上腾飞的翅膀。

从21世纪开始，原生态民歌和新民歌的传播就以集团军的方式走入大众视野，来自56个民族的民间歌谣队伍在一次又一次的集合中壮大成长。在原生态民歌在传播中复苏的过程中，新民歌的队伍也在自然而然地生长开来，并不断结出诱人的果实，受众群体不断壮大，但在原生态民间歌谣的群体中，真正意义上的歌者聚群还是以中老年为主；大部分年轻人为生计所迫，打工谋生，四海为家；在校读书的中小学少年儿童，虽然与爷爷奶奶、姥姥姥爷、叔叔婶婶、大爷大娘们在一起的时间多，在校期间偶有接触原生态民间音乐，只能是未来的希望所在。这次"一带一路"民间文化探源工程桂湘粤黔民族地区"三月三"节庆民间歌谣的考察调研活动所到之处，虽然采访了以唐罗古五、徐维笙、李素芳为代表的几百位原生态民间音乐的守望者与传承人，但我们深知，在这连绵无尽的大山深处，生长了千百年的瑶族歌谣还会一代一代地生根开花结果。

2001年中央电视台西部频道《魅力12》栏目在节目中刻意把一批有志于用新的音乐手段表达原生态民间歌谣的音乐人聚集在栏目周围，创作出一批为观众所认可的改编民歌，在丰富电视音乐节目的同时，也带出一批具有时代特征，并与国际接轨的音乐人群体，人们往往把他们归类为世界音乐类型的音乐组合或乐队。特别是笔者在中央电视台《民歌中国》栏目任主编期间，特意把每周六作为新民歌档，播出以民歌为基础创作改编的作品，为新民歌群体打开一个传播表达的窗口，也是锻造具有原生态民间歌谣血统的各民族年轻音乐人队伍成长壮大的摇篮和舞台。从这里走出的新民歌的乐队和组合对原生态民间音乐歌谣在城市化进程中如何传播、如何传承、如何表达，探索出一条为各民族文化所认同的表达方式。大多数新民歌乐队和组合人员基本都来源于牧区、农村，他们得天独厚的资源就是本民族与生俱来的原生态民间歌谣，除了音乐梦想，还有求生的需求，使得新民歌的族群在大众的视野中绝不同于体制内吃财政饭的音乐人，他们偶尔和流浪于城市中的摇滚音乐人和流行音乐人同行，偶尔和同民族的音乐人走场，也有不同的几个民族音乐人组成的乐队或组合。总之，年轻人的各种尝试都是为了实现梦想，走出一条大众喜欢、本民族认可、拥有市场价值的星光大道。

在笔者身边一直坚持十几年的蒙古族乐队，都是从小听着蒙古草原的原生态民间歌谣长大的，他们用滋养自己长大的本民族的原生态音乐看世界，用原生态音乐唱世界，用原生态音乐走世界，用原声音乐和世界对话，他们深深懂得来自原生态的音乐才有如此巨大的能量。如安达组合、杭盖乐队、CHOOR（音和思琴）乐队都是由来自草原深处的蒙古族青年音乐人组成的。安达组合是由在内蒙古歌剧舞剧院民族乐团工作的体制内的音乐人组成的，在中央电视台青歌赛中引起大众关注，同时引起国际音乐同行的认可。但是，在初创阶段，却与体制发生激烈的冲突，最后导致安达组合整体辞职。但是，俗话说"野鹤无粮天地宽"，离开体制束缚的音乐人，开始用灵魂说话，探索音乐的真实存在，而这一切都源于蒙古大草原的原生态民间歌谣。当我写这篇文章的时候，安达组合刚刚完成连续十年的美国商业巡演的业绩。现在的安达组合整体被内蒙古艺术学院引进，成为学院探索民族音乐教育的一支新动源。杭盖乐队是由来自蒙古草原各地的音乐寻梦人在北京组成的乐队，队长伊里奇是在北京长大的蒙古人，他将大家的音乐梦想与追求集合在一起，十几年在体制外摸爬滚打，可以说尝遍这些年演艺市场的酸甜苦辣，在追梦的路上充满崎岖坎坷。早在2005年，中央电视台《民歌中国》栏目周六"新民歌"板块为杭盖乐队录制专场，也是杭盖乐队第一次在中央电视台接受采访，由此，走入大众视野。现在的杭盖乐队已经是一支从国内到国际被普遍认可并有多重风格的蒙古族乐队，而无论是国内演艺市场还是国际演艺市场都留下它茁壮成长的传说。CHOOR乐队成立于2009年，是由原来的音和思琴乐团发展而来，乐团由在北京的蒙古族酒吧和饭店伴乐的年轻音乐人组成，而他们也是从内蒙古各地走到一起的音乐打拼者，童年都是在草原上沐浴着原生态民间音乐歌谣长大的。从组建到现在，已经在国内二十几家一线城市的剧院商演，在三十几个国家访问演出，特别是2014年在美国史密森民俗艺术节演出40多场，受众达160万之多。演艺市场是按市场规律运作的，对于CHOOR乐队而言，只有不断追求高品质的音乐并使其成为常态，这支乐队才能成为演艺市场中的常青树。

  由此可见，只有让全世界为之感动的音乐才能让类似于安达、杭盖、CHOOR等乐队在不断更新换代的演艺市场上活下来，因为在全媒体互联网无所不在、文旅相融的语境下，地球村的演艺市场越来越透明，信息瞬间通达，实际上人类演艺大业走到今天，都在共享同一个大市场。原生态民间歌谣就生长在我们的生产劳动中，生产劳动就是载体，有什么样的生产劳动就会产生什么样的歌。人类从狩猎、游牧、农耕、工业、大数据等文明中一步步走来，原生态民间歌谣守望者们那腔、那调、那韵、那神，却依然如我。如今，在文旅融合的时代话语下，这个庞大的群体如何破茧化蝶，浴火重生？

跨区域民间歌谣传承路径探讨

——谈潇贺古道上瑶族民间歌谣生态保护

柯 琳[*]

一、潇贺古道上民间歌谣资源考察

考察潇贺古道上的民间歌谣资源,实际由"民间文化"所衍生,它是一种流传于潇贺古道上带有仪式感的民俗文化活动,被有关专家视为民间文化的原生文明。潇贺古道上的各民族遵循着生活中长期沿用的民风惯例,规范着这一跨区域中族群的行为,依靠"民风"传承着民间文化,并约束着这一跨区域内人们的思维和生活方式。

(一)探寻特色文化资源,延续古道历史文脉

"潇贺"是一个跨区域的地理学概念。"潇贺古道",即

---

[*] 柯琳,中央民族大学教授。

湖南潇水连接广西贺江之水和陆路通道的总称。其地理位置位于湘桂之间山区，毗邻广东连南，靠近贵州黔东南地区，它是陆路丝绸之路与海上丝绸之路的重要连接点，是古代中原沟通岭南最重要的交通要道之一，也是古代桂湘粤黔官民商贸交通要道。改革开放后，一批学者开始探寻历史上中原进入两广的交通道路，潇贺古道就是在这样的背景下被学者提出、考证并最终认定是唐代之前中原进入岭南最重要的通道之一。

潇贺古道区域，多是亚热带雨林气候区，森林茂密，这一区域夏季炎热、多雨、潮湿，冬季干燥、无霜期长。高山、峡谷、丘陵、河流、盆地、谷地、台地交互穿插，分割成大小不一、相对封闭的众多小区域。这里居住有瑶、壮、汉、苗等多个民族。他们都保存着自身独特的生产生活习俗、文化传统、音乐、舞蹈、服饰、宗教信仰和语言，是极其难得的多民族、多族群、多方言、多元文化的杂合互动区域，历史上对湘南、桂东、粤西等地的政治、经济、文化、民族等方面都具有重要影响。潇贺古道上的各民族族群，不仅加强了内部族群之间的交往互动，也加强了与外来经济文化的交往、交流、交融、整合与涵化。在借鉴、吸收外来文化的同时，也保存着本族群的鲜明特征。

沿着潇贺古道走廊考察，探寻特色文化资源：1.潇贺古道是维护统一之道。它是中原王朝加强对南岭、岭南边疆地区控制，维护国家统一的重要通道；2.潇贺古道是商贸之道。它加强了该区域与国内外经济的交往、互动，促进了跨区域商品经济的发展；3.潇贺古道是文化之道，它加强了中原文化、湖湘文化、荆楚文化、岭南文化、百越文化、瑶族文化、壮族文化、客家文化等所在区域的互动与交融；4.潇贺古道是民族迁徙之道。汉族南迁、百越民族扩散流动，瑶族、壮族、苗族及各种文化族群凭借此道流动、迁移，是南岭民族走廊的重要组成部分；5.潇贺古道是南岭山区多元文化积淀厚重之道。古城址、古村落、古墓葬、古关隘、古城堡、各民族民俗风情、语言、歌谣，以及独特的瑶族、壮族文化等都十分丰富。

多少年来古道上的人们自觉地固守着乡土文化，延续着古道上的历史文脉。他们让自己的文化传统在这个时空里流传，其语言、音乐、舞蹈、建筑、服饰等都弥漫着潇贺古道的生活气息，体现出水陆文化与高原山地文化交融的结果和延续。如今，生活在这里的人们仍然唱着族群先辈们的歌谣，保持着潇贺古道上的风物和习俗。

（二）考察歌谣根基，衡量瑶族生态特征

自古以来，潇贺古道上的瑶族与其他民族友好往来，在这片神奇秀美的土地上生息繁衍，创造了源远流长的瑶族历史，积累了瑶族传统文化，其中的歌谣便是瑶族传统文化的活态传承。

一代代瑶族后裔，生活在大山深处，他们在高山峻岭上建寨，依山建房，聚族而居。例如：我们来到古道上的广东省连南瑶族自治县，在方圆一百多公里的高山上，到处都是瑶家村寨，故有"百里瑶山"之称。在"百里瑶山"上有瑶族耍歌堂、瑶族长鼓舞、瑶族优嗨歌、瑶族服饰四项国家级非物质文化遗产。考察该地生态特征，深入南岗千年瑶寨"锦绣瑶乡"，观看了"耍歌堂""优嗨歌""长鼓舞"等。其中到油岭村的奇洞歌堂，观看了瑶族保留最为完整的"长鼓舞"。瑶族专家刘晓春先生向大家介绍了"长鼓舞"的来由和击奏法，使我们深切感受到瑶族歌谣和舞蹈渗透在瑶族生活的方方面面，在恋爱、结婚、生育、丧葬、祭祀、待客、议事、劳动等过程中。以歌谣的方式表达思想感情，吐露心声。每逢迎亲或节日等活动，瑶乡寨寨摆歌堂，人人纵情唱，歌声昼夜响彻瑶家山寨。

图1　千年瑶寨之议事活动场（柯琳　摄）

从原生程度看，瑶族歌谣分两大类：一类是瑶族在历史上创造并以活态形式原汁原味传承至今的民间草根歌谣；另一类是在民间歌谣的基础上改编创作的歌谣。前者为"原生歌谣"，后者称"改编创作歌谣"。由于原生歌谣产自民间，历时久远，在当今显得不现代，故在当今社会中，多数是中年以上的人群喜欢唱传统歌谣，更多的年轻人则喜欢的是在民间歌谣基础上改编创作更符合当代审美的民歌。瑶族原生歌谣也好，改编创作的民歌也罢，都来自那片多情的故土，源自瑶寨的传统文化。

我们说，民间歌谣是典型的"草根艺术"，是被广大民间社会所接受认同的最典型的艺术之一。我们听到《盘王大歌》似乎进入了瑶乡，听到《蝴蝶歌》如同到了瑶寨。瑶族传统歌谣作为一种地域文化已经与潇贺古道上的山山水水紧密地联系在一起，成为一笔不可再生的民族文化遗产。

（三）了解地域环境，探寻歌谣传承特点

沿着潇贺古道考察了平地瑶、八排瑶和过山瑶，其中的平地瑶主要居住在广西富川瑶乡，当地乡民自言是瑶王盘瓠的后代，汉唐时期祖先沿潇贺古道从湖南千家峒、南京会稽山迁徙到富川。他们中有的原住在山上，后来逐步下山定居，形成村落；有的祖辈在平地落户，世代繁衍，发展成寨。明清时期经过文化整合，形成新的支系，即平地瑶，也就是以汉族方言语支交流的瑶族支系。

富川瑶乡的气候暖和，环境秀美。在秀美的自然景观下与瑶族共生的《蝴蝶歌》展现出大自然中蝴蝶飞舞、蜜蜂歌唱的和谐之声，是当地瑶族抒情言志，随口传唱的瑶族多声部民歌。《蝴蝶歌》声部结构严谨，曲调欢快优美，"蝶呀蝶"……的衬词歌声标志着瑶族民间多声部音乐发展的高度，

成为富川瑶乡文化的一颗璀璨明珠。2008年6月《蝴蝶歌》被国务院列入第一批国家级非物质文化遗产名录。广西富川平地瑶在相对固定的自然环境和生活圈内传承着《蝴蝶歌》，《蝴蝶歌》成了富川瑶乡的标志和名片。

又如，过山瑶主要居住在广东省连南县，该县境内群山连绵，奇峰广布，其中海拔1000米以上的高山161座。长期居住在高山峻岭上的过山瑶，由于封闭的外部环境，和群山中相对固定的居住环境，以及瑶族普遍的文化认同心理，使《盘王大歌》的传承受外界影响较少，形成了地域性、族群性的内部传承发展模式，较好地保存了瑶族传统文化特色。

"一方水土养育一方人"，一方人有一方文化。《蝴蝶歌》《盘王大歌》等，以及其他瑶族歌谣都是地域环境和瑶族文化认同心理的体现，这种体现吐露出瑶族人的心声，传递着瑶族的文化信息，承载传播着瑶族传统文化。

（四）评估歌谣资源条件，分析瑶族思想变迁

目前瑶族歌谣的参与者既是瑶乡里的生活者，也是瑶族歌谣的演唱表演者，同时是民俗仪式的约法对象，也是受众。举例而言，通过《盘王大歌》仪式，瑶族将瑶族传统文化放置在一个生动的文化情境中，在一个文化流程中加以阐释，这就是以瑶族人的立场对"祖先"的发问，并自我解答。对祖先的敬畏需要通过仪式作为中介，而《盘王大歌》仪式则成为瑶族提升自我品格、追问道德的途径。由于《盘王大歌》承载了瑶族人的情思与精神寄托，因而，瑶族人极力保护和传承《盘王

大歌》。

有研究者认为:"'瑶族'是从强势沦为弱势的群体,'曾经的辉煌'成为他们执着的精神寄托。瑶族文化最核心的'原点'是弱势群体对强势文化的依附与自我重构,最特殊之处是以民间底层身份对官方正统的追捧,具有'在野'状态中的'在朝'心态,'边缘'处境中的'中心'意识。它的形成更像是瑶族的一种'集体有意识',体现的是一种群体生存的本能。"从这个角度看,《盘王大歌》也是一种满足区域社会自恋心理的民间仪式。

可以说,出于一个族群的自我保护机制和生命价值感,瑶族的后代在《盘王大歌》《蝴蝶歌》等歌谣的演唱与观看过程中,形成了民族自豪感,由此有利于瑶族文化的传承。上千年的瑶寨,上千年的沧桑。时光荏苒,潇贺古道上的瑶族人以其遗存的古风和鲜明的特色为世人所赞叹、感慨,瑶族正是通过自身所传递的歌谣承载着本民族的文化价值,并促进着瑶族文化的发展和改变。

二、锁定瑶族歌谣的特色文化支撑点

瑶族历经上千年风雨洗礼,具有突出的文化特色和较强的社会影响力,以及丰富的内涵和综合的艺术形式,在历史与传承、民族文化融合等方面有自身坚实的文化支撑点,使其经久不衰,长久地保持着传统文化的活力。对于潇贺古道上的瑶族歌谣的生存、传承,经过怎样的变迁成为今天瑶族地区的特色文化，其特色文化的支撑点主要有：

（一）盘王节——对瑶族历史的追溯

盘王节在瑶族文化中产生，历经千年并作为瑶族历史的载体，在瑶族地区传承传播。

瑶族地区过盘王节的古老风俗，俗称"跳盘王"（还盘王愿），是瑶族祭祀民族始祖盘瓠的民俗活动。早在晋代干宝的《搜神记》、唐代刘禹锡的《蛮子歌》、宋代周去非的《岭外代答》等典籍中都有记载。《岭外代答》中说："瑶人每岁十月，举峒祭都贝大王于庙前，会男女之无实家者，男女各群连袂而舞，谓之踏瑶。""踏瑶"即是"跳盘王"，还盘王愿，是瑶族纪念其始祖盘王的盛大节日，迄今已有1700多年历史。在古朴庄重的公祭盘王大典仪式上，瑶族男女老少都穿上自己民族的节日盛装，用歌舞、祭酒、上香等形式来祭祀盘王先祖，追溯历史。在祭祀盘王时，瑶族民众总是把集体创作、世代传承的《盘王歌》唱、跳于盘王之前。用瑶歌、瑶舞等仪式纪念瑶族先祖，祈愿风调雨顺、五谷丰登。从中我们可看出瑶族歌谣传唱的遗风。

唱祭中，瑶族歌谣中的小三度的滑音演唱，当地瑶民称"高音#F调"和"低音#F调"，表现出瑶族文化千百年来的历史积淀，保留有瑶族特有音调结构痕迹，也表达出瑶族遗留的风格特色。演唱中唱词以五言和七言韵文为主，这些反映在歌谣演唱中表现出瑶族群体对于先人的眷恋和对于历史的追溯。

瑶族民间歌谣在数千年历程中，不仅保持了瑶族歌谣遗风,同时融合了其他民族的风俗,如与汉族、壮族、客家人在语言、信仰、习俗方面互为影响。潇贺古道上瑶族歌谣与周围地区汉族、壮族同乐、同享,有着共同的历史传承诉求及表达方式,他们信奉着相似的神明,共同庆祝民俗节日,并有着共同的经济生活与历史命运。多年的跨文化碰撞与融合,似水乳交融,深深地将瑶族民间歌谣嵌入了该区域的文化之中。

(二)盘王歌——瑶族文化代表性符号

"一带一路"文化探源工程考察活动的第三天,我们来到中国盘瑶传统文化的核心地区,广西贺州市八部区调研,该

图2　国家级非遗传承人赵有福师公一家三代在盘王节洪沙大席仪式上(柯琳　摄)

地区是中国瑶族生态文化保护区的核心区域，从20世纪60年代开始，中国所有的瑶族研究专家学者，以及国际上知名的瑶学专家都到过贺州深入田野调查，这是瑶族人类学研究的沃土。在这里我们采访了国家级非遗传承人赵有福，并观看了赵有福师公主持的瑶族盘王节中洪沙大席仪式，他带领其他师公、歌师、歌娘一起吟唱瑶族《盘王歌》，追思和酬谢盘王。我们说，还盘王愿在当地瑶族社会中有较强的影响力，具有功能性、符号性和象征性特征，这使得盘王歌长时期保持了旺盛的生命力。

还盘王愿，是过山瑶怀念祖先、祭祀祖先、祈求平安的一种宗教活动，也称为"还祖宗愿"。具有较强的仪式功能、娱乐功能及教育传承等功能。瑶寨中每家每户根据具体情况都会举行不同程度的还愿仪式，同时进行相关的歌舞表演。在当地的瑶族看来，还盘王愿不仅具有消灾祈福的功能，同时也起到了自娱的作用。还盘王愿的内容承载了瑶族的精神内涵，形成了尊祖为上的精神追求，一代代瑶族人秉承着祖先留下的精神特质，在还盘王愿仪式的教化下，逐一完成精神的蜕变。

《盘王歌》不仅对于瑶族有着深远的影响，周边其他民族也有还愿仪式活动。如该区域汉族村寨同样也会举行还愿仪式，还愿仪式已经融入了当地人的生活之中，成为民间生活中不可或缺的重要部分。正是由于还盘王愿，唱《盘王歌》的影响，使其还愿仪式成为瑶族文化的代表性符号。

（三）《蝴蝶歌》——瑶乡的一种文化象征

图3　广西富川白沙镇黑山村村民演唱《蝴蝶歌》（柯琳　摄）

2019年4月10日我们来到瑶族《蝴蝶歌》传承基地广西富川瑶族自治县白沙镇黑山村进行考察，聆听观看了蝴蝶歌原生态二声部的歌唱。该歌是用一种汉语方言土语演唱，情歌居多，因为在歌的衬字词中，常出现"蝴的蝶""蝶的蝶""黄蜂"之类衬词，故此得名"蝴蝶歌"。内容涉及记事、传情、祭祖、述史等瑶族人民生产生活的各个方面和领域。歌手们即兴创作，一唱群和。曲调清丽优美，婉转悠扬。谱例：

瑶族的《蝴蝶歌》因为歌词的长短不同，可以分为两类：

蝴蝶歌

瑶族民歌
制谱：吴丹

一类是短蝴蝶歌，另一类是长蝴蝶歌。短蝴蝶歌主要是趣味性的歌唱；长蝴蝶歌则是经过修改、练习，或进行创作的一类的歌唱。一般说，了解短蝴蝶歌的歌词能了解瑶族人民的生活，研究长蝴蝶歌的歌词则能加深对瑶族音乐的理解。蝴蝶歌一般为四句，每句七字，有时歌手为了强调自己的意思，常常在第三段之后扩充一个五字的短句子，其内容主要强调或重复之前的句子。

蝴蝶歌的节奏比较自由，常以两个八分音符的旋律为基础，其中主要为3/4和2/4拍混合使用的节奏型。一般句尾多为下行长音旋律，并级进回归宫音。如谱例1-1：

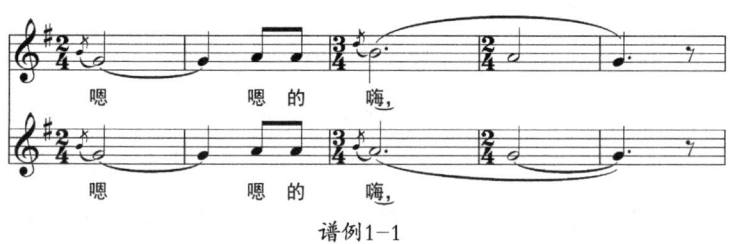

谱例1-1

这首蝴蝶歌的音域在一个八度内，旋律进行在纯五度之间，呈波浪形上下级进，双声部进行时以二、三度级进居多，为G宫调式。其中，在高声部常常会出现大二度的不协和音程，导致旋律乐感变化，同时尾音部分常常会出现具有瑶族特征的下滑音（如：谱例1-2），这使得音响效果出现大二度不协和音程所呈现出的紧张感。单声部旋律的级进显平稳之感，这与多声部大二度之间的紧张之感共同形成了蝴蝶歌音乐的基本特征。

谱例1-2

蝴蝶歌的演唱行腔圆融,美好谐和,给人以风和日丽、灵空秀美之感。富川瑶族自治县白沙镇黑山村的蝴蝶歌代代相传,一脉相承,传承的主要特征:

①歌唱与当地语言结合。

②无曲谱,沿袭古俗。

③吸收当地音乐,使歌谣具有地域特色。

作为非物质文化遗产,蝴蝶歌的独特性和唯一性受到专家们的关注,近年来随着旅游业的发展,瑶族歌谣展演活动频繁,人们在记住瑶族《蝴蝶歌》的同时,也记住了大瑶山和瑶乡,如今蝴蝶歌已成为瑶族地区的一种文化象征。

(四)优嗨歌——族群娱乐的一种标志

考察活动中,每每各种喜庆活动、欢聚场合、迎来送往等都免不了唱一曲"优嗨歌"。据了解,在瑶族"耍歌堂"民俗活动中,分优嗨歌、历史歌、弹指歌和单声歌等歌唱环节,不同的环节演唱不同的歌谣,其中的优嗨歌可独立出来广泛运用于各种欢乐场合。由于"优嗨歌"歌词短小简洁,通俗易懂,瑶族在长期的民俗生活中便形成了固有的乡土歌谣,并演变成

图4　广东排瑶民歌省级传承人唐龙（唐罗古五）
演唱《优嗨歌》（柯琳摄）

连南排瑶娱乐时必唱的一首民歌。如广东排瑶民歌省级传承人唐龙（唐罗古五）演唱《优嗨歌》。见谱例：

优嗨歌

演唱者：唐龙
记　谱：吴丹

注：歌词"盘古王开天辟地，盘古王婆缔造人孙"。其余均为衬词。

"优嗨歌"流传在粤北地区连南瑶族中,作为庆祝丰收时所演唱的一首民歌,是国家级非物质文化遗产"盘王节耍歌堂"中十分重要的一个部分。"优嗨歌"以衬词"优嗬嗨"而得名。演唱时由领唱加众人欢呼应和,曲调高亢嘹亮,节奏自由,同时伴随听众的哨声、牛角声、吆喝声等,场面气氛十分热烈。

"优嗨歌"的音域较高,旋律由两个乐句组成,整首歌曲情绪高昂。每乐句开始、结束均于长拍之中,演唱时句首长音之后与颤音结合,以推动旋律发展。乐句的起止都有相应的语调,歌唱时由呼唤性的衬腔开始,结束在带下滑音的结束音上或停留在时值不同的音型反复上。如第一乐句"哟啊哎"开始,结束在用下滑音装饰的"嗨哎"上,第二乐句虽同样以衬词"哟啊哎"开始,结束时则出现了反复的音乐进行,强化了音乐的发展。整首民歌的唱词为"盘古王开天辟地,盘古王婆缔造人孙"。其余均为衬词"优嗬嗨"。

"优嗨歌"是伴随着瑶族民俗生活而产生的一种本土民间歌谣,具有代表性和典型性,目前已演变成瑶族欢聚场合时必唱歌曲,并逐渐形成为族群娱乐时的一种标志。

(五)丰富的民俗节日——强化族群凝聚力

瑶族民间歌谣的文化内涵充分体现在族群仪式和民俗活动中。族群、村寨、仪式、民俗、歌谣等连成一个维系本民族的纽带,纽带中关键性的文化节点,强化了本民族的心理认同。例如,瑶族民俗活动中的"玩坡节"是排瑶的"情人节",每年春节初一至初二，瑶寨未婚男女盛装约会在俗定的山坡上对歌、玩乐；又如，"开唱节"于农历七月初七这天，大唱《盘古王歌》，以赞颂盘古王的恩情；而"耍歌堂"则是瑶族规模较大的隆重节日，为纪念祖先和欢庆丰收，瑶家于每年十月十六之后的吉日会聚一堂，举行盛大的"耍歌堂"活动；还有"唱歌节"，每年农历三月三各地瑶山举行的传统唱歌节；"坐歌堂"即瑶族在厅堂围火歌唱接待客人的仪式，等等。丰富的瑶族民俗节日，歌谣均起到重要的作用。歌谣承载着历史文化，串联起族群的记忆，维系展演记录着本民族的生存与发展。歌谣丰富了瑶族人的生活，强化了民族凝聚力，展示着瑶族传统文化，为我们了解研究瑶族传统文化提供了活态佐证。

三、承袭歌谣的生态保护传承路径

随着时代的发展，瑶族传统歌谣在与时俱进中，有一部分逐渐走向了舞台化，这样的活态保护虽然脱离了其原生环境，却是社会发展的趋势。这部分瑶族歌谣以适应社会发展的需要，在原有基础上进行创新发展，但是，仍然承袭了瑶族传统歌谣的基本格局，演唱歌谣成为瑶族人代代承袭的一种习俗。

（一）相对稳定的民俗演唱场域

瑶族歌谣的表演承载着民俗、宗教等多重意义，歌谣的演唱不是单纯的娱乐，而是具有一定的仪式意义，与其他民俗活动相互映衬、相得益彰。并有相对稳定的民俗活动场域。如"盘古王节",在这期间各瑶寨均在盘古王庙举行隆重的祭祖活动,推选数位老歌手唱《盘古王歌》。这期间正是收割时节,一是为祭祖敬盘古,祈祷丰年;二是未婚男女相约对唱情歌,并自娱自乐。演唱歌谣不是单纯的歌唱展示,而是整合了相关民俗的全方位的文化体验。民俗活动中歌谣不仅包含了一定的宗教内涵,同时还表现了瑶族人传统审美观与价值观,是一种内涵丰富的民间文化。

随着时代的发展,瑶族传统歌谣在与时俱进中登上了舞台,从区域走到全国各地,所到之处其独特性和唯一性广受关注。同时社会的发展促使瑶族传统歌谣与时俱进,在创新发展中适应大众的审美心理需求。其中,保存相对稳定的民俗演唱场域是保护瑶族民间歌谣的基本保障。

(二)民俗文化宣传对策的考量

伴随着经济的不断发展,人们的精神生活也有更高的要求,潇贺古道上民族旅游逐渐成为人们追逐的热点。更多的人们渴望了解民族文化,借助着旅游热的升温,瑶族民间歌谣作为代表瑶族民俗文化的一种形式展示推广给旅游者,并成为经常演唱的热门节目。来自国内外的游客在瑶乡观赏瑶族歌谣,体会瑶寨风情,了解体验千年瑶寨遗风,由此,打出了瑶族歌谣活态文化招牌。如今瑶族民间歌谣的宣传不再单纯依靠媒体广播、平面广告等媒介,更重要的是当地文化部门通过举办各种活动、文化遗产宣传、举办非物质文化遗产展示、展演,以及对外文化交流等方式对瑶族民间歌谣进行全面宣传。同时用舞台打造品牌，以旅游带动文化发展，也成为当地发展的新理念。到瑶乡旅游观看瑶族歌谣成为到瑶族地区必看的景观。然而，单纯地为了经济利益而进行宣传上的创新，需注意带来负面的影响。为了吸引游客上演的瑶族歌舞，有时甚至一天演多遍，其深层价值和文化意义容易被忽略，这样的民俗文化宣传有待进一步考量。

（三）民俗传统与舞台展演同时建构

瑶族传统歌谣作为民俗的重要内容，在民间生存发展数千年，成为瑶族在节日中最为期待的表演内容之一，在当地瑶族的心目中有着崇高之情，也有娱乐观赏的消遣之兴。过去，人们依靠传统歌谣寄托情思，演唱传统歌谣成为当地人们的精神寄托。随着社会的进步，广播电视网络的飞速发展，娱乐方式逐渐变多，人们开始有了更多的新的精神寄托。近年来，一些瑶族歌谣的演唱逐渐脱离原生环境，走向舞台，作为区域文化的一种象征。瑶族的生活虽然部分脱离了原生环境，但却依然保持着原有的歌谣传唱方式。在政府搭建的展示平台上依然传唱着古老的音韵，瑶族传统歌谣既要保留"村寨"传承，同时也要随着时代发展走向"舞台"。在发展与创新的过程中既要保持固有的特色，又要加入时代的元素，使舞台上的瑶族歌舞面对更为广泛的观众群体。通过系统的策划、传播，使瑶族传统歌谣不断扩大影响力，走出瑶寨，发扬光大。

（四）创新应注意联系相应的民俗

瑶族传统歌谣有民俗性、仪式性、宗教性等多方面特征，具有浓厚的传统色彩。歌唱者以及聆听者都对其歌谣持有敬重的态度。在瑶族山寨看、听歌谣，有一种民俗现象特别引人注目，就是演出过程中的仪式性，主要表现在民间各种活动都要进行一系列的歌谣演唱，每一个过程都不可怠慢。随着旅游开发的进一步深入，现在有些歌谣的演出为了增强视觉效果，单纯追求观赏性，使演出程序发生很大变化。有的改变使瑶族歌谣完全脱离了原有的生态基础，失去了民俗文化内涵。我们说，展演创新发展应保存本质特色，这是区别于其他艺术形式的特质所在。现阶段的瑶族歌谣演唱中，创新应注意联系相应的民俗，突出民俗文化内涵，适当地将民间歌谣内容分类整合，进行传唱，使瑶族歌谣能够在其相应的生态环境内呈现出民族精神内涵。

（五）资源整合与利用是我们需要关注的焦点

在瑶乡文化区旅游景点，瑶族歌谣作为瑶族文化的典型代表之一，为游客进行表演，游客到了瑶乡文化旅游景区，观看瑶族歌舞表演成了一个必不可少的节目，也成了瑶族旅游文化中不可缺少的一个重要组成部分，这为瑶族旅游文化景区带来了较好的经济效益。值得注意的是，将瑶族歌谣列入旅游发展的规划当中，加强有效的管理机制，将文化与旅游业进行统一管理，整合资源，扩大传统歌谣的表演场所，对于瑶族歌谣的普及可起到积极的作用。在传承中对于资源的整合与利用是我们需要关注的焦点，旅游业在带来经济效益的同时，也带来了负面的利益化驱动问题。如果不注意，丧失了瑶族文化固有的特性，其文化内涵也会逐渐改变。因此，如何资源整合，完善管理机制，使其能够达到经济与文化发展的双赢亟待我们加以关注。

（六）尽力保护瑶族民间歌谣的DNA

"政府搭台文化唱戏"的保护机制促进了瑶族传统歌谣的传承与发展，使流传于大山的瑶族传统歌谣更婉转动听。对民间传承人以及民间歌谣传唱等方面都起到积极的促进作用。

例如，在广西贺州过山瑶文化园里，可以穿着瑶家"五色衣"，体验当一回新郎、新娘的感觉；可以亲手绣制瑶族"五色斑布"，体验瑶家妇女居家"女红"；可以听传统瑶家歌谣，体会瑶族"耍歌堂"的浪漫与温情；可以品尝瑶家原生态美食，参加瑶族"长桌宴"；等等。都是保护瑶族传统文化、保护瑶族民间歌谣DNA的需要。

文化是一个民族的灵魂，是一项传承性极强的系统工程，它维系着民族的思想根基和精神内涵。在历史发展的长河中，既要广采博取、融会贯通，又必须保持其鲜明的个性和独立的品格。我们研究瑶族民间歌谣，是为了更好地进行保存和发展，使其变得鲜活。目前瑶族歌谣一方面停留在本民族历史传统中，另一方面却已迈进了现代社会和艺术的大门，它的丰富性和复杂性具有不可忽视的文化意义和研究价值。而研究一种活态的文化应该注重其资源的考察，进而寻找其文化的支撑点以及传统特质，并在此基础上与时俱进创新发展，才能够保存根本的内核。没有相应的文化生态，则必然淡出人们的视野。

参考文献

［1］连南瑶族自治县文化广电新闻出版局、连南瑶族自治县非物质文化遗产保护中心编《瑶族婚俗》，广州：羊城晚报出版社，2017年，第10页。

［2］奉恒高主编《瑶族通史》（上中下册），北京：民族出版社，2007年，第6页。

［3］何芸、伍国栋、乔建忠编著《瑶族民歌》，北京：文化艺术出版社，1987年，第6页。

［4］冯光钰主编《中国少数民族音乐史》（第3卷），北京：京华出版社，2007年，第9页。

［5］广东省连南瑶族自治县文化局编《连南瑶族民歌》，广东省连南瑶族自治县文化局，1983年，第1页。

［6］黄桂秋《岭西族群民间信仰文化探究》，北京：光明日报出版社，2015年，第4页。

［7］朱其现《"贺"文化解读与"锡"人文生态构建——潇贺古道生态文化系列研究之一》，《贺州学院学报》2017年第2期。

最美人间三月天

韦苏文[*]

三月，木棉绽放，鲜花盛开，彩蝶飞舞，百鸟争鸣，人声鼎沸，歌声飞扬。歌声飘逸在蓝天白云间，吹拂在绿色的原野上。

三月里有一个盛行千年的节日——三月三。三月三，源于上巳节，魏晋南北朝时将节期固定在农历三月三。沈约《宋书》云"魏以后但用三月三日不以巳也"。在长期的发展过程中，三月三在祓禊、欢宴、曲水流觞、祭祖拜山的基础上，又多了歌圩这一环节。三月三既是节日，也是歌圩日，每个人都是主角，人们以歌传情，交朋结友，情也融融，乐也融融。

歌圩，作为三月三最为激动人心的活动，出现过这坡歌刚歇，那坡歌又起的起伏场面，仿佛空气里弥漫的都是歌，生活中跃动的都是歌。歌圩的风头盖过三月三，以至于人们知道歌

---

[*] 韦苏文，壮族，中国民间文艺家协会副主席，广西文联一级巡视员、广西民间文艺家协会主席。

圩的多，了解三月三的少。

歌圩，是壮族地区人们在特定时间、地点举行的以对歌为主体的节日性聚会。

歌圩，壮语的意思是"野外水边和坡地上的集市"。对于它，在壮语中各地的称谓也不一致。崇左、宁明一带叫"窝坡"（到山坡上去相会）、"歌坡"（坡场上会歌），德保一带叫"航端"（垌场圩市）；靖西古时叫"窝岩"（出岩洞相会，出野外玩耍），来宾、横县一带叫"圩逢"（欢乐的节日），也有一些地方把赶歌圩叫作"出岩"或"出洞"。由于它以相互酬唱为主体，每场聚集人众不下千人，犹如唱歌的集市，后来人们把它统称为歌圩。

歌圩有节日性歌圩、临场性歌圩、竞赛性歌圩。节日性歌圩是在一年一度的节期里举行的歌唱聚会。大多是春季的正月至五月间，秋季的八九月间。临场性歌圩是人们在一定的聚会时机和场合中的会唱形式。如群体劳动、婚娶喜庆、集市聚会等的酬唱。无特定的日期和场地，规模比节日性的传统歌圩要小。竞赛性歌圩是以村寨间或歌手群体间的传统歌会。按歌圩活动的时间地点，分为日歌圩和夜歌圩、野外歌圩和村寨歌圩。

在汉文古籍中，歌圩又称为"浪花歌"（明代邝露《赤雅》）或"跳月圩"（清代赵翼"镇安土风"诗）。明人邝露《赤雅》中所记的"浪花歌"中可看到活动的情境："峒女（壮女）于春秋时，布花果、笙箫于名山，五丝刺同心结，百纽鸳鸯囊。选峒中之少好者，伴峒官之女，名曰天姬队。余则三三五五，采芳拾翠于山椒水湄，歌唱为乐，男亦三五成群，歌而赴之。相得，则唱和竟日，解衣结带，相赠以去。春歌正月初一、三月初三，秋歌中秋节。三月之歌谓之"浪花歌"。

三月三，是一年歌圩中最为普遍、场面最大、名声最响的歌圩。

对于三月三和歌圩的盛况，清人韦丰华《廖江竹枝词》描述：

> 春风酿暖雨初过，春满田畴绿满坡。
> 试向黄林林外望，三三佳日好花多。

> 昨颁真武喜分将，食罢青精糯米蒸。
> 忽漫歌声风外起，家家儿女靓新妆。

> 柔荑斜眼竹篮携，簇立瓜田青草畦。
> 贯耳花歌行要答，莺喉试转笑声低。

> 相牵相挽笑眉开，小步寻芳往复回。
> 特地勾留岔路侧，待看如玉少年来。

> 綦巾分队路纵横，衬贴春光是冶容。
> 秾李夭桃相依处，有谁经过不停踪。

> 每当倾吐爱花情，抱颈连肩巧比声。
> 唱到风流欢喜曲，娇娃喜意一齐生。

人逢故识注青眸，不觉流连古渡头。
绮语飞来心更醉，情深脉脉短长讴。

钟情人立少年中，眉语斜传一笑迹。
待现花容迫眷盼，娉婷半匿老娘丛。

士也耽兮女也耽，行歌互答当心谈。
欢场易散愁同结，恼煞西山落日衔。

平林息暮噪归鸦，蜂尚迷香蝶恋花。
离曲唱来心绪乱，行合还上路三岔。

浓香惯引得芳魂，爱聚哥哥送到村。
喜庆未阑重订约，姣香遥递约黄昏。

姐妹花开簇锦围，一年一度赏芳菲。
相须领队还教曲，累得娘行也暮归。

白首农夫尽在田，轻眸也共羡花妍。
皤然人老春心在，故引儿童话少年。

儿童本未解风流，此日春情也并忧。
超距兴阑清唱起，草坡围坐习歌讴。

传言娱乐兆丰年，台喜登春不约同。

行乐及时须尽兴，过兹十日又田功。

清人黄誉描述："双溪云锁涨蛟涎，春雨连朝怅漏天。油伞层层遮斗笠，前村姐妹踏歌还。"

山歌是人民的心声，《尚书·舜典》说："诗言志，歌永言。"山歌在人民群众中产生、传播和应用，是人们的第二种语言，即一种升华为诗歌化了的语言。作为歌海，歌圩不是情歌的专场，歌圩的歌多种多样，大致有引歌、古歌、劳动歌、时政歌、仪式歌、情歌、生活歌、历史、传说、故事歌、儿歌等。那回旋复沓的勒脚歌、连环相扣的腰脚韵如机关枪似的排歌，以及上百种单声部和多声部民间歌曲，之所以能在民间世代口耳相传，就是得益于一年一度的"歌圩"盛会。

一、歌圩的歌

歌圩的歌包罗万象，有的见与别人唱歌的姑娘好看，声音又甜润，插杠进来的也有，即抢。有的天南海北，什么都问、什么都唱，以考验对方的学问，虽然不是情歌，但却给自己在姑娘心中的分量添色不少。有时一些看似无关紧要的话题却与恋爱有着直接的联系，所以作为一个歌手，基本上什么样的套路什么内容的歌都要了解，并做到随机应变，这样才能立于不败之地。

（一）引歌

引歌是关于唱歌的歌，内容包括歌谣的起源、传承、性质、作用、威力及传唱歌谣的意义等，具有民间诗论的性质。在男女对唱时，引歌也常被当作邀请对方的开头歌。如田阳县排歌《我的歌声会迷人》：[1]

> 我的嘴巴会流蜜，
> 我的歌声会迷人，
> 我一开口把歌唱，
> 河里的鱼会跳脱鳞，
> 河里的南蛇全翻起鳞片当耳朵，
> 栏里的水牛耸起双角听入神，
> 溪里的螃蟹爬到山巅来探望，
> 天上的凤凰飞下人间寻知音，
> 云头的百灵跌下地，
> 树上的金蝉竖耳听，
> 花中的蝴蝶飞不动，
> 枯木萌芽又发青……

在壮族民间，无论多么纠结的矛盾，都可以在歌声中得到化解。歌起到了化怨的作用。

---

[1] 《中国歌谣集成·广西卷》，北京：中国社会科学出版社，1991年，第5页。

恶言丢下潭，恶语丢下江；
随水东流去，无日再回还。

刘锡蕃《岭表纪蛮》载："桂西北一带之土人，如有两村以上发生重之隙怨，亦当以歌战代械斗。斯时两寨男女排列战场，交叠唱歌，互相谩骂，其揭透辟，尖锐釖刻，有非语言能形容者；如胜负不分，旁村出而和解，亦以歌相习以歌代斗，亦趣闻矣。"以歌泄愤，以歌传情，消除隔阂，缓和对立情绪，却是不争的事实；从而有效化解矛盾。生活中不乏通过山歌化解兄弟不和、夫妻吵嘴、婆媳斗气、儿女不孝等家庭纠纷的例子。如《夫妻分离》的故事：

从前有一对夫妻，结婚多年不见生育，家婆满腹牢骚无处发泄，便唱道：

别家母鸡有鸡仔，我家项鸡无蛋屙；
项鸡吃米不下蛋，不如杀来送酒喝。

媳妇听罢，伤心地唱道：

苦命多，命中无仔没奈何；
项鸡吃米不下蛋，要杀要卖由家婆。

在婆婆的逼迫下，媳妇只好离开家。丈夫送她出门，两人一路哭泣，难舍难分。走到他们婚前对歌定情的山坡，丈夫唱道:"送妹送到这重坡,看见坡上茶花落;茶花落了春不在,我俩分离无奈何。"

妻子伤心欲绝,唱道:

> 离了哥,好比螺蛳离了壳;螺蛳离壳无依靠,妹今离哥不想活。

两人唱了哭,哭了唱,总舍不得分离。天黑了,母亲不见儿子回来,一路找来,老远就听见他们的歌声:

> 树上斑鸠叫咕咕,哥今离妹妹离夫;
> 斑鸠在前哥在后,声声叫妹莫离夫;
> 生不离来死不离,不信且听鹧鸪啼;
> 鹧鸪在前妹在后,声声叫妹莫分离。

"扁担曾经是竹笋,老人曾经是后生",听了这些情深义重的山歌,母亲的心被震动了:她急忙跑过去,紧紧抓住两人的手不放,说:"回家吧,今后只要你们夫妻恩爱,孝敬老人,我就心满意足了。"

(二)古歌古歌

意为远古时代的歌,是反映上古时代创世神话的歌谣,内容包括叙唱天地诞生、人类形成、万物来由以及那些具有超自然力或改变世界的神话人物事迹,是上古人类根据自己的想象

力解释世界的歌谣。如西林县排歌《造物歌》：[1]

很古很古时，天地混一起。
布洛陀开天，布洛陀造地。
先造一杆秤，称天和称地。
称天放得高，称地放得低。
从此天和地，上下两分离。
平地做水田，高山做畲地。
只因无稻种，田地荒草密。
布洛陀去寻，布洛陀去觅。
寻得谷九颗，觅得种九粒。
稻谷种水田，玉米搬畲地。
耕田要用耙，翻地要用犁。
人拖耙不动，人拉犁不起。
祖先布洛陀，又想出主意。
在河边造牛，用牛来拉犁。
造牛又造马，造马给人骑。
爹赶牛耙田，爹赶牛犁地。
三月撒谷种，四月秧长齐，
五六月薅秧，八月见谷粒，
九月粮进仓，仓仓堆谷米。
煮饭不论筒，天下无人饥。
年年得丰足，人人皆欢喜。

---

[1] 《中国歌谣集成·广西卷》，北京：中国社会科学出版社，1991年，第28页。

祖先布洛陀，功劳大无比。
端碗想起他，恩情永铭记。

（三）劳动歌

劳动歌内容比较广泛，包括与农田耕作有关的歌谣、打鱼打猎的歌谣及各种作坊行业的歌谣三部分。这些歌谣有的直接描述生产劳动的动作、场面，有的叙唱各种劳动生产的经验体会，有的表达劳动者生产劳动过程的各种心态。劳动歌不一定都在劳动过程中演唱，特别是叙唱经验及表露心态的歌谣，常在交友欢聚或各种喜庆的场合中演唱。如天等县《种稻谣》：[1]

正月犁耙田，
二月修田基，
三月播谷秧，
四月播秧时，
五月祭田魂，
六月耕田去，
七月禾怀胎，
八月穗出齐，
九月早开镰，
十月湿谷到屋里，
十一月干谷进了仓，

---

[1] 《中国歌谣集成·广西卷》，北京：中国社会科学出版社，1991年，第41页。

腊月里做糍给娘吃。

附记：过去，由于各种条件所限，水稻只能一年一熟。这是反映当时种水稻过程的民谣。

东兰县《补衣歌》是一种行业劳作的歌：[1]

拔起新针抽新线，
缝补旧衣坐窗前。
不是穷来不是苦，
我舍不得旧姻缘。
春月靠你会亲友，
夏日靠你去下田，
秋来靠你收棉粮，
寒冬靠你离火边。
我你交情这么久，
情深意长有根源。

（四）时政歌

包括讽刺歌和颂歌两部分。如钟山县《哭爹喊娘也有用》：[2]

三令五申装耳聋，
以权谋私耍歪风；

---

[1] 《中国歌谣集成·广西卷》，北京：中国社会科学出版社，1991年，第56页。
[2] 《中国歌谣集成·广西卷》，北京：中国社会科学出版社，1991年，第61页。

> 咣啷一声入监狱,
> 哭爹喊娘也冇用。

(五)仪式歌

分为婚嫁歌、丧葬歌和一般的风俗礼仪歌三部分。婚嫁歌是壮族婚俗过程中一系列仪式所唱的歌,是壮族婚俗的集中展示。如隆安县《撑伞歌》:[1]

> 撑起绒伞给新娘,
> 挡风蔽雨遮太阳。
> 人世路上金光丽,
> 结伴同行赛鸳鸯。

附记:姑娘出嫁离村时,伴娘要撑起一把布伞交给新娘撑持,几个主要伴娘也撑布伞伴行,意为新娘日后生活美满幸福,免受风吹霜打、日晒雨淋之苦。伴娘把布伞交给新娘时唱此歌。

柳江县《筷子歌》唱道:[2]

> 竹筷一双双,
> 递给妹同伴,

---

[1] 《中国歌谣集成·广西卷》,北京:中国社会科学出版社,1991年,第99页。
[2] 《中国歌谣集成·广西卷》,北京:中国社会科学出版社,1991年,第110页。

阿哥今日办喜酒,
只有青菜一两盘。

竹筷一双双,
递给妹同伴,
一碗素菜臭火烟,
妹难下筷哥心酸。

竹筷一双双,
递给妹同伴;
茶淡酒淡菜更淡,
但得一起把话谈。

附记:新人拜堂后,便摆宴席喝喜酒。这是摆上筷条时唱的歌。

东兰县《破土谣》:[1]

手拿锄,
脚踏土,
地摇摇,
响咕咕,
龙王开金柜,
犀牛开银库,

---

[1] 《中国歌谣集成·广西卷》,北京:中国社会科学出版社,1991年,第152页。

金子三百三,
银子五百五。
金子垫,
银子铺,
垫新房,
铺新屋,
造个新房春常驻,
起个新屋满福禄。

附记:壮家起新屋时,要选吉日破土,在破土兴工时,要设坛祭祀,这是破土祭祀时的诵词。

(六)生活歌

有教导为人处世的劝世歌、传授各种学识的生活知识歌、娱乐歌、诉说生活苦情的歌(包括长工苦歌、单身苦歌、妇女苦歌及其他行业苦歌)。苦歌是歌者在苦难、苦闷时独自叹唱,也有交友时互相对唱的,其目的是达到一种心理排泄作用。如临桂《织布难》:[1]

织布难,
夜夜织布到天光,
手麻背胀为买米,
难过无米这一关。

---

[1] 《中国歌谣集成·广西卷》,北京:中国社会科学出版社,1991年。

织布苦，
一天尺布难织出，
九夜难织布一匹，
难换斗米担回屋。

天上落雷又下霜，
上机织布手脚酸，
手抛梭子度日月，
吃了上餐找下餐。

也有对歌中比知识、比歌才的歌，如融安盘歌：[1]

什么生蛋万万千？
什么生蛋叫连连？
什么生蛋隔江抱？
什么生蛋海中间？

蚂蚁生蛋万万千，
母鸡生蛋叫连连，
脚鱼生蛋隔江抱，
鳌鱼生蛋海中间。

---

[1] 《中国歌谣集成·广西卷》，北京：中国社会科学出版社，1991年。

什么进屋扫不走?
什么出屋不归家?
什么开花不结籽?
什么结籽暗开花?

日头进屋扫不走,
火烟出屋不归家,
芭芒开花不结籽,
杨梅结籽暗开花。

什么圆圆在天边?
什么圆圆在眼前?
什么圆圆街上卖?
什么圆圆在江边?

月亮圆圆在天边,
灯盏圆圆在眼前,
簸箕圆圆街上卖,
筒车圆圆在江边。

(七)儿歌

作为一个歌手,从小就耳濡目染山歌的魅力。儿歌对于他们更是小菜一碟,这恰如一个人先会走路后会跑步一般道理。

如上思催眠曲：[1]

> 吁一吁，我的小宝宝！
> 我的小乖乖，
> 合唇合眼香香睡，
> 睡够两餐三餐再起来。
> 起来去寻牛奶果，
> 奶果未熟这么快，
> 柚果里的虾儿未曾肥。
> 虾儿肥了咱去摘，
> 人要咱不给，
> 人买咱不卖，
> 摘去给外婆，
> 外婆她不在，
> 阿舅拿来吃。

附：柚果里的虾儿，俗语，柚果成熟时，可食用的部分形似虾仁。

（八）历史传说故事歌

历史歌按时间顺序编排，内容包含从明嘉靖七年（1528年）至1950年这几百年间叙唱的历史事件、历史人物歌谣，其中，革命斗争历史的歌谣占主要部分。传说歌、故事歌也很多。如

---

[1] 《中国歌谣集成·广西卷》，北京：中国社会科学出版社，1991年。

东兰、巴马、凤山《到处有恶人把好人生吞活剥》：[1]

> 故乡那马伯民哥，
> 给你寄这支信歌；
> 我走遍了天下，看透了这世界，
> 到处有恶人把好人生吞活剥！
> 如今世界妖怪多，
>
> 口吃人肉念弥陀，
> 故乡那马伯民哥，
> 给你寄这支信。
>
> 可恨有天无日头，
> 冷风飕飕刮，冷雨沙沙落，
> 我走遍了天下，看透了这世界，
> 到处有恶人把好人生吞活剥！

附注：这是韦拔群烈士到长江流域寻找救国之路时，就所见所闻而唱的歌，是他对辛亥革命之后中国半殖民地半封建社会的控诉，这首歌目前在东兰、巴马、凤山一直传唱。那马：地名。伯民：人名，韦拔哥的好友。

---

[1] 《中国歌谣集成·广西卷》，北京：中国社会科学出版社，1991年。

（九）情歌

情歌在山歌中数量最多，最为优美，是山歌的精华所在，更是三月三歌圩中最令人陶醉的歌。它的内容多为对纯洁爱情的歌颂，抒发青年男女由于相爱而激发的悲欢离合情感。

从细类看，情歌一般包括初识、探情、赞美、离别、相思、重逢、责备、热恋、定情、歌路等。在对唱时，不一定都把所有的歌路走完。"走"时多有迂回，这里有因时间关系匆匆而别的，有通过接触情趣不投而婉言中止的。就是时间充裕，双方情投意合，也不可能一见面就进入难分难解的状态，还有一个互相进一步了解的过程。

1.初会歌

歌节时，盛装艳服的青年男女，三五成群陆续来到歌场，触景抒怀，借物喻意，"一路唱歌一路来，一路唱得百花开；花开引得蝴蝶舞，花开引得蜜蜂来。一路唱歌一路来，一路看见百花开；妹的花开香千里，哥是蜜蜂万里来。"一面唱，一面游串，互相观察物色，遇上合适的对象，便唱起歌来，如柳州的《初相见》：[1]

> 女：初相见，
> 　　初初相见人生疏，
> 　　新打剪刀难开口，
> 　　不知哪样来称呼？

---

[1] 《中国歌谣集成·广西卷》，北京：中国社会科学出版社，1991年，第164页。

男：初相见，
　　初初相见人生疏，
　　芭蕉初初放缸沤，
　　一回生来二回熟？

女：初相见，
　　绒毛鸭仔初下河，
　　麻包洗脸粗（初）相见，
　　不知唱点什么歌？

男：初相见，
　　哥今也是嫩嘴雀，
　　我们都是初学唱，
　　共同唱来共同学。

这类歌，一般是相互问候，礼节性的对答，也有谦恭赞许的。双方都非常珍惜初识交友的机缘。发歌巧妙，答歌机敏，给对方有好的第一印象，从而达到继续对唱，以歌交友、定情的目的。

2.试探歌

在经过数番对唱之后，彼此若有意的话，便唱起试探歌，一是试心意。这类歌大都以比较委婉含蓄的比兴入手，引出对方的交情心意。例如：[1]

男：点火去烧禾稿田，只见火烟不见燃；

---

[1] 《中国歌谣集成·广西卷》，北京：中国社会科学出版社，1991年，第180页。

一心挖塘来种藕，为何怹久不生莲（连）？
女：蜡烛生心不好点，旱塘栽藕不好莲（连）；
　　菜根生虫不好姜，盐罐生蛆不好盐（言）。

二是探真情。双方有了共同的意向，但交情还是结友，就要通过进一步的探察。例如柳州的《一心一意望结交》：[1]

男：吃笋就在三月天，过了四月笋不甜；
　　塘里有水不种藕，塘干种藕不得莲（连）。
女：不敢想，九月塘干不想莲（连）；
　　六月不想山头雪，初三不想月团圆。
男：哥家门前有苋桃，望妹耐心挑水浇，
　　买块牛皮回家煮，一心一意望结胶（交）。
女：妹不敢，妹穷哥富不敢交，
　　狂风吹倒灶王树，灶里无柴不敢烧。

三是盘歌，是互相考察了解对方聪明才智的一种手段。盘歌题材广泛，内容丰富，有神话传说、历史故事、天文地理、岁时农作、生活礼仪、物象猜谜，等等，有传统的成套的"盘歌"，也有临场的随问随答，其形式也是多种多样，有逐首回答、串题连答、专题唱答、连句串唱等。一般为互问互答，但大都为女方先问。例如：[2]

---

[1] 《中国歌谣集成·广西卷》，北京：中国社会科学出版社，1991年，第182—183页。
[2] 何承文、李少庆《壮族排歌选》，南宁：广西人民出版社，1982年，第42—46页。

女：什么骨肉笼中长？
　　什么林里树木出倒根？
　　什么茅寮槽对槽？
　　什么芭芒节对生？
　　什么叫作天翻地倒反？
　　什么地反土地乱？
　　什么叫作三角地？
　　什么叫作四方田？
　　什么叫作龙尾拖下地？
　　什么叫作马尾拱上天？
　　什么叫作田螺绕到山后住？
　　什么叫作鸭仔崖边栖？
　　什么筒子里的筷子会长叶？
　　什么人人找它包东西？
　　什么盆内肉带骨？
　　什么鱼花地里高跳起？
　　什么小小就长角？
　　什么长角不分枝？
　　什么叫作雁鸭飞过溪？
　　什么叫作人人一同拜天地？
男：妹妹穿鞋袜，
　　那叫骨肉长笼中。
　　妹妹梳头发，
　　那叫树木出倒根。

十只脚指同一起，
那叫茅寮槽对槽。
芭芒节对生，
那是十个手指一同伸。
妹爸去犁田，
那叫天翻地倒反。
妹爸去耙田，
那叫地反土地乱。
小孩背带叫作"三角地"。
小孩包巾叫作"四方田"。
老天下大雨，
那叫龙尾拖下地。
人家烧窑烟火起，
那叫马尾拱上天。
妹妹头后绕发髻，
那叫"田螺"绕到山后居。
妹拿背带背小孩，
那叫鸭仔崖边栖。
粽叶在园里，
那叫筒里筷子长叶子。
盆内肉带骨，
那是谷子混白米。
妹拿簸箕来簸米，
那叫地里鱼花高跳起。
牛仔小小就长角，

水牛长角不分枝。
妹妹田里丢秧把，
那叫雁鸭飞过溪。
众人插秧在田里，
那叫一同拜天地。

女：猜对猜，猜对谜，
妹妹再来出个题：
什么靠秧长？
什么等锁匙？
什么架在马背上？
什么最爱玩花枝？
什么最爱吃果果？
什么最爱找鱼吃？
什么要双配？
什么找对子？
什么配箩斗？
是谁在屋里，
老虎拿猪不追击？

男：稗草靠秧苗。
锁子等锁匙。
马鞍架在马背上。
蝴蝶最爱玩花枝。
猴子最爱吃果果。
水獭最爱找鱼吃。
鞋子要双配。

鸳鸯找对子。
簸箕配箩斗。
情哥情妹在屋里，
就像凤凰遇绵鸡；
眉对眉来笑对笑，
正是美酒醉人时。
腾云驾雾飘飘去，
老虎拿猪自不如：
老虎拿猪不去赶，
哥难舍来妹难离！

将各种社会事象和生活常识加以歌化，并以问答的形式来表现，既可增强记忆和便于传播，又起到了沟通两者心灵的桥梁作用。如果没有丰富的生活知识和聪敏的歌才，是很难快捷准确地唱答的，答不出即丢脸，答慢一点又难堪，在姑娘心目中刚刚垒起的好印象就会消失得无影无踪。因为在对方眼里，这些习以为常的生活常识你都不知道，又如何托付终身呢？

3.赞美

在唱歌中，双方由陌生渐渐变为熟悉，于是唱起了赞美歌，即流露出爱慕之情。如凌云县排歌《谁家女儿过这里》：[1]

谁家女儿过这里？

---

[1] 《中国歌谣集成·广西卷》，北京：中国社会科学出版社，1991年，第201页。

像小燕飞低；
身手摆摆多姿势，
走路脚离地；
两腮粉红像涂粉，
嘴巴红红赛金鱼；
头发长长甩着走，
就像蝴蝶下花技；
人儿标致脸带笑，
眼睛明亮多伶俐；
牙齿白白像珍珠，
开口胜过金鸡啼。
哥我有家也不顾，
求同妹一处，
哪怕身死心也服；
早晚想到妹，
饭放嘴里忘了吃；
出门想到妹，
走路抬脚也忘记。
脸变黑变灰，
日比日瘦为了妹。
糖放嘴变苦，
药到肚心碎。
什么换得哥想妹深深？
什么解得哥为妹烦心？

天高天见蓝，
月明就光亮。
妹像明月在高天，
哥我虽然想得深，
终难得近月亮边，
只怕月亮落，
到时心发癫。
哥愿月亮时时停在正当顶，
哥盼天下红花久久鲜，
只恨福分薄，
月好月高哥却孤身自可怜。

哥想扛了西山走，
不陪月亮下山头，
给月亮照得门窗明，
庭院久久亮，
陪哥玩玩解忧愁。

在这方面，男子往往更大胆一些。

4.初恋

在经过前面的对歌之后，双方已经渐入佳境，交情的对象也逐渐明确，于是恋歌从心中飞出。如武鸣区《春情》：

每逢四月四，
四处禾苗青，

布谷歌声起,
激荡妹春情。

哥弯腰拔秧,
飞蝶赶不上;
多少好姑娘,
心又疼又痒。

哥样样精通,
犁耙更闻名;
勤快又精灵,
妹暗把心倾。

爱哥心急切,
情火烧我心,
欲言又还休;
话说给谁听!

5.正当歌酣情浓之时,时光不知不觉地从身边溜走了

随着太阳的西下,两人不得不分手,这怎能不令人伤心呢?于是,有的唱起了《锁日歌》:[1]

女:唱歌唱到日落山,

---

[1] 《中国歌谣集成·广西卷》,北京:中国社会科学出版社,1991年,第207页。

我俩情意唱不完；
　　妹拿钥匙哥拿锁，
　　锁住日头挂半山。
男：唱歌唱到日落山，
　　我俩情意唱不完；
　　哪得砍来长竹竿，
　　撑住日头唱一番。

"锁日""撑日"是要跟刚刚相恋的人多点时间在一起。然而人间哪有不落日？于是那难舍难分的爱恋，便在一步又一步的离别相送中进一步抒发。如田阳县的《分手容易分情难》：[1]

…………
走到分水岭，
分水容易分情难；
哥别妹，妹送哥，
分水岭，难分情。
好像蛟龙难离水，
好像猫嘴难离腥，
好像果狸难离国，
好像水獭难舍鲤鱼精。
哥别妹啊，
就像河水下滩声声远，

---

[1] 《中国歌谣集成·广西卷》，北京：中国社会科学出版社，1991年，第218—219页。

哥别情啊，
就像渠水进田无回音。
螺蛳难离田，
果枝难离母，
苦竹难离苦竹林。
苦哥别苦妹。

6.相思

两情相悦时，离别是难受的，可漫长的相思却又令人茶饭不思，寝食不安。看柳州的《铜打肝肠都想断》：[1]

男：手臂挑花种红豆，入骨相思妹不知；
　　哥今拉牛过大海，情深半步也难移。
女：下雪鲤鱼死水底，为霜（双）冻死有谁知；
　　天旱大蛇把壳换，为晴（情）不死脱层皮。
男：实在想，日夜缫茧为抽丝（愁死）；
　　龙汤泡饭难吞下，为情相思抵肚饥。
女：想哥迷，想哥迷迷哥不知；
　　蜘蛛结网三江口，水推不断是真丝（思）。
男：想妹一年又一年，想妹一天如过年；
　　铜打肝肠都想断，铁打眼睛也望穿。

龙胜各族自治县《相思泪如麻》唱道：[2]

---

[1]《中国歌谣集成·广西卷》，北京：中国社会科学出版社，1991年，第221页。
[2]《中国歌谣集成·广西卷》，北京：中国社会科学出版社，1991年，第225页。

高山望哥家,
衣袖把泪抹。
两情隔路远,
相思泪如麻。

天黑点油灯,
灯草放一把。
灯亮心不亮,
灯黑眼不眨。

塘水打回湾,
滩水响哗哗。
愿做鸭浮水,
随哥走天涯。

7.重逢

经历了漫漫的长夜,经历了心灵的重重煎熬之后,终于盼来了两人的相会,于是唱起了重逢歌。如巴马瑶族自治县《得见妹一面》:[1]

得见妹一面,好比捡得金;
恩爱装心底,雷劈也不惊!

---

[1] 《中国歌谣集成·广西卷》,北京:中国社会科学出版社,1991年,第235页。

妹像天上星，哥是草上萤；
得见妹一面，好比捡得金。

和妹住一天，好比做神仙；
多少真心话，说来赛蜜甜。

哥是麻雀鸟，妹是金毛鹃；
和妹住一天，好比做神仙。

8.怨情

唱罢相思过后的重逢歌，两人不是马上点燃起爱的火焰，而是相互责备，埋怨对方。如大新县的《两头难》：[1]

妹心好比玉米心，
丢到水里都不沉；
漂到哥前说爱哥，
浮到别处另爱人。

想起情妹我心寒，
骗哥卖田去贩蛋；
无耳扁担骗哥挑，
叫哥左右两头难。

---

[1] 《中国歌谣集成·广西卷》，北京：中国社会科学出版社，1991年，第238页。

9.热恋

相互埋怨,不是不理对方,而是为了加深印象,当一切误会消除之后,便是泪断肝肠的热恋。如田阳排歌《要等天断云》:[1]

> 要等天断云,
> 要等地断路,
> 要等海断水,
> 要等山断雾,
> 要等公鸡会下蛋,
> 要等母鸡会啼喔,
> 要等界石会生根,
> 要等芭芒变椀木,
> 要等拐棍长绿叶,
> 要等水瓜变葫芦,
> 要等盘菜萌新芽,
> 要等酒糟变蜜露,
> 要等数清天星子,
> 要等量尽人间路,
> 要等羊角能扳直,
> 要等竹鼠变金鹿,
> 要等槟榔变铜鼓,
> 要等卵石变珍珠,

---

[1] 《中国歌谣集成·广西卷》,北京:中国社会科学出版社,1991年,第250页。

要等绣球变成鸳鸯枕,
要等腰带变成大火炉,
…………
在生要同屋,
死了要同墓,
"等"字文身针针绿,
血洒入骨念当初!
要等天断云,
要等地断路,
要等海断水,
要等山断雾。

10.定情

经过探明真情实意之后,披露心声,相互应和,歌越唱越浓,情越来越近,两颗心渐渐地交融在一起,于是留下了定情物,唱起了定情歌。他们以物定情,借物抒怀。如天峨县《新鞋送给心上人》:[1]

男:斑鸠叫在长岗岭,画眉啼在远山林;
　　上坡下坡来会妹,妹拿新鞋送何人?
女:哥莫问,新鞋送给心上人;
　　那天阿哥耙田去,黄泥田坎留脚印。
男:好欢心,原来妹是有心人;

---

[1] 《中国歌谣集成·广西卷》,北京:中国社会科学出版社,1991年,第255页。

> 往时见哥羞红脸，不露真情不吐音。
>
> 女：白布鞋底十八层，层层贴着妹的心；
> 三更纳底妹不困，五更纳帮更精神。
>
> 男：一双布鞋五百针，针针牵着哥的心；
> 抬头问声好阿妹，情深义重谢妹心。
>
> 女：纳鞋纳到过五更，灯芯点完灯油尽；
> 妹舍眼泪当灯油，哥舍眉毛当灯芯。
>
> 男：一双新鞋脚上穿，能上高山把虎擒；
> 哥有阿妹来做伴，敢下大海把龙寻。

收下新鞋后，男方以手镯等物作定情礼回赠。例如：

> 男：桥下河水清又清，送对手镯给我情；
> 银镯戴在妹手上，如同阿哥随妹身。
>
> 女：见双手镯亮晶晶，妹接银镯领哥情；
> 镯子戴在妹手上，哥情收在妹的心。

送了定情物，交了定情礼，两人的心贴得更近了。看田东县的《绣球飞过坡》：[1]

……

> 女：绣球飞过坡，
> 情意投给哥，

---

[1] 《中国歌谣集成·广西卷》，北京：中国社会科学出版社，1991年，第265页。

红绸裹妹心，
丝绒连脉搏。

男：绣球飞过坡，
红花绿叶托，
同根又同枝，
连心树一棵。

女：绣球飞过坡，
越飞越近哥，
唱歌同腔调，
说话声气和。

男：绣球飞过坡，
情妹来近哥，
芭蕉同条心，
花生同个壳。

表达男女之情的恋歌不唯年轻人所独有，中老年人也是可以表达爱意的。如1937年，柳城县歌王黄三弟中年丧妻，一天，他与中年守寡的女歌王蓝达妹邂逅，两人同病相怜，以歌探情，最终结为百年之好：

黄：老妹守寡好心伤，三弟守寡也凄凉；带个小仔一岁大，我又当爹又当娘。

蓝：中年丧妻到处有，劝哥莫要太忧愁；帽子丢了另买过，何必这样打光头。

黄：家里贫穷难成双，才定一生打孤单；不信你看江边柳，哪有青藤来纠缠。

蓝：十条河水九条滩，十苑柳树九苑弯；望柳牵丝垂下地，耐烦总有藤来攀。

黄：看来耐烦也无用，人多爱富嫌贫穷；多见锦上添花朵，少见雪中送火笼。

蓝：哥要种花围园种，舍得淋水花就红；单身会有人来伴，饿鸟自有飞来虫。

黄：分龙时节天难定，东边日出西边阴；只见天阴不落雨，不知真晴是假晴。

蓝：灯盏无油哪来亮，蜂不采花哪来糖；天不起云哪来雨，哥不开口哪来双。

黄：苦瓜皮苦心也苦，甘蔗皮甜心也甜；情哥贫苦妹也苦，我俩结个苦同年。

蓝：妹是高山桃一苑，又苦又涩无人偷；哥你若是不嫌苦，爬山来到妹家求。

黄：妹是高山桃一苑，怕苦的人不想偷；哥我本是猴子命，巴望山果养山猴。

蓝：风吹树叶响窸窣，树叶落在大树脚；树叶恋根我恋你，问你心肠又如何？

黄：久不落雨地皮旱，久打单身心里烦；得妹一句真心话，好比猫仔见鱼干。

（十）抢歌

在德保、靖西等县的歌圩上，众多男子组与一个女子组对歌，先由各个男子组用不同的歌韵唱求歌，女子组选答其中一个男子组（歌步其韵）。各个男歌组所唱求歌的用韵不能相同，否则人家会认为你没有水平，只有出奇制胜，才能把女方引来与自己对歌。

求歌通常采用恳求、喻理、劝说、激将等几种表现手法。

恳求法　即男方以真诚的态度、平和的语气，恳求女方对歌。如：

> 百花园中百花放，要数牡丹最鲜红。
> 蜜蜂结队园中飞，来往穿梭花丛中。
> 采花虽苦蜜糖甜，花朵莫嫌采花蜂。

激将法　用夸张和挑战性的歌句，来刺激对方比试歌才的兴趣和应战激情。如：

> 听说表妹功夫够，能用豆腐熬美酒。
> 出门顺将葫芦带，想买一壶润干喉。
> 妹的米花两头尖，想买又怕白费钱。
> 热水来泡怕不软，吃了又怕把肠穿。

劝说法　在"求歌"唱过若干首之后，如果女方还是按兵不动、不露声色，便采用探问式劝说方法，诱导她们"接歌"。如：

> 林中画眉舌头巧，久闻阿妹歌才高；
> 踏破铁鞋来请教，金口不开为哪条？

不管采用哪一种"求歌"方法，都要以情动人，以情感人，才能使对方"接歌"。面对众多"求歌"组，女方一般不会轻易正面答歌。有时一边随口闲唱一边侧耳细听，有时则只听不唱，意在挑选好的对手，或是意中的对象。经过酝酿之后，她们才"接歌"，步哪一组的歌韵，就是和哪一组的歌。

这组习惯叫主男组，其他男子组有的在旁听歌，有的走开，有的不甘心而唱"抢歌"，想法把女子组的歌抢过来。客男组唱了"抢歌"，抢有诱抢，或硬抢，或激将，或抢得乐，或对女组表示欢迎，或对主男组进行讥讽，或抢而不得而怨叹。如硬抢：[1]

> 草木烧灰做鸡窝，
> 等鸡下去把蛋屙，
> 爪子越扒窝越乱，
> 窝里越乱我越乐。

客男组唱抢歌后，主男组便唱防歌；防有防抢，或防分，或让歌，或奚落客男组，或责备女组分歌，或反扑客男组，或劝女组归来，或迎接女子组归来，或关门。如反扑：[2]

---

[1] 《中国歌谣集成·广西卷》，北京：中国社会科学出版社，1991年，第330页。
[2] 《中国歌谣集成·广西卷》，北京：中国社会科学出版社，1991年，第335页。

种棵酸枣在路边,
等果子狸来解馋,
躲在树根放兽弹,
火药不用几多钱。

两个手掌共十指,
二十八节两边齐,
拇指虽短名不短,
算来算去也第一。

唱抢歌时女组唱分歌,或不分,或议分,或厌主男组,或分而与客男组对唱,或讥讽客男组,或回头与主男组重归于好,抢、防、分形成所有各歌组之间的矛盾纠葛。当女组回头表示与主男组言和时,一场抢歌方告结束。如:[1]

亲亲不过燕子鸟,
冬去春来恋鸟巢,
桃红李白天又暖,
回飞不辞万里遥。

---

[1] 《中国歌谣集成·广西卷》,北京:中国社会科学出版社,1991年,第339页。

（十一）斗歌

斗歌是德保、靖西等县歌圩或平时对歌时常出现的一种现象，把对歌的浪潮推上高峰。经过一阵较量，便会有一方提出和解，对方顺水推舟，表示重归于好，转唱副的歌题。斗歌或求中斗，或挑战斗，或应战斗，或平平斗，或风趣斗，或藐视斗，或拼搏斗，或乘胜斗，或讥讽斗，或奚落斗，或言和。如藐视斗：[1]

蚯蚓常夸本事绝，
无骨也能钻地裂，
若要把它放下水，
游水过河不如蛇。

麻雀天天吃得精，
个个只有二两轻，
像养鸭子把它灌，
再大也不足半斤。

（十二）还球歌圩

还球歌圩属于竞赛性歌圩，是村与村之间的山歌比赛活动，流行于南宁市邕宁区良庆区、江南区壮族聚居的新江、百

---

[1]《中国歌谣集成·广西卷》，北京：中国社会科学出版社，1991年，第341页。

济、良庆、吴圩、那陈、南晓等地。

"球"用雄鸡尾毛和鹅绒毛结成，下连两层银片，并用红丝带系一小铜铃。用红绸外包，内放有小镜子、木梳、手帕各一，上端露出毛球和丝带。

甲村如果想与乙村赛歌，在经过双方商量后，在中秋或重阳将此球和一封月饼、一条毛巾交给乙村的代表，叫作"放球"。双方的歌师约定好时间地点，各据一个坡地，甲村的人唱起"放球歌"，乙村的人唱起"接球歌"，把"球"和小礼品接过来，即标志双方达成赛歌之约。

乙村接下了"球"，就要邀请名歌师，训练好歌手，做好唱赢还"球"的准备。待条件成熟，便郑重向甲村和乡邻通报，约定于某个日子（一般是在春节或二月初二或三月中旬）在某一坡场举行"还球"。

"还球"日，人们从四面八方蜂拥而至。成千上万人围坐在歌场四周的草坪上，或据于有利地形，静候观赏"还球"歌战。

在长约数丈的场地上，双方的歌师和歌手们各据一端。每方有主唱歌手2人，预备歌手4~6人，歌师数人。按传统俗规，"还球"一方的歌手为男青年，放球方变成"接球"方为女青年歌手。主唱歌手（二男、二女）除长相标致、嗓音嘹亮外，还要具备日夜捧球往还歌唱到底的耐力。若遇中途嗓音有变唱不了，便由预备歌手帮腔配唱。主唱男歌手头戴特制草帽，顶上绣有金钱、蝴蝶、蝙蝠等图案，帽檐镶上绸缎、彩带等饰物；女主唱歌手头上扎或黑或绿镶花边的包头巾，戴大银耳环和玉镯。"还球"方将彩球和一包龙凤礼饼放在平排而坐的男主唱歌手身旁；"接球"方的女主唱歌手，也远距相对而坐（中间相距三五米）；主歌手后面分别是各自歌师及预备歌手。未开场前，女方（接球方）歌手们先给男方（还球方）端茶递烟，以礼待客。

"还球"开始时，"还球"方的歌师先给主唱歌手"提词"，那两个男主歌手便分别捧着彩球和礼品，唱起"了啰歌"，手牵手向对方走去。唱到第三句（四句一首）时，便把彩球和礼品交给"接球"一方的两位女主歌手，唱完第四句便返回原处。随后，女方歌师便将回敬的歌词迅速传给主唱歌手，她们二人又边唱着歌、手拉手将彩球和礼品退回男方。如此不断对唱，往复还送。所唱内容，有相互谦让、赞扬，有问答猜谜、传说故事、人生礼仪、岁时农事、天文地理、花草树木等等，一来一往，一唱一答。如果一方一时对不上，对方便继续唱第二首、第三首。男方唱不赢，女方就不收球。群众为之助威，呼应情绪热烈。有时甚至连唱一天一夜，预备歌手轮番伴唱亦未见分晓。等到男方对出好歌，或女方再三对答不上，或觉时间拖得过长，女方就不再把球送回男方。并当场"开球"（打开红布包），收下礼物中的日用品，将其他糖饼等食品分成小块，送给歌师、还球队和在场的群众一起品尝。

"还球"刚告结束，在场外的众多歌师、歌手早已按捺不住，他们自由组合成数十上百个歌组，互相开展歌战，有的专向"还球"主唱的某一方"开火"，以试锋芒。于是歌场上又出现大规模对唱的新高潮。其中，有不少实力很强名传四方的歌师,有的唱出妙句,竟无人对答得上。过数年后,"谁欠了谁的歌",还在吸引众歌师们去思索,寻求解答。如在20世纪60年代初的一次"还球"歌圩上,良庆必坡村的名歌师李云香,唱了一首山歌:"茶也少来烟也少,茶烟少少敬贤兄;烟少白白用纸卷,茶少聊用开水蒸(壮语汉译)。"在场的上百歌师和三千多群众,竟没人对得上。直到现在,李云香已作古,这首意义含蓄、叠词双关的山歌,仍是人们心中的一件憾事。

(十三)山歌歌式

千年的歌圩,孕育了无数的歌师歌手,歌师歌手们为歌圩的发展穷其毕生,创造了数以万亿计的山歌,创造了各种有名的歌式歌调。壮族山歌按歌的长短和用韵方式可分为短歌式、勒脚歌式、排歌歌式。

1.各种短歌式

(1)两行

如五言:[1]

> 别妹软手脚,
> 扛不起张纸。

在经历了漫长的发展,特别是汉文化传入之后,变成上下

---

[1] 黄勇刹《壮族歌谣概论》,南宁:广西民族出版社,1983年,第24页。

句七言短歌式。[1]

> 别去何时能再见，
> 衣袖不干为眼泪。

这种歌式主要分布在靖西、那坡、天等、田东、田阳等地。两行短歌歌式上句尾字和下句腰字（五言的腰为第一个字到第四个字，七言的腰为第一个字到第六个字，韵点可随意而定），要求只押一个腰脚韵。

（2）三行

三行短歌式基本上以五言为主体，有一部分是掺杂有七八言以至十几言的句子，比五言式的句子内涵更为丰富，节奏也更为灵活。如：[2]

> 俏妹好苗条，
> 能揉放荷包，
> 怎么说你已经做了别人的妻子。

> 开春三月三，
> 蝴蝶拍翅来赏花，
> 妹眨眼叫哥。

---

[1] 黄勇刹《壮族歌谣概论》，南宁：广西民族出版社，1983年，第31页。
[2] 黄勇刹《壮族歌谣概论》，南宁：广西民族出版社，1983年，第33页。

它由腰脚韵结构式互相挂钩连接而成。要求押两个腰脚韵（即第二行尾字与第三行腰字的腰脚韵）。

三行短歌式流传在田林、西林、隆林、凌云、百色、田阳一带。

（3）四行

这种歌式在整个壮族地区流传最广，也最为普遍。绝大多数押韵方法是上下句押腰脚韵，第二句和第三句不要求押腰脚韵，但一定要押脚韵，第三句和第四句又要转押腰脚韵。如：[1]

> 望月月沉落，
> 望鸟鸟飞脱。
> 月落星子在，
> 鸟飞笼空着。

形象鲜明，感情深沉，歌唱韵味浓烈。一、二句押腰脚韵，二、三句押脚部，三、四句又转腰脚韵。又：[2]

> 望到发根枯，
> 望到喉管断，
> 死去几十日，
> 想你又生还！

---

[1] 黄勇刹《壮族歌谣概论》，南宁：广西民族出版社，1983年，第38页。
[2] 黄勇刹《壮族歌谣概论》，南宁：广西民族出版社，1983年，第39页。

四句短歌除了绝大部分是五言体之外，也还有一部分属于七言体，如：[1]

> 灯心草，
> 灯心无油点坏心。
> 走过街街有油卖，
> 为何夜夜点干灯？

这种七言体中又分成腰脚韵与脚韵兼备的七言和只要求押脚韵的两种歌式，七言腰脚韵歌式基本上由两联七言歌式连接合成。四行短歌的用韵要求两头两尾（一、二行与三、四行）押两个不同的腰脚韵，而且要求在中间押脚韵（第二行与第三行的脚韵）。

一般而言，两行短歌要押一个韵，三行短歌要押两个韵，四行短歌要押两到三个韵。五行短歌则要押三至四个韵。这种押韵要比汉诗或汉语歌谣所要求的一二四行的脚都押平声韵丰富而又严格得多。

（4）五言五行

它从二行、三行、四行短歌发展而来。常见于生活苦歌之中，在情歌中运用得也不少。如：[2]

---

[1] 黄勇刹《壮族歌谣概论》，南宁：广西民族出版社，1983年，第45页。
[2] 黄勇刹《壮族歌谣概论》，南宁：广西民族出版社，1983年，第48—49页。

男：睡着梦里喊，
　　爱深梦里见，
　　梦醒点燃灯，
　　对影自可怜，
　　托腮泪涟涟。
女：嫩菜还在园里，
　　清水还在泉里，
　　闸门还在关闭，
　　坝口未曾开渠，
　　开闸开渠妹等你。

这种歌式在田阳一带流传比较广泛。

（5）六行

这种六行短歌式，在结构方面与四行短歌一样，但它的脚韵是安在第三行和第四行的尾巴。如：[1]

妹你有田在水坝边，
边耕田来水边流进田，
为何得了粮食就丢禾秆秆？
妹你有田在溪沟边，
得耍风光度华年，
哪里想到望天田。

---

[1] 黄勇刹《壮族歌谣概论》，南宁：广西民族出版社，1983年，第50—51页。

妹送一双鞋,
鞋样巧又乖,
乖巧如同桂林师傅用心裁,
算你情妹好心怀,
心怀好过全世界,
鞋子穿坏了哥心更加爱。

布是圩上布,
绸布缝在面,
洋线把尾连,
底布几层垫,
中间绣花圈,
情意万万千。

这种歌式主要流行于上林一带。

2.勒脚歌式

所谓"勒脚",即反复吟唱。有的地方叫马蹄勒,有的叫欢三脚,有的叫比绍勒,都是反复唱之意。它在反复咏唱中,使主题重复再现,使关键的内容得到进一步的强化和突出,使优美的词句重复出现。

主要分布在柳州、河池、来宾、桂林、南宁、崇左、贵港和玉林市的桂平,以红水河流域最为盛行。

勒脚歌有五言、七言、五三五言、七三七言之分。若以行数论,有八行勒脚歌、十二行勒脚歌、十八行勒脚歌、三十六行勒脚歌、七十二行勒脚歌之说。

（1）八行勒脚歌

八行勒脚歌由两首四行短歌扩充而成，其实只有六行不同的字，只是把第一、第二行作为勒脚复唱部分，故称八行。（在老百姓的歌本和歌手的抄本中只写定六行）。八行勒脚歌格式是固定的。如：[1]

> 天上断星斗，
> 我俩情不断，
> 皇帝江山乱，
> 我俩信不断。

> 猴子发誓不吃果，
> 水獭发誓断鱼腥，
> 天上断星斗，
> 我俩情不断！

这首歌前四句包括上下句的腰脚韵和二、三行的脚韵，后四行也完全符合五言四句短歌的韵律规则。每一首独立的五言（七言）四行歌式都由三个韵律要素组成：一、二行的腰脚韵；二、三行的脚韵；三、四行的腰脚韵。

八行勒脚歌就是由两首四行短歌式扩展组成。（十二行、十八行的勒脚歌就是分别由三首四行和六行短歌式组成）。如

---

[1] 黄勇刹《壮族歌谣概论》，南宁：广西民族出版社，1983年，第52—53页。

果没有这种特定的韵律结构,它就不是勒脚歌式。

(2)十二行勒脚歌

这种歌式,是流传最为广泛的山歌体形式。马山、都安、大化、武鸣、金城江、东兰、巴马、武宣、兴宾、港南、港北、覃塘、上林、忻城、柳江等县(区)的群众最熟悉也最喜欢这种歌。有五言、五三五言、七言、七三七言等四种结构。

七言勒脚式与五言勒脚歌式的韵律结构是一样的。[1]

一　妹是一棵槟榔树,——a
二　长在县官厅堂前,——a
三　槟榔我想吃半颗,——b
四　恨手太短实难攀!——b

五　假如早上嘴能尝,
六　到夜槟榔味还甜,
一　妹是一棵槟榔树,——a
二　长在县官厅堂前。——a

七　脚踩青草枯萎了,
八　槟榔树下团团转,
三　槟榔我想吃半颗,——b
四　恨手太短实难攀。——b

---

[1] 黄勇刹《壮族歌谣概论》,南宁:广西民族出版社,1983年,第55—56页。

这是流传在来宾一带的传统十二行勒脚歌，它的结构十分严谨。

十二行勒脚歌的韵律结构是：开头一节四行歌，分成前半部（一、二行）和后半部（三、四行）两个部分，即a和b。头一节的前半部a构成第二节歌的勒脚复唱部分。头一节的后半部b构成第三节歌的勒脚复唱部分。第二节和第三节的前半部（五、六行和七、八行），是通过第一行与第二行的腰脚韵及第二行与第三行的脚韵将三节十二行歌紧密地联系在一起。

b.五三五言

这是流传在忻城与上林交界一带的歌式。它是五言十二行歌式的发展和扩大。每一行都是五三五共十三言，五言之后的三言可以是五言后三个字的重复，也可以不重复，但第三个字要与前面五言的第五个字构成脚韵。如：[1]

架就架铜桥，架铜桥，别站木桥上，
铜桥才好看，才好看，万代得传扬，
风大浪又大，浪又大，过桥心欢畅，
海阔龙世界，龙世界，天高凤家乡。

红花长海中，长海中，越看它越红。
映得海红透，海红透，云飞流火光，
架就架铜桥，架铜桥，别站木桥上，
铜桥才好看，才好看，万代得传扬。

---

[1] 广西民间文学研究会《广西民间文学丛刊》，1982年，第35—36页。

哥是鲛龙命，鲛龙命，不怕穷海水，
妹是彩凤命，彩凤命，不怕天高广，
风大浪又大，浪又大，过桥心欢畅，
海阔龙世界，龙世界，天高凤家乡。

这种歌式有四行一首的，八行一首的，也有十二行一首的。其第一、二行的腰脚韵与第二、三行的脚韵结构，同五言或七言十二行勒脚歌式完全一样。

（3）十八行勒脚歌式

十八行勒脚歌，是一种流传不太广泛的勒脚体山歌，只在上林、兴宾、忻城等县（区）局部地区流行，所谓十八行，其实是十二行的扩充，十二行分三节，每节四句，十八行也分三节，每节六句。头一节六行，破做两半，前三行是第二节后半部，后三行是第三节后半部。[1]

一　世上还有谁像我孤苦的特华？——a
二　小小年纪就死了爹妈，——a
三　说起来啊泪如雨下！——a
四　我啊生在这人世间，——b

五　没有土地也没有家产，——b

---

[1]　《中国歌谣集成·广西卷》，北京：中国社会科学出版社，1991年，第270—271页。

六　想起来像醋水一样辛酸！——b
七　每逢过年过节的时候，
八　别人都有父母同桌吃饭，

九　而我啊这么孤孤单单，
一　世上还有谁像我孤苦的特华？——a

二　小小年纪死了爹妈，——a
三　说起来啊泪如雨下！——a

十　一家只剩我和小妹妹，
十一　生活得这么孤苦伶仃啊，
十二　小小年纪就独自去奔波谋生，
四　我啊生在这人世间，——b
五　没有土地也没有家产，——b
六　想起来像醋水一样辛酸！——b

　　至于三十六行勒脚歌和七十二行勒脚歌，今已难找到，它因不常使用而逐步在人们的记忆中消失了。

　　勒脚歌是在四行短句歌式基础上发展起来的，这种歌在歌唱时有个关键的部分，即每一首四行短句歌中的第二行和第三行必押脚韵，如果失去了这个关键的部分，那就无法成为勒脚歌式，也就构不成音乐方面的优美旋律和节奏感。

　　3.排歌歌式

　　排歌，亦称排欢，每首的句数不定，但一般为双数，每句的数字一般为单数。除每两句须押腰脚韵外,其他都比较自由,句子往往用铺排的方式进行。与韵律严谨的勒脚歌相比,排歌在用韵方面显然要自由得多,它可以自由抒发,因此容量很大。

排歌主要流传于左江流域、右江流域和红水河流域壮族聚居地,特别是凌云、右江、田阳、田东、东兰、巴马、凤山、平果、武鸣等地。常见的排歌有五言排、七言排和以五言七言为基础的长短句排。

(1) 五言排歌

所谓五言排歌即每行五个字。如:[1]

> 爱你哟哥,
> 西山有棵树,
> 有叶没有枝,
> 狂风时时吹,
> 可怜叶无依!
> 妹夫不聪明,
> 想咬舌绝命,
> 泪水日夜流。
> 如落黄连锅,
> 幸亏布衣薄,
> 风吹它就干,
> 幸亏遇情哥,

---

[1] 见作者《壮族悲文化》,南宁:广西人民出版社,1994年,第122—123页。

妹才不上吊。
如哥见可怜,
赎妹出火坑!

  这类歌一般有两种韵律:一是脚腰脚头单连环相扣韵,即上句的脚与下句的腰或头押韵,连续传下去;二是腰脚相连环扣韵,即每两个奇数互押脚韵,且只押两个又换新韵。五言排流行比较广泛,尤以田东、田阳、右江、凌云、隆林、田林、那坡、靖西、德保、东兰、凤山等县(区)为最。

  (2)七言排歌

  这种歌以每两行为一联,一联接一联地排下去。一般每排都有个内容,排与排相互连接,共同构成一篇七言排歌。如:[1]

英台箭步往墓奔,
双眼蒙眬碑前跪;
但愿碑字不相识,
惊呼字字刻腑肺!
高山啊你应该有眼,
见我心肝蓄海泪;
厚土啊你应该怯情,
地陷成杯供酒馈!
浮云啊你应该伸手,

---

[1] 见作者《壮族悲文化》,南宁:广西人民出版社,1994年,第123页。

>作冥钱把我衣裙撕碎！
>雷电啊你应该炸我头颅，
>燃我金钗作香炜！
>大江啊你应该水漫天边，
>水天扣连让我夫妻天上会。

此类排歌的韵律有四种形式，即脚腰脚头单连环扣韵、脚腰双连环扣韵、偶乡押脚韵扣既押腰韵又押脚韵。

此外，还有一些歌是三言、五言、七言、多言的综合体。如《过十殿》，描述一对在人间受迫害致死的情侣下黄泉、过十殿、斗百鬼，最后斗到阎罗王殿上，阎王听了他俩受尽千种磨难仍纵情抒唱之后，受了感动，准许他俩还阳重返人间创家立业的故事。其中两节为：[1]

>口讲情重就情重，
>要说应承就应承，
>应承啊，不拿捞绞去把泪水装，
>情重啊，不拿疏筐去把泪水盛，
>走到山头岭顶泪流尽，
>情哥不是那号人。
>情妹呀青春年华过如风，
>今天哥是喜得妹相逢，
>好比金龙弯曲盘绕腰，

---

[1] 黄勇刹《壮族歌谣概论》，南宁：广西民族出版社，1983年，第82—83页。

如同彩凤拍翅飞高空!
真相爱呀情哥,
正青春呀情哥,
要珍惜这红花般的年华,
我俩放声唱欢歌,
要欢乐就趁着黑发垂肩的日月,
要欢乐就趁着裤脚过足的时刻,
要不,眨眼青春过如飞,
要不,伞顶皱纹印眼角,
那时走路半边人来半边鬼,
哥去哪里找妹一起唱欢歌!

五行四六排歌,即每一行歌均由四言和六言联成。如:[1]

情友伙计,
哥是情意难忘
无穿无食
实在亏待娇娘
不得做妻
愿跳下河身亡
晚餐早餐
想你泪珠两行
心绞痛煞

---

[1] 黄勇刹《壮族歌谣概论》,南宁:广西民族出版社,1983年,第90页。

好比身遭祸殃

4.民间长诗

广西民间长诗是在短歌式基础上发展起来的,有以塑造人物形象为主,具有完整故事情节的叙事长诗;有以抒情为主的抒情长诗和说明事物、阐明道理的民间说理词话。

广西民歌大师黄勇刹先生通过自己几十年的采风经验,以及对壮族歌谣规律的探讨,得出壮族歌谣韵律的口诀:[1]

  五言四顿,
  七言五顿,
  多言多顿,
  顿顿分明。

  上句下句腰脚韵,
  偶句单句押脚韵,
  单句偶句腰脚韵,
  这是韵律三要领。

  偶句脚韵也不少,
  左江一带特别好;
  来宾师戏更美妙,
  头腰脚韵全有了。

---

[1] 广西民间文学研究会《广西民间文学丛刊》,1982年,第39—40页。

这对我们了解壮族歌谣的韵律特点是大有裨益的。

（十四）山歌的赋比兴[1]

1.赋就是直接叙事抒情，它是广西山歌突出的表现手法之一，赋之美在于自然、朴实、深刻。它常常是感情最炽热、形象最集中、性格最集中的直说。如：

> 今早牵牛去犁田，
> 犁田犁到田中间；
> 见妹撑伞田头过，
> 黄牛挨过几多鞭！

这是最生动最含蓄的赋之歌。读后令人心驰神往。历来比较好的赋之歌，都是富于感情、富于形象、富于性格，又自然流畅、明朗含蓄的好歌。赋做头或者压尾，连中间部分也是白描和直说的歌，就是好的赋的歌。一般情况下，赋比兴经常交替作用于每一首歌里，只不过有些是赋体歌或是赋比兴并用的歌体中，赋在其中担负完成主题的角色罢了。如：

> 我俩迷，
> 我俩情重无人知；
> 有人我俩低头过，

---

[1] 本部分所用歌例均选自广西壮族自治区民间文学研究会编《民歌赋、比、兴举例》，1980年。

无人我俩笑眯眯。

想妹多，
想妹得病睡不着；
劝妹莫要去问鬼，
我俩成双难就脱。

妹在河边洗手巾，
哥拿黄泥撒妹身；
身沾黄泥妹莫洗，
黄泥就是哥媒人。

2.比，即打比方。以一种事物来比拟另一种事物，使要表现的事物更形象、更生动、更贴切。比一般要有三要素：一是比喻物和比喻词；二是被比喻的对象；三是比喻物和被比喻的对象是用来表现和完成主题思想的。而比喻物和被比喻的对象之间，又必须有本质上的区别，但在形状、作用或含义上具有某些相类似之处。

山歌的比喻分明比、暗比、借比、排比、对比、拟人、双关、夸张。

（1）明比是以用"好比""好像""如同""像""似"等词联结为标志。如：

远远见妹走过来，

不高不矮好人才；
走路好比风摇柳，
坐下好比莲花开。

前天见妹过身边，
回来想妹睡不甜。
好比煎鱼翻两面，
翻来翻去不成眠。

老的好，
沙姜八角老的香；
不信你看打铁铺，
还是老的拉风箱。

（2）暗比以"用""是"当连接词。其公式是"甲是乙"，甲与乙是相等关系。如：

妹的容颜实在乖，
未曾讲话笑声来；
眼是星光眉像月，
口是石榴花正开。

前门换打叫连连，
后门拍手叫同年；
好花不怕霜雪打，

霜雪越打花越鲜。

妹有心来哥有意，
糯米蒸糕不舍离；
家中无柴又无米，
两人谈情顶肚饥。

连情连到马生角，
交情交到石山崩；
江水断流情不断，
天断日头也不分。

（3）借比。它把明比的"好似"等字和暗比的"是"等字都略去了，虽然比的用意相同，但关系变了，它既不是相类的关系，也不是相等的关系，而是相代的关系，即比喻物代表或代替了被比喻的对象。这种是比明比、暗比要更为深奥的比法。如：

你讲唱歌我也会，
你会腾云我会飞；
黄蜂歇在乌龟背，
你敢伸头我敢锥！

这里黄蜂借比我，乌龟借比你。

高山岭顶种芭蕉,
狂风吹来野火烧;
火烧芭蕉心不死,
春雨蒙蒙又标苗。

三尽绫罗缝床被,
盖得脚来又显头;
蜡烛做灯不过夜,
还要上街买灯油。

（4）排比。排比是一连运用两个以之结构大体相像的句、段来表现一个事物，它可以从两个以上不同的角度去描述一个事物，用两个以上不相同的事物去和一个事物相比，把互相关联的成串意思一口气说出，表达出对事物的思想感情。

有歌不唱沤烂肚,
有金不用沤成铜;
有话不得同妹讲,
沤溶沤烂在心中。

糯米好吃田难种,
樱桃好吃树难栽;
糍粑好吃难推磨,
山歌好唱口难开。

久不上山见山高,
久不上树树摇摇;
久不逢妹难开口,
石板剖鱼难下刀。

（5）对比,又叫对照法。它运用正好相反但又有一定联系的两种事物作比,形成强烈对照,使事物形象格外鲜明。如:

石灰箩里打筋斗,
又讲同哥到白头;
如今妹心不对口,
水面鹅毛片片浮。

当初同妹恩对恩,
灯草架桥妹敢跟;
如今情妹反心了,
石板架桥妹怕崩。

种菜不生怪土瘦,
妹不连哥讲歌丢;
点灯不亮怪灯草,
明明灯盏没有油。

（6）拟人。拟人是将事物与人比拟,让它会做人的动作,会说人的语言,具有人的思想感情。

连夜想妹连夜来，
脚踩南蛇当草鞋；
南蛇问我为哪样？
家中无双拼命来。

恨死笼中老公鸡，
心毒一夜喔喔啼；
情话还未说几句，
就叫我俩快分离。

凤送凰来翅难张，
蛟送龙来搞乱江；
鸭送鸳鸯流眼泪，
哥送情妹断肝肠。

（7）双关。即利用两个词语谐音或意义的关联来表达另一个含蓄的意思，有意在言外之妙，是一种特别的比喻。如：

妹在一边哥一边，
有条河水在中间；
哥弹琵琶来引唱，
妹是知音跟哥弹（谈）。

蚊帐里头挂麝香，

那日那夜不思凉（量）；
日日思量难到夜，
夜里思量难得光。

去年下雪今年冷，
不曾同妹讲凄凉；
河边鲤鱼雪打死，
两眼不眯因为霜（双）。

（8）夸张。即把所描写对象的特点加以夸大、渲染，使形象更加鲜明生动。如：

鲤鱼爱游清水潭，
黄莺爱站柳枝啼；
筛子做门遮不住，
哥魂早已到歌圩。

你歌不比我歌多，
我有十万八千箩；
只因老鼠咬个洞，
唱的不比漏的多。

想妹深，
十二肝肠断九根；
还有三根未曾断，

久久想妹断一根。

3. 兴

兴，就是起兴，即先言他物以引起所咏之词。如：

烟袋装烟烟装火，
茶杯装茶茶装歌；
我俩今天初相会，
三花灌醉我心窝。

三月三，
三月鹧鸪飞满山；
三月鹧鸪分地界，
我俩难得共一山。

赋、比、兴在许多民歌中往往是夹杂、交替使用的，有的一首山歌就用好几种手法。如：

好马过桥四脚轻，
好人讲话本良心；
雷动一声千里应，
妹讲一句值千金。

大河水涨泡石崖，
石崖顶上好花开；

风不吹来花不动,
妹不招手哥不来。

妹在对河高石崖,
哥在这边无路来;
想学鹞鹰又无翅,
想架天桥又无岩。

(十五)主要歌调

按歌曲结构形式,有单声部和多声部两种体裁,有近200种曲调。其中大都是二乐句和四乐句的乐段结构,以单一音乐形象的陈述,集中体现一个完整的内容。

1.单声部

以单一声部行腔,有一人独唱。如那坡县"过山腔"、隆林县"颠罗颠罗那"、西林县"平别调"、田林县"定安调"、凌云县"蝴蝶调"、靖西县"蜻蜓调"、德保县"捞虾调"、龙州县"金龙调"、上林县"西燕高腔"、都安"取切溜""武鸣高腔"等。

2.二声部

一般为二人组合,有的高音部先唱,有的低音部先唱,但都是同起同落(德保北路山歌则是一人唱高音,多人唱低声部的集体合唱形式)。如宜州"山歌"、柳江"山歌"、邕宁"了啰山歌"、天等"把荷调"、东兰"武篆调"、靖西上甲二声部山歌、靖西下甲二声部山歌、德保北路二声部山歌、德保南路二声部山歌、大新二声部高腔、田阳古美二声部山歌、龙胜弯歌、苹果二声部那海嘹、田东嘹歌等。

3.三声部

流传于马山县、上林县一带，又叫"三顿欢""玻列欢"。三声部民歌旳上声部（最高声部）是主要声部，歌腔高昂、明朗、突出，歌唱时常由歌喉最好的歌手主唱；中声部歌腔轻而平稳，起到充和润色主要声部的作用；低声部歌腔迂回婉转，并常用鼻音哼唱，主要烘托和润色上面两个声部。

歌圩活动，是壮族男女老幼的特殊爱好，成为人们普遍的文化心理需求，凝结了较为统一的民族审美意识，从而充分体现了壮族的审美心理。可以说壮族人的好歌习俗，来源于民族的文化心理，浩如烟海的歌是民族文化的核心，无论岁月怎样推移延伸，社会怎样发展变化，这种文化心理不会湮灭，它在交流与包容中不断地扩展与升华着。

二、歌圩的萧瑟

歌圩在走过了坎坎坷坷漫长的历史之路，随着农业文明的发展得到不断变化和张扬，经历了不同时期的禁歌之后，在现代化高度发展的今天已走入了不禁自衰的阶段，这表现在以下一些方面：

1.历代禁歌

由于乡野之风过盛而遭到官府的忌惮，清代以后各地出现了不少官吏禁歌的事。如东兰州、思恩府（辖今武鸣、马山、都安、大化、平果等地）、镇安府（辖今德保、靖西、那坡）。东兰州官捉拿唱歌的少女，用漆涂脸上。禁歌行为遭到人们的强烈反对。

> 天上大星管小星，
> 地上狮子管麒麟；
> 皇帝管得大官动，
> 哪个敢管唱歌人。

思恩府知府李彦章不仅禁歌，还立了禁歌碑。对于他的这种行为，清人韦丰华曾作词予以嘲讽。

> 红粉平看一任人，
> 江干分外有阳春；
> 兰卿太守曾多事，
> 谕禁花歌枉费神。

1927年，钦州官府下令禁歌。老百姓唱出：

> 如今世界怪事多，
> 官禁民众唱山歌，
> 若能禁得山歌绝，
> 陆地无草海无波。

> 皇帝可以管百姓，
> 玉帝可以管阎罗，
> 官府可以管捐税，
> 哪个管得唱山歌？

1936年，广西省政府颁布"改良风俗规则"，把歌圩列入"陋俗"，其中第34条规定为："凡麇集歌圩唱和淫邪歌曲，妨害善良风俗，或引起斗争者，得制止之；其不服者，处以一元以上五元以下之罚金，或五日以下之拘留。"

虽然令归令，行归行，歌圩依旧，但禁歌所带来的心理影响却不小。

20世纪50年代中期至70年代，由于"左"的思想影响，认为三月三是封建迷信的产物，歌圩被取缔，庙宇神台被毁，歌馆被拆，师公法器被收缴，歌手被批斗，人们谈歌色变。歌圩活动除偏僻山村外，其他地方几乎销声匿迹。拜山祭祖也能偷偷摸摸，或生产队收工后去，半夜回，或半夜去，天亮后回来参加农业生产，否则就会被批斗。于是小孩不知道祖先的坟墓，无法给先人行叩拜之礼，更不要说联宗祭祖这样的事了。

2.不禁自衰

随着汉文化的普及和汉语言的教育，掌握汉语在社会上的发展概率远比只掌握本民族的文化多得多，加之升学考试、就业等更是以汉语作为考量的标准。人们认识到，只有学好汉语知识和英语知识，才能求得更多的生存与发展的空间。尽管"歌"也是一种知识、一种智慧,但没有歌,人们一样可以交际、可以娱乐、可以婚恋;随着现代化的到来,人们视野的开阔,那种"竹篙打水浪飞飞,我俩结交不用媒。哥有情来妹有意,唱支山歌带妹回"之情景不再。由于失去了对年轻人的诱惑力,歌圩"那边唱罢这边起"的场面已渐渐远去,不禁自衰。

三、恢复与保护

进入20世纪80年代后,三月三作为民族的传统节日得到了各方面的重视,歌圩得到了恢复与发展。

为了更好地抢救和保护歌圩这一文化遗产,各级人民政府和文化部门把这一工作纳入了重要的议事日程,有步骤地对歌圩开展保护性的工作。

1.恢复名誉

"文革"结束后,为了给曾经受过不白之冤的民间歌手恢复名誉,国家民族事务委员会、中国作家协会、中国民间文艺研究会(今中国民间文艺家协会)于1979年9月在北京召开了全国少数民族民间歌手诗人座谈会。广西文艺界以此为契机,为歌圩活动的解禁、为歌手名誉的恢复做了积极的铺垫,广西方面出席座谈会的代表为12人,人数虽少,但在沉寂了多年的歌圩儿女看来,它犹如一道亮光,照射在人们的身上,照进了歌手们的心里。

2.解禁歌圩

20世纪80年代后,在如何对待歌圩这一壮民族重要传承载体上,社会各界逐渐有了统一的认识,素有"歌海"之称的广西,各少数民族不仅有丰富多彩的民歌,而且还有传统的歌唱活动形式,如壮族的"歌圩"、侗族的"坡会"、苗族的"跳月"、瑶族的"耍歌堂"、仫佬族的"走坡"等等。它是各族人民群众进行文化娱乐和社交活动的一种形式。对此既不能强行禁止,也不能放任自流,要采取热情支持、积极引导的态度,使之健康发展,满足群众文化生活的需要。在广西负责编纂的《壮族文学史》《瑶族文学史》《毛南族文学史》《京族文学史》《仫佬族文学史》中,歌手们演唱的歌成为文学史浓墨重彩的重要部分,民歌进入文学史对歌手积极性的发挥和歌圩活动的开展起到了一定的推动作用。

3.法定统一的歌唱节日

根据广大群众的迫切愿望,按照大多数地区的传统歌圩活动节期,广西壮族自治区人民政府于1983年决定:每年农历三月三为壮族歌节,并于当年在自治区首府南宁隆重举行首届歌节盛会。从此壮族人民有了法定的统一的传承文化的歌唱节日,歌圩活动逐渐走上了健康发展的轨道。1993年,广西壮族自治区人民政府决定在三月三歌节基础上举办"广西国际民歌节",到1998年,分别在南宁、柳州、桂林举办了六届。1999年广西壮族自治区人民政府作出决定,将"广西国际民歌节"更名为"南宁国际民歌节",每年由南宁市人民政府举办。当年,"南宁国际民歌节"以《大地飞歌》打出了名气。三月三因歌圩节而增辉，歌圩因歌节而添彩。由于歌圩的解禁深得民心，既促进各民族的文化交流，又提高了本地知名度，既保留了传统文化又取得了一定的经济效益，因此，各地政府都鼓励和支持歌圩活动。

广西壮族自治区人民政府自2014年起把"壮族三月三"上升为全自治区民众的节日，并放假两天。各级地方政府以此为契机，加大对三月三的文化建设，先后举办了这样和那样的活动，三月三已成为广西的一个文化符号，一个民族文化的标识，是广西文化自行的充分体现，对振奋广西各民族精神，一心一意谋发展，聚精会神搞建设积聚了力量。

4.开展民歌拯救行动

为抢救民族民间文化保护民族优秀的文化遗产，20世纪80年代起就开展了对歌圩的调查，完成了《壮族歌圩分布表》，整理出版了一批歌圩的歌，如《嘹歌》《欢木岸》《壮族排歌选》《布洛陀经诗译注》《壮族麽经布洛陀影印译注》《马骨胡之歌》《传扬歌》等。并组织人员对歌圩进行研究，出版了《壮族歌圩研究》等著作，发表了一批研究成果。1984年5月28日文化部、国家民委、中国民间文艺研究会联合下发了关于编辑出版《中国民间故事集成》《中国歌谣集成》《中国谚语集成》的通知，广西随即开展对整个自治区范围内的民间文学普查，这次普查范围之广，规模之大，人数之多，时间之久，组织领导之严密，成果之多，都是以前任何一次调查所无法比拟的，这次普查时间长达两年之久，采取专业与业余相结合的办法，层层发动群众，做到不漏一村一寨，投入的人力数以万计、收集到的资料，以县（市）为单位编印成资料后，全广西共编山歌谣资料本112册，2000多万字。

2001年7月，200多万字的《中国歌谣集成·广西卷》作为全国首卷出版，该卷收入的作品1600多首，近8万行，是广西歌谣的精华，亦是广西各民族歌谣的代表作。民间文学"三套集成"的普查活动，彻底地消除了歌手和民间故事讲述者心中的疑虑，对我国的文化建设、对歌圩的发展，产生了重大的作用和广泛影响。

5.中芬联合考察暨山歌培训活动

一是两国学者相互交流有关民间文学收集和保管的经验。二是通过考察培训青年民间文学工作者。中国民间文艺研究会、广西民间文学研究会、芬兰文学协会及北欧民俗研究所、土尔库大学文化研究系共同组织了中国芬兰民间文学联合考察，于1986年4月4日至15日在广西南宁和三江侗族自治县进行。

此次考察在中国民间文艺界引起了极大的反响，我们祖辈辈传承的文化也终于为外国人所瞩目，它令歌圩儿女们产生了极大的震动。

一些地方民间或政府受此鼓舞，相继举办山歌比赛，山歌手学习班，培养了一批歌师和歌手，不少地方的歌师歌手把自己所唱的歌进行录音或制成光碟拿去街上卖，这对保护、传承歌圩文化起到了一定的促进作用。

与此同时，一些热心人积极筹措经费，举办歌圩。民间和官方的合力介入使歌圩活动呈现了蓬勃的生机，对保护传统文化、活跃农村市场无疑起到了积极的推动作用。

四、歌圩的嬗变

传统就像河流，总是不断向前流动而又海纳百川，歌圩也不例外，尤其是作为歌圩代表的三月三歌圩更是随着时代的发展而发展，三月三歌圩活动的形式、内容都发生了一定的变化，出现了新的特点。

1.歌圩走进城镇

千百年来，歌圩一直伴随着壮族人民的生活，在本乡本土中默默地生存，供人们自娱自乐，任歌海潮涨潮落。如今随着时代的进步，当现代化的信息伴随着一缕缕阳光渗透到壮家村落时，人们走出了山村看看那山外的世界，歌圩也在不知不觉中走出去，从乡村走向集市，从集市走向城镇，从本乡本土走向更广阔的天地、更广阔的空间。

（1）特定人群将歌圩带进城镇。这特定的人分为两部分：一是部分长期在歌圩中浮沉的人到了城里之后，把本土的文化和自己的风俗习惯也带到城里去，这部分人由于酷爱山歌，经常和其他爱歌的人聚在一起，互相对歌，切磋歌艺。二是一部分老年人年轻时深受歌圩文化濡染，现在离开了工作岗位，有较为宽裕的时间来唱山歌，如德保县有几位女歌手，原来是县里各中小学的老师，过去忙于工作没有时间聚在一起唱山歌，现在退下来后各地的歌圩歌会常常见到她们的身影。

（2）城镇中一道亮丽的风景。在城镇的喧嚣声中，人们看到这样一些景象，一些中老年人聚在一起唱着山歌，如柳州鱼峰山公园，人们常常在尖叫的喇叭声中欣赏到不时飘过耳际的悠扬民歌,在百色市,每个周六上午,后龙山纪念碑前都有歌会,歌手主要是本地的居民和附近村寨的农民,人数多在三五十人,该市的百色矿务局,则每天晚上都聚集在一起进行歌唱活动,歌手主要是一些单位里的退休人员,人们在唱歌时,完全是为了自娱自乐,不在乎有没有人参与或听。同时,都市里的人由于被自己创造的文明所蒙蔽,头脑被科技思维方式和竞争意识所束缚,感情和行动被商业运作方式所主宰,人们被噪声、污浊的空气、激烈的竞争意识和快节奏的生活方式弄得心烦意乱,难免引起心态上的失序和失衡,而山歌犹如一杯清凉的水,能洗涤人们烦躁的心。

(3)城镇成为歌圩点。随着三月三上升为广西全民的节日,各地方政府为了更好地积聚八方人才,更好地呈现当地的民风民情,从而起到宣传效应,达到招商引资,促进商贸活动,促进地方经济发展的目的,于是把活动放在交通便利,可以聚集更多人流的乡镇或县城。乡间野外歌圩逐步移至中心乡镇和县城,因此乡镇的歌圩点增多。三月三活动越来越集中,越来越常态化,规模和影响不断扩大。同时有些地方政府为做好三月三这篇文章,把一部分歌圩会期改在三月三,或原来会期不变,在三月三期间多开展一次活动。如武鸣区在2018年三月三当天就会聚了46万人,46万人是一个多大的商机呀!

2.歌圩呈现出多向性

以往歌圩是全民性的歌圩,如今歌海里的歌主要保留在一些身体相对健康,行动较为便利,掌握较多的知识,有较好的演唱技巧的中老年歌手那里。

歌圩作为壮族及其先民爱歌善唱心理积淀的结晶，早已渗透于壮族社会的独特文化模式，与社会的发展变化同呼吸、共命运。因此，当它的生存环境改变时，适应这种变化是一种历史的必然，是一种必然的选择，加之壮族本身就是一个包容性很强的民族，所以当人们走出村寨，歌圩随着涌动的人流走进都市时，与现代文化产生了一定的良性互动。在与现代生活的碰撞和对接中，歌圩找到了变化的契机：对爱歌善唱的壮族人来说歌唱是愉悦身心的主要方式；歌圩在民族现代化建设进程中具有特殊的价值。于是歌圩进入了现代人的文化视野，进入了都市的文化视野，而南宁国际民歌节又使歌圩由壮民族为主体其他民族参与的交流形式走进了国际性的视野。歌圩的这种变化表明，歌圩秉承以歌传情，以歌会友的属性，以满足歌唱人们的精神需要为目的，在更为广阔的社会空间里，承担了相应的社会责任；另一方面歌圩巨大的商贸功能凸显。与这种热衷于经济相比，传统歌圩传承文化传承知识的功能正在衰落。如1999年，广西壮族自治区人民政府决定将1993年起举办的广西民歌节更名为"南宁国际民歌艺术节"后，该节把举办的时间后延至秋季，离开了原来所依托的三月三，使之成为舞台化了的有演员出现的艺术节，于是原来的歌圩主力变成了观众（还要掏几百上千元才能成为观众），那些偶尔参加或从未参加过歌圩的人成了艺术节的主角，与传统歌圩渐离渐远。

3.传统与现代互补

目前歌圩的存在形式，主要有两种：一是原生态的传统歌圩，以乡间地头为场所，以民众自发产生和民间约定俗成形式;另一种是现代歌圩,以舞台为表演的场所,以官方或某些营利性的社会团体为组织形式。两种形式的歌圩都存在致命的弱点,前者与传统融合却脱离了现代,注重传承却忽略了开发;后者与现代接轨却远离传统,讲求利用却淡化了保护。

为弥补两种形式歌圩之不足,不少歌圩举办的如武鸣三月三歌圩、田阳布洛陀文化艺术节都进行了一系列的尝试。

(1)将舞台和广场性群体活动相结合,即在舞台展现一台具有浓郁民风民情和地域特色的文艺节目,作为歌圩活动的开幕式,随后是传统性的歌圩活动,既让人们品味到精选出来的精妙绝伦的壮族民歌,又欣赏了那种"山歌不用钱来买,舌头一拐歌就来"的质朴民歌。

(2)展现节日之盛装及平时的生活装,服饰是文化的表征,也是思想的形象,歌圩参加者无论什么民族都穿上了节日的盛装,周边老百姓则着平时生活装,使歌圩既色彩斑斓又吸引了外界的眼球,既增添了歌圩的文化内涵,又丰富了歌圩的旅游看点。

(3)举办各种传统歌圩的娱乐形式并引进一些现代元素来满足歌圩主客体的体验要求,如抛绣球、斗蛋、抢花炮、摩托"笋拉"西红柿比赛、挺牛、斗鸡。

(4)举行民族团结的长席宴,在活动地广场或空旷地摆上八百米甚至几公里长的饭桌,上面摆上当地的节日食物,让各参加者在其乐融融的氛围中体验歌圩盛宴。

(5)举办各种展览和商贸活动,最大可能地发挥歌圩的能量,达到最佳的效果。

这些努力使歌圩突出了文化传统，表现了当地的文脉、鲜明的个性和扎实的民众基础，既传承了文化，增进了友谊，加强了团结，又娱乐了歌圩儿女的身心，同时还达到了一定的经济目的。

4.网络歌圩网络歌手问世

随着网络的出现，人们以网络为平台对唱山歌，形成了网络歌圩，它不需要固定场地，不需要聚集在一起，在手机和电脑上就可以运作，具有灵活机动便于传播等特点。据2018年不完全统计，广西网络歌圩网站、QQ群、微信群有182个，网络歌圩参与者约73.6万人。与此同时，年轻人以网络为支撑，用壮语对流行歌曲进行翻唱和包装，用壮语进行音乐创作并到乡村巡演。2004年10月开始，壮族在线、靖西在线、桂龙新闻网、红豆社区、百色论坛等网站开始推出网络壮语流行音乐，为多个网络壮族歌手和乐队创作了许多壮语原创歌词和壮语翻唱歌词，首度开创了壮语新歌网络传播。2005年后，网站策划并主办了2005年德保靖西贝侬歌会（德保）、2006年壮族新歌会（靖西）、2006年"布洛陀贝侬歌会"（田阳）、2009年贝侬歌会乡村巡演等四场壮语新歌·壮族新音乐的音乐会。网络壮语音乐文化成为年轻人以现代方式传承歌圩的代表。如来自德保靖西的MKT乐队、凹凸乐队，南丹的瓦依那乐队，平果的哈嘹乐队，武鸣昂昂乐队，大新木棉组合等，出现了陆正信、陆益、韦茂源、岜农、赵兵、黎巍巍、韦晴晴等创作演唱名家，他们创作的歌曲尽量保持壮语音调，即以语言的音调为主体，旋律服从于壮族语言的特色，注重壮语歌曲中的原生性。

5. 半职业化的歌师、歌手出现

各地政府对歌圩活动的热衷，催生了一批半职业化的歌师、歌手，每当有歌圩活动时，他们都接受邀请或报名参加对歌活动。而主办方为保证活动顺利开展或取得圆满的结果，除了负责他们往返路费和食宿外，还有一定的补贴，于是他们乐此不疲，有些人还利用现代媒介，记录歌圩活动，好的歌手和歌师的演唱光碟往往被人们购买传唱。

6. 歌圩祭祀功能弱化

歌圩被政府所掌控，祭祀成为民间事，祭祀布洛陀或龙母等，则由官方半官方的民间机构进行；于是祭祀所形成的感恩思想、尊老爱幼的社会公德和良知被有意无意地淡化、被忽略，尤其是2008年清明被列入国家传统节日的放假后，家里有些在外工作或有小孩上学的家庭，只能放弃三月三而在清明拜山，因为清明放假，三月三不放假。2014年三月三被列为广西民族节庆放假两天后，这种状况才稍好些。但由官方半官方民间机构进行组织的祭祀活动失去了庄严肃穆、神秘的仪式感，多以表演为主。过去对祖先神圣的祭祀基本以家庭或家族为主，没有祭词，只是心里念。现在随着官方半官方人士的参与，祭祀变成以村屯为单位，有活动的主持人，有祭文，以汉字来写，情深意切，念的也是汉语。虽然布洛陀、龙母等被壮民族视为神灵，他们无所不能，肯定听得懂汉语，但却失去了那种亲切感，那种绵延数千年，具有浓郁特色的民族语言不见了，就像一个讲壮话的人同村子里的人讲普通话一样，觉得别扭，没有自然、亲切的感情。

7.现代歌圩与传统歌圩分离

由官方半官方组织的歌圩和传统歌圩在内容和形式上有了一定分离，无形中形成了歌圩和歌会之别。这表现在：（1）歌会具有某个主题，如宣传党的十九大或涉及某个现实生活主题，歌圩则以爱情为主，内容涉及社会生活各个方面。（2）歌会人数可多可少，歌圩人数少则几百，多则成千上万。（3）歌圩以女子为一方、男子为一方组成歌队，对歌也只是在男女之间进行；"歌会"则可以男女混合编队，可以在男队与男队、女队与女队之间或男女混合的两队之间对歌。（4）唱和程序套路不同，歌圩有一套歌路——①初会歌或见面歌，②邀请歌或求歌，③试探歌或盘歌，④赞美歌，⑤抢歌、斗歌，⑥初恋歌，⑦离别歌，⑧重逢歌，⑨怨情歌，⑩热恋歌，⑪定情歌，⑫送别歌；歌会则——①开台歌，②介绍评委歌，③献歌或赞美歌，④自我介绍歌，⑤抽题答歌，⑥比赛歌，⑦三角灶，评歌学歌，团结友好歌。在诸多套路中，"歌圩"的"见面歌""定情歌"和"歌会"的"开台歌""团结友好歌"是相同的环节。而"歌圩"的"抢歌、斗歌"和"初恋歌"是唱的时间最长也最有特点的环节，"献歌""评歌""学歌"是"歌会"最有特点的环节。（5）"歌圩"的场地在各县都是固定的，多在大草坪、山坡或谷场，附近多有树或竹林和水。"歌会"的场地则不是固定的，可室内室外。（6）歌圩日各县虽有不同，但时间固定，以春季三月三为最。歌会则是根据需要临时安排。（7）歌圩为自发，歌会为组织。虽然从学术层面上有歌圩歌会之分，但在老百姓的心目中，无论哪种形式都是歌圩，有歌即有圩。

8.歌圩内容和形式创新

歌圩随时代的发展而被赋予了新的内容和形式。在内容上，从谈恋爱、拉家常、历史及社会生活到现代社会生活的新知识、新科技，歌词很有时代感，各地歌圩除旋律不同外，其他大同小异。在形式上，歌圩也有所改变，由过去一大群人对唱变成比赛。如武鸣政府举办的三月三歌圩活动便是内容和形式并举的创新典范。在活动内容上，不但有当地不同风格的山歌大汇唱，还有千人竹竿舞表演、大型广场文艺晚会以及"三月三"散打擂台赛，使歌圩的内容更加丰富多彩。同时以歌圩载体为平台，把歌圩与商贸、体育、旅游、信息交流等活动嫁接起来，让古老的壮民族文化活动为现代经济建设服务。

三月三在发展过程中，虽走过了许多坎坷的岁月，却能向现代走来，并不断地注入新的活力，高歌新时代，这是十分难能可贵的。

五、歌圩的作用

三月三节庆活动极大地提高了民族的张力，成为民族对外文化交流的亮丽名片，是民族精神的集合，民族文化的载体。只要我们透过它的独特现象，便可看到民族精神之所在，即使是在遥远的地方，人们总是要千方百计地想方设法回家祭祖拜山，回家祭祖拜山深深地刻在每个人的潜意识里，在这一文化事象的背后，我们从文化视野上看到了民族的凝聚力。另一方面三月三活动对增强民族文化自信起到了很好的作用；同时，能更多地调剂人们的心理，协调人与人之间的各种关系，增加亲情，促进友谊，扩大商贸活动。

三月三歌圩是壮族文化传承的重要载体，在拜山祭祖后，人们穿上节日的盛装，或参加祭祀大典（龙母或布洛陀或其他人物），或云集于山水之间，或会聚于村寨间的空旷场地，或簇拥于固定的场所，尽情地歌唱，于是山野间到处飘扬着青春的旋律和悠扬的歌声。三月三歌圩成为民族间人们互相接触、交流思想、传播知识、增进友谊的社交场所，是青年男女展示歌才、寻找意中人的良机。它的出现与存在对壮民族地区的社会文化和经济发展起到了积极的推动作用。

（一）文化传承

一个民族的风俗习惯对文化的传承功能与作用是不可低估的，从作为民族文化重要传承载体的三月三来看，具有九方面的作用。

1.感恩情怀

充分表达了人类对先人（含对本民族历史有贡献的神灵或动物）的感恩之情。正是通过每年三月三的祭祖拜山活动，不断地在一代又一代人的心里烙下了常怀感恩之心、常怀感激之情的印记，人们才没有忘记自己的根，社会才能在和谐的氛围中发展。

2.知识传承

三月三是壮民族世代相传的习俗活动，千载悠悠，沿袭不断，因此三月三所蕴含的民俗事象及祖祖辈辈的先人们所积累起来的生产经验、劳动技能和生活知识、历史知识等等，都得以代代相传。许许多多不识字的人正是由于三月三的存在而掌握了一定的知识和生产技能。如《季节歌》《种玉米》《农事歌》《十二月花歌》《鸟兽歌》《哭嫁歌》《迎客歌》《瓜果歌》《嘹歌》《控告土官歌》《太平天国歌》《中法战争歌》等。看《种稻谣》：

正月犁耙田，/二月修田基，/三月播谷秧，/四月插秧时，/五月祭田魂，/六月耘田去，/七月禾怀胎，/八月穗出齐，/九月早开镰，/十月湿谷到屋里，/十一月干谷进了仓，/腊月里做糍给娘吃。

它是指导人们进行社会实践的天然教材。

3.文化交流

三月三不为壮民族所独有，在广西也有一些民族过三月三，也有广西及外地不同的民族人群参加，可以说三月三是以壮民族成员为主体，各民族文化交往融合的产物。除各自家庭的祭祖拜山活动外，其他的活动如祭祀大典、歌圩、各种竞技活动，参与者除壮族民众外，周围不同地区不同民族的人们甚至一些国外人士也纷纷前往，成为盛会中的一员，成千上万的男女老少参与其中。正是一代又一代人的传承，一个又一个不同民族文化的汇聚，才使得三月三如此的丰富多彩，如此的波澜壮阔。如《梁山伯与祝英台》在广西众多民族中都有流行。每个民族都有不同的版本，除了其基本主干即梁山伯与祝英台同窗三年，留下暗语，梁山伯知道她是女儿身后立即追寻，从而历尽艰辛等主要梗概相同之外，其他都打上了各自民族不同的烙印，使人一看就知道它是这个民族的梁祝而非那个民族的梁祝。在壮族的《梁山伯与祝英台》中，祝英台是位淳朴秀美、大方聪慧、善于以歌传情表意的歌手，是个对爱情毫不羞怯、大胆追求的乡间少女。她和梁山伯相遇在河边，一同挑行李去读书。在梁山伯相送途中，她见物唱物，以物抒情，利用山歌含蓄地表达自己心中的情感，这是壮族男女青年向对方表示心意的一种特有方式。看：

  红皮柚子长树丫，有情有意伸手拿。
  有情有意剖开看，剥去红皮现红花。

留给山伯的山歌更是直言不讳：

  项鸡脸红要生蛋，少女脸红想着哥。
  情哥不是痴呆子，赶快请媒莫要拖。

  在这里，祝英台没有那种矫揉造作的虚情，她坦率自然。这正是壮族女性形象的普遍特征。
  壮族故事与汉族故事有这样那样的不同点，主要与民族的生活环境、社会习惯、审美心理有关联，也只有在某些情节之中增添或改为本民族人民所熟悉的生活，使故事符合本民族审美意识和心理要求，作品才能在本族群众中扎根，才能使它广为流传。在这一点上，各民族的民间文艺大师们做得非常出色，不仅故事情节比原来的更为丰富多彩，而且使故事实实在在地变成本民族的"特产"。

瑶族有一种杂种歌，同时使用瑶、壮、汉三种民族语言来表情达意，实为世所罕见。如：

往想巾涯就挂斗（有着重号为壮话）

往想巾楼就很台（同上）

桌上没有什么菜（汉语）

有点路里炒奴怀[3]（画横线为瑶话，有着重号为壮话）

汉译是："你想吃饭就过来，你想喝酒就上台，桌上没有什么菜，有点苦瓜炒牛肉。"

如果没有三月三，没有歌圩中民族文化的交往与融合，估计这样诙谐的歌是很难出现的。

4.宣传教育

三月三是节庆，是民族文化传承的重要载体，其活动中所反映的各种思想内容大多是人民生活的再现，人们在节日里传授生产经验、劳动技能和生活知识。教育年青一代尊老爱幼、分辨善恶、勤俭持家、助人为乐、知恩必报。其艺术手法和表现形式是人们所熟知和喜闻乐见的，因而具有明显的宣传教育功能。

（1）宣扬民族美德。民族美德是各个时代先人们所创造出来的，它是人类历史上真善美的集合，是壮族社会得以稳定和发展的基石。这主要表现在以下几方面。

①美恶观念。人们以勤劳为光荣，以懒惰为耻辱，他们赞扬诚实、勤俭，反对贪心、自私。

②勤俭持家。人们对不珍惜劳动成果，大吃大喝，好吃懒做的人进行各式各样的规劝，通过一系列的民歌、故事来颂扬这一美德。

③尊老爱幼。安定是社会的基石，是人类社会进步与发展的关键，而尊老爱幼又是安定团结的一种具体表现形式，如果在一个社会里，在一个家庭里，人与人之间没有得到应有的尊重与爱护，没有得到相应的理解与支持，那社会就会变成混乱一团。一系列的歌谣故事从生活实际入手，用具体而生动的事例来阐述这些现象，从中说明尊老爱幼的意义和安定团结的好处。既有正面的说法，也有反面的叙述，正反两方面相辅相成，有孝敬婆婆的媳妇和关心媳妇的婆婆，也有虐待婆婆的媳妇和虐待媳妇的婆婆，有好后娘也有虐待前妻子女的后娘。即教育人们要互敬互爱，要尊老爱幼，善待父母，善待公婆；做长辈的也要充分理解晚辈，要谦恭、礼让，要言传身教；家庭成员和谐相处，正所谓家和万事兴。

④助人为乐，知恩必报。人们通过一系列的方式把民族美德展现得淋漓尽致，并以之教育后人。"莫忘父母恩，辛苦养成人。儿孝敬双老，邻里传佳名。娘忍饥吐哺，父挑担打工。

得妻弃双亲，人不如畜生。"

⑤自强不息。是一种自我超越、不断进取的品质，它体现的是一种不屈不挠、顽强奋斗的意志力。它凝聚、增强了民族的向心力，激励人们变革创新，不懈奋斗，从而战胜各种风险，经受各种考验。稻作生产并非绣花针线活，担秧、插秧、施肥、锄草、挑谷、风吹日晒，雨浇霜打，日日面朝水田背朝天。这种长线农活，对人的体力是一个考验。只有从年初忙到年尾，才能赢来好的收成。水稻又是一种比较娇气的农作物，人们必须像抚育婴儿那样给予它精心的护理，需要极大的耐心和细心。只有吃苦耐劳，才能自强不息，才能有美不胜收的八桂风景和碧如翠玉的稻田。

这种精神同样促成了这片大地此起彼伏、轰轰烈烈的农民起义、革命斗争。投身其中的人民群众不屈不挠，英勇顽强，令人深深折服。在民主革命年代，壮家子弟更是为了自由和解放奋不顾身地冲锋陷阵，祖国的大江南北到处都留下他们的身影。

（2）人文关怀。三月三中五色糯米饭的颜料全来源于大自然，食之对人体有益；而娱乐有利于人的身心健康。追求健康，消除疾患是人类生活的主题。正是人们对生命的珍爱，对生存的珍重，形成了求正避邪的生存行为，人们认为，凡是社会或者个人有贻害生存和生命的现象及行为都是邪恶的。社会上邪恶现象越多，人们对正的追求越强烈。这种求正避邪的心理是人类生存行为的自我完善。

（3）文化创造。三月三作为壮民族千年流淌不息的河流，除了人们爱唱歌使它得以延伸发展之外，更重要的是它向全民传承了民族的优秀文化，这种优秀的文化具有强大的生命力和创新力。人们为过好三月三，使三月三添光亮彩，穿上靓丽的服饰，制作各种精美的食品，吹奏独特的乐器，演唱各种不同的曲调，跳上多姿的舞蹈。编排各种有地域特色的节目，创作几首好歌。好者往往得到人们的赞誉，其制作（编排表演）者也得到了荣光，找他（她）的人就愈来愈多，各种技艺便得到了传承、得到了创新和发展。

（4）情感张力。三月三表现了壮民族的理想、愿望与追求，体现了团结向上、勇于进取的精神。节日由所有的社会成员参与，每个人的才能都能在其中得到充分显示，每个人在节日活动里都是主角，它反映了团结和睦，不甘落后，其乐融融的生活状态。节日里走亲戚，通过所见所闻了解到某村某户原来房子低矮潮湿，生活比较困难，但经过一两年的努力，走上了富裕之路，建起了高敞的楼房，于是形成了一种你追我赶的精神状态。这种进取的精神，正是我们社会主义祖国取得辉煌成就的不竭动力和精神保证。

5.时政宣传

三月三的丰富内容、多种样式和包容性，使得它在弘扬传统文化的同时，成为宣传国家政策法规的又一场所，党委政府及相关部门根据壮族人爱歌的心理，把某种大道理化为人们所熟知的民歌并加以传唱，如十九大、经济建设、政治建设、文化建设、社会建设、生态文明建设，科教兴国战略、人才强国战略、创新驱动发展战略、乡村振兴战略、区域协调发展战略、可持续发展战略、军民融合发展战略、"一带一路"倡议等。如《十九大理论山歌》：

丰收十月收硕果，喜庆打鼓又敲锣；
十九大会指航向，祖国处处响欢歌。

报告共分十三章。习总书记话语长；
事事提到日程上，句句都暖民心房。

大会报告放光芒，创新马列新篇章；
新时代来新思想，又把军民来武装。

社会主义红旗飘，中国特色不动摇；
基本方略已定好，直指现代化目标。

催人奋进，令人鼓舞。激起人们对伟大祖国，对中国共产党的热爱，对实现中华民族伟大复兴的中国梦充满信心。

6.文化娱乐

三月三是集壮族各种文化于一体的综合性活动，人们自愿参与，并在轻松愉快的气氛中开展活动。当人们在歌圩上如痴如醉地欣赏精彩纷呈的对歌时，欢乐的声浪盖过原野，便是这种娱乐功能的表现。

（1）身心愉悦。赛铜鼓、抛绣球、抢花炮、舞龙、舞狮、山歌比赛、球类比赛、跳竹竿舞、打迪尺、踢毽子等，活动形式多样，适应壮族地区的地理环境和生活条件，与生产生活节奏协调，以技巧为主，不强调激烈程度和体力消耗量。因此活动不仅可以愉悦人们的身心，使人们在社会生产、生活中疲乏的身体得以休息，紧张的心理得到松弛；同时启迪人们的智慧，鼓舞人们的信心，从而使人们热爱生活、创造生活。

（2）慰藉心灵。人们在听故事时，故事讲述者往往根据听众的要求来讲述。一般说来，节日里所讲述的故事大多为喜剧性故事，所用语言多慷慨激昂，富有鼓励性。声情并茂的语言，把听众带进故事的场面。自觉不自觉地使听众把自己同故事中主人公的命运联结起来，为他们着想、为他们着急、为他们雀跃、为他们欢呼。人们在故事中得到陶冶、得到鼓舞、得到力量，在歌声中得到乐趣。歌圩上，优美的曲调、精辟的语言、贴切的比喻，把歌手和听众的感情融合在一起，人们尽情欣赏，因此心花怒放，乐而忘忧，人们从歌中获得了审美的快感。

如：

> 黄土盖妹也盖哥，
> 我俩一同把天升，
> 告诉众歌嫂，
> 告诉众乡亲，
> 不要喊哥回，
> 不要给我枉做人，
> 要像山伯和英台，
> 生不同枕死同坟！

>哥泪滴在妹眼皮,
>眼皮微微动,
>哥血滴在妹嘴唇,
>嘴唇唱出声:
>为哥生来为哥死,
>为妹死来为妹生,
>感哥血泪滴不尽,
>见哥情重又回生!

7.交往与协调

由于地理环境所致,壮族地区的人们居住相对分散,基本上一个姓氏一个村落,各个村落、各个宗族内部及对外联系之间为了相安无事,制定了一系列的乡规民约,这些乡规民约具有很强的约束力,形成了一种顽强的低层次的群体意识,这种意识对维护社会的稳定有重要的作用,却把人们局限在某一个地方,使人们没有可能走出自己的地域,走出山边的茅草地,走到一起组合成一个文化集散地的圩镇,而三月三的出现便是人们心目中一座闪亮的灯塔,是人们交流思想、交流情感、结交朋友之所的平台,它为人们打开了通往外界的大门。在这里,相识的人不相识的人都可以自由交往尽情交谈。

(1)交朋结友。三月三期间,人们相聚于歌圩,用歌声和其他方式来进行社交活动。歌声可以把两个不相识的人拉近,彼此在欢快的气氛中交流,喂蚂蚁便是孩子们一种有趣的娱乐行动。小朋友捉来蜻蜓,断掉翅膀,然后放在蚂蚁的通道上,唱喂蚂蚁歌,等蚂蚁把蜻蜓搬进洞。"我来喂你啰蚂蚁,/母牛死在小渠下,/四脚朝天等搬它,/快来啰蚁王,/快搬动你的兵马,/喊蚂蚁来齐,喊蚂蚁来尽。/叫蝴蝶歌唱,叫蟋蟀搬泥,/叫地虫开洞,叫蚯蚓帮忙。"孩子们在娱乐之中既结交了朋友,又获得了知识。

年轻人可以在这里结识到诚心相待的朋友,也可找到心心相印的恋人。如:

> 男:竹篙打水浪飞飞,
> 　　我俩结交不用媒;
> 　　不用猪羊不用酒,
> 　　唱句山歌带妹回。
> 女:哪还讲,
> 　　得哥成双哪还嫌,
> 　　若是得哥成双对,
> 　　煮菜不用放油盐。

如今,随着时代的发展,歌圩除了"倚歌择偶"外,更多地成为人们施展才华、获取知识、结识新友、探望老友的最佳时机。

（2）密切关系。三月三,特别是歌圩活动使人们增进了亲情友情,密切了人际关系。每逢三月三,人们在拜山祭祖之后,或走街串巷;或到歌圩场上;或看抢花炮,或踏歌起舞;或交流生产技艺,或端上两盅,猜他两码。这些极大地促进了人际交流，密切了人际关系。人们在充分交流生产经验和生活琐事之后，心理也得到了调节。

虽然参与歌圩活动的人越来越多，有的是不同地区、不同民族、不同国家的人，但它独特的文化空间为人们加强和改善人际关系提供了广阔的社交空间和难得的交往契机。它展现了以壮民族为主体的各民族人民的生活特征以及人际关系；歌圩交往和协调功能，无论是过去还是现在都有着不容忽视的作用，随着对外交往的增多，这一功能将会发挥更大的作用。

8.凝聚心理

（1）凝聚了民族心理。三月三使人们沐浴在民族精神的光辉之下，使人们沉浸在民族文化的气氛之中。它是先辈们世世代代奋斗不歇、创造不止的历史实录，记录着壮民族从诞生到发展至今的艰苦历程，是民族的生活史、文化史、社会史、思想史之反映，是民族生活历史的"年轮"，它凝结着广大民众的心血与智慧。虽然随着社会的发展，环境的变化，壮族文化与其他民族文化尤其是汉民族文化日益交往融合。但三月三期间民族的风俗习惯得到传承，各种各样的活动让人们深切体会到民族文化的魅力和感染力，从而对自己民族产生强烈的认同感和自豪感，增强对本民族的热爱。

（2）增强了民族团结。过去由于生产力水平低，加之稻作生产具有季节性因素，壮民族就有很强的集体意识。他们强调团结协作，彼此慷慨互助，依靠群体力量共同完成农业生产任务，应对大自然的考验。遇上大型的农事生产生活活动时，各种民间的互助组织形式纷纷呈现，保证大家都能在相应的季节内快速做完农活。长期的社会实践，使人们更加体会到，一个民族要生存发展，除了搞好内部的团结，还要搞好与周边民族的团结，形成一个安定、良好的社会环境，各民族才能共同发展，共同繁荣，才能为社会发展、建设广西做出应有的贡献。三月三的出现便成为民族团结的纽带，它是壮族社会不同社区的人们与周围民族进行各种情感以及生产、生活技艺交流的场所，是民族间团结友爱的黏合剂，是各民族互相学习共同发展的见物证。正是三月三的作用，使得壮族与各民族能够相互理解、相互支持。

壮族不但在牵涉个人或小群体利益问题上讲究民族团结，在影响到外省外地，以至国家利益的问题上更注重各民族的团结，民间长诗《瓦氏夫人》中瓦氏夫人领兵帮助东南沿海人民抗倭的业绩最能体现这一点。因此历史上虽有土客之争，有时也有小龃龉，但绝不结世仇和互相防范仇杀。今天在壮族地区，民族间是友好相处的，人与人之间的交往不会因为你是这个民族或那个民族而敬而远之。

（3）张扬了爱国主义。爱国主义是壮民族强大生命力的思想基础，是壮民族充满生机与活力的精神支柱。作为边疆民族，无论是太平盛世，还是危急关头，"位卑不敢忘忧国"，人们用行动来捍卫祖国的尊严，用血肉筑起坚固的屏障。爱国英雄们以自己的行动守卫着祖国的南大门，抵御着外敌的入侵，他们用自己的心和血，用自己钢铁般的意志和毅力捧出了一颗颗殷红的爱国心。三月三，人们在享受天伦之乐、把酒话桑麻的同时免不了要说起或唱起有关节日来历和本民族英雄人物的诸多传说，如瓦氏夫人、韦虎臣四代抗倭、刘永福、冯子材等一系列人物的传奇故事更是充满着爱国情结，始终在民间传颂，始终在节日的阳光里流动。爱国英雄的山歌故事一次又一次地激荡着人们的心灵，鼓舞着人们为祖国的繁荣昌盛而前赴后继。

9.活跃商贸

壮人本"不事商贾"，诚如《宋书》说的"不闲贷易之宜"。其商品交易意识来自汉族。汉族商人们的足迹几乎走遍壮族的所有圩场，于是部分壮族人受到启发，学着经商，而三月三的祭祀大典、歌圩活动自然而然成为人们学习经商、从事商贸的理想之地。为了三月三的需要，人们在节日到来之前，都要做充分的准备，姑娘们买布料做新装、绣手帕、缝绣球，小伙子们购头巾、梳子、绒绳彩线等妇女用品及其他装饰品，家长们则准备好拜山祭祖用品、蒸煮五色糯米饭、包粽粑，备好酒菜，以便来客时使用。三月三期间，参加祭祀大典和歌圩的人除了自带一些土特产和其他商品外，各地商贾纷纷云集，圩集因此变得热热闹闹，店铺里的商品琳琅满目，应有尽有。三月三在某种程度上以它特有的方式刺激着地方经济的发展，对商品贸易和活跃市场起到了一定的促进作用。

三月三，与时代同行，它必将蕴含时代的元素，体现时代的风貌。

2015年3月8日两会期间，习近平总书记在参加广西代表团审议时，对广西发展做出了明确的定位：发挥广西与东盟国家陆海相邻的独特优势，加快北部湾经济区和珠江—西江经济带开放发展，构建面向东盟国际大通道，打造西南中南地区开放发展新的战略支点，形成21世纪海上丝绸之路与丝绸之路经济带有机衔接的重要门户。

按照三个定位的要求，广西努力把握方向，抢抓机遇，奋发进取，在服务国家战略中加快形成面向国内国际的开放合作新格局。

广西作为我国面向东盟开放合作的前沿阵地和窗口，构建国际大通道内涵丰富，空间广阔。基础设备、经贸合作、人文交流"三头并进"，将为大通道打下牢固的基础。

作为一个充满文化自信的节日，三月三歌圩越来越成为广西各民族与东盟各国文化展演展示交流的平台。

三月三走过千年，三月三歌圩越过千年，历尽坎坷，却像山上的青松挺拔、翠绿。耸立的高山见证了人间一年一度的三月三；奔腾的红水河印证了最美人间三月天。

从遗产解说的角度探讨民歌的保护与传承

覃 奕[*]

在此次"一带一路"调研中,笔者看到不少利用当地文化资源进行旅游开发的例子。当下论及民歌这样的非物质文化遗产的保护、传承与合理开发与利用时,旅游已成为一种需要直面,并值得深入探讨和反思的路径。本文中用"遗产旅游"的概念而非更常见的"民俗旅游"或"民族风情旅游",是因为在这个概念中,"遗产"的概念更为包容:既有不可移动物质遗产(例如古建筑、河流、自然景观等),也有可移动物质遗产(例如博物馆中的展品、档案馆中的文件等)以及非物质遗产(比如价值观、习俗、礼仪、生活方式、节庆和文化艺术活动等)。遗产解说是遗产旅游理论中非常重要的一个环节,所起的作用包括:"传授有关旅游地的知识;为游客提供愉快甚至是有趣的体验;通过以上两方面的共同作用使游客更加尊

---

[*] 覃奕,中国农业博物馆,农业历史与农耕文化研究助理。

重遗产，并担负起关心和保护遗产的责任。"[1]或者更进一步地归纳为，让人理解就意味着某种接纳，接纳则可以抵御蓄意的破坏。可以看出，遗产旅游尽管有经济的考量在其中，但更多是通过游客和当地社区的双赢来促进遗产的保护和传承。遗产解说作为其中一个部分，也是服从于这样的主旨的。本文从"遗产解说"入手，结合调研实践，试图为民族民间歌谣生态环境保护、传承发展、保障机制等建设提供新思路、新对策。因此本文在举例说明的过程中多以民歌及与民歌相关的文化生态为例，但也希望本研究对其他遗产的保护和传承有一定启发意义。

一、遗产解说的构成

遗产解说分为人工型和非人工型两种媒体[2]。人工媒体最常见的就是随团导游，此外还有问讯处接待员。蒂莫西将讲解员角色扮演的真人秀和文化表演也归入了遗产解说当中，笔者认为应该为此设定一个前提，若是为了讲解而作的演示可以算遗产解说，但若为了盈利而进行的娱乐演出则不应归入其中。非人工型媒体包括视听两方面的媒介。具体而言，包括标识牌（图文展板）、说明牌（附在展品旁的说明标签）、宣传册、旅游指南、地图、自主型语音导游、旅游广播、动态解说影

---

[1] 戴伦·J.蒂莫西，斯蒂芬·W.博士伊德著，程尽能主译《遗产旅游》，北京：旅游教育出版社，2007年，第199页。
[2] 同上，第218页。笔者在此基础上进行了补充。

像等。

这两种媒体各有利弊。非人工型媒体相对固定，易于保存和维护，但灵活性不够，仅仅是单向的输出。比如连南县中国瑶族博物馆中民歌歌本的展示牌，展示了手抄歌本的部分页面内容，当人们想获得如全本目录、抄录人、收集地区等进一步信息或者对展示牌存疑时，无法从中得到回应。人的载体灵活性好，可参与文化的双向交流而非单向的文化输出。比如民歌传承人在跟来访者介绍本地区本民族的民歌时，也可以通过交流获取来访者所在地区的类似民歌的现状，从而在对比中加深对本民族民歌的认识。当对方有疑问时，又可以通过交流获取即时的答复。但相对于非人工型媒体，人工型媒体一般在管理和培训方面需要投入更多成本。同时，两种媒体既有区别又相互补充。在人力有限的情况下，非人工媒体的说明和标识可以突破时空的限制，起到较好的效果；而对一些无法用文字或静态图像说明和展现的文化形式，人的当面讲解和演示将发挥很好的作用。比如湖南江永女书生态博物馆中关于女书一字多音特点的说明，大多数人第一次看到的时候依然一知半解，但当女书传承人对着歌词唱起女歌《姐妹梳头》时，才有直观的体验和情感的共鸣。

二、目前遗产解说系统的一些潜在问题

在此次调研中，连南瑶寨和黎平侗寨的旅游开发是相对成熟的，建立了相应的遗产解说系统。但其中也有一些令人遗憾

的不足之处。

一些当地的方言和惯用语通常会因为过于熟悉而没有被解说到位。比如连南排瑶族通常把未婚男性称为"阿贵哥",但却很少想到去详细解释这个称呼。实际上排瑶以"贵"为未婚男性青少年的通称,不仅在情歌对唱中的情景中可以听到,在排瑶男性的命名中也可以看到,后一种情形中,"贵"代表辈分。[1]

在盘古文化园的"上古文化汇"解说牌中罗列了盘古开天地、女娲造人、伏羲画卦、仓颉造字、后羿射日、蚕马献丝、千年应龙、常先制鼓等神话传说,却没有标注清楚这些神话传说是否在当地也有流传,容易引起误解。

强调奇风异俗,刻意突出或者着力描绘一些当地特有风俗的奇特表征,却未说明该风俗产生的背景和原因。这样或许能够满足部分来访者的猎奇心理,但容易让人对当地社区产生片面的印象。比如连南过山瑶族的婚礼拜堂仪式,最常被提到的是需要行多次拜礼和新郎跪拜到头晕眼花的情形。如果描述仅仅到此为止,容易让人不解。只有当整个风俗背景被交代完整后其背后隐含的行动逻辑和价值观念才是可把握和理解的——新人行拜礼,受拜的长辈也需要做回应,向新人挂彩、给红包,还必须唱彩歌讲吉利话。[2]因此这个仪式并不是为了为难新人,而是亲情伦理的互动实践,新人作为后辈,通过跪拜以示孝亲敬祖;受礼长辈亦不吝赐福,以表慈爱。

---

[1] 连南瑶族自治县文化广播电视新闻出版局、连南瑶族自治县非物质文化遗产保护中心编《广东连南瑶族婚俗》,广州:羊城晚报出版社,2007年,第83页。
[2] 同上,第76页。

讲解或标识牌设置欠妥。在黎平肇兴侗寨侗族文化展示中心的染织区的部分讲解牌被晾晒的布料遮挡，很难发现。而在侗族大歌展示区中，放置了多个耳机，但拿起的时候却没有声音，在摆放耳机的区域也没有设置说明标签。

三、建立积极有效的遗产解说系统所应秉持的原则

在这一部分中列出的原则有一些是对上述存在问题的回应，有一些则超越了目前的具体问题，从更长远的角度而提出的。蒂尔顿提出了六条遗产解说指导原则，包括解说应该把所展示或描述的东西与游客某些个性与生活经历联系起来；解说并不是知识信息本身，而是以知识信息为基础的展示；优秀员工与良好的交流技巧在解说中格外重要；解说的主要目的不是传道授业而是循循善诱，引发旅游者的积极行动；解说工作是一个整体，而不是一些简单成分的拼合；解说方式必须因人而异[1]。布拉德利则提出了解说策划的六条指导原则——适应性原则、效率原则、舒适原则、灵活性与选择性原则、最低破坏原则、最优资源利用原则[2]。结合非遗保护语境与当下实践，笔者认为遗产解说原则还可以从以下几个方面进行补充。

（一）以人为本原则——做有温度的解说

正视遗产资源所在地的民众发展经济的需求，遗产旅游作

---

[1] 戴伦·J.蒂莫西，斯蒂芬·W.博士伊德著，程尽能主译《遗产旅游》，北京：旅游教育出版社，2007年，第207—208页。
[2] 同上，第209页。

为遗产资源开发利用的一种形式，其成果应该回馈当地社区居民，而当地经济发展之后，也会有更多的人愿意留下来，遗产保护也就有了更多的有生力量。此外，也应广泛调动社区居民的积极性，遗产解说的内容和人工型媒体应提倡当地人参与，并注重发挥青少年的力量。

"在旅游目的地正逐渐开始出现一个把焦点放在本地居民及其了解遗产程度的第三种类型的解说。为本地居民提供各种课程项目使其了解遗产与本地相关的知识，而这样做的基本理念是本地居民会用所学到的知识向游客解释他们在游览中所体验遗产的类型。就此而论，这种知识与教育的交流有望增强游客在看中所获得的体验。"[1]1994年加拿大班夫国家公园开始开办针对当地居民的知识教育活动，将当地居民变为知识的传播者。这样的自愿性质的课程推行以来受到当地居民普遍欢迎，许多企业都鼓励员工参与[2]。加拿大班夫国家公园的成功案例或许能提供一些有益的参考。

（二）整体性原则——做有深度的解说

非遗保护倡导"见人见物见生活"。从表面上看，"见物"是比较容易做到的，比如民歌手所穿的民族服饰、戴的民族工艺饰品、手持的乐器等。相应地，游客普遍对外在形式突出的文化印象深刻，比如建筑、服饰、工艺、舞台演出等，但对真

---

[1] 戴伦·J.蒂莫西，斯蒂芬·W.博士伊德著，程尽能主译《遗产旅游》，北京：旅游教育出版社，2007年，第203页。
[2] 同上，第203页。

正的民歌、民族生活的习俗却知之甚少。谁能唱，和谁唱，为谁唱，在什么场合唱，唱的是什么，用的什么调、何种节拍、旋律和曲式，以什么作伴奏，为什么会这样唱，等等，这一系列的问题环环相扣，构成了民歌文化的链条；而与之相关的自然环境、宗教信仰、人生礼仪、时令节日、手工技艺等，又共同构成民歌背后立体的生活大厦。举例而言，如果不理解排瑶对盘古王的信仰，不清楚他们过的"起愿节""开唱节"（传为盘古王诞生日）"还愿节"（传为盘古王婆诞生日），没见过他们的盘古王大庙，不知道他们举行的"耍歌堂"活动，就不会理解他们的《歌堂歌》[1]，以及与之相应的白天锣鼓欢声、角哨齐鸣的宏大场面到夜晚男女对唱、情意绵绵的转变。

因此，这一块是很大的缺口，目前的解说并不能很好地满足这一原则。上文提到的强调奇风异俗的做法，即与整体性原则相背离的一种表现。当单独的民俗事象被从生活整体中提取出来并被突出显示时，可能会造成这样一种错觉：对来访者来说，这不过是某次偶遇的异域风情，是一个无须负责、无须挂怀的游览地；而不会把那里视为"他人的故乡"，那儿民众与我们一样有着丰富充实的生活，只是换了种样法，值得反复探访、回味、保护和珍惜。正是在这样的意义上我们才可以意识到同中有异，异中有同。

根据上述两个原则，遗产解说除了向来访者提供信息的一面，也有约束来访者的一面。比如在黎平肇兴侗寨中看到的来

---

[1] 何芸等编《瑶族民歌》，北京：文化艺术出版社，1987年，第15页。

访者公约牌，以及在水井、河道等特殊位置设立的提醒标识。除了从保护生态、文明卫生的角度提出的要求，还有非常重要的一部分内容就是文化禁忌。以民歌为例，有些仪式歌谣只能在举行仪式的时候唱，尤其不能在家里随意唱构成了文化的边界。在解说时提前进行说明既是对当地民众的尊重，也是对文化整体性的尊重。

（三）跨区域视野——做有广度的解说

积极有效的遗产解说还应具备跨区域视野。就民歌而言，应既有将本民族民歌放置在当地文化生态整体中统合考虑的智慧，也有超越本土、跨区域联动的高远气魄。在解说当地民歌的影响和在文化区域中的定位时，多元的跨区域视野将大有裨益。例如"一带一路"就是一个很好的视角，通过潇贺古道将湘、桂、粤、黔的民族民间歌谣进行联系比较。还有根据语言划分的歌谣内部片区，比如侗族大歌的南部方言区与北部方言区之分[1]。由此，单独的民歌传承地就由点拓展到线和面，文化的传播和交融也被纳入解说的内容考量当中。这不仅有利于加深来访者的理解，也有利于进一步的宣推和跨区合作。

就跨区域合作而言，指的是跨区域整合和优化信息资源。比如讲解底本的内容可以与曾经参与过当地调研的高等院校、科研院所合作，其调研成果可以通过讲解底本素材的方式回馈当地社区，具体形式涵盖文字、图片、音频、视频等。高等院

---

[1] 杨毅《歌与生活——人类学视阈下的侗族大歌研究》，武汉大学博士论文，2015年。

校比如当地贺州学院、湖南科技学院,也有异地的高校比如贵州师范大学、广西师范大学等。也可以考虑与高等院校或者科研院所合作发起或申请项目,在项目过程中当地提供一定支持,并约定调研成果共享。包括讲解底本的英文翻译也可以考虑与院校合作。

如果向更大的广度延伸,还要考虑全球视野。比如侗族大歌、瑶族蝴蝶歌放置到多声部民歌的世界舞台也是很有分量的。此外,有相当一部分生活在海外的瑶族同胞也在关注瑶族的文化,解说和展示的方式除了在当地进行,也可以考虑借助现代化的媒介进行国际传播。

四、关于"遗产解说"的一些具体建议

(一)从导游向文化讲解员转化

此处指的导游主要是职业院校毕业的专职导游,人员构成较为单一。但文化讲解员的人员构成则更为多样化,倡导本地社区成员的积极加入。如当地的传承人、学生、退休教师、退休干部、民俗爱好者、当地商人等。活动范围方面,文化讲解员的活动范围并不局限于景点,还有博物馆、学校、政府单位、传承基地等。性质不同,文化讲解员可以是职业性的,也可以是非职业性的,比如采取志愿服务的形式。总体而言,文化讲解员紧扣建立积极有效的遗产解说系统的原则,更注重社会效益。导游、文博馆中的讲解员在了解文化讲解员的理念和

方法的前提下，也可以向文化讲解员过渡和转化。实际上目前也出现了这样的趋势，比如博物馆培养文化型讲解员、专家型讲解员的号召。

（二）文化讲解的内容与方式

简而言之，就是文化讲解员应该"说什么？""怎么说？"的问题。

1.底本的确定

针对身处不同场景、不同身份的文化讲解员，讲解底本在统一之中又有区别。统一有两个方面的含义：一是指统一身份的文化讲解员的底本是一致的，比如考虑到学生的接受程度问题，同年级学生的文化讲解底本相同。这份底本可从校本课程、乡土教材中选材，也可以在传承人和教师的引导下与学生共同完成。而同一讲解地点的文化讲解员的底本也是一致的，比如处于同一博物馆的文化讲解员，其底本由资深馆员与当地民俗专家共同撰写。对于从民间征集的展品，在介绍这一展品时可以根据原主人的意愿将其对展品的解释加入其中。二是指各个底本之间仅仅是内容详略和构成上的差异，不存在自相矛盾之处。

2.即兴发挥的原则

文化讲解员在底本的基础上即兴发挥，这里给出两种可行的方向。

（1）就近施讲。可以从身边的事情说起，比如姓名。瑶族命名有自己的一套制度和特点，从排瑶的全名中可以看出姓氏、房名、出生序、己名、辈分和存殁等内容；从过山瑶的男性姓名中则可以看出班分辈次[1]。针对家传的歌师，通过他们的姓名可以进一步介绍民歌传承的谱系。也可以从村名、地名说起，因为不同区域所传唱的民歌是有区别的，例如"格乐当歌"，只在油岭和三排一带流传。[2]而同样是排瑶的《歌堂歌》，油岭地区与白芒地区的曲调风格却不尽相同。还可以从周围的环境或当季的物候讲起，比如侗族大歌可以就淙淙流水谈《河水歌》，由蝉虫和鸣讲以蝉为名的歌；以蝉为名的歌又根据季节不同分为表现春冬蝉鸣的《嘎额》（又名《蝉之歌》）、表现夏天蝉鸣的《嘎能朗》（又名《蝉歌》）和表现秋天蝉鸣的《嘎吉约》（又名《知了歌》）。[3]

（2）因人施讲。此处的"因人施讲"不仅仅指的是根据对象身份的不同进行讲解，更强调的是充分发挥文化讲解员自身特色和专长进行讲解。比如售卖染织工艺品的店主，可以重点介绍染织的工艺、图案、色彩的含义等。而即使是同一个博物馆的讲解员，也会因为兴趣的不同而在某一方面有更多的积累，比如这次调研中遇到的贺州民族文化博物馆的贺州学院大学生讲解员，对古代钱币就很有研究，在讲解过程中融入了很多自己平时积累的知识。

---

[1] 连南瑶族自治县文化广播电视新闻出版局，连南瑶族自治县非物质文化遗产保护中心编《广东连南瑶族婚俗》，广州：羊城晚报出版社，2007年，第83—84页。
[2] 同上，第109页。
[3] 杨毅《歌与生活——人类学视阈下的侗族大歌研究》，武汉大学博士论文，2015年。

（三）社区内不同群体做文化讲解的建议

根据以人为本原则，在下述建议中不仅注重激发社区群体参与的积极性，也注重遗产旅游对社区的回馈，以形成可持续发展模式。回馈的方式包括提供就业机会、直接的经济回馈（收益分成）或间接的经济资助。另外，在文化讲解时，坚持整体性原则之外也根据所处的区域有所侧重，比如处于平地瑶的蝴蝶歌传唱区域的广西富川县白沙镇井山村小学、古城镇矮岭村小学、柳家乡九凤岭小学、莲山镇大莲塘小学及这四乡镇的四所中学[1]，可以将文化讲解的重点放在蝴蝶歌上。在此仅就以下两种群体进行举例。

学生群体：

1.鼓励当地学生利用寒暑假时间了解家乡的民俗文化，收集、整理身边的民歌或民俗物件。博物馆、文化馆、纪念馆、展览馆、非遗中心、学校、社区活动中心等单位可以为这些成果提供展示的机会。比如贺州民族文化博物馆就展出了学生们拓印和整理的当地碑文。这些展示可以采取定期开展，或者采取寄存或捐赠的方式将展品直接作为这些地点的常设展览。鼓励学生根据自己的理解在统一底本的基础上写出自己的一份讲解词，在定期的展示上可以由学生自己演示民歌、讲解收集到的资料。这个讲解词可以不一定是文字，也可以是活泼的图文穿插或者手绘地图。这样的展示可以采取现场的方式，或者提

---

[1] 黄玲《传承中的思考——以〈蝴蝶歌〉为例论学校音乐教育在传统文化可持续发展中的意义》，《贺州学院学报》2008年第2期。

前录制好音频或视频，在展览时播放。

2.鼓励当地学生利用空闲时间到附近的博物馆、文化馆、非遗中心担任志愿文化讲解员。考虑到讲解员的培训问题，可以考虑让大学生与低年级学生结对，进行"传、帮、带"的志愿服务的方式。

3.学校可以结合校本课程、乡土教材、"非遗进校园"项目来指导学生参与文化讲解，或者将撰写文化讲解词、进行家乡民俗调研的经历与语文、音乐、美术这样的常规课程教学结合起来，培养学生的写作能力、感知能力和实践能力。总之，以多种方式让学生能够学以致用，而不是一味地输入，才能让遗产保护形成良性的循环。组织形式上可以考虑组建社团或者兴趣小组进行活动。

4.将当地的旅游收入以适当、适量的形式，一部分转化为专项的办学资金，用于资助学校开展此类活动；另一部分转化为奖学金、助学金，回馈给做出突出贡献的学生文化讲解员。

5.鼓励相关专业或者有相关兴趣及一定积累的大学生毕业后回乡创业，以文化讲解员的身份开发民俗深度游。这种类型的旅游建立在扎实调研的基础上，先通过调研积累人脉和文化资源，在此基础上避开传统的、客流量大的旅游主线，直接与当地的传承人或传承基地对接，共同商议和开发深度游路线，力求精且新的深度游览和体验，收益以一定比例回馈给传承人和传承基地，形成良性循环。

商户群体：餐馆、小吃、饭店、民宿、工艺品店、特产店等商户。

优先考虑这样两种商户：一、商户为当地人，或有聘请当地人做员工；二、商户采取寄卖、收购等方式，能将盈利收入回馈给当地社区。商业场所的文化讲解对商户本身也有利，在商品中融入故事元素和文化内涵将有利于销售。可以考虑参考布展的方式布置商品，在旁边加上一些小标牌。在店内播放当地的民歌、民乐，店内墙上可以挂出制作技艺、历史缘由的展板或者制作过程、制作者的照片。国家非遗代表性项目（瑶族服饰）市级传承人李素芳的贺州瑶族文化体验馆是个很好的示范。传承馆主营瑶族服饰，接纳了500名贺州市的瑶族绣娘居家灵活就业，其中大部分是贫困户或返乡农民工。体验馆的布置格外用心，墙上挂了一整套瑶族服饰相关资料的展板，其中一块展板记录的是瑶族《盘王歌》中提到的瑶族服饰及刺绣技艺的来源。"……起计盘王先起计，初合高机织细布，布面又挑李柳花。起计盘王先起计，初合高机叶带丝。造得高机儿孙辑，儿孙世代绣罗衣……"此时民歌不仅是一种生活艺术，更与织绣共同构成了瑶族同胞的文化记忆，而正是深厚的文化内涵与文化记忆赋予了这些产品"光晕"——这一当下时代流行的机械复制品所不具备的特质。

（四）遗产解说的一些技巧

1.提前预热

在到达旅游目的地之前，遗产解说就可以开始发挥作用了。例如在长途、短途汽车上播放解说的视频或者音频，对于自驾游的游客，也可以从车载广播入手，插入遗产解说。到达旅游目的地的第一站,比如汽车站、火车站的站点,也可以适当摆放一些宣传册、地图、展板,播放相应的音视频。景区内的一些景区巴士候车点,也可以布置一些展板。

一般性的简介固然可以作为提前解说的内容,上文提到的"来访者须知"以及一些容易打破常规认识的点也建议提前解说。比如用"民歌"来打破人们关于"歌"的常规认识。无论是瑶族还是侗族的民歌,都不是孤立的单一民歌,它们不同于通常理解的音乐作品,不是"一首"歌,而是"一段"歌。它们是当地人对话的一种方式,时唱时叹,讲唱结合,就是生活中的交流。

2.新型的方式

比如制作有声明信片,将文化解说的内容附着在创意产品上。这些纪念品可以随着游客带到其他地方,并且可以重复播放。比如民歌类的明信片,可以在明信片上印刷歌曲大意、流传地区等解说信息,而扫描二维码则可以听到歌曲片段。而工艺品类的明信片,比如刺绣,可以在纸上绣出一些典型的纹样,扫描二维码则可以听到相关的解说。

西方学者早在20世纪90年代就总结出了遗产解说在旅游管理、经济效益、环境效益、本地居民参与以及态度和价值观上所能起到的积极作用。而在国内,无论遗产旅游还是遗产解说都还处在探索阶段。尽管起步较晚,但在探索的过程中有试错的空间,也有着更多的可能性,本文以民歌及相关文化资源的遗产解说为例,亦是希望在为民歌保护和传承提供一种新角度的同时,也作为引玉之砖,为其他遗产的保护和传承提供些许可资借鉴的启示。

歌圩是什么

——文人学者眼中的"歌圩"概念与民间表述

陆晓芹[*]

"聚会作歌"是宋初乐史《太平寰宇记》对岭南一种典型的民俗事象的记述，经《岭外代答》《赤雅》等文人笔记、诗歌和地方史志的一再描述后，它成为今人耳熟能详的"歌圩"传统。20世纪80年代以来，"歌圩"作为壮族的一种标志性文化，为更多的研究者所关注。其中，作为"歌圩风俗之女儿"[1]和"形成的标志"[2]的刘三姐和作为"歌圩"代名词的"三月三"也被纳入"歌圩"研究者的视野。这些研究以"歌圩"为原点，围绕其起源与发展、性质与功能、内容与形式、时空分布、审美特质、变迁与保护等进行了较为深入的探讨，

---

[*] 陆晓芹，广西民族大学文学院教授。
[1] 钟敬文《刘三姐传说试论》，载《钟敬文民间文学论集》（上），上海：上海文艺出版社，1982年。
[2] 潘其旭在《壮族歌圩研究》中认为："歌仙刘三姐的产生是歌圩形成的标志。"

出现了以潘其旭《壮族歌圩研究》为代表的一批论著。与此同时，也有学者指出，"作为一项具有民族文化传统的大型民俗活动，歌圩在称谓上就有汉称（或曰他称）和壮称两种称谓体系，以及在这两种不同称谓体系的语义底蕴的两种不同的文化内涵"，因此，"研究歌圩而不考释其称谓的差异和所指称的内涵的不同，从方法论来说，无疑会影响这种研究的透辟和结论的精确"。[1]罗远玲也撰文反思了以往相关研究中的"他观"立场，认为应从主客位立场多种视角切入，并在传统与现代的框架中分析了"文人—官员"客位视野和"老百姓"主位视野中"歌圩"的不同。笔者认同以上看法，同时认为，"歌圩"作为一个汉语词语，是历代汉族（或汉文程度较高的壮族）文人用以标识相关民间习俗的一个符码，是汉文化对其之外的异文化的翻译，它所能提供的只能是一种客位。以往的研究多把"歌圩"作为研究起点，忽略了这一概念先在的遮蔽性，导致了"歌圩"之名与实际存在的民间传统之间互相疏离的现象。从这个意义上说，强调地方性知识自身的文化逻辑，或许可以成为我们深入理解民间相关文化传统的有效途径。

一、文人笔记、方志和诗作中的"歌圩"

谈到歌圩，研究者将这种"以歌代言"的文化因子溯源于春秋时期的《越人歌》。[2]而见诸汉代以来的各种汉文典籍的

---

[1] 蒙宪《歌圩壮称的语言民族学探讨》，《民族研究》1988年第3期。
[2] 韦庆稳《越人歌的初步研究》，《百越史研究文集》（第一辑）。

文字亦说明：岭南一带自古以来就盛行歌唱之风。[1]一种民间文化活动进入文人视野需要多长时间？这是一个很难回答的问题。但能肯定的是，后人津津乐道的"歌圩"传统在进入各种笔记、方志、诗作之前，早已存在于岭南民间，且不限于一时一地。

这是一种什么样的风俗呢？宋代周去非在《岭外代答》中是这样描述的：

"岭南嫁女之夕，新人盛饰庙坐，女伴亦盛饰夹辅之，迭相歌和，含情凄惋，各致殷勤，名曰送老，言将别年少之伴，送之偕老也。其歌也，静江人倚《苏幕遮》为声，钦人倚《人月圆》，皆临机自撰，不肯蹈袭，其间乃有绝佳者。凡送老，皆在深夜，乡党男子，群往观之，或于稠人中发歌以调女伴，女伴知其谓谁，以歌以答之，颇窃中其家之隐匿，往往以此致争，亦或以此心许。"

"交趾俗，上巳日，男女聚会，各为行列，以五色结为球，歌而抛之，谓之飞驼。男女目成，则女受驼而男婚已定。"[2]

这里分别描写了岭南的婚礼和越南北部与广西交界一带的抛绣球习俗，特别提到了"静江"（今广西桂林）、"钦"（今广西钦州、合浦一带）、交趾（越南北部）的歌唱习俗。

---

[1] 据汉代王逸《楚辞章句》载："楚国南郢之邑，沅湘之间，其俗信鬼而好祠，其祠必作歌乐鼓舞，以乐诸神。"明万历年间《宾州志》引南朝梁时吴运编纂的《安城志》则有"乡落唱和成风"的记载。宋初乐史《太平寰宇记》说广西昭州"风俗同窦州"，而窦州是"谷熟时里闬同取。戌日为腊，男女盛服，椎髻徒跣，聚会作歌"。
[2] （宋）周去非著，杨武泉校注《岭外代答》，北京：中华书局，1999年，第158页、422页。

其中,"皆临机自撰,不肯蹈袭"一句道出了对歌的基本特点。从这里可以看出,对歌作为一种交际、娱乐手段,贯穿于婚前两性交往和婚礼过程中。

明代邝露的《赤雅》中关于"浪花歌"的描述亦常常为后人引用:

> 峒女于春秋时,布花果笙箫于名山。五丝刺同心结,百纽鸳鸯囊。选峒中之少好者,伴峒官之女,名曰天姬队。余则三三五五,采芳拾翠于山椒水湄,歌唱为乐。男亦三五成群,歌而赴之。相得,则唱和竟日,解衣结带相赠以去。春歌正月初一,三月初三;秋歌中秋节。三月之歌曰浪花歌。

这段文字道出了歌唱的时间规定性:"春秋""正月初一""三月初三""中秋节"等人们在特定的时间中歌唱,但不限于一时。从作为歌唱主体的"峒女"和"男"的情态亦可看出,这是一种民间节日,节日中的人们"以歌唱为乐"。

除了"浪花歌"之外,历代文人笔下对这一习俗的称谓至少还有以下诸种:

1. "跳月圩"

清代镇安知府(府治在今广西德保县)赵翼的《镇安风土诗》有"跳月圩争趁,娶春俗善讴"的诗句。[1]

---

[1] 潘其旭《赵翼镇安诗钞·镇安土风》,广西社会科学院广西壮学研究中心编印,1992年,第3页。

2. "赶季"

民国八年（1919年）《河池县志》载："壮人并以每岁二、七两月，少年男女于附近圩市郊原之地，结队冶游，以唱歌作良媒，以赠答为纪念，父母、夫婿、亲戚不能禁。是日贸易之人多集于此，市内为之一空，俗名赶季。"[1]

3. "放浪"

民国九年（1920年）《桂平县志》有"壮人放浪"的提法，并进一步说道："袁旧志云：三四十年前，犹有所谓浪场者。每岁正月，于村之庙宇附近地段空阔之处，男女聚会，攒簇成堆，歌唱互答，或以环钏、巾帨、槟榔之物相遗，谓之认同年。旧志所言犹信。近年来，每逢放浪之期，惟有恶少烂蒽相与征逐，于是无有到场者矣。"[2]民国二十三年（1934年）《浔州府志》亦有"三月三日天气新，连村放浪少年人"的诗句。[3]

4. "唱欢"

民国二十九年（1940年）《柳城县志》载："民间盛行唱欢，工作稍暇，则男女互相唱和以取乐。遇有婚嫁，亲友亦尝登门娶歌通宵。"

5. "墟会"

刘锡蕃在《岭表纪蛮》中认为："墟会有节会、常会两种，节会即以岁节之日行之，常会则不拘节期，凡农隙之日，

---

[1] 覃兆福、陈慕贞《壮族历代史料荟萃》，南宁：广西人民出版社，1986年，第192页。
[2] 同上书，第313页。
[3] 同上书，第300页。

每值墟期，即会歌聚饮于此。"[1]

6."风流墟"

《岭表纪蛮》载："桂西土人，称'歌墟'为'风流墟'。"[2]

7."歌坡"

清代道光年间诗人黎申产描述广西龙州歌圩的组诗第三首写道："趁圩相约去歌坡，籴米归来女伴多。踯躅吮风残照里，牧童浴路唱山歌。"[3]

8."歌圩"

就笔者目前所见，历代文人笔记、方志中，关于"歌圩"说法是比较多的。清代道光年间诗人黎申产描写广西龙州时，有"岁岁歌圩四月中，欢聚白叟与黄童"的诗句[4]。清代光绪年间羊复礼修、梁年等纂的《镇安府志》载："谨案土民之家，婚姻俭约循礼，不尚奢侈，风尚近古，惟歌圩之风尚沿苗人跳月踏谣之俗，虽严行禁止，未能尽革。插秧获稻时，男女互相歌唱，情意欢洽，旋市果饵送女家。"[5]民国《上思县志》也载："每年春间，值各乡村歌圩期，青年男女，结队联群，趋之若鹜，或聚合于山岗旷野，或麇集于村边，彼此唱山

---

[1] 刘锡蕃《岭表纪蛮》，第176页。
[2] 刘锡蕃《岭表纪蛮》，第176页。
[3] 欧阳若修等《壮族文学史》，南宁：广西人民出版社，1986年，第241页。
[4] 同上。
[5] （清）羊复礼修、梁年等纂《广西省镇安府志》（清光绪十八年刊本），台北：成文出版社，1967年，第169页。

歌为乐,其歌类多男女相谑之词。"[1]民国时期的《广西边防纪要》也记述了这一习俗:"沿边一带风俗,最含有人生意义的,则为歌圩。歌圩在春忙前的农暇时候举行,其日子各地各不相同,今日为甲地歌圩,明日为乙地歌圩,以轮尽各村为止。"[2]刘锡蕃在《岭表纪蛮》中谈到"墟会"时,指出:"桂西土人,称'歌墟'为'风流墟'。"而《龙州县志》的寥寥数语颇有为"歌圩"下定义的意思:"四月间,乡村男女指地为场,赛歌为戏,名曰'歌圩'"[3]

从这些资料可以看出,"歌圩"是众多称谓中较具有代表性的一种。它虽然是一个外来的汉语词语,却相当准确、形象地概括了以壮族为代表的广西民间社会聚众对歌的习俗。因此,其在清代中后期逐渐成为一种表述权威。但是,任何一种权威的形成,都不可避免地形成对"他者"的遮蔽。从"歌圩"这个概念来说,它的遮蔽性也是显而易见的:其一,是汉精英文化对壮民间文化的遮蔽——"歌圩"的最初使用者,或是到广西游宦的汉族知识分子,或是汉文化程度较高的本土知识精英,他们以"歌圩"表述民族民间习俗,是两种文化的对译,不可能完全准确地概括现实存在,因此这种记述本身是对现实存在的一种遮蔽。其二,除了"歌圩"之外,这一传统在其他文本中有不同的表述,在民间,这种表述则可能更为丰富,因此,当"歌圩"逐渐成为表述权威时,它也就遮蔽了其

---

[1] 欧阳若修等《壮族文学史》,南宁:广西人民出版社,1986年,第242页。
[2] 潘其旭《壮族歌圩研究》,南宁:广西人民出版社,1991年,第42页。
[3] 同上书,第46—47页。

他表述方式。其三，在文人笔下，民间对歌习俗或与节日结合，或与日常生产生活结合，或与婚丧嫁娶结合，体现了民俗混融性和丰富性的特点，但后来的人们往往顾名思义，特别强调"歌圩"聚众对歌的特点，对"歌"之外的民俗事象造成了某种程度上的遮蔽。

二、学者视野中的"歌圩"

1979年1月，赵来在《民族团结》上发表了一篇题为《壮族"歌墟"》的文章，由此引发了"怎样正确对待少数民族的风俗习惯"的讨论。随着主流意识对民间文化的解禁，广西各地民间歌唱活动重新活跃起来，研究者也对这一习俗给予了及时的关注。从20世纪80年代初期至今，以"歌圩（文化）""刘三姐（文化）""三月三""壮族歌谣""壮族歌咏文化"等为题材的研究文章成为广西地方文化研究的热点。其中，"歌圩"作为共同的原点或基点，成为研究中的一个核心概念，《壮族文学史》《壮族歌圩研究》等论著专门就此进行了探讨。

诚如蓝鸿恩所说的："歌圩，这是外人给壮族人民这种风俗定的名词。"[1]不少从事这方面研究的学者都认识到了这一点，因此他们在给"歌圩"下定义时，都首先列举了流传于民间的各种地方性表述。周作秋在《论壮族歌圩》中就提到了

---

[1] 蓝鸿恩《关于歌圩》，载张紫晨选编《民俗调查与研究》，石家庄：河北人民出版社，1987年。

各地壮语中的六种不同称谓。此举在他参与编著的《壮族文学史》中也得到了体现，潘其旭在《壮族歌圩研究》中还注明了这些称谓的大概流行地域。但从某种意义上说，以上著作中的地方性表述仅在于说明："歌圩"这个概念指的就是它们。从研究旨趣上看，当时关于"歌圩"的研究着眼于对壮族这一文化传统的宏观把握，因此，要求研究者对其中具体的表述加以观照是不现实的。但这种求大求全的定义方式确实导致了"歌圩"这一"能指"的不确定性。现以《壮族文学史》和《壮族歌圩研究》为代表举例如下：

定义一："歌圩是壮族人民定期聚会唱歌，并以男女对唱情歌为基本内容的传统风习。"[1]

此定义见于《壮族文学史》。下定义前，作者先列举了其在各地壮语中的不同称谓，进而说明："各地的歌圩，每年举行一两次或三四次不等。一般都有固定的日期，大多是安排在农事较闲的季节，在较大的传统节日里举行，如春节、中元节、中秋节等；但具体定在哪一天开始，各地就不说同了，特别是相邻近的歌圩是忌重的。"作者还认为："此外，有些地方在婚嫁、贺新居、吃满月酒等场合或人数较多的劳动（如插秧、收割），也常常形成歌会。这些临场性的歌会，除对唱情歌外，再无别的活动。严格说来，它不属于传统歌圩的范畴。"

在这里，作者区分了两类歌唱传统：第一类是作为民间节日习俗的"传统歌圩"，第二类是临场性的"歌会"，认为

---

[1] 欧阳若修等《壮族文学史》，南宁：广西人民出版社，1986年，第236页。

"它不属于传统歌圩的范畴"。对于二者的不同,此前陈雨帆在《壮族歌会初探》中有过讨论,他认为:"'歌圩'是以壮族男女青年追求美好爱情理想为标志的'歌的圩市',是壮族情歌赖以大量产生的母体;而'歌会'则是以表现壮族人民变革社会、变革生活的思想激情和审美理想为标志的歌的聚会,是壮族时政歌谣、生活歌谣赖以大量产生的母体。"[1]在他看来,"歌会"的典型形式是从韦拔群开始的以歌进行意识形态宣传的做法。就这个意义上说,《壮族文学史》中的"歌会"与陈氏的不同。事实上,"歌会"这一概念后来并未得到广泛使用。

定义二:"所谓'歌圩',原是壮族群众在特定的时间、地点里举行的节日性聚会唱歌活动形式","由于这种活动是以相互酬唱为主体,'每场聚集人众不下千人','唱和竟日'(《龙州县志》),犹如唱歌的圩市,后来人们把它统称为'歌圩'"。[2]

这是《壮族歌圩研究》的定义。此前,作者也注意到了"歌圩"在壮语中各地有不同的称谓,并标注了其流行地域。但作者所认定的歌圩,除了这种"节日性歌圩"之外,还有临场性歌圩、竞赛性歌圩等。其中,临场性歌圩包括劳动歌会、圩市会唱、婚聚会唱等;竞赛性歌圩则有"放球""还球"歌圩、庙会赛歌、唱"草歌"等形式。此外,作者还提到一种祭祀祷祝性的庙会歌圩,当是强调其宗教仪式的意义。

---

[1] 广西民间文学研究会编《广西民间文学丛刊》第六期,1982年。
[2] 潘其旭《壮族歌圩研究》,南宁:广西人民出版社,1991年,第2页。

在这里，"歌圩"有狭义和广义之分。狭义"歌圩"强调其作为一种节日习俗的定期性；广义的"歌圩"则主要强调"聚会作歌"的因素，把各种对歌活动都纳入其范围。"歌圩"外延的扩大，似乎更符合定义中"犹如唱歌的圩市"这一特点。

其他研究者在使用这一概念时，多沿用以上两种定义方式，或探讨其作为一种节日的特征、功能和意义，或强调"歌"的要素。但是，两类"歌圩"的不可兼容性始终存在，并给研究带来了许多困难。具体来说，主要体现为以下两方面。

第一，由于对"歌圩"的定义无法周圆，"歌圩是什么"的问题始终存在，这也给概念的误用和滥用留下了空间。在研究中，常有将"三月三""歌节"与"歌圩"并举的现象。

例1："'三月三'是壮族人民的传统节日，'对歌'又是三月三的一项主要活动，因此又称为'歌圩'或'歌节'。歌圩，是壮族民间传统文化活动的形式，也是男女青年进行社交的场所，在野外玩耍，互相对歌"，"壮族歌圩有大有小，各地也不大一样，但是，以农历三月三最为隆重"。[1]

例2："壮族的传统歌节，又叫'三月三''歌圩'，是壮族人民在特定的时间、地点举行的节日性聚会，它是以对唱山歌为主的民俗活动。除了农历三月初三外，春节、四月初八、中秋以及结婚、小孩满月、搬家都可形成歌圩。"[2]

---

[1] 雷达《三月三与刘三姐》，《中国音乐教育》1999年第3期。
[2] 彭静《失落与新生——从广西民间歌咏习俗看民族文化传承》，《黔东南民族师范高等专科学校学报》2003年第4期。

在以上两种定义中,"歌节""三月三""歌圩"似乎是一回事。与此同时,又都强调:"三月三"只是节期之一。据笔者所知,在三月初三这一天对歌的情况主要见于北壮地区,但在一些地方(如广西靖西西部、北部一带),"三月三"则是人们祭扫祖先的节日。例2在说明"歌圩"是一种节日性聚会的同时,又列举了一些非节日性的歌唱活动,如结婚、小孩满月、搬家等。

第二,由于"歌圩"只是对一种地方传统的转译,因此,"歌圩"研究始终与地方性知识体系呈疏离状态。

曾有学者从语言学角度探讨"歌圩"一词的内涵,指出在壮汉两种称谓体系下蕴含着不同的文化。[1]以汉语词语"歌圩"转译一种壮族的民间传统,不仅存在语法问题,也有文化理解上的差异,因此,其间的"隔"是显而易见的。作为地方民间节日的"窝墩""窝岩""圩蓬",除了聚众对歌之外,还包含着更丰富的内容。而聚会作歌作为一种文化传统,其在社会生活中的展开和在历史长流的变迁,也绝不是"窝墩""窝岩""圩蓬"这一节日所能涵盖的。因此,要在同一个概念下观照两种文化传统,无疑是削足适履。罗远玲曾从方法论上反思了以往研究的不足,认为"以往研究的'他者'视角拉开了歌圩与民众之间的距离,研究者没有太多地关注歌圩主人的反应,造成了'我者'的缺席。"[2]遗憾的是,作者自己也没能意识到,"歌圩"本身的客位立场恰恰是造成"我

---

[1] 蒙宪《歌圩壮称的语言民族学探讨》,《民族研究》1988年第3期。
[2] 张声震《壮学丛书·总序》,《广西民族研究》2003年第2期。

者"缺席的根源。任何一种文化都只能在它的系统中获得意义,任何一个"我者"也只能在他自己的生活世界中获得表达自己的权利。

在近来的相关研究中,有两种定义颇值得注意。其一是《壮学丛书·总序》对"歌圩"定义:"所谓'歌圩',壮语北部方言叫'圩蓬',意即欢乐的圩场;南部方言叫'航端',意为峒场圩市。是因其群集欢会酬唱,情如欢乐的集市而得名。"[1]以《壮学丛书》的重要性而言,这个定义本身的权威性不言而喻。在这里,作者言简意赅地说明了"歌圩"与壮语方言中相关说法的对应关系,对"圩""集市"字义的强调尤显意味深长。与此同时,有学者提出了"歌咏文化"的概念,将围绕着歌唱而发生的一切歌俗、歌作、歌者与歌艺,都纳入了研究视野。[2]这些概念都各有侧重,前者强调其定期性,后者则重在"歌",它们对于厘清不同的民间传统是有意义的。

三、"歌圩"的民间表述:以"航端(航单)"和"吟诗"为例

早在20世纪80年代,就有学者指出:在武鸣桥北村一带,人们用不同的概念指代在规定的时间和地点里举行的"歌圩"

---

[1] 张声震《壮学丛书·总序》,《广西民族研究》2003年第2期,第49页。
[2] 覃慧宁《宜州—下枧河流域壮族歌咏习俗传承与文化遗产的保护》,广西师范大学硕士论文,2005年。

活动和不定时定地的对歌活动，并指出"他们不分别运用对歌和歌圩的概念"。[1]作者虽未指出当地的表述为何，却已着眼于主位立场，对具体时空中的某种地方性知识体系做了较深入的描述，具有方法论的实践意义。笔者近几年在广西靖西、德保等县的田野调查中也注意到，当地语言体系中并无"歌圩"一说，其所包含的，其实是两种相关但不能重合的文化传统，当地语言将它们分别表述为"航端（或航单）"和"吟诗"。前者是具有时空规定性的节日传统，后者则是在各个生活层面上展开的歌唱传统。

（一）"航端（或航单）"

"航端"是德保县流行语的说法，"航单"则是靖西流行语的表述方式。二者均属于壮语南部方言德靖土语中的"央"话，在读音上仅有一点细微差别，指向同一种传统。本文引用的资料，由于涉及两县的两种口音，因此，以下行文中如果谈到这种习俗时，将写为"航端（单）"，否则将根据调查地的实际情况使用"航端"或"航单"，不另作说明。

靖西县（今靖西市）和德保县位于广西西部，在行政上隶属于地级百色市。其中，靖西县在德保县西部，其北部为百色市和云南省富宁县，西部为那坡县，南部与越南接壤。唐代始有建制，为归淳州、安德州。清光绪年间升为归顺直隶州，辖镇边县（今那坡县）和下雷土州（今属大新县），1913年设靖

---

[1] 手冢惠子《武鸣桥北歌圩的文化圈》，《广西民族学院学报》（哲社版）1988年第2期。

西县，先属镇南道（龙州区），后属天保区。新中国成立后，属龙州地区，1951年改属百色地区（现为地级百色市）。德保县在唐时属废冻州，宋时属镇安峒地，元属镇安路，明时改镇安土府，当时土司岑天保府治从原来的感驮岩（今那坡县）迁至今德保县，清康熙年间改土归流，乾隆年间附设天保县，府县同城。民国二十四年（1935年），其西北部敬德镇一带独立建制为敬德县，辖区包括今靖西魁圩、渠洋等乡镇。1951年，敬德县与天保县合并为德保县。由于地域相近，语言相通，靖西、德保两县具有很强的文化同质性，尤其是两县交界地带，文化认同感极强。因此，不可以行政区划作为文化上的界限。

那么"航端（单）"的意思是什么呢？笔者在访谈中曾多次就此向当地百姓和地方文化工作者请教，均没有得到答案。《壮族歌圩研究》认为，"航端"即"峒场圩市"。笔者倾向于这一说法。从其名称上可看出，这一传统有着特殊的时空规定性。因此，虽然两县的县志均未将其列入"节日"部分，而视之为一般习俗或娱乐习俗，但它显然是一种节日习俗。

"航端（单）"的时间规定性可从有关统计材料中看出来。根据《壮族歌圩研究》附表（以下简称"附表"）[1]1987年的统计数字，靖西有五十五个地方每年举行"航单"一至三次不等，时间多为农历正月至三月，个别的则在农历七八月举行；德保县三十四个地方有"航端"，时间主要在农历二月至四月，其中两个地方在阳历五月四日举行，另有两个分别在正

---

[1] 潘其旭《壮族歌圩研究》，南宁：广西人民出版社，1991年，第287—292页。

月和七月。这种时间性与历史上笔记、方志等的记述是一致的，这正说明其作为一种传统的相对稳定性。从调查也得知，两县的"航端（单）"多为一年一度，部分地方为一年两度或三度，它们的日期基本上是固定的。但这种稳定性也并不意味着没有变化，具体到一个地方，"航端（单）"从有到无或从无到有都是存在的。德保县敬德镇历史上每年有三次"航端"，分别是农历三月十八的孩子"端"、三月二十八的老人"端"和四月初二的青年"端"，但前两个日子现在只存在于中老年人的记忆中，大家公认的"航端"只是四月初二这一天的。与敬德镇相邻的靖西甙蒙乡[1]足要村布要屯，六十岁以上的老人们多还记得离村子两公里以外的"弄勿航单"。解放前，每年农历三月十七，村民们也和周边各村屯的民众一样，聚集到弄勿屯附近的那一大片草地去尽情娱乐。解放后，那个"航单"没有了，但不少村民还记着这个日子，并在每年的这一天蒸糯米饭、加菜、插香祈福。

"航端（单）"的空间规定性主要体现在：其举办地一般是特定范围内民众普遍认可的一个公共空间，具有相对稳定性。调查中发现，这种空间过去多在空旷的郊野，特别是在村落之间交通相对比较便利的地带，现在则多在乡镇中心所在地。通过比较"附表"和县志的统计数字也印证了这种变化：在"附表"中，靖西55个地方每年有"航单"67次，

---

[1] 1987年从渠洋分出独立建制，2005年重新并入渠洋镇。但为行文方便，沿用旧制。

德保县34个地方则有约44次"航端";《靖西县志》[1]的同类统计数字是49次,《德保县志》[2]统计数为29次——两个数字均少于"附表"。从二者重合的部分来看,现在还活跃着的"航端(单)"主要在乡镇所在地和部分村屯。而不重合的部分,从名称上看,多在郊野或比较僻远的村屯,如靖西县的"动潘弄歌圩""洞莫怀歌圩""古绸歌圩""新靖青蛇山歌圩""那禀歌圩""弄达八歌圩"和德保的"叫蔗歌圩""巴龙歌圩""坡腾歌圩"等,这里的"弄""巴""叫"都和山有关,"洞""那"则和田野有关,"坡腾"即有"坡顶"之意,而"古绸歌圩"据说就是在一个岩洞里举行的。

为什么要过这样的节日呢?被问到的人们大多认为,这一天赶圩是为了热闹、好玩。但靖西邑蒙乡的黄家阿婆说,先辈认为过"航单"就会丰衣足食,有好日子。大道乡一个姓玉的乡干部则提到,在老一代的观念里,"航单"时父母带孩子到圩上去可以让他们健康成长。笔者发现,各地"航单"当天的生意确有相当多是针对孩子们的,如各种糖果糕点和玩具。还有一种特别的食品,只在"航端(单)"这一天有,叫"莫灭"(德保敬德镇也读作"狗羊"的壮音),先将糯米磨成粉,调成糊状,捏成牛羊的样子,蒸熟后经油炸而成。在市场上,这种食品卖每个一角或两角钱,是专门为孩子准备的,如

---

[1] 靖西县县志编纂委员会编《靖西县志》,南宁:广西人民出版社,2000年,第758页。
[2] 德保县县志编纂委员会编《德保县志》,南宁:广西人民出版社,1998年,第662页。

果孩子不到圩上，长辈也会买一些回去。也有一些人家自己蒸糯米饭或做各种糕点、油炸食品等，不必到圩上买。

至于对歌，据一些中老年人回忆，在歌唱之风盛行的年代，聚众对歌确实曾经是许多人（主要是青年男女）在"航端（单）"最主要的娱乐方式。但笔者在调查中也看到，现在的情况已发生很大变化，具体来说有以下几种情况。

1."航端（单）"时举办山歌赛等活动，带动民间自由对唱活动，形成日歌和夜歌。在农村青壮年人口多数外流的情况下，现在的"航端（单）"普遍不如以往热闹。为了活跃节日市场、娱乐群众，不少地方往往组织山歌赛和篮球赛之类的活动。靖西大道乡农历二月十八的"航单"是德保北路山歌流行区域中最早的一个。这里历史上有唱山歌和抢花炮的传统，现在每个圩日下午3点以后都会在圩街一角形成小规模的山歌聚唱活动。改革开放以来，每年"航单"街上都要举行各种活动。其中，山歌赛必不可少，且赛期往往延续至第二个圩日。2001年"航单"，街上举行山歌和篮球赛，还请了戏曲演出队来演壮戏。附近的生道村也举行了山歌比赛。"航单"当晚，街上人家均敞开大门，将各地歌者请入家中对唱通宵。2005年当日，街上举行山歌赛，吸引了来自本县、德保和百色一带的20多个歌队。这一年，德保都安乡也在"航端"时举行了山歌比赛。当日下午3点左右，各路歌者开始齐聚粮所市场旁的空地，或对歌，或闲聊，人数当不下400。其歌赛约于当晚9点开始，但台上比赛时，赛台边人家的屋外也挤满人，歌场从屋里传来，此起彼伏。

2. "航端（单）"时没有山歌赛，但有自发的聚唱活动。德保县敬德镇的歌唱之风至今还相当浓厚，还可见到不少20岁出头的歌者。历年"航端"街上都举办歌赛，其白天自由聚唱和夜晚的对歌活动也相当活跃。但今年农历四月初二"航端"前夕，一场冰雹令全镇的烟叶毁于一旦，大家都无心组织歌赛。"航端"当日，不少歌者特地从靖西县城和渠洋镇一带赶来，当晚形成通宵聚唱活动。靖西渠洋镇民间也有不少歌者，圩日里偶有对歌活动，但近几年的"航单"由于没有举行歌赛，民间自发的聚唱活动也未能形成。2001年当日，镇上唯一歌声来自文化站录制的各种山歌音像，好歌的人们围在一边，听得津津有味。2005年，其"航单"期正逢德保县都安乡的阳历"航端"，歌者听说后者有歌赛，都纷纷转移，其中包括本镇的一些歌者。

3. "航单"传统还在，歌唱活动绝迹。据了解，靖西龙临镇的每年三月二十五和八月十五的"航单"曾经以规模大而著称，其间的聚唱活动也非常热烈。但笔者2001年农历三月二十五看到，赶圩的群众虽然多，却没有对歌。与其相邻的果乐乡"航单"是三月二十六和八月十六。在笔者的记忆中，20世纪70年代末80年代初期，这里的"航单"是一个快乐的节日。那一天，父母会带孩子到圩上去，乔装打扮的青年男女也在午饭后三三两两走出村子。一路上，行人络绎不绝，歌声此起彼落。到圩口后，往前一步都变得很困难了——大家都往圩里拥，即使什么东西都不买，也会从圩头挤到圩尾，看看各种有趣的东西。傍晚散圩时，人们沿途对歌，并在三岔路口处形成聚唱活动，还有歌声不时从山那边飘过来。但笔者2001年农历三月再去时，看到圩上的热闹已大不如前，而且没有听到山歌——据几个近20岁的年轻人说，他们从来没听过山歌。

4. "航单"传统不再，歌唱之风渐衰。笔者在靖西岜蒙乡了解到，位于足要村公所弄勿屯边的那片河滩草地曾经是一个"航单"场。过去每年农历三月十七，靖西和当时天保、敬德[1]三县交界一带的人们都会集中到此。早聚晚散，每年一度，直到解放初期。但即使是那个盛行歌唱之风的年月，一些老人的记忆里的弄勿航单也多是打架、赌博，对歌的很少。现在，善歌的本地人都在60岁以上，偶有个别中年歌者则是从外村嫁进来的。

一般来说，一个村落并不一定只有一个"航端（单）"，特别是处在交界地带的村子。对靖西岜蒙乡足要村布要屯的民众来说，最熟悉的地方不是乡政府所在地的岜蒙圩，而是稍近的渠洋圩。另外，过去步行两三个小时才能到的德保县敬德镇对他们来说也很重要，村里有近十个妇女是从那一带嫁过来的。但现在绕道乘车，仍需要两个小时左右，不及渠洋镇便利，村里人已很少去。此外，也偶有布要人去参加大道的"航单"。他们看来，大道农历二月十八的"航单"是"开圩"（第一个），敬德镇农历四月初二的"航端"则是最后一个。对"航端（单）"的记忆似乎也提示着某种边界。对布要人来

---

[1] 民国二十四年（1935年），以现在德保县西北敬德镇为中心，独立建制为敬德县，辖区包括靖西县、田阳县的部分乡镇。1951年取消建制，与天保县合并为德保县。

说，此前正月十五的湖润镇"航单"虽同在本县，但对他们而言是没有意义的，而此后四月初八田阳巴别的"航端"虽然也同属德保北路山歌流行区域，但对他们还是没有意义。对于唱"诗那"（下甲山歌）的人来说，靖西新圩乡农历三月二十四的"航单"则是他们一年里最后的"狂欢节"。

（二）"吟诗"

在"央"话中，"吟"是动词，有"絮絮叨叨"之意，"诗"的读音与"书"相同，是当地人对一种韵文口头传统的称谓，有的地方也称为"西"。"吟诗"相当我们所说的唱山歌。一般认为，"诗"或"西"都是汉字"诗"的借音。[1]在《壮族文学史》和《壮族歌谣概论》中，"诗"是与"欢""加""比""鱼"等并列的一个概念。有学者认为，"欢"多为五言句，多押腰脚韵，而"诗"多为七言句，押脚韵，显然是受汉语诗歌传统影响较深的缘故。[2]

在德保县内，"诗"根据歌调和流行区域的不同分为南北两路。南路山歌为七言四句，押脚韵，流行于县城以南龙光、燕峒等乡镇，演唱时为两人双声部。北路山歌对歌时以七言二句为主，押腰脚韵，但腰韵可以是下句第一至五个字中的任意一个，主要流行于包括县城在内的以北十二个乡镇，并以此为中心辐射到靖西北部、田阳县南部和百色南部部分乡镇，演唱

---

[1] 农学冠《壮族的故事、歌谣和谚语》，载《赴泰国学术交流——民族研究论文集》，广西民族学院，1986年，第20页。
[2] 同上文，第25页。

时，人数最少三人，一般为四五人，多不限，其中一人唱高音，其他人以低音衬托，往往形成人多势众的热闹场面。

靖西主要流行四种山歌调，其一为"伦"，是相邻的那坡县的主要歌调，也流行于两县交界的安德镇一带，演唱时为单人单声部，字句均不定；另外三种为"诗"，分别为上甲调、下甲调和德保北路调。在"诗"中，德保北路山歌主要流行于本县北部与德保交界的魁圩、渠洋、岜蒙、大道等乡镇；上甲调流行于县城以北部分讲"央"话的乡镇，又叫"诗列"，可译作"旱地山歌"；下甲调流行于县城周边及南部一带乡镇，是本县流行最广的歌调，叫"诗那"，可译作"水田山歌"。上、下甲歌调均为两人双声调，对歌时为七言二句式，有严格的腰脚韵，即首句末字必与下句第四个字相押。

一般来说，对歌双方仅限于同一种歌调内部，否则不能相通。但2005年农历二月二十七（公历4月5日）由靖西文化馆主办的山歌擂台赛则让唱德保北路调和唱下甲调的歌者对阵，第一场时唱德保北路调的歌队败北，即有人面授机宜，要后来的歌队改变讲究套路的做法，采取以硬碰硬的策略，最后擂主为一个唱德保北路调的歌队。但笔者也注意到，前半段有唱下甲调的歌队参赛时，观众挤满台下，后半段的参赛歌队都是唱德保北路调的，观众走了近半。虽然近年来德保北路歌者在靖西县城的聚唱活动相当活跃，但对于大多数本地人来说，最好听的还是"诗那"（下甲调）。

从春节前后到"航端（单）"季节结束，各地"吟诗"活动频繁，或是有组织的比赛，或是自发的聚唱。对众多歌者来说，这个阶段是他们的"狂欢节"——他们可以暂时放下手中的农活，就近参加一些对歌活动。在一个歌队（或歌组）中，能"临机自撰"，有创编歌词能力的往往只有一两个，其他人主要是跟着唱的。因此，说某人善"诗"，是指其有创作能力。对这样的善歌者，大家普遍认为他很聪明，但多不认同那种长期流连在外唱歌游玩的做法，认为那是败家之举。据了解，确实有个别歌者因为唱歌而不顾家，导致夫妻离异。

在歌唱之风盛行的年代，人们"吟诗"的场合非常多。但一般来说，必须是离开自己的村子以后。一个女孩子在自己村里"吟诗"被认为是不给自己的长辈留面子，自然，她们也不能和本村的男青年对歌——在村子外面也不行。男子要遵守同样的禁忌，唯一不同的是，如果有外村的姑娘来做客，他们是可以去对歌的。离开村子以后，一般有以下几种唱歌的场合。

一是赶圩的时候。到圩上"吟诗"，并不限于"航端（单）"这一天。对于人们来说，一般圩日的对歌是更为常态的活动。笔者年幼时在靖西果乐乡生活，每次随家人赶圩，都会看到散圩的人们从圩场上一路对歌而去。现在，这种逢圩必歌的情况已不普遍，只有一些地方还保留有小规模的圩日对唱活动，比如：在靖西市大道乡，每个圩日下午都有自发的聚唱活动；在德保县城，喜欢"吟诗"的人们则是每个圩日晚上九点以后聚集在九曲桥附近。但在一些地方，"吟诗"则变得更为日常性，如：在靖西城里的人民公园附近和城西大道一带，只要天气条件允许，这种活动几乎每个晚上都有。

二是到别的村子去做客的时候。这种情况，过去主要发生在探亲访友、婚礼陪嫁、农忙帮工或为进新居、老人祝寿、孩子满月等举行的各种仪式上。但一般来说，受邀的主要是女性，男子闻讯前来求歌时，往往只能在主家外面"吟诗"，不参加主家的宴饮活动。据靖西县耑蒙乡一个65岁的周姓妇女告诉笔者，她年轻的时候，和同村的女伴逢圩必去，散圩后往往应邀到其他村子去，白天到地里帮工，晚上则和该村或从外村闻讯赶来的男子对歌通宵——事实上，白天的劳动也往往是名义上的，因为总会有不少男子闻讯而来要求对歌。现在，以上诸种情况在民间还相当普遍，但对歌已不是临场自发的活动，而是主家特意邀请的，而且，受邀的也不限于女歌者，男歌者闻风而动自己前去对歌的情况已很少见，所以男歌者也要请。对德保县敬德镇37岁的陆妈仟来说，应邀去唱歌成了她的一种副业，每年除了参加有组织的山歌比赛之外，她受邀"吟诗"的机会还有十次左右，主要是婚礼陪嫁、进新房和为老人祝寿。为了娱乐民众，一些村落也会趁年节时集资，请歌者前来对歌，如：2005年正月初三与德保县交界的靖西县耑蒙乡珍帮村举行山歌邀请赛，专门请来两县最有名气的五个歌队。

　　三是路上相遇或郊外聚会的时候。这种情况和前两类不能截然分开，赶圩、外出劳动或做客时，路上相遇而对歌的情况非常普遍，有时也会在比较空阔的郊野形成较大规模对唱活动。除此之外，每年特定的日子聚集到某个郊野之地对歌娱乐的情况也是有的。在德保县敬德镇、扶平乡一带，直到现在，每年正月初一上午9点以后，周边各村屯的民众都会自发到一个被称为"叫地治"的地方集会，或对歌，或游玩，或闲谈，直到傍晚才各自归家。经考察，这是位于山间的一片空阔地带，现有乡级公路通过，旁边还有许多小路通往山那边的各个村落——据说有时要走上两三个小时才能到一个村子。在当地，这个活动和"航端"无关，既没有人出面组织，也没有货物交易之类的活动。

以上的三种情况基本上都属于自由状态下的"吟诗"。20世纪70年代末80年代初期，随着意识形态对山歌的解禁，官方开始出面主办各种名目的山歌比赛。从那以后，上台比赛成为人们"吟诗"的另一个重要场合。在一些地方，"航端（单）"或其他节日举办歌赛逐渐成为活跃市场、娱乐民众的重要手段。对于大多数歌者来说，参加歌赛就像在限定的时间里写一篇命题作文，对心理、个人才能、道德涵养等都是很大的挑战，因此，歌台就是他们的练兵场，能在比赛中获胜是对个人的最大肯定，相比之下，奖金或物质之类的奖励是在其次的。但也有的歌者认为，在台上比赛不如在下面自由对唱来得有趣，因为那里没有抢歌、分歌的情况，有时候还不得不讲政策方面的东西，很枯燥乏味。德保县34岁的歌王王彩云认为，台上台下是两种不同的风格，对个人能力都是挑战，也都是好玩的。但她个人倾向于参加歌赛，除了应邀参加官方宣传政策和民间各种仪式之外，她一般只有参赛时才会"吟诗"，因为不容易找到合适的对手。她参赛时的影碟几乎每版都热销，在德保北路山歌流行区域，享有很高的知名度。

在强调民间表述时，我们也注意到"歌圩"在当地的运用。这是一个自上而下的过程，已随着主流意识逐渐下渗到乡镇一级。《靖西县志》谈到"航单"时，一律代之以"歌圩"，完全不提本土称谓，《德保县志》虽提到了本土称谓，但关于"歌圩"来历的一段介绍却未必是本土的记忆或经验。在这两个县一些乡镇，山歌赛台上的横幅上也赫然写着"歌节"或"歌圩节"字样，一些本土精英分子在谈到"航端（单）"和"吟诗"时，往往代之以"歌圩"和"唱山歌"。山歌赛原是主流意识为有效引导"航端（单）"活动、宣传政策而举办的，但现在已逐渐成为"航端（单）"对歌的主要形式和一些歌者参与"吟诗"的重要场合。组织者在布置歌台时更会强调视觉上的美观，进而为了利于录像，饰以横幅、红色幕布、对联等。

四、小结

希尔斯认为，"作为时间链，传统是围绕被接受和相传的主题的一系列变体"，而"远不止是相继的几代人之间相似的信仰、惯例、制度和作品在统计学上频繁的重现"，因为它给人们的任何信仰传统总有其固有的规范因素，"正是这种规范性的延传，将逝去的一代与活着的一代联结在社会的根本结构之中。"[1]从这个意义上说，以"歌圩"为表征的壮族民间歌唱活动是围绕着"聚会作歌"的主题而展开、流动的传统，其变化是一种常态。强调民间表述和地方性知识体系，并不是要

---

[1] ［美］S.希尔斯著，傅铿等译《论传统》，上海：上海人民出版社，1991年，第17、31、32页。

忽略"歌圩"这一概念的存在,而是希望在揭示其遮蔽性的同时,寻找一条通向民间文化传统的有效途径。与此同时,我们也发现,"歌圩"最初虽然只是一个外来词语,但在历代知识精英和主流意识的推动下,已经逐渐地"本土化",并对民间文化传统起着再建构的作用。这可能是相关研究需要面对的另一个课题。

当代贵州苗族情歌的传承种类及艺术特点

李 雯[*]

情歌在《辞海》中的表达即是情爱、恋爱之歌曲,词曲并茂,最能表达人们真挚感人的情感。有专家学者认为,情歌应产生于对偶婚时期,是民间歌谣中数量最多,最脍炙人口的一种,在历代民众特别是少数民族的爱情生活中,占有十分重要的地位。

贵州苗族情歌产生的时间相当早,而且各个时期都有。虽然不少情歌反映着一定的社会关系,不同程度地带有所产生时代的生活色彩,但更多的是对一些带有普遍性的爱情生活的描述和爱情心理的抒发。如:

> 登上高高山岭头,
> 看到条条河水流,
> 山山寨寨都清秀,

---

[*] 李雯,彝族,贵州省民间文艺家协会第五、六届副主席,贵州省文联副巡视员。

> 安身哪寨我都留,
> 留在哪村友双对,
> 咋个心安不焦愁!

这是流传于黔东南雷山县的飞歌,是一种高声歌唱的情歌,歌声高亢洪亮,数里之外都能互相对唱,在当地称为"喊歌"。

如流传于贵阳高坡一带的情歌:

> 站在高坡哟眺望深山中,
> 看那河流哟闪闪映天空,
> 年轻姑娘哟多如萤火虫,
> 没我的人哟走动在当中,
> 不知忧愁哟才是个蠢虫。

这些歌谣既唱出了苗族村寨的自然风光,更唱述了年轻人青春萌动之心。

贵州苗族情歌在传承的过程中,既沿袭着传统的唱法口口相传,又应时代的需求和环境的影响不断创新,更加丰富完善,形成风格,深受人们喜爱,是青年男女谈情说爱的一种主要方式。他们从相遇、相识、相知,到定情、成婚,都离不开情歌,如苗族中部方言区的"游方",就是指青年男女们的恋爱方式及名称,在游方时,青年们就是通过情歌对唱,相互认识,缔结良缘。可见情歌在苗族青年恋爱生活中的重要,可以说人人会唱,人人能唱。

一、贵州苗族情歌的传承分布

贵州苗族情歌丰富多彩,其自然分布大抵东自松桃苗族自治县、黔东南苗族侗族自治州,西至乌蒙山区,北起乌江,南达黔西南布依族苗族自治州、黔南布依族苗族自治州的广大地区,在苗族东、中、西三大方言区均有。只要有苗族村寨的地方,就能听到情歌之声,其传承人是一支无法统计的庞大队伍。

二、当代贵州苗族情歌的传承种类

贵州苗族各地流传的情歌非常丰富,浩如烟海,人们可以从实用功能方面窥见其丰富程度,大致可以分为:一是倾诉互相爱恋之情和表明选择爱人标准的;二是抒发离别、想念之情的;三是表达誓不分离的坚贞爱情的;四是告诫和批评的怨情歌。还有为数甚多的"家花不如野花香"之类的歌,虽含某些不健康的思想情感,但往往也表现了被剥夺正常爱情生活的人们对幸福生活的向往与追求。主要有"见面歌""青春歌""求爱歌""相恋歌""成婚歌""逃婚歌""离婚歌"和"单身歌"等等,类别几乎包括了爱情活动的种种内容和过程。

1.见面歌

"见面歌"是青年男女们初次见面时所唱的歌,是爱情的序曲。有的地方又称为"进园歌""初相会"或"初识歌"等。进园就是进入"花园"的意思,因为民间往往把谈情说爱的活动和场所称为"花园"。总之,无论是在跳花等寻求伴侣的传统节日或社交活动中，也无论是在踩月亮或游方等传统的日常谈情说爱的场合，青年男女们凡属初次相见，为了互相了解，往往通过自己的歌声，探询对方的情感或心意，对方也往往以歌转询或作答，如：

> 女：啊，远方的客人，
> 　　我们好好地坐在自己的村庄，
> 　　你们好好地坐在自己的村庄，
> 　　你们这样黑咕隆咚地走夜路，
> 　　来打搅我们安静的地方，
> 　　到底是为了哪样？
> 男：啊，聪明的姑娘，
> 　　你们心里明白嘴里故意讲，
> 　　如果真的那样想，
> 　　请听我来唱一唱：
> 　　你们坐在自己的村庄，
> 　　我们坐在自己的村庄，
> 　　就为这一双讨厌的脚呀，
> 　　拖着我们这样黑咕隆咚地走夜路，
> 　　来打搅你们安静的地方，
> 　　为的是想来和你们游方。[1]

由于都还陌生，这类歌一般都比较委婉、风趣，充满热望

---

[1] 燕宝整理，流传于黔东南。

而又羞怯难言。

既有表明来意,又可互相盘问姓名、住处等等,如:

> 女:哪个山沟出泉水?
> 哪个山坡出太阳?
> 哪个寨子来的哥哥?
> 你们渡过哪条河,
> 涉过哪条江?
>
> 男:哥哥从不远不近的地方来,
> 哥哥从荒坡荒岭的地方来,
> 哥哥家是芦苇秆子做屋梁,
> 稻草秆秆做柱子,
> 还没挨近就倾倒,
> 还没掀动就崩垮,
> 哥哥想告诉妹妹,
> 恐怕妹妹不愿听。[1]

友谊和爱情之门就这样慢慢打开了。

2.青春歌

"青春歌"是彼此互相提示应珍惜青春妙龄及时谈情说爱的歌。如:

> 要想折花就趁花儿盛开,

---

[1] 流传于黔东南。

> 要谈情说爱就趁我们年轻,
> 不折花花就谢了,
> 不谈情说爱我们就要老了。
> 青菜吃瘦了田泥,
> 岁月摧残着哥哥的青春,
> 岁月摧残着妹妹的青春,
> 摧残得哥哥头发乱蓬蓬,
> 摧残得妹妹头发乱蓬蓬,
> 不像年轻的现在了![1]

唐诗有云:"花开堪折直须折,莫待无花空折枝",和这里所喻说的事理极为相似,真是人生易度,青春难再,不应辜负!又如:

> 山川是永存,
> 人生如过客,
> 像花开在枝头,
> 一人只有一段好光景。[2]

也有一些歌,直截了当地提示和激励对方,如:

> 男:聪明的妹妹出来玩耍,

---

[1] 唐春芳整理,流传于黔东南。
[2] 于贺勇记译,吴锦整理,流传于黔东南。

  愚笨的妹妹在家陪妈妈纺花,
  等着妈妈夸奖她:
  "我的女儿真是乖,
  不跟人家去玩耍。"
  妹妹啊妹妹,
  青春不再来。
女:聪明的哥哥出来唱歌,
  愚笨的哥哥在家陪爹爹烤火,
  等着爹爹夸奖他:
  "我的儿子真是乖,
  不跟人家去唱歌。"
  哥哥啊哥哥,
  青春不再来。[1]

当青年男女之间萌发了爱情的胚芽,于是就唱起了互相赞美的歌,如:

  风呀,缓缓地由东方吹到西方,
  风呀,缓缓地由西方吹到东方,
  画眉呀,在密林里啼叫,
  小妹呀,你的歌声真委婉柔和,
  唱得我的心儿激荡……

---

[1] 唐春芳整理,流传于黔东南。

这是哪家的花园，
花儿开得这样新鲜？
这是哪家的姑娘，
人儿长得这么漂亮？
眼睛好像天上的流星，
脸儿好像十五的月亮，
说话像蜜糖，
走路像浮云飘飞一样。
哪天得和妹妹成双对，
喝口凉水也甜在心上。[1]

3.求爱歌

"求爱歌"往往分两个步骤，首先是试探有无这样的可能，然后才直接吐露心之隐秘和所求，因之有的地方又单有一类"试探歌"或"探情歌"，这其实应是求爱的前奏。如：

芦笙哟！
你不知道锣鼓能响；
稻子哟，
你不知道小米能结籽；
姑娘哟，
你不知道哥哥的烦恼。
若果芦笙晓得锣鼓能响，

---

[1] 流传于黔东南。

> 若果稻子晓得小米能结籽,
> 若果姑娘晓得哥哥的烦恼,
> 我俩都是同样的心事了！[1]

用比喻探试，虽然含蓄、委婉，却真诚、确切，情感和含义都比直言丰富深厚。又如：

> 打苤[2]像鲜花靠墙栽,
> 花高墙矮现出来,
> 打汉[3]想伸手折花戴,
> 只怕都已成双折不来。

> 想吃桃子等在桃树脚,
> 桃子好吃籽硬难吞,
> 讲玩讲笑跟苤讲,
> 要讲真的怕苤靠不着。

> 干塘扯藕水塘栽,
> 汉倮[4]挑水是应该,
> 挑水淋花汉倮愿,
> 只是担心花朵不常开。[5]

---

[1] 王希林整理，流传于黔东南。
[2] 打苤，意译为姑娘。
[3] 打汉，意译为后生。
[4] 汉倮，意译为大龄未婚男青年。
[5] 杨老红唱，流传于从江。

既是试探对方有无情人，又是试探对方愿不愿意相爱，苦心费尽并化为诗意，奇妙而自然。

试探之后的求爱，表现情怀却往往较为直截，如：

> 从山脚走到山顶，
> 从山顶下到山脚，
> 踏遍山上的青草，
> 摸遍了山上的木叶，
> 阿妹呀，
> 我们为何还不成双？[1]

> 走多不想走，
> 玩多不想玩，
> 走多容易坏鞋子，
> 玩多容易破衣裳，
> 灯儿还有钩钩挂，
> 我们也应该成家了。[2]

同样，姑娘们的求爱也是大胆而直接的，如：

> 遇柴就砍，
> 哥爱妹就来玩吧！

---

[1] 唐春芳整理，流传于黔东南。
[2] 唐春芳整理，流传于黔东南。

> 只要心相合,
> 我俩就成双吧!
> 只要愿意,
> 我俩就走吧!
> 再也不焦愁了!

直截不等于没有诗意,这些歌实际上都很质朴深切而真挚感人。从民族的心理来说,大概是求爱不能甜言蜜语耍贫嘴,而需要的是真心实意。又如:

> 阿妹呀,
> 花开蜜蜂来,
> 花线随针走,
> 我愿跟你走。
> 阿哥哟,
> 同你去我心愿,
> 就怕你妈和你妹,
> 拿着花衣试我手脚。
> 阿妹呀,
> 阿妈和我妹,
> 从来很贤惠,
> 一定喜欢你绣好的花衣。

这是踩月时唱的歌。不论什么季节的月夜,当月亮微微露出山头时,小伙子们便互相邀约,带着芦笙、口弦或木叶,踏着月光，一路弹唱着到邻寨去找姑娘们玩耍，寻求伴侣。到时候，相爱的情侣们往往要在一起玩到深夜才依依惜别，俗称踩月。在这种充满诗情画意的活动中唱的求爱歌，也同样直截而优美动人。

相恋的情侣们要互相索要信物，这时要唱起讨信物歌。信物，有的地方称为"把凭"，青年情侣们往往把心爱之物相赠，作为爱情的凭证。如：

> 我爱你一片真心，
> 你对我一样钟情，
> 我把心爱的银戒指送你，
> 请你解下腰带回赠。
> 戒指为媒，
> 腰带做证，
> 我俩订下终身。

这感情是多么纯真，这心地是多么熨帖人！有时，向情人讨信物，意在求赐下次幽会佳期。

一个是分明要给却总是不给，一个是借索要信物以求再度幽会的佳期，佳期已定后又要把信物讨得，这是情人间不忍分离而借故相缠的表现，绵绵情意，就这般难尽言了。按照当地习俗，青年男女间具备了确定爱情关系的条件后，就要以物定情，其形式是男方向女方讨衣物（次日黎明前须主动交还对方）。因之，青年男子们向情人讨得下次幽会佳期事小，而讨得衣物事大。

4.相恋歌

相恋歌在一些地方称为"相思歌""初恋歌"或"新伴歌"等,内容大致相似或相近。这类歌是情歌中的重要部分,有许多优美的诗篇,如:

> 想你想你真想你,
> 把你织进花带里,
> 花带拴在心坎上,
> 阿哥阿妹在一起。[1]

又如:

> 哥哥想妹妹,
> 只想一点点,
> 妹妹想哥哥,
> 想得起不来:
> 好像稻谷倒在水田里,
> 扶也扶不起。

> 妹妹坐在晒楼上,
> 想起哥哥流眼泪,
> 过路的人看见了,

---

[1] 元华整理,流传于丹寨。

走到楼下问妹妹：
"你有什么不如意，
为何暗地流眼泪？"
妹妹心聪明：
"有颗木渣渣，
落进我的眼睛里。"[1]

简洁、精练，富于概括力和表现力，往往在极小的篇幅或数行诗句里，将歌者对情侣的无限痴情和由此而发的种种意念确切而明显地表现出来，跃然纸上，确实很有技巧。这类诗歌大多数的内容都与此相似，主要是着重表现对情人魂牵梦绕和日思夜想的恋情。

在这类情歌中，有的却是表现对爱情能否成功的忧愁和苦恋，如：

那天我独去种田，
去山那边割秧青。
割嫩树叶踩田里，
大风刮后大雨淋。
风钻衣服冷如铁，
干活筋疲力气尽。
那天想起阿妹来，
哥我不由泪满襟。

---

[1] 唐春芳整理，流传于黔东南。

> 单身想妹放声哭,
> 苦盼妹来治心病。
> 只有句话来相问:
> 阿妹你可愿接情?[1]

在这类情歌中,还有不少具有相当高的艺术水平,如:

> 假如有一苑爱药,
> 我定精心把它栽;
> 假如有一条情路,
> 我定挥刀把它开,
> 假如我会变法术,
> 我变匹竹马飞山寨,
> 把心爱的姑娘去接来。
> 把木盆变成铜鼓敲起来,
> 邀心爱的赛央(情人之意)来把鼓踩。
> 我就变做钟情的蛇郎,
> 悄悄地在路边等待。
> 听到她那画眉一样的歌声,
> 看见她那香葱一样的身材,
> 我就跳进她的胸怀,
> 紧紧地巴着她的裙带,
> 再也不离开。

---

[1] 韦本庾搜集,流传于从江。

……

假如有一菀爱药,

我定精心把它栽;

假如有一条情路,

我定挥刀把它开;

假如我会法术,

就要像神马那样勇猛有力,

像姜央[1]那样聪敏快捷,

扛起穿枋粗的大锯,

飞到九天云外,

锯下青天一块,

叫它飘飞下来,

填平深涧峡谷,

填平高坡陡岩。

让我们地方平洋洋,

就像那宽阔的海。

好让我和心爱的姑娘,

开田插秧,年年不愁饭菜,

挖地种棉,缝衣又织花带,

一辈子幸福美满,

生活在可爱的苗家山寨。[2]

表现情感丰富细腻,反映生活深刻宽广,比喻贴切自然,

---

[1] 姜央,传说中人类的始祖。
[2] 王凤刚整理,流传于丹寨。

叙事一气呵成，有如行云流水，整个艺术造诣给人的印象真有炉火纯青之感。而"飞上九天云外，锯下青天一块"的诗句，也简直不让唐李贺"踏天磨刀割紫云"一类佳句。苗族情歌中像这样的作品是不少的。这类情歌之所以有较高的艺术价值和水平，是因为它们不是爱情生活中点滴情感的抒发，不是某一挫折和失意的叙述，更不是真实事件的简单反映，而是对一般的爱情生活通过概括集中后锤炼锻压所制作的精品。由于这样，这类情歌就更富有概括力和表现力，极能表现和反映更广泛的爱情生活和情感。

在相恋歌中，也有一些表现情人未赴约相会的痛苦与折磨，如：

> 山顶上的雪花还在飞扬，
> 岩头上的冰块像石头一样，
> 只有山弯里的风小，
> 那是我们会面的地方。
> 姑娘啊！
> 既然你家的窗口还有灯光，
> 为什么篱笆门不见开放？
> 莫非是身上有病？
> 莫非是父母把你阻挡？
> 我心爱的姑娘啊，
> 我的双手已经冻僵，
> 今夜你要是不来，

> 我的短笛怎么吹响?
> ……
> 该不是你记错了时间?
> 该不是姐妹们把你阻挡?
> 我心爱的姑娘啊,
> 我的两脚已经冻僵,
> 今夜你要是不来,
> 我的芦笙为谁吹唱?[1]

青年背着芦笙,带着短笛,伫立在寒风凛冽的冰天雪地,虽然手脚早已冻僵,执着的恋情却热烈似火,被情人的久久不至熬煎得痛苦不堪,这形象如描如绘,这思恋也情深似海,极为生动感人。

相恋的男女聚会分离时依依难舍,便唱分别之情的歌,有的地方又称为"送郎歌""分散歌"和"路途相送歌"等等,内容都大致相同。当青年男女们建立了深厚的爱情后,别离总是痛苦难忍的,如:

> 男:要老要枯只有那土里的莴苣菜,
> 要分要离只有那东西南北的陌生人;
> 离开别人不要紧,
> 离开了妹妹呀,
> 就像刀子割掉了我的心!

---

[1] 李德调唱,流传于毕节。

女：深水浅水一起过，
　　千言万语慢慢说，
　　离开别人没关系，
　　离开了哥哥呀，
　　就像刀子刺进了妹心窝！[1]

情意绵绵，难舍难分，这是处在热恋中的男女青年真实的心理写照。

5.成婚歌

成婚歌，有的唱出了青年情侣们对爱情和缔结婚姻的准则与态度，如：

女：不要嫁有钱的人，
　　不要想发财的人，
　　有很多仓谷子的人，
　　他想要妹妹，
　　妹妹不给他。
男：有首饰多的人，
　　哥哥不会娶她，
　　像哥哥这种穷人，
　　像妹妹这种穷人，
　　我俩做一家，
　　早上共同去做活，

---

[1] 唐春芳搜集，流传于黔东南。

晚上双双转回家，
再也没有比这更快活的了。[1]

这实际上是劳动人民的爱情和婚姻准绳，也是劳动人民自己对劳动的颂歌。在那种以银钱和权势衡量一切的社会里，嫌贫爱富的爱情和婚姻观同样充斥泛滥，劳动人民却不为所动，对之如此鄙薄蔑视，当是极为可贵的。有的"成婚歌"着重表达青年情侣们结成良缘的誓愿与决心。如：

男：妹妹啊，妹妹！
　　冬夜的寒风，
　　吹不冷我俩火热的心，
　　刮不散我俩坚贞的爱情，
　　我俩的手啊，
　　在狂风中握得更紧。
女：哥哥啊，哥哥！
　　不停的雨点，
　　耽误不了我俩约会的时间，
　　浸湿不了我俩深厚的爱情，
　　我俩的爱情啊，
　　比雨丝长，
　　比海水深。

---

[1] 唐春芳整理，流传于黔东南。

当青年情侣们唱出了彼此的心意,感到情投意合,愿意结为夫妻后,继而就会唱出婚后的愿望与理想,如:

> 要是情妹你真爱,
> 结成夫妻住我家,
> 共块坡土把菜栽,
> 同丘田里把秧插。
> 累坐歇气共锄把[1],
> 收工同路进郎家。
> 晚上洗脸共脸帕,
> 同个脚盆洗脚丫。
> ……
> 共张席子同个枕,
> 亲热伸手来相拉,
> 郎的心里乐开花。[2]

在这里,只要相亲相爱、同甘共苦,自然会感到乐甜。

6.单身歌

单身歌是青年男女年纪稍长还没有情侣,或是失去爱情生活后向所倾慕者抒发内心忧伤和悲苦的歌,如:

> 河中鲤鱼一对对,

---

[1] 休息时用锄头把垫坐。
[2] 韦本庚搜集,流传于从江。

穷家的哥哥还单身，
人穷能跟谁人玩哟！
好心的妹妹呀，
能否和我玩一春？[1]

有些歌表现青年人失恋的痛苦，如：

老鹰抓走鸡崽剩母鸡，
剩下母鸡藏在仓脚孤零零；
妹妹和别人成双丢哥哥，
剩下哥哥打单身。
像河里的鱼漂游着，
像水上的浮萍不定根。[2]

又如：

男：干田一坝连一坝，
　　单身一年又一年。
　　好比货郎挑货担，
　　村村寨寨都走遍。
　　至今仍然没伴侣，
　　想来实在太寒酸。
女：成双的人多欢快，

---

[1] 于贺勇搜集，流传于黔东南。
[2] 唐春芳搜集，流传于黔东南。

> 干活一起上高山,
> 下工一起把家还,
> 和和气气多温暖。
> 单身的人真可怜,
> 干活独自上高山,
> 下工独自把家还,
> 阿妹回到娘家里,
> 心灰意冷泪涟涟。[1]

7.离婚歌和逃婚歌

在历史上的苗族情歌中,有不少反对父母包办和追求婚姻自由的作品,"离婚歌"和"逃婚歌"就属于这类作品,这类歌谣目前传承较少。关于父母包办的旧时代婚姻,情歌是这样描述的:

> 爹娘生妹一个人,
> 爹娘嫁妹出远门,
> 时时想人银钱用,
> 管妹称心不称心。

歌谣很有概括力,简明而深刻地道出了旧时代婚姻的铜臭实质!由于这样,反抗的呼声也越高,反抗的意志也越坚强,如:

---

[1] 许士仁整理,流传于黔东南。

> 九十九种菜,
> 没有一种好吃,
> 九十九门妈妈做的亲事,
> 没有一门如意。
> 妈妈做的亲事我要用手推开,
> 用脚踢下山谷去!

多么勇敢、多么直率,表现了对封建婚姻的毫不妥协!又如:

> 哥哥有心娶妹妹,
> 妹妹有心跟哥哥,
> 如果哥哥的妈妈不同意,
> 我们就把大门冲破,
> 不要谁迎接,
> 自己进屋去!

这不但是争取自由自主,更是自己主宰着一切,何等的坚强可爱。旧时代婚姻虽然如狼似虎,在这样的反抗者面前,恐怕也是会失去威风的。和上述歌谣一脉相承,"离婚歌"和"逃婚歌"也产生自反抗父母包办和争取婚姻自由的斗争。如:

> 说得做得,
> 等到木叶长长包得饭,

我们两个就走;
等到木叶青青包得盐,
我们两个就行。
白天怕人看见,
晚上趁着月亮走,
顺着园坎走,
顺着山林行。
路长我们心宽,
路窄我们心稳。
泥泞的路阻止不了有心的人,
裹腿挂破妹不讲,
草鞋走烂郎不吭。

又如:

妹妹啊,妹妹!
千年的规矩,
怎能捆住我俩火红的心,
怎能拆散我俩火热的爱情!
我俩的手啊,
要把"还娘头"抛弃![1]

这两首其实就是"逃婚歌",前一首描述为跳出旧时代婚

---

[1] 以上引歌均流传于黔东南。

姻的火坑苦海而私奔，意志何其坚决。后一首勇敢地向舅权挑战，按照古规，长女必须嫁回舅家，如若不从，必须付高额偿金，为了挣脱这千年的枷锁，也只有逃婚才能了事。

"离婚歌"和"逃婚歌"的主题，主要是反抗不合理的旧时代婚姻制度和争取婚姻自由，是情歌中很重要的部分，多为短歌，往往泼辣大胆而活跃乐观，如"离婚歌"：

> 山坳不踩就不矮，
> 不如意的婚姻不离就不脱；
> 踩多山坳就会矮，
> 离多不如意的婚姻就会脱，
> 假使离不脱，
> 妹妹就请大家来讲理，
> 妹妹要像打雷一样的讲理。
> 只要妹妹下决心，
> 踩到哪里哪里就会矮，
> 说到哪里都会赢。
> ……
> 只要哥哥像妹妹一样真心，
> 我们就在游方场上订终身！[1]

又如"逃婚歌"：

---

[1] 唐春芳搜集，流传于黔东南。

> 阿妹想成双,
> 阿哥想成双,
> 我俩逃到河边等,
> 等着木船划下来,
> 我俩乘船顺水下,
> 看遍山来看遍水,
> 哪里河水清,
> 哪里好地方,
> 就在哪里把家安。
> 不管老人愿不愿认亲,
> 我们都不理,
> 布染好了就要缝衣裳,
> 合心合意就要成双。[1]

相比起来,各地流传的离婚歌不及逃婚歌普遍。逃婚歌几乎各地都有流传,内容各不相同,形式、表现技巧和风格各异,给人以丰富瑰丽之感。

三、贵州苗族情歌的艺术特点

1.贵州苗族情歌的外在审美形式

一是传统的短小歌谣,语言固定,形式定型,内容非常丰富,供唱述者视彼时彼地、彼情彼景之所需而选唱。二是即

---

[1] 唐春芳搜集,流传于黔东南。

兴之作，在情感涌发而无传统情歌可寄托时，在彼方以歌诘难而无传统情歌作答时，均可即兴作歌抒怀相应对。这类情歌如果语言和内容均极佳，便会因产生影响而流传逐渐形成传统之作，一般的就随唱随散了。三是一些篇幅较长、带有人物形象和故事情节的叙事或抒情长歌，往往被情人们当作典故引以喻理明志。

2.贵州苗族情歌的内在审美形式

一是单纯或纯粹表现爱情生活和爱情心理，这一种不但数量最多，也是最主要的部分，可以称为绚丽多彩的爱情诗章；二是反抗婚姻陈规和封建婚姻制度；三是反对阶级压迫。一般而言，后两类数量不多，而且多是叙事诗或抒情长歌。

3.贵州苗族情歌的语言艺术特点

一是指诗的形态，即词句和意境优美，表现事物和情感既形象生动又深刻，极富感染力，是一首首绚丽的诗篇。二是指能生动而完美地表达青年男女爱情活动中的种种过程、情感及其变化，是抒写种种爱情活动和爱情心理的艺术语言，只需情歌一曲，你的所想所为对方就完全明了。三是将思想感情形象化，也就是运用形象来表达，不但可感可知，而且可视可见。如"妹妹想哥哥，想得起不来：好像稻谷倒在水田里，扶也扶不起。"爱情和生命融为一体的思恋，如果不是巧妙而又充满生活气息地借用稻谷倒伏来比喻，恐怕是任何语言也难以表达。四是语言表达情感丰富而又简练清新、明朗活跃，与上述形象化地表达思想感情的特点构成了统一和谐的美，更利于生动和深刻地表现思想内容。因之，可以说苗族情歌是爱情的语言和诗章。

瑶乡寻歌记

何晓兵[*]

2019年暮春时节，在中国民间文艺家协会组织的"'一带一路'民间文化探源工程"对桂湘粤黔少数民族民间歌谣的考察活动中，我们一行主要走访了广西、湖南、广东三省交界地带的瑶族聚居区，对瑶族民间歌谣及其相关文化事象进行了走马观花式的考察。尽管由于为时短促，致使这一考察的广度与深度都很有局限，但一路的所见所闻也足以令我为之惊艳了。在本文中，笔者拟依循本次考察的足迹，略谈一下笔者对瑶族民间歌谣文化的些许认识和感想。

说实话，我以前对瑶族的知识了解非常零星且浅陋，因此在广东省连南县参观"广东瑶族博物馆"时，看见瑶族大小数十个支系的六十多套绮丽而迥异的服饰，第一印象是："天哪！这个民族的服饰怎么那么繁复多样，那么五彩斑斓？"（图1）

---

[*] 何晓兵，中国传媒大学教授。

图1 瑶族部分支系的服饰（何晓兵 摄于广东瑶族博物馆）

人口280余万（2010年）、拥有众多支系的瑶族，是中国最古老的民族之一，据史籍记载，这个民族的先祖是史前生活于黄河中下游的"九黎"的一支，著名的上古"战神"蚩尤即是九黎部落联盟的大酋长，也是瑶族世代祀奉的祖先图腾。传说蚩尤与黄帝在涿鹿大战中败北之后，一部分蚩尤部落被迫向南方迁徙，在长江中游一带形成了"三苗"族群，此即瑶族、苗族和畲族共同的先民集团。三苗族群在来自北方异族的压迫驱赶之下，于后来的几千年中又经历了一个向中国南方乃至东南亚各地不断迁徙，以寻找落脚生息之家园的漫长历史过程。

一、寻找"千家峒"

千家峒，是瑶族世代传说中的天堂乐土，近似《圣经》中的"伊甸园"。

瑶族人在世代口口相传的史诗歌谣中，不断提到并憧憬崇拜的"千家峒"，就是瑶族人理想中的落脚家园，一个逃避外族欺凌和自然灾害的"世外桃源"，一片美好富足、和平安宁的生息繁衍沃土，一处安放本民族祖神"盘王"[1]祭坛的信仰圣地。瑶族人在他们记述本族历史的"古歌"（史诗）中唱道："千家峒是天下好地方。秤一斤泉水足足十六两，清泉入口似龙浆。撒一把种子在地上，谷种落地就打粮。千家峒是个好山冲，风也调来雨也顺。竹笋一夜长三尺，杉苗插上就成林。"在瑶族古歌中，还记载了其先祖在千家峒建庙祭祖、生息繁衍的升平景象："千家峒分三个峒……上峒有一座盘古大庙，供奉盘古皇公婆老祖先。连大庙共有千家户，三峒瑶民都是盘古传。"

宋元时期，由于北方汉族因战乱而大量移民长江以南，导致原来生活于长江中游地区的瑶民，因生存空间被挤压而陆续

---

[1] 关于瑶族祖先崇拜观念中的"盘王"概念，与"盘古""盘瓠"概念是否重合或相异，学术界的意见并不统一。本文不欲讨论这一话题，故将这三个概念姑且认为是重合的而予以混用。

向南翻越南岭,向广东、广西、贵州、云南等地迁徙。瑶族口传历史上"逃离千家峒"这件大事,据传就发生在元朝大德年间(1297—1307年)。彼时,元成宗铁穆耳因战事在"湖南、湖北大发运粮丁夫,众至二十余万",[1]激起"诸蛮"反抗;同时,因官府向瑶民强征税粮遭反抗,而派兵围剿千家峒,遂使得大批瑶民被迫逃离此地——这就是真实的瑶族版《失乐园》故事。在此之后的700多年中,流散各地的瑶族人一直珍藏着对千家峒的记忆,并不时掀起寻找和回归千家峒的"运动"。但是,这个伊甸乐土般美好而神秘的"千家峒"到底在哪里?在瑶族的世代传说中,千家峒的所在地有南京、绍兴会稽山、广西石碧洞、湖南道县、海南岛、台湾等诸多说法。而我们这次探访的"千家峒",却是深藏在湖南江永县西北的一片山间坝子。

2019年4月7日,我们一行从广西贺州市奔赴湖南江永县"千家峒瑶族乡"(图2)。此地位于"五岭"之一的都庞岭南麓,湖南省南部边陲,南邻桂东北,东近粤西北。

在瑶族的语言中,"峒"是群山环抱之中比较宽阔的平坦盆地,江永县的"千家峒"就是都庞岭群山环绕中的一片山间小平原,在这里生活着2000户瑶族家庭8000余人。此地山林茂密,风景优美,溪河密布,土地肥沃,盘王庙、圣王庙、罗平庙、盘宅妹墓、马山石童、石狗岩、白石岭、四块大田、古石墙、古窑址等瑶族历史文化遗迹星罗其间,其中心区域为全国

---

[1] 《续资治通鉴》卷194之记12。

图2　江永县千家峒瑶族乡一角（何晓兵 摄）

面积最大的瑶族盘王广场。

经宫哲兵等学者自20世纪80年代以来的实地调查与资料考证，确证了湖南省江永县的千家峒瑶族乡所在地，确系古代瑶族先民南迁的落脚之地，也是岭南瑶族的发祥之地，在近年来更成为散居全球的瑶族同胞寻根问祖的圣地"瑶都"。

位于千家峒中心位置的瑶族盘王广场，是瑶族人在每年农历十月十六的"盘王节"，以乐舞祭祀始祖盘古的祭坛所在。当我们抵达盘王广场时，首先邂逅的是一群服饰艳丽、热情奔放的瑶族姑娘，她们捧着酒杯、唱着酒歌拦路给我们敬酒致意。随之，在这些姑娘们的导引下，我们来到高耸的盘古塑像面前的广场上，观摩了"祭盘王仪式"的部分模拟表演——瑶族"师公"（祭师）执仪作法、唱诵经书（图3、图4），和作为祭祀仪式之主要仪轨的长鼓乐舞（又称"黄泥鼓舞"）。

笔者注意到，瑶族师公在作法中的"诵经"，是一种具有音乐性的祝咒语言行为；也就是说，按照我们持有的"何为音乐"的既有标准来衡量，瑶族传统祭祀仪式上所念（唱）诵的经咒，也可以纳入"歌"的范畴——但不知他们认可与否？

图3　瑶族师公在祭祀盘王仪式上作法诵经（何晓兵 摄）

【曲例1】

纸马咒[1]

广西贺州黄洞乡　瑶族

---

[1]　此谱例引自：吴宁华《还盘王愿仪式中的"啰哩嗹"》，载《中国音乐学》2012年第3期。

上述用于"还盘王愿"等祭祀活动中的经文皆为韵文体，其唱诵的音声形态可形容为"似说似唱"，即语言声调与旋律音调高度契合，旋律音调颇为简单的音声形态。这种音声形态，与中国许多少数民族的自然宗教（如萨满教）祭祀仪式上，祭师诵经的音声形态均颇为相似。之所以如此，乃是由于这类"经文歌"预设的受众并非人自身，而是冥冥之中的神祇，其主要功能是达成人类与神祇之间的沟通交流，而导致这一功能得以实现的主要媒介，则是经文歌中的"歌词"（语言文字）而不是旋律。因此，为了将"歌词"传达交代得准确清晰，就不能不限制旋律之"音乐性"的充分发挥。

图4　祭盘王仪式上师公唱诵的经书（何晓兵 摄）

在千家峒盘王广场，瑶族男女们为我们表演的长鼓乐舞，是流行于湘、粤、桂交界地带瑶族聚居区的一种民族特征鲜明的乐舞类种。

瑶族长鼓舞的文化属性，曾主要是作为盘古（盘瓠）祭祀仪式中，起到人神交流媒介作用的"祭祀乐舞"，因而属于巫文化（而非世俗文化）范畴，只是到近代才逐渐成为节日喜庆仪式的组成部分，从而进入世俗文化/艺术范畴。因地域和文化功能的不同，瑶族长鼓舞

图5 祭盘王仪式上的瑶族长鼓舞
（何晓兵 摄）

又可以分为"还愿长鼓舞""做屋长鼓舞""芦笙长鼓舞"等多种子类型。在盘王广场表演的这个长鼓乐舞，大约就属于瑶族盘王节祭祀仪式上，作为"还盘王愿"仪式之仪轨的"还愿长鼓舞"了。眼前景象，令人不禁想起900多年前的北宋名士沈辽，在观看过在千家峒所在的永州地区的瑶族盘王祭祀仪式之后，写下的《踏瑶曲》一诗："湘江东西踏盘王，青烟白雾将军树。社中饮酒不要钱，乐神打起长腰鼓。"此诗可为瑶族之盘王祭祀和长鼓乐舞的渊源古久，作一旁证。

二、拜谒"千年瑶寨"

图6 连南"千年瑶寨"入口(何晓兵 摄)

2019年4月8日,我们一行从江永县奔赴广东连南瑶族自治县,参观了著名的南岗"千年瑶寨",并观摩了八排瑶的"优嗨歌"与"古歌"。

据考证,连南县南岗镇的"千年瑶寨"最迟始建于宋代,迄今已有1000余年历史,据说是目前全国规模最大和最有特色的瑶族村寨。唐宋之间因战乱等原因,原居湖南境内的瑶族经过道州、江华等地迁徙至此,依山建起具有防御功能的山寨,以抵御外来侵害。千年瑶寨中有方圆9米的"歌堂坪",是瑶族寨民的公共活动中心,无论是寨中祭祖庆丰的祭祀活动、按习惯法处理寨民纠纷,还是祭祖庆丰、以歌求偶的"耍歌堂"活动,皆在此举行,其文化功能颇似侗族村寨的"鼓楼坪"。对我们来说更值得关注的是,"歌堂坪"是瑶族民歌和乐舞文化赖以生存和集中展示的一个传统物理空间,这个特殊的空间给我们以瑶族民俗文化事象之多样化功能的联想和启示。

当日下午,我们在连南县油岭瑶寨旁的一个天然溶洞中(号称"奇洞歌堂"),观看了瑶族村民为我们表演的"优嗨歌"、长鼓舞等节目(图7)。

图7 连南瑶族的"优嗨歌"(何晓兵 摄于油岭瑶寨"奇洞歌堂")

所谓"优嗨歌",系指瑶族(排瑶)在每年农历十月十六举行的"耍歌堂"活动中,由一位德高望重的老歌手站在歌堂坪中高声歌唱、由众人呼应唱和的一种民歌,由于歌曲的合唱衬词为"优嗨"(表示赞同之意)而因以为歌名;在歌唱优嗨歌时,还有敲锣打鼓、吹牛角和吹口哨等音声伴和,气氛颇为热烈。在优嗨歌唱完之后,随之为男性之间的"斗歌",歌手们以瑶族的历史、劳动等为歌曲内容,通过彼此盘唱的赌技争胜来展示自己的才华,并借此获得一旁静听的女性的青睐;而未婚的姑娘们则通过聆听男性的斗歌,来暗中物色心仪的未来配偶。这种通过对歌来寻觅配偶的古老风俗，不仅在两千多年前的《诗经·十六国风》中就有记载，而且在我国的中南、西南和西北的二十多个现代民族中，迄今仍有不同程度的遗留，是一类极为珍贵的非物质文化遗产。

三、探访两位传承人

2019年4月9日上午，我们从连南县奔赴广西贺州市八步区的黄洞瑶族乡，去探访国家级非遗项目"瑶族盘王节"传承人赵有福老人，和位于八步区布头镇的"李素芳瑶族体验馆"。

黄洞瑶族乡东距贺州市26公里，其地山高林密、溪流纵横，瑶族村寨散落于高山丛林之间，该乡总人口7000余人，其中瑶族人口占75%。黄洞乡以"瑶族盘王节文化"的传承为特色，于2014年被广西壮族自治区政府授予"中国民间文化艺术之乡"称号。在历史上，这里的瑶族社区由于其地理的封闭，使瑶族的自然宗教信仰文化保存得比较完整，其中对于始祖神"盘王"的信仰及其祭祀仪式的传承与保存，相对其他瑶族社区或许更加完整。

瑶族的"师公"，是本民族传统信仰文化最重要的传承者。师公不仅要熟谙本民族庞杂的多神信仰体系，熟悉各种科仪文本和祭祀工具的使用，精通祭祀仪式的各种仪程仪轨，而且负有向族人传习瑶族历史文化与民歌、长鼓舞等"非遗"事象的责任。在历史上，黄洞乡当地瑶民的生存与生活民俗活动——如为了保证庄稼的播种与收割、山林砍伐、婚丧嫁娶等活动的顺遂，必须请"师公"主持相应的祭祀仪式，祭拜山神、土地、社王、禾神等自然神灵；在祭祀本民族始祖神的年度性"瑶族盘王节"（又称"还盘王愿""跳盘王"）大型祭祀活动中，师公更是仪式的核心主持者。我们这次去探访的赵有福老人，就是当地的一位著名瑶族师公。

赵有福是贺州八步区黄洞瑶族乡黄洞村人，2013年入选"瑶族盘王节"国家级代表性传承人。他从18岁起随岳父学习主持盘王节仪式，35岁经由度戒仪式后成为师公，1982年开始主持瑶族盘王节的仪式活动，并带有6名徒弟。长期以来，赵有福为瑶族"非遗"文化做出了很大贡献，他通过主持瑶族盘王祭祀仪式并传授相关的知识，而继承、传续了瑶族传统文化，扩大了瑶族文化在族群内部与外部的影响；同时，他还经常带领族人参加各种民间艺术的展演、比赛和展示活动，积极向外界推介瑶族的传统民歌、乐舞、服饰等文化事象。2014年，由他担任领舞、以瑶族长鼓舞为蓝本改编的展演节目《鼓动瑶山》，曾获得了中国文联和民协颁发的"中国民间文艺山花奖"的金奖。

近一个多世纪以来，由于欧美文化的强劲东渐、中国传统社会与文化的急剧转型等，中国各民族的非物质文化遗产的传承，一直面临着削弱甚至断裂的危机，而这个危机的主要体现就在于传承人群体的逐渐消逝。

在整个20世纪，中国各民族"非遗"文化传承人这个群体的规模，基本体现为增量很小、存量骤减的生存态势，随着这些传承者的年龄老去，这个群体基本上处于持续不断的萎缩之中。所幸自21世纪初以来，随着中国经济的快速发展和国力的极大增强，国家和社会对于非物质文化遗产的重视也在逐渐加大，这不仅导致一度销声匿迹的老一代传承人重新焕发出文化传递的热情，也使得更年轻的一两代人乐于加入传承者的行列，这就大大减轻了中国各民族非遗文化的传承危机。如赵有福老人，多年来收集、整理和抄录了许多盘王祭祀仪式的科仪文本，在我们这次探访中，他就从自己家中拿出自己亲笔抄录的《盘王卷牒》，向我们讲述了瑶族文化的历史渊源；此外，他还通过师徒传承方式培养了一些弟子；在这次探访过程中，赵有福就与其徒弟为我们现场演示了"还盘王愿"仪式的部分仪轨（图8）。

图8 瑶族师公赵有福主持的"还盘王愿"仪式（何晓兵 摄）

结束了对赵有福老人的探访,我们赶往贺州市八步区布头镇的李素芳瑶族体验馆,去了解瑶族传统服饰文化的传承和创新情况。在这个体验馆的入口处,一群头戴过山瑶尖头帽饰的妇女手端米酒,唱着热情而悠扬的"拦路歌"向我们敬酒,使我等一行瞬时陶醉在她们悠扬的歌声和靓丽的服色,以及发自心底的温馨微笑之中(图9)。

图9 "李素芳瑶族体验馆"妇女的拦路酒与拦路歌。右一为瑶绣非遗传承人李素芳(何晓兵 摄)

用美酒与歌唱拦路迎宾,是我国中南和西南地区彝、苗、瑶、布依、仡佬、壮、侗、水等民族自古传承下来的一种极富民俗特色的待客礼仪,也是一种内涵积淀极为古老而厚重的文化事象。

人类学的研究发现，"拦路"最初是一种防范行为。"拦路"的空间位置，是进入村寨或家庭的要隘之处，此处可以看作特定族群或社区是区分"内"与"外"、"我们"和"你们"的有形或无形的"门"，或人类学者所谓的"文化边界"（cultural boundary）。在这道"门"口举行"拦路"仪式的文化目的，最初可能是出于"我群"与"他群"之间交往的防范禁忌，即如英国人类学家J.G.弗雷泽所言："允许陌生的外地人进入本地区之前，或至少允许他们自由和当地居民交往之前，当地人总得先举行一定的仪式来解除他们的魔术法力，抵制他们散布的致命性危害，或净化被他们污染的空气。"[1]而拦路仪式的主要仪轨，就是主人向客人的敬酒，并在同时唱考校、调侃、赞美或表达欢迎之意的"敬酒歌"。在有的民族中，拦路歌的歌唱是以主、客双方一问一答的"盘歌"方式进行，来客需以歌唱对主人的敬酒歌予以回应（此谓之"开路歌"），方能进入对方的寨子或家庭。显然，今天的拦路仪式已经淡化了其防范禁忌的古老功能，而强化了其文化认同和调适人际关系的功能。此外，在壮、侗等民族村寨之间集体探访活动（汉族称之为"吃乡食"或"吃相思"）的"拦路"仪式中，盘唱"拦路歌"也是主客双方男女青年进行社交活动，为后续的"对歌求偶"活动进行铺垫的一种方式。

---

[1] J.G.弗雷泽著，汪培基，徐育新等译《金枝》，北京：商务印书馆，2015年，第330页。

四、结识平地瑶

2019年4月10日上午,我们一行去往贺州市富川瑶族自治县葛坡镇青山脚村。此行的主要目的,是观摩当地平地瑶的"芦笙长鼓舞"和"平地瑶古歌"。

平地瑶是瑶族中,相对于居住在山上的"高山瑶"的一个瑶族支系;他们主要杂居于桂、湘、粤交界地带的州邑盆地内。与高山瑶相比,平地瑶由于长期在盆地内与汉族比邻而居,因而受汉文化的影响较深;据清光绪年间的《兴宁县志》记载,平地瑶"耕读是务,冠婚丧祭,悉遵王制,贡税一与汉同。"但在文化方面,平地瑶迄今仍坚守着其传统文化的核心部分,如农历十月十六过"盘王节""还盘王愿"、跳长鼓舞、妇女用"布刀"[1]编织瑶族传统图案和色彩风格的织锦,等等。

有意思的是,平地瑶妇女在进行纺棉、织锦等女红劳动之时,也是她们练习唱歌的一个重要时机。据清光绪年间的《永明县志》(永明县即今湖南江永县)载:"(平地瑶)女子纺棉,每约邻为伴相巧拙,右手摇纺车,左手牵棉如丝,口中则歌声竟作。"在女红劳动中所唱的这类民歌被称为"布刀

---

[1] "布刀"系瑶族及其他一些西南少数民族的一种传统织布工具,形为扁长形木片,兼具"筘"与"梭"的功能。清代陆次云所著《峒溪纤志志馀》称:"布刀者,峒人织具也。峒人不用高机,无筘无枝,以布刀兼之。刀用山木,形如刀,长于布之阔,锐其两端,背厚而楕,如弓之弧,刃如弦而薄,剡其背之腹以纳纬,而窳其锐而吐之以当梭。纬既吐,则两手扳其两端以当筘也。"平地瑶用布刀织锦的方法,见图10。

图10 平地瑶服饰(何晓兵 摄)

歌"。《广东新语·诗语》卷十二称,"猺(瑶)则以布刀写歌",其指在历史上,平地瑶女性会把民歌的歌词写在织布用的"布刀"上面,并描画装饰以五彩花卉和沐以清漆,用来作为信物赠送自己的情人。

清人李调元辑录广西各族民间情歌的《粤风·瑶歌》中,即记载了一首平地瑶的"布刀歌":"意着你,便能緫三意着程。緫三着程陷用峡,娘就意表陷用媒。"朱自清先生曾言,平地瑶的民歌"词兼瑶汉,故不易解",这首属于"布刀歌"的瑶族情歌,其歌词就是用汉语(客家方言)和瑶语杂糅而成,翻译成汉语的意思是:"我一心一意地爱着你,就像布刀爱织机，织机用了布刀就不再需要箸[1]了，情妹妹爱上情郎就不需要请媒人了。"这首歌曲的歌词中的语言杂糅现象，恰可以作为平地瑶文化具有"瑶汉杂糅"特征的佐证。

图11 平地瑶的织锦与长鼓（何晓兵 摄）

当日下午，我们一行来到位于富川县白沙镇黑山村的"蝴蝶歌"传承基地，观摩当地流行的一种奇特的平地瑶二声部民歌"蝴蝶歌"（见图12）。

"蝴蝶歌"流行于桂、湘交界地带的广西富川、中山和湖南江华县及其周边地区，属于二声部民歌（瑶族称"双声歌"）歌种之一，被录入第一批国家级非物质文化遗产名录。

---

[1] "箸"为传统织机上的织布工具，起到将穿过经线的纬线往身前已织成的布料边缘压实的作用，其功能类似图11中瑶族妇女手中的"布刀"。

图12　平地瑶村民唱《蝴蝶歌》（何晓兵 摄）

与上述"词兼瑶汉"的"布刀歌"不同，"蝴蝶歌"歌词完全用汉语的"梧州土白话"演唱，由此再次证明了平地瑶文化的"汉化"程度，远较高山瑶文化要深。

按蝴蝶歌的歌词内容来看，这种平地瑶民歌似以情歌为主，但其歌词中也包括传承生活习俗、农事季节、瑶族历史、宗教信仰等多方面知识，以及赞美和倾述苦情的内容，这似乎暗示了蝴蝶歌的文化功能，应是比较宽泛而复杂的。有资料称，"蝴蝶歌"这一歌种名称的由来，概因这类民歌的衬字词中常出现"蝴的蝶""蝶的蝶"和"黄蜂"之类衬词，因此这类歌曲也称为《蝴的蝶歌》或《蝴蝶蜂》。不过就我在黑山村"蝴蝶歌"传承基地的现场调查，还有一类并不包含"蝴的蝶"和"蝶的蝶"之类衬词、节奏也不似前者那么规范跳荡的、同样可用于"对歌求偶"的当地平地瑶民歌（他们用汉语称之为"山歌"),似乎也被他们纳入了"蝴蝶歌"这个范畴。所以我想,"蝴蝶歌"这个概念或许也有广义和狭义之分——狭义者如上述之前者,广义者则包含后者。

狭义之"蝴蝶歌"的音乐体裁短小,音域较窄并处于中声区,节奏方整而富有弹性,音域风格活泼欢快,常给予外来人以热情开朗而友善好客的印象。"蝴蝶歌"的歌唱方式,通常是由二男或二女同性组合,每人担任一个声部,声部之间经常形成大二度的音程结合(见曲例2),其和音效果非常独特——即如他们自己的形容,"像蜂群飞过发出'嗡嗡'的声音",而成为"蝴蝶歌"音声方面的一个显著特点。

显然,如(狭义的)蝴蝶歌这种需要两个歌手都具备多声部听觉,知晓声部结合的音高规律,并能够进行默契合作的多声部民歌,对于其初学者还是有相当难度的。因此"蝴蝶歌"的传统传承方式,并非如大多数民歌那样单纯依靠在民俗歌唱场合,自觉或不自觉地"在聆听中学习",还要辅之以高度自觉的、类似"师徒传承"的学习方式——譬如,按照平地瑶社会的传统民俗规制,新年除夕前后的农闲季节,社区的长辈会专门向其晚辈传授"蝴蝶歌"的曲目和歌唱方法。我想,这一民俗规制会具有相当的强制性,否则蝴蝶歌也不太可能历经数百年传承到今天。同时,一个比较有意思的现象是,唱蝴蝶歌的两个伙伴,因其自幼共同习唱而能够达成高度的默契,因而往往会在一生中成为固定的歌唱搭档。在上述基础上我们发现,"蝴蝶歌"借由特定的民俗规制,形成了一个比较完备可靠的传承体系。

曲例2

蝴蝶歌

瑶族（平地瑶）

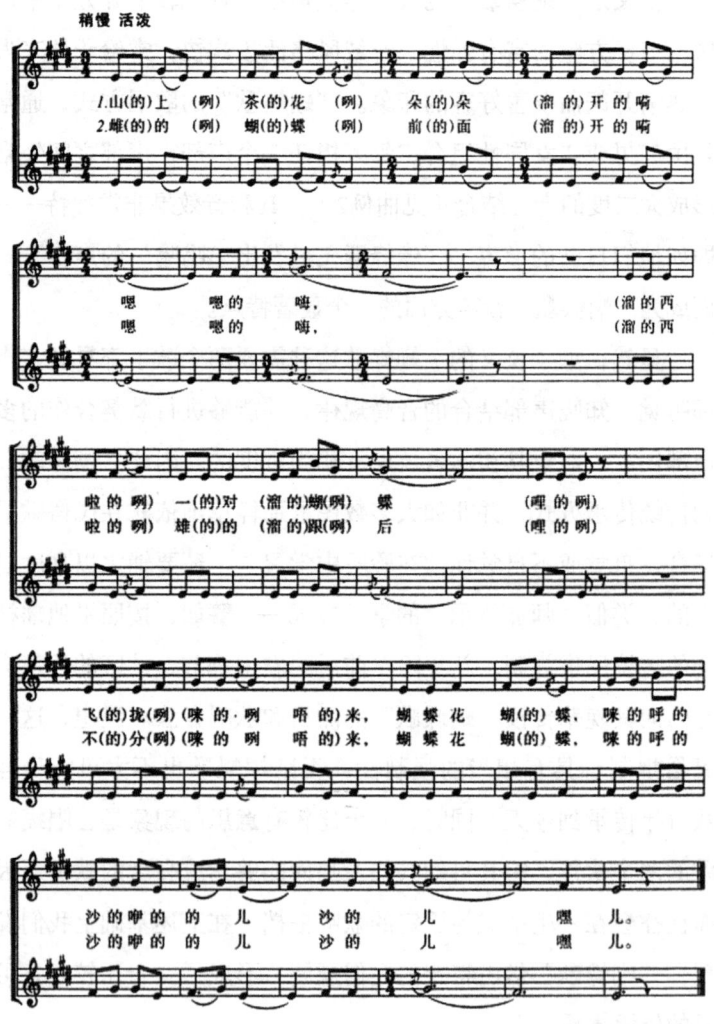

根据瑶族的传统民俗,"蝴蝶歌"的歌唱时间一般在"二月二""二月八""三月三"等传统节庆时间与农村赶圩之日,以及"歌圩"[1]与"耍歌堂"[2]等民俗活动之期。有资料称,在歌圩与歌堂场合所唱的蝴蝶歌大多为情歌,以青年男女间一问一答、歌词即兴编创的"盘唱"为主要方式,这显然是以凭借歌唱择选配偶为主要行为诉求。在这些仪式性场合中所唱的蝴蝶歌,自有其符合仪式程序的歌类或曲目,按照歌唱的顺序大致有"见面歌""求歌""接歌""对歌""交情歌""定情歌""誓盟歌""思恋歌""离别歌""相约歌"

---

[1] 歌圩是中国南方少数民族应求偶、祭祀等民俗文化的需要,在长期的历史过程中约定俗成形成的、有相对固定的时间和地点的集体民俗活动。这类活动的时间按民族的区别而有差异,不过大多在农闲时期并与传统节庆相结合,其举行地点多在村寨之外的山林坡地。歌圩的参加者众多,少则数百人,多则上万人,皆着本民族的正装(礼服)出席。歌圩是一种仪式性的活动,其核心仪轨是未婚男女之间以求偶为目的的情歌盘唱,也包含农事歌、历史歌等。瑶族的歌圩多在上巳节"三月三",以及中秋节、重阳节举行。瑶族南宋时周去非的《岭外代答》,记载了岭南地区少数民族的歌圩习俗:"上巳日(三月三),男女聚会,各为行列,以五色结为球,歌而抛之,谓之飞驼。男女目成,则女受,已而男婚已定。"

[2] "歌堂"是一个语意较为模糊的概念,既可以指晚间在室内(堂屋,火塘边)进行的集体歌唱活动(这时所唱的歌曲称"屋里歌"),也可以指任何时段在室外乃至村寨外举行的集体歌唱活动。而主要在排瑶社区应用的"耍歌堂"(亦被称为"歌堂节")概念,则是一个所指明确的特指概念,为瑶族内部进行本族群文化传承与交流的重要载体。耍歌堂一般在农历十月十六"盘古王婆生日"(盘王节)举行,是一个由多种程序连接构成的仪式活动。耍歌堂的文化功能是复合性的,包括祭祀祖先、酬神还愿、庆祝丰收、传承知识、择婚求偶,以及瑶族内部的文化认同等,但这一民俗活动的起源动因与核心诉求应是"祭祖谢神",具有较强的自然宗教属性,故"耍歌堂"活动的主持者是瑶族的非职业宗教人士"师公"。耍歌堂的核心仪轨——歌唱与乐舞(长鼓舞、过州舞等)活动——的主要地点,是寨中或寨外的"歌堂坪"。

等。[1]从"求偶"这个核心诉求来看,在这类场合中所唱的蝴蝶歌的主要功能不应是"审美"或"娱乐",而是更加近于对候选生殖伙伴的一场"考试",考核的主要动机是对盘唱双方关乎生存能力的"素质"——如才华、智力(甚至间接地涉及体力)等要素,以及彼此之间在情感上的"诚意"等,进行综合的判断。之所以如此,乃是出于潜意识中高度功利的考虑——因为这些要素对于未来子女的优生优育,和未来家庭的安全、稳定与生存资源获取能力,是无比重要的先决条件。

在位于富川县白沙镇黑山村的"蝴蝶歌"传承基地,我们还听到了一种与当地平地瑶"对歌求偶"民俗相关的民歌"少年歌"(图13)。据当地年轻的瑶族文化传承人徐维笙说,平

图13 平地瑶妇女唱《少年歌》(何晓兵 摄)

---

[1] 苏山编著《中国趣味娱乐文化》,北京:北京工业大学出版社,2013年,第244页。

地瑶在传统的对歌求偶仪式中所唱情歌,男方所唱的称"绣球歌",女方所唱的称"少年歌"。据有关资料,按照富川县平地瑶传统习俗,在每年春节期间平地瑶社区要举行"抛绣球"活动,活动的参与者均是瑶族男女青年。他们"穿上节日的盛装,成群结队在堂屋、球场、晒谷坪、村边等地,边抛绣球边唱少年歌,你问我答,互相称赞、表达爱慕之情。"[1]据说,"少年歌包括《邀歌》《催歌》《应歌》《大路程歌》《小路程歌》《诗歌拆字歌》《分别歌》《挽留歌》《讨妆歌》《相送歌》等内容和歌式。……《大路程歌》以探情和述情为主,是少年歌中最灵活善变的部分,无固定形式,根据歌手的需要即兴编唱。《小路程歌》和《诗歌拆字歌》是双方连情的学识较量。"[2]从文化功能来看,似这类民歌也可归入广义的"蝴蝶歌"歌类吧?我猜测。

五、结语

如果不算4月11日对贵州黎平县侗族民歌的考察(这不是此行的重点),我们的这次瑶乡探歌之旅仅只有短短的四天,用"走马观花"亦不足形容其匆促。尽管此行的观感与体验只能说是浮光掠影的和碎片式的,但确实来得比书斋里的间接认知更为丰富和厚实。这再次印证了前人所谓"耳闻不如目

---

[1] 富川瑶族自治县志编纂委员会编《富川瑶族自治县志》,1993年,第562页。
[2] 冯光钰主编《中国少数民族音乐史(第三卷)》,北京:京华出版社,2007年,第1356页。

见""读万卷书不如行万里路"的经验之言，实属至理名言。

感谢中国文联民间文艺家协会给予我们的这次瑶族民歌探访之旅的机会。自笔者从事中国传统音乐研究以来的三十余年来，虽也不乏田野工作的机会，但在很短的时日内高密度地接触一个民族这么多的民歌文化事象，却是从未有过的经历。由此而生发的感触是：中国各民族文化事象——包括民歌文化事象——的丰富与生动程度，包括这些事象中包含的情感浓度，是"摇椅上的学问家"永远无法真正触及与理解的。亦因此，我们应当对"文化"二字，以及创造和拥有极其多元而绚丽的中国传统文化的各个民族或人群，永远抱有谦卑、敬畏与探究之初心，而不应以自诩或他称的"学者"身份，愚蠢地自满与自傲。

瑶族民间音乐探访

——2019南岭走廊田野笔记

李月红[*]

瑶族,大部分人群以盘王为始祖,每逢盘王节祭祀活动,人们都会排演一种叫作《过九州》的歌舞。瑶族祖先披荆斩棘、跋山涉水,艰辛的迁徙壮举,就以这样一种形式被世世代代瑶族人民祭奠着、颂扬着。

关于瑶族的起源有多种说法,其祖先最早可追溯到上古传说时代活动于黄河、长江中下游之间的东夷集团九黎部落首领蚩尤。关于蚩尤,司马迁在《五帝本纪》一开始记述轩辕黄帝事迹时曾多次提及[1],又有起源于"帝喾""三苗""山越""蛮"之说。

今天,境内瑶族人群分布在两广、湘、赣、滇、黔地区,

---

[*] 李月红,中国音乐学院教授。
[1] 《五帝本纪》,载《史记》(一),北京:中华书局,1982年,第3—4页。

集中于南岭一带,五岭[1]山脉南北,是典型的山居民族。费孝通先生认为中国历史上形成有三大民族走廊:藏彝、西北、南岭,瑶族即是处于南岭民族走廊[2]中的少数民族。

瑶族拥有众多大小族群,众多自称和他称。在瑶族同胞中间,笔者听闻到盘瑶、过山瑶、平地瑶、排瑶、蓝靛瑶等一系列名称。盘瑶信奉盘王,过山瑶长于游山耕种,排瑶的住房是联排样式,蓝靛瑶善于制靛技术,穿着蓝靛所染衣物。可见,这些称谓既饱含文化内涵,又来源复杂。最终,学术界将瑶族人群归纳为四大支系:瑶语支、苗语支、侗水语支和汉语支。

瑶语、苗语同属于汉藏语系苗瑶语族,瑶语支系即盘瑶、勉瑶,信奉盘王,说勉语方言,为主体支系,流行长鼓文化。苗语支系即布努瑶,为瑶族第二大支系,长期与壮族杂居交流,文化有所融合,信奉始祖女神密洛陀,流行铜鼓文化。

侗水语属于壮侗语族,这一支系指茶山瑶、拉伽瑶,分布在桂中东部大瑶山腹地,广西金秀瑶族自治县。他们与大瑶山其他四个支系共同奉行石牌律——一种刻在石板上的社会公约,形成完备的石牌文化。流行陶鼓文化,区别于盘瑶的长鼓和布努瑶的铜鼓。汉语支系也称平地瑶,过盘王节,跳长鼓舞,这方面接近盘瑶习俗,其长鼓舞的特点是伴以芦笙。

---

[1] 五岭:秦汉时期设立军事要塞的五个山岭——越城岭、都庞岭、萌渚岭、大庾岭、骑田岭,是南岭群山中的突出者。
[2] 南岭走廊:"笔者认为'南岭走廊'应包括武夷山区南端、赣南山区、粤北山区、湘南山区、桂东北山区、桂北—黔南喀斯特区,滇东高原山区,东连闽粤沿海,西接横断山脉('藏彝走廊'区域)及东南亚山区。"见麻国庆《南岭民族走廊的人类学定位及意义》,《广西民族大学学报》2013年第3期,第85页。

2019年4月7日至11日，笔者随"中国民协"调研小组到两广、湘、黔交界地区进行民间音乐调查。

"穿越"潇贺古道体验永州歌堂

五岭中的越城岭、都庞岭、萌渚岭都在湘桂之间，东北—西南走向，从西向东排列。可以想见，作为秦汉军事要塞，古代将士为翻越大小山脉有多少次踏破铁蹄。潇贺古道建于秦时，连接潇水（湖南永州）和广西贺州，向北通咸阳，向南连海上丝绸之路。古人艰辛跋涉的遥远路程，我们在高速上两小时便穿越过去了。

（一）藏品丰富的博物馆

时间：4月7日晨
地点：广西贺州市民族文化博物馆

广西贺州市民族文化博物馆位于贺州学院内，一行人到达时，天刚大亮，天空一碧如洗。

此馆2007年立项初期名为贺州学院族群文化博物馆，李晓明博士带领团队坚持利用业余时间工作，使此馆于2012年对外开放。馆内藏品丰富，令人惊叹！

贺州位于桂湘粤三省区接合部，汉代设郡，隋文帝废郡设贺州。境内有都庞岭和萌渚岭余脉，处于南岭民族走廊核心地带。

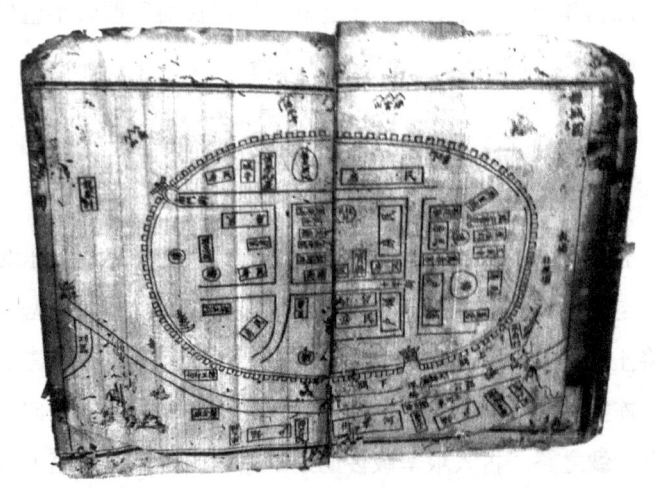

图1 清代贺州古城图

馆里的族群迁徙图显示：早在汉代，苗瑶先人就已到达今湖南、湖北一带，一部分留居湖南，一部分向两广一带深入；元明时期，为躲避战乱，瑶人进一步向南迁徙，深入两广腹地；明末清初，瑶人部分到达云南，部分越过边境至东南亚以至世界各地。

贺州的汉族也包含多个族群，据资料介绍，人数较多的有：明末清初从广东迁入的客家人、自认为祖先来自湖南或江西的都人[1]、早在秦汉时期即南迁而来的本地人，除此之外，还有铺门人、船家人、鸬鹚人、新人、梧州人。他们有着各自清晰的迁徙轨迹和生活地域，值得关注。

贺州瑶族属于盘瑶支系，人口约30万人，有平地瑶、过山

---

[1] 都：宋代军事单位。

瑶和土瑶等族群。其中过山瑶传承有瑶族珍贵史料:《评皇券牒》(《过山榜》)、《盘王大歌》、三十六套《做屋长鼓舞》和七十二套《赶羊做鼓长鼓舞》。

作为古籍的《评皇券牒》用汉语写成,记述了民族起源、姓氏由来、祖先迁徙和过山耕种等内容。《盘王大歌》是瑶族祖先的创世之歌,主要在盘王节(还盘王愿)祭祀

图2　贺州民族文化博物馆内杖头木偶展示墙

活动上咏唱,流传于口头,亦有抄本。人们不断把还盘王愿会歌时所唱的各种歌曲加入进去,遂使之成为歌体多样的百科全书式的诗歌总集。《做屋长鼓舞》有三十六套动作,展示先辈艰难中找地、盖房的经过。《赶羊做鼓长鼓舞》有七十二套动作,源于祖先盘瓠的传说,表现狩猎、做鼓等情节。

(二)千家峒——瑶族人的桃花源

时间:4月7日下午

地点:湖南省永州市江永县[1]千家峒乡盘王广场

---

[1] 湖南省永州市江永县在湘南山区,都庞岭和萌渚岭之间,主要人口为瑶族和汉族。

在刘晓春[1]老师的引导下，我们来到江永县千家峒，与瑶族同胞一起，追溯瑶族先民安居乐业的美好生活，以及遭官兵追杀的逃难史。"峒"在现代汉语中被解释为山洞（多用于地名）[2]，在瑶族人观念中是群山环抱中的宽阔平原。

在《评皇券牒》中，千家峒被描述为瑶族祖居地，瑶族祖先的美丽家园，也常被誉为瑶族的"桃花源"，更有学者将其与陶渊明笔下的桃花源直接联系在一起[3]。然而关于千家峒的地理位置，历来有不同说法，也有人走遍瑶族聚居地，去寻找千家洞的真实地址。湖南江永千家峒现有大型盘王广场，是瑶族人寻根拜祖圣地之一。

千家峒的传说不是空穴来风，而是瑶族人对于先辈的集体历史记忆，它是一个美好的话题，也是一个心酸的话题，其中流露出对于不断被向南驱赶，最后不得已避居大山辛苦求生的一种不甘。因为瑶族历史上迁徙时间跨度大，路线长，所以关于千家峒的具体地理位置才会有不同的解说。有人认为它不是一个具体的地方，而是瑶族人对先辈曾经有过的平地生活的追忆和向往。

那天师公在祭拜盘王的同时，妇女们跳起了长鼓舞，舞蹈节奏整齐划一；她们手持的长鼓，红色，细长而精致。

---

[1] 刘晓春：男，汉族。瑶族舞蹈专家，原广西贺州市八步区文化馆馆长。
[2] 见《现代汉语词典》，北京：商务印书馆，1979年，第258页。
[3] 李庆福《〈桃花源记并诗〉里的"桃花源"新考》，载《世界文学评论（高教版）》2017年第2期。

图3 千家峒盘王广场上的瑶族长鼓舞

长鼓舞流行于瑶族四大支系中的勉语支和汉语支,也就是盘瑶和平地瑶中间,形成瑶族独特的长鼓文化。长鼓是舞蹈道具,长鼓舞是祭祀过程中不可或缺的仪式内容,所以说长鼓也是祭祀器物,每逢祭祀盘王,必跳长鼓舞;婚庆、节日,要跳长鼓舞,甚至旧时到州府告状、集结起义也要跳,所以有"瑶不离鼓"之说。

(三)女书是可以唱的

时间:4月7日傍晚

地点:湖南永州市江永县上江圩镇浦尾村女书生态博物馆

江永县上江圩镇有个浦尾村,是女书流行的核心村落。浦尾岛四周,河水静静环绕,这条河就是著名的潇水,"潇者,水清深也。"(《水经注》)曹植有诗云:"南国有佳人,容华若桃李。朝游江北岸,夕宿潇湘沚。"南宋浙派琴家郭沔在元兵南侵入浙时,移居湖南衡山。在潇水汇入湘江的地方,远望九嶷山云水翻覆,想山河残破,无限感慨,创作了琴曲《潇湘水云》。江永县的女书生态博物馆就坐落在这里,我们进岛时,看到几对农民夫妇于落日余晖中在田间劳作。

图4 女书核心区域浦尾岛上的农耕景象

女书具有世界唯一性,表达女性孤独的心声,但从其全方位渗透于生活风俗的角度来说,却是丰富而多姿的。

女书实为女字，脱胎于汉字，因为常常是歌的形式，也可以叫女歌。写在纸上，可以读纸、唱纸，写在扇子上，可以读扇、唱扇。我好奇地问了传承人周金娥[1]几个问题：

笔者：咱们的女书是用什么语言唱的？

周：就用本地的土话。

笔者：土话男人不是也可以听得懂吗？

周：都是女人们聚在一起唱的，在远离男人的地方。

笔者：是瑶语还是汉语？

周：汉语。

笔者通过馆内资料和口头交流了解到，这一带的汉族女性和使用汉语的瑶族女性在少女时期就常常从家里长辈和亲戚那里习得女书，有的擅长创作、书写，有的擅长唱诵，她们经常在晚年要完成一部自传，总结自己坎坷的一生，有的人还替别人代写自传。

历史上大部分女书会成为随葬品，难以流传。直到20世纪80年代初，随着学者陆续撰写出相关报告，女书才受到广泛关注。馆内介绍了好几位末代女书传人事迹，如高银仙（1902—1990）、义年华（1907—1991），她们是分别从上江圩镇高家村、棠下村嫁到浦尾村的。

女书与当地生活、节日习俗紧密联系在一起，不仅流行于日常女性聚会场所、走亲访友过程中，还流行于庙会、婚庆活动中。其口头性特征十分明显，大多是七言韵文，实际上也可

---

[1] 周金娥：女书传人。

图5 女书园内的影壁墙

以视为歌本。

婚嫁活动是女书集中展示的场所,也是创作活跃的时间。当地女子出嫁前要举办一系列活动:女伴们提前半月到40天到家里来陪住,比湘鄂地区过去普遍流行的陪十姊妹时间要长;正式坐歌堂之前有吵歌堂(白天做女红,晚上唱哭嫁歌);结婚前两天,要到村中祠堂正式坐歌堂,即从早到晚对歌;结婚之后还要把新娘接回来,住上三五天到十来天,这个也比一般"回门"习俗时间要长。这一系列活动过程,相当于女性盛大的节日,会即兴编唱很多歌曲,大量女书作品也会被创作和读唱。

坐歌堂是婚嫁最热闹的环节,新娘和伴娘作为一方,新娘的嫂嫂、婶婶等妇女作为另一方,集体对歌。对歌分为叙事、道情、盘歌三部分,道情是主体。馆内收藏的一首道情歌里唱道:"十指连心心连肉,女在娘家二十秋,过门出嫁到婆家,敬老爱幼记心头。"笔者看到馆内黑板上写有一首歌,是用粉笔写的:"堂屋中间有条藤,藤子开花十二层,驰[1]娘养得金砣女,双吹双打送上门。"女歌的歌调都是轻缓舒漫的风格,与女歌倾诉妇女伤感情绪,秘密心事的内容是相辅相成的,富

---

[1] 驰,jie,第三声。湖南方言,奶奶。

有凄清之美。

女书是一种女性文化,母亲文化,正如馆内展板(前言)所写:"犹如漫漫长夜的明灯,照亮了本地一代又一代妇女的心灵。"

(四)油茶街上坐歌堂

时间:4月7日晚

地点:湖南永州市江永县城油茶街

油茶街上,一家木质构造的小店里,笔者看到的是乌色的木质墙体和地面,乌色的矮矮的木板长桌,乌色的木质楼梯,全然是古色古香的格调。"非遗"传承人以及朋友们来了不少,楼梯上也站满了人,有些拥挤而又令人倍感亲切,气氛热烈。桌上摆着油茶与当地餐食,我坐在桌前,来不及品尝餐食的滋味,耳鼓里就灌进了美妙的歌声。于是一手忙于填饱肚子,一手端起了摄像机,拍摄出来的都是仰视的画面。

开场是用汉语演唱的,首先是四句体徵调式的"敬酒歌",第二首还是徵调式。我并不知道每一句唱词到底是什么,但瞬间被一种巨大的热情包围,这种火热一直持续到大家以歌作别。此情此景,大体是许多生活在城市水泥森林中的人毕生也无缘邂逅的。

随后,邓知保[1]唱了一首羽调式两句体(四句唱词)的

---

[1] 邓知保:男,民歌传承人,湖南省永州市江永县人,自述1950年出生。

"迎客歌",用了过山瑶的山歌调,表达"千里有缘聚拢来"的欢迎之意。当地的湘语方言土语与普通话的距离还是比较遥远的,属于不同的语言体系,回京后重听了几遍,唱词依然不能全部听清。

刘小春老师情绪饱满地叙述着瑶族的历史、瑶族祖先的事迹:"我们的瑶族从山东到江苏到安徽,到南京十宝殿,到浙江会稽山,到福建,漂洋过海,所以瑶族从来就有"过九州"(仪式活动),最后到了千家峒。今天坐歌堂,把盘王请下来,先唱'还盘王愿'中的《飞了飞》[1],请求风调雨顺,是过山瑶的曲调。"

刘小春唱起《飞了飞》,歌声既悠然又富于律动感,旋律优美上口,瞬间大部分在场的人都跟着唱了起来。因为这是一段三拍子的音乐,所以也常被誉为"瑶族的圆舞曲"。这首歌的音乐已经有学者做过研究:"瑶族民歌《飞了飞》现存于广西贺州贺街一带,是瑶族民间还盘王愿祭祀活动中师公的唱腔音乐,它的旋律欢快优美、简洁朴素,极具瑶族风格,凝聚了瑶族人民的聪明才智与艺术创造。"[2]

开场过后,几位过山瑶歌手开始用瑶语演唱。瑶族奶奶赵开秀[3]精神矍铄,歌调动听;男歌手李丁旺[4]、李华能[5]一起演唱,声音和谐。几位歌手的歌声音量不大,但舒缓轻柔,带有

---

[1] 《飞了飞》,是以衬词命名的歌,中间一字现场歌唱中发音为liao(第三声)。
[2] 吴祖斌《贺州瑶族民歌"飞溜飞"的音乐艺术特色》,《大众文艺》2011年第16期。
[3] 赵开秀:女,民歌传承人,湖南省永州市江永县人,自述1950年出生。
[4] 李丁旺:男,民歌传承人,湖南省永州市江永县人,自述1957年出生。
[5] 李华能:男,民歌传承人,湖南省永州市江永县人,自述1954年出生。

沉思性，瞬间就能把人们带到遥远的时空中去。这种歌唱也令笔者反思：为什么今天的舞台上，愿意这样唱歌的歌手已经很难见到了，那种声音饱胀，表情夸张，总想使现场观众兴奋起来的情形能代表音乐的未来吗？

图6　过山瑶歌手李华能、李丁旺和赵开秀（自左至右）

同行者中有排瑶歌手唐法罗[1]，他的原名有11个字，来自广东清远市连南瑶族自治县人口众多的法罗家族。湖南江永的过山瑶与广东连南的排瑶，同属于盘瑶支系，都自我认同为盘王的后代。一阵介绍寒暄过后，唐法罗唱了《出路歌》，风格硬朗豪迈，与当地过山瑶民歌风格有着显著的不同。

---

[1] 唐法罗：男，民歌传承人，广东省清远市连南瑶族自治县人。连南县地处粤西北，主要民族人口为瑶族、汉族、壮族。

女书传承人周金娥演唱了《正月有心归看娘》，所用曲调完全是抒情优美的江南小曲风格。随后朗读了一首自己创作的女书作品[1]，并解释说"也是可以唱的"，接着用一支调子进行了演唱。

现场的表演都是自发的，兴之所至的。赵开文[2]先吹起了木叶，然后又用汉语唱起一首山歌调子，每个字拖腔都很长，实字前面常加短促的衬字——"呦"，其中有"今天坐拢不容易，大家坐拢把心开"的句子。大家情绪都很兴奋，常常即兴起歌。由此可知，在瑶家坐歌堂活动中，每一次都会出现大量的即兴编词，甚至即兴创曲现象。

刘小春老师提议赵开新[3]用瑶语为我们演唱《盘王大歌》，并说'还盘王愿'仪式上有歌师，也有歌娘。赵开新笑着自我介绍说："我是地地道道的瑶族大山里面的瑶族大姐。《盘王歌》是'还盘王愿'仪式中包罗万象的歌词，唱起来是很平稳的，这一首是赞颂盘王的。"她唱了两段，每段四句，音乐是赞颂性的、仪式性的，显得四平八稳。唱词翻译过来有'盘王出生扶家庙'等含义。后来她用瑶语唱了一首跟奶奶学的情歌调，"风吹竹叶细飞飞，摘片木叶给哥吹。如果哥哥吹响了，我就吹到黑才回。"唱词每段四句，曲调为上下句，徵调式。接着李丁旺、李华能又给我们唱了一首用瑶语唱的古老的调

---

[1] 这首作品全文是："潇湘之源有奇书，女性文化一明珠。姐妹出嫁留思念，姑嫂云集送祝福。笔划歌乐喜秀美，内涵婉约亦脱俗。斑斓璀璨真瑰宝，古老奇特举世书。"

[2] 赵开文：男，民歌传承人，湖南省永州市江永县人，自述60岁。

[3] 赵开新：女，民歌传承人，湖南省永州市江永县人。

子，曲调十分平稳。

我们（笔者与朱智忠[1]、柯琳[2]）和传承人李丁旺、邓知保攀谈了一会儿。

问：平时什么场合唱歌？

李：会被请去喜事上对歌，两个男的，两个女的，整夜对歌。

问：丧事上唱不唱？

李：今年有唱的。事情办完了，有会唱的就唱，尤其是有远方来的客人。

问：哦，一般是喜事上唱，丧事上不一定唱？

李：对。

问：有报酬吗？

（回答的句子不完整，意思是单独请去的歌手会有。）

邓：我们成立了民歌协会。

问：现在年轻人会唱的多吗？

邓：年轻人也有，蛮多的。也到我们协会来学。

问：一般什么时候去你们那里学？

邓：晚上，对歌都是晚上嘛。

从整个歌堂活动来看，开场阶段歌手们唱的是汉语，这或许是为欢迎远道而来的汉族朋友而有意为之的，当然也与歌手们都能说汉语有关。原本大山里的过山瑶都是用瑶语歌唱的，所以虽然现编的欢迎词可以用汉语唱，古老的曲调却不能，笔者留意了一下，老歌都是用瑶语演唱的（女书除外）。

---

[1] 朱智忠：中央人民广播电台高级编辑。
[2] 柯琳：中央民族大学教授。

瑶族歌手们自然质朴，开朗热情，想说就说，想唱就唱。与中原汉族地区不同的是，女歌手十分活跃，完全没有男尊女卑的封建礼教痕迹。

图7　女书歌手周金娥、排瑶歌手唐法罗、过山瑶歌手赵开新（自左至右）

"非遗"语境下民间文学的新特征及其法律保护

田茂军[*]

民间文学作为民间集体的口头创作,是一个民族世代传承的非物质文化遗产。也是与作家文学、通俗文学相并行的一门语言艺术,是民族文化传统的重要组成部分。许多民族的民间文学形象,例如格萨尔、江格尔、阿诗玛、孟姜女、刘三姐、阿凡提等,已经成为一个民族或地区的文化符号。民间文学作为一个民族共有的文化传统,是相对独立于官方文化和作家文学之外的一种民间文化形态。

在漫长的历史中,人民在创造了人类赖以生存繁衍的物质生活资料的同时,也以独特的艺术方式创造了大量美丽动人的神话、史诗、传说、故事、歌谣等我们统称为"民间文学"的作品。正如拉法格所言,民间文学是"人民灵魂的忠实、

---

[*] 田茂军,土家族,湖南湘西人,湖南省民间文艺协会副主席,吉首大学非物质文化遗产研究中心主任,教授。

率直和自发的表现形式;是人民的知心朋友,人民向它倾吐悲欢苦乐的情怀;也是人民文学的科学、宗教和天文知识的备忘录"。它是一种"活"着的、与时俱进的、始终保持着新鲜生命力的活态文化现象,不是个人独立创作、单向传播,而是在日常生活语境中,创作者与欣赏者双向互动、共同完成,是一种具有民族传统特色的公共生活。

民间文学是一个民族在生活语境里集体创作、在漫长历史中传承发展的语言艺术。它既是该民族生活、思想与感情的自发表露,有历史、科学、宗教及其他人生知识的总结,审美观念和艺术情趣的表现形式,也是该民族集体持有和享用的一种具有民族传统特色的生活文化[1]。

随着全球化趋势的演化与改革开放的不断深入,文化在国际交往中的地位尤为凸显,民间文学作为中国传统文化中的重要角色,在当今社会也受到了越来越多的关注。一个国家的民间文学不仅反映其民族文化资源和文化实力的重要标志,而且蕴含着巨大的商业价值,因此对民间文学的法律保护,备受瞩目。

中国在推动对民间文学的法律保护进程中,并没有制定一部统一的民间文学法律保护法典,而仅仅是通过著作权法、专利法和《非物质文化遗产法》等法律法规来构成我国的民间文学法律保护体系。由于相关法律体系的不完备,与其匹配的民间文学的保护范围与保护程度,也因民间文学的特殊性而没

---

[1] 刘守华《民间文学教程(第二版)》,武汉:华中师范大学出版社,2013年,第2—3页。

有物尽其用,对民间文学产生的利益冲突并没有完善的解决方式,相关权利的行使没有法律依据,导致民间文学创作与改变领域中的冲突与矛盾逐渐增多。

一、民间文学的新特征

民间文学作为艺术的第一个名字——Folklore,是欧洲考古学家汤姆斯于1846年提出的,狭义指民间文学,广义是指民俗学。国际上近些年通称之为Expressions of Folklore,翻译过来的意思就是民间文学表达。1976年,在联合国教科文组织和世界知识产权组织协助下,为发展中国家制定的《突尼斯版权示范法》第18条规定,民间文学是在本国境内,由被认定为该国国民的作者或种族集体创作,经世代流传而构成传统文化遗产基本成分之一的一切文学、艺术和科学作品。1982年,联合国教科文组织和世界知识产权组织在《保护民间文学表达免被滥用国内立法示范法》中则规定,民间文学表达形式是由传统艺术遗产的特有因素构成的,由一国的某居民团体所发展和保持的产品。1977年,非洲知识产权组织颁布《班吉协定》附件7第46条规定,受版权保护的民间文学,是指一切由非洲的居民团体所创作的,构成非洲文化遗产基础的代代相传的文学、艺术、科学、宗教、技术等领域的传统表现形式与产品[1]。

在国际条约中,民间文学实际上是以复合形态的层次存

---

[1] 严永和《民族民间文学知识产权保护的制度设计:评价与反思》,《民族研究》2010年第3期。

在，可以看成一种文化传统的综合体，包括民间文学创作、民间文化艺术表达、传统文化意思表达、民间文学作品等，都可作为其名称，我国著作权法则称之为民间文学作品。由此可见，无论是各国立法还是国际立法，我们均可以看出没办法对民间文学做出一个确定标准的界定，但是我们必须承认的是，民间文学是非个体创作出来的一种集体性成果，是以多元化呈现出来的一种口头艺术表演或创作。

从世界各国对民间文学的界定来看，不难发现民间文学的界定，的确是十分模糊的，缺乏一个层次性的划分，这给法律保护的实际操作带来了一定困难。事实上，民间文学是以口头讲述、演唱、表演以及与依托的文化空间、礼仪、仪式等活动相对应的表演艺术。对此，在世界知识产权组织（WIPO）或联合国教科文组织（UNESCO）的一系列规范性文件以及各国的立法实践中，并没有做严格区分，因此笔者在理论探讨时，倾向于国内学界惯用的"民间文学"，即相对于作家书面文学而言的一种文学形态，但不能停留于单一层次的文本理解。我们认为，从所有权意义上说，民间文学指的是特定区域内的社会群体创造，体现了该特定区域的社会群体性，具有特定的文化内涵与文化品质，代代相传，集体拥有，属于集体财富。但是在新的形势下，也出现了个体的民间文学新创作，他们的创作也许借鉴和吸收了民间文学的素材，他们的创作已经成为个人的独立创造，这个时候，就要考虑到知识产权保护中的个体性条款的适用性。

二、民间文学的创作属性及法律保护原则

（一）创作属性

1.集体性

民间文学的集体性是指民间文学由某个民族、地域或历史时期的广大民族共同创作、共同传承而显现出来的群体性特性。一方面，它体现了民间文学的创作活动与传承过程融于一体、同步展开的内在机制；另一方面，也反映出民间文学凝聚集体智慧与艺术才华所获得的强劲的艺术生命力，表达了植根于民俗生活的特定民族、地域或时代的集体概念。主要表现在集体情境中的集体创作，如藏族的英雄史诗《格萨尔王传》；优秀传承人个人创作出作品的雏形后，在不同的地域流传中，再由许多民间艺人添枝加叶，逐渐完善。如四大传说中的《孟姜女》《牛郎织女》等，也是如此。这里，既有集体创作，又有个人的创作，如民间歌手、艺人包括部分文人的改编、移植、创作等，如湘西土家族的民间叙事诗《撒珠湖》，在酉水土家族集中居住的保靖碗米坡一带流传，民间歌手基本会唱，但是没有唱得完整的，土家族山歌能手田茂忠，通过多年的收集、整理，能够完整地演唱全本，后来还出版了书面的山歌集，收录了这部长篇叙事诗。随着人类社会的演进，集体性的表现形式，无论从渔猎、农耕、战争还是宗教祭祀、娱乐活动，都可以看到集体性的价值诉求与表达。

2.口头性

民间文学大多是通过人们的口头传递、模仿或者表演而流传下去，口头形式无疑体现了其流传途径的单纯性。这和民间文学久远的历史性、产生地区的偏远性有紧密的联系，其源自质朴的生产生活使得其容易被接受，简单的口头模仿或者表演，在娱乐了人们生产生活的同时，也成了民间文学得以传承和发展的主要方式。如苗族的《苗族古歌》就是由口头流传下来的，主要是因为苗族历史上没有自己的独立文字，直到新中国成立，经过民俗学家的收集、整理，才记录下来不同版本的苗族古歌。

人类运用口头语言的历史，远比运用书面语言的历史长得多。在漫长的历史发展中，广大民众与口头语言艺术结下了不解之缘。在广大人民群众享受文化教育、欣赏和参与书面创作的社会条件下，口头文学仍然活跃在民间，继续发挥着它的特殊作用。新时期产生的大量现代民谣、故事传说、笑话等就是例证。

3.活态性

民间文学不同于作家文学，它不像作家书面文学具有固定的形态，而是可以处于不断地变异之中，永远处于一种非定稿的状态，另外也取决于传播主体的个性特征，这就是活态性。民间文学不是静止的而是动态发展的，在创作的过程中，传承人经常会根据自己的喜恶、习惯等进行润色、增补或删减。因此，在历经时代交替后，打上了不同时代的历史烙印。民间文学至今还在不断孕育与发展中，因此出现了很多新创作并处于持续的创新之中。并且由于民间文学多是被人们以口头方式进行传播的，其往往体现为非常规的稳定性，经过时间的推移，人们会在传播时加入自己主观的想象，从而使民间文学的某些内容发生改变。民间文学在传播的过程中，也会吸收借鉴其他知识的元素，相互融合演变成新的民间文学，这正是民间文学的高度灵活性与强盛的生命力的体现。

当然，民间文学还具有其他特征，比如传承性、变异性以及地域性等等。但是从创作角度看，最基本的特征还是如上的集体性、口头性与活态性，也是以上特点使其保护面临一些难题。

（二）法律保护原则

民间文学作为语言艺术，其外在形式大致可以分为四种：一是语言表现形式，如故事、史诗、传说、诗歌、谜语、文字、标志、名称和符号；二是音乐表现形式，如诗歌和乐器；三是行动表现形式，如舞蹈、游戏、典礼、仪式和其他表演浓缩的某种物质表现形式；四是有形表现形式，如艺术品、工艺品、建筑等。

国内学术界近年来对民间文学的保护有多样化的探索。实践中，世界知识产权组织知识产权与传统知识、遗传资源、民间文艺政府间委员会《保护传统知识政策目标与核心原则（草案）》提出九大原则，综合了各国多年来理论界和实务部门的意见，这九大原则分别是：反映相关社区的愿望与希望的原则；平衡原则；尊重其他国家和地区协议文书并保持一致的原则；灵活和全面的原则；对文化表现形式的具体特点和特征性予以承认的原则；与保护传统知识互补的原则；尊重原住居民和其他传统社区的权利和义务的原则；尊重原著居民和其他传统社区的习惯使用和传播方式的原则；保护措施的有效性和可获得性原则。[1]在此基础上，有学者又提出了尊重和体现族群意愿原则，有利于民间文学的维持、传承和发展原则，保障族群正当利益原则和利益平等原则等。笔者认为，保护原则的确立要考虑民间文学存在的创作特征，将其集体性的特殊属性进行考量。以上核心原则可以作为我国民间文学法律保护的指导性原则。

三、当前民间文学法律保护存在的问题

对于民间文学的法律保护在《中华人民共和国非物质文化遗产法》（以下简称《非遗法》）出台以前，都是点到为止的状态。尽管如此，《非遗法》仍然有许多不尽如人意的地方。例如判定非物质文化遗产价值的标准，在这个问题上是持回避态度的。另外，非物质文化遗产法关注的更多是国家和政府的责任，而使用权、署名权、所有权等多项权利，却没有涉及和规定。因此知识产权在对于民间文学方面的保护方面，在所有权、使用权、署名权等权利义务的规定上，还需依据知识产权法的相关规定拟定保护细则。虽然《非遗法》对民间文学进行

---

[1] 孙玉芸《论传统知识的法律保护模式——兼评WIPO〈保护传统知识政策目标与核心原则条款修订草案〉中的反不正当竞争保护》，《中国版权》2010年第3期。

保护是一个突破性的进展，但遇到对民间文学的所有权、使用权、署名权等侵权问题时，知识产权还是最有效和可以实施的保护手段。

在民间文学的权利主体方面，首先，版权法的权利主体是某人或者某个群体，而民间文学是在世代相传的过程中不可避免地加入了社群群体的改造，这就使得民间文学的创作主体无法判断。其次，版权法保护的作品是已经创作完成的作品，民间文学则是处于不断发展和创新中的，这和版权法在作品的意义上是有区别的。最后，就是版权法的权利主体是版权人，包括作者和受转让而取得权利的权利人，而民间文学作为族群存在的不可分离的一部分，不可能与在历史中积累、创造它的族群分开而让与他人。这说明版权体系的经济本性与民间文学格格不入。

从公元5世纪到15世纪，新作品的创作都与传统文化息息相关。著作权宣布智力产品的创造者是权利的第一主体，这个理论可以追溯到早期罗马时代的自然法，我们所熟知的洛克的财产权劳动理论，就是根据这一早期理论所形成的，这一理论虽然并没有直接阐述到知识产权的相关内容，但其却侧面从劳动的角度，进一步解释了知识产权制度中劳动者应获得劳动财产权的正当性。这种权利在著作权中，不仅是为了保护其创作成果，更是激励创造的方式。

在民间文学领域，想要确定这个财产权的归属者，并不容易。一项民间文学大多是由一群体在日常的生产生活中共同创造，是整体参与的结果，所以这个创作者是难以明确的。这种尚不能明确具体权利主体的民间文学与知识产权制度是无法严格契合的。现有的知识产权法的保护模式尚存弊端，对待特定主体的保护仅仅是少数的个人，对群体没有激励作用，而个体的创造力与群体的创造力是不可同日而语的，只有群体的力量被激发、释放，我们的民间文学才会得到更好的保护和发展。因此知识产权保护民间文学解决的问题是知识产权的主体能否为群体的问题。

知识产权作为一种具有特殊性的权利，这种特殊性使知识产权被公众称为"最有价值的资源"。它保护的创新性智力成果中蕴含的敢于创新、敢于突破的精神，是知识产权法所激励的。而在民间文学领域，虽然民间文学也是智力成果，但是这个客体内容是古老的，也许经历了几百年，甚至上千年，所以，我们在为民间文学提供保护时，不需要强调严格的独创性要求。民间文学是民间传统文化的传承，根据这些民间文学创作出有独创性的衍生作品，毫无疑问，也会被知识产权保护。正是由于对没有独创性的民间文学没有完备有效的法律规定，才认为知识产权是最恰当保护它的法律武器。民间文学若像一般的科技产品一样，有了独创性便不可称为民间文学，我们需要保护的原本就是这种原生态，不含杂质的母体艺术。因此，只要能够判别出民间文学是由哪一族群创作、传承的就可以了。对于民间文学来说，更需要知识产权来保护原创性而非独创性。

四、民间文学法律保护模式的建构

（一）著作权法保护及专职管理模式

民间文学作为一种无形财产，设立法律来保护自不必言，其目的就是确保权利主体能充分、有效享有并使用自己的权利。但民间文学的权利主体究竟如何确定，国际上也是莫衷一是，有的主张将权利主体界定为国家；有的认为权利的主体只能是传承、保存民间文学的群体、民族。还有的认为，对民间文学享有权利的主体应分为多层次来看，有个人享有的、有群体享有的、有地方政府享有的，还可能有无主体的。

关于界定权利主体这个问题，应当有相关的著作权法案和设立一个专门的组织，根据相关法律规定由此组织作为权利主体，用来保护民间文学。组织不具备官方属性，完全自治，由它来行使有关民间文学的权利，并将有关收益用于民间文学来源群体的文化、经济事业和该组织的日常运转。结合我国国情来看，成立这种纯民间性质的民间文学作品著作权集中管理机构条件，目前尚不成熟。民间文学作品大多流传于经济欠发达、文化较封闭的少数民族区域。民间文学主体权利的保护，离不开国家政府在著作权方面的立法保护，由于我国各地区发展不平衡，保护程度有的差异较大，因此采取以审批制为纽带的多元化的民间文学作品集中管理机构是可以考虑的。

民间文学保护的群体应该是个体的代表性传承人，因为民间文学最初是由个人构思完成的，传承人对民间文学艺术的保存与传播起着至关重要的作用，他们在整理、改编等传承过程中也付出了创造性的劳动。[1]但是在流传过程中，整个群体的思想意识都有加入其中，最终形成了整个族群的集体成果。民间文学形式的口头性、易变性决定了其本身的脆弱和不易保存，如果不恰当地对待，便会使其消亡，正是因为传承人的一代代付出，才使得优秀的文化得以传承和展现，民间文学传承人的作用与意义，是绝不可忽视的。所以，要采取以著作权法为主体，与设立专职管理机构相结合的模式进行保护。

（二）专利法保护模式

民间文学及其有关表现形式，符合专利法规定的实质条件，是可以获得专利保护的。用专利法保护民间文学时，适用的客体，仅仅只限于承载着民间文学表现形式的一些传统技术以及传统工艺。如今，科学技术突飞猛进，传统的技艺被科技所改变，甚至取代都将成为可能。为了减少劳动力、减少投入、增加产出，利用科技提高生产力是必需的。但是盲目地为了效益和产量，质量会出现瑕疵甚至出现残次品。市场上，低档的民间文学制品，以及大量盗版，给我们的民间文学的保有人、传承者带来了很大的物质损失和精神伤害，对于民间文学也是一笔不小的损失。

想要解决这个问题，其关键是要在不阻断技术创新的情况下保护民间文学保有人、传承人的利益，保护民间文化传承。

---

[1] 黄玉烨《民间文学艺术的法律保护》，北京：知识产权出版社，2008年，第34页。

我们应该要求人们在利用现代科学技术生产民间文学制品时，不能损害传承人、保有人的利益，而且要完善利益分享机制。利益分享机制关键要掌握好尺度，不能过于剥夺利用者的利益，这样才不会有损利用者开发民间文学资源的积极性。建立健全的惠益分享机制和使用许可机制可以解决当民间文学保有、传承群体之外的人转让专利时要经过民间文学保有、传承群体的同意，民间文学保有、传承群体有正当理由，可以拒绝转让。

（三）特别立法保护模式

如前所述，民间文学具有活态性。非物质文化遗产重视人的价值，重视活的、动态的、精神的因素，重视技术、技能的高超、精湛和独创，重视人的创造力，以及通过非物质文化遗产反映出来的该民族的情感及表达方式、传统文化的根源、智慧、思维方式和世界观、价值观、审美观等这些意义和价值的因素被呈现和传承下来。总之，特定的价值观、生存形态以及变化，造就了非物质文化的活态性特征。所以采取现行知识产权法对民间文学的保护虽然能解决很多问题，但是仍然有不妥之处；非物质文化遗产法的缺陷，上文也有所阐述，因此我们在完善知识产权法的同时，也要加强对民间文学保护的特殊立法的设立。可以充分利用国际上现有的特殊立法有益经验，再结合我国具体国情，完善知识产权法下的特别保护体系保护民间文学的权利。设立专用于民间文学的权利主体认定模式和主体权利享有、使用模式；明确民间文学传承人的权利义务；明确各当事人之间的关系。在保证保有人群体利益的基础上，建立完善的利益分享机制，避免形成文化垄断，保证我国民间文学的健康有序发展。

例如苗族古歌，就是由苗族先祖们在共同的劳动生产中创造出来的史诗，是早期苗族社会生活的百科全书。苗族古歌中展现了人人生而平等、生命神圣不可侵犯、万事万物皆有灵气所在、人与自然和谐共处的思想，具有极其宝贵的文化价值和社会价值。但目前苗族古歌却出现了传承断代的危险，很多年轻人都不会唱古歌了。

我们设立的特殊知识产权法，它与现有知识产权法律之间是补充关系，而不是取代关系。只有这样细致的规定，才能有助于民间文学的传承与发展，使得对其利用得到全面的监控，确保对民间文学的合理开发和利用，摆脱原有知识产权的框架的束缚，不用在理论上纠缠过多。这样，就消除了我们在适用知识产权保护民间文学时的大部分异议，更加自由地处理民间文学遇到的各种问题，使其在合理、健康、有序的法律环境中生存发展。

（四）商业秘密保护模式

在民间文学的保护中，产生诸多问题，多是受到商业利益的诱惑，反不正当竞争法的宗旨，是保障社会主义市场经济健康发展，保护公平竞争，制止不正当竞争行为。因此，反不正当竞争法与知识产权法以及民间文学的保护，就有了盘根错节的关系。

民间文学的传承人，通常对民间文学信息具有独占的权利。这些信息中蕴含着丰富的经济利益，一旦泄露出去了，就会对传承群体的精神利益和经济利益产生某些损失。所以，有的民间文学的创作过程，是可以不公开的。而对于不公开的信息，大部分国家都是依据反不正当竞争法的规定来进行保护的。民间文学的信息，不仅具有一定的经济利益，同时这些信息的权利的传承与传播也应该受到一定条件的限制，这就符合反不正当竞争法中对商业秘密构成要件的要求，所以若能充分利用商业秘密来保护某些特殊品类民间文学及其制品，也不失为一种有效的方法[1]。

在我国，热情好客的少数民族通常都有着淳朴的民风，他们热衷于向外来人展示自己民族的独特传统艺术，毫无保留，全部奉献，这使得一些少数民族的民间文学可能面临一种被动的局面。假如被居心不良者利用，将很难再受到商业秘密的保护。这正是我国用反不正当竞争法保护民间文学时会遭遇到的困难。这个问题的解决，不仅需要强有力的法律武器，同时也需要加强法律常识的宣传，增强民间文学传承人的法律意识，某些情况下，可以采取正当的商业秘密保护模式。

（五）完善现行冲突协调机制模式

民间文学在有著作权法、专利法、商业秘密、特别立法等多种方式的完善保护下，还必须重视这些保护方式的协调[2]。

---

[1] 许旻斐《论民间文学知识产权保护的模式及选择》，《法制与经济》2015年第2期。
[2] 叶舒宪、苏永前《对民间文学权益保护的几点思考》，《民间文化论坛》2012年第3期。

若多种保护方式各自为政,没有协调一致,必定产生很多矛盾。这不但起不到实际保护作用,反而徒增保护工作中的麻烦与冲突。

在冲突协调机制中,可分为事先协调和事后协调两个部分。事先协调是指在发生多种保护方式冲突之前,需事先采取预防措施,防止冲突的产生。可采取建立国家政府立法部门之间沟通协调的工作机制和制度。通过建立立法部门之间定期沟通协调的工作机制,通过各级人民代表大会的制度,共同研究需要双方互相协作及配合解决的重要问题,共同开展对民间文学法律保护,需要调整的重大问题,共同调研和论证,交流和借鉴各自在立法工作中的技术和经验,保证著作权法、专利法、商业秘密、特别立法之间的衔接与照应,避免它们之间冲突的产生,拓展传承和发展。

事后协调是指在发生保护方式冲突之后采取解决冲突的方法。首先,一般采取特别法优于一般法的原则,既然有特别立法保护民间文学的存在,其效力必然要优于一般法律保护。否则,特别立法的保护就失去意义。其次,当著作权法、专利法等的规定出现冲突时,理应由制定法律的机构承担解释的责任和解决冲突的责任。最后,可采取最大利益原则,在没有其他方法解决问题时,选择更能保护民间文学的方式处理冲突[1]。

---

[1] 陈小慧、江振民《非物质文化遗产法律保护探析——以民间文学为视角》,《牡丹江大学学报》2008年第8期。

五、结语

民间文学是人类宝贵的精神财富，是国家文化软实力的代表，是人类口头文化遗产中的瑰宝。我国是一个多民族的国家，也是一个民间文学资源丰厚的大国，依法保护，势在必行。各国在促进民族文化交流时，已经越来越注重民间文化的交流与学习。一个国家的民间文学，在当前非物质文化遗产保护语境下，正在成为民族文化的重要组成部分和文化强国的重要载体。在市场经济与文化旅游的发展形势下，民间文学蕴含的巨大潜在的商业价值，是不容小觑的，因此民间文学的法律保护，无疑成为我们必须面对和需要解决的现实重大课题。

本文对民间文学的法律保护问题的探讨，正是为了应对上述问题。保护民间文学不仅是保护民间文学传承人的个人利益，更是保护一个社区、一个民族的公共的集体利益。我们应该尽快对现有的知识产权法律体系进行全面的调整与完善，尽量撇开其中对于民间文学保护的不利因素，制定更为科学的实施细则，打造一个更有利于民间文学传承与发展的优良环境。在当前非物质文化遗产保护语境下，要进一步完善非物质文化遗产法中的相关条款，为民间文学及其传承人设立必要的特殊权利保护，以此进一步推进我国对民间文学的保护，在保证文化信息安全与创作自由无碍的前提下，归置民间文学商业化属性的利益分配，保障民间文学健康、可持续的传承与发展。

侗族北部方言区民间歌谣文学特征探析

欧阳大霖[*]

侗族是一个爱唱歌的民族，在侗族民众生活中，从婴儿呱呱坠地到老人与世长辞，从起房造屋到玩山赶坳，无不伴随着民歌，可以说，侗族同胞无时不唱歌、无事不唱歌，形成了"老年人教歌、中青年唱歌、青少年学歌"的传承体系，以至于民间有"不唱侗歌咋个活"的说法，民谚中"饭养身，歌养心"是侗族民众热衷歌谣的真实写照。

侗族民间歌谣因方言区的划分而呈现为南北两大特色，其中，南部方言区以闻名遐迩的侗族大歌最为著名，另外如琵琶歌等也有非常大的影响力。本文主要介绍侗族北部方言区民歌的相关特征，以向学界展现侗族北部方言区民歌的艺术魅力。

---

[*] 欧阳大霖，黔南民族师范学院党政办公室主任，贵州省民间文艺家协会副主席。

一、主要类型

侗族北部方言区民歌具有高亢、激越、跌宕的一面，这与当地的文化生态有关。侗族北部方言区包括贵州的天柱、锦屏、剑河、三穗、镇远、玉屏、岑巩以及湖南的新晃、会同、芷江等地。侗族北部方言区民歌以单声部山歌为主，多放声抒怀，悠扬婉转，内容丰富，涉及面广，包括古歌、山歌、情歌、酒歌及礼俗歌等，这些民歌形式对仗工整，讲究平仄韵律，并有大量典故，具有浓厚的文学色彩。

（一）古歌

北侗民歌中的古歌涵盖人类起源、先祖迁徙、神话故事等内容。如《开天辟地》，包括《洪朦世界》《盘古开天地》……《天皇》《地皇降世》……《人皇》等十八个部分共713行，叙述了世界从最初的"一无三光照天地，二无日月照乾坤……"到"天生人皇九兄弟，就认分作九州城……"

这首古歌将天地及人类和世间万物的起源作了叙述，是中华传统朴实的自然观的表现，歌谣中出现诸多佛教、道教、神佛及天皇、地皇、人皇等形象，表达了侗族民众与自然界事物和谐共生的朴实思想，同时也折射出北侗文化圈在接受外来文化过程中各种文化有机交融的表现形式。

除此之外，北侗民歌古歌中还有叙述原始时代兄妹开亲的《姜良姜妹》、歌颂善行的《洛阳桥》、描述世外桃源美景的《桃源洞》等。

（二）情歌

情歌是侗族青年男女婚恋过程中，以"玩山对歌"形式表达爱意的一系列歌谣，又称为"玩山歌"。情歌在侗族北部方言区民歌中占据非常大的比例，包括《探情歌》《初相会歌》《借把凭》《架桥歌》《思念歌》《成双歌》等。如《新的伴》："莫做渔网千个眼，要做蜡烛一条心。"这些情歌表达了侗族青年男女通过"玩山"定情后，强调男女双方对爱情的忠贞，一心一意深爱对方，不能像渔网一样多"心眼"。这些语言内容上朴实生动，通俗易懂，形式上讲究韵律，朗朗上口，用活跃的形式将侗族青年男女对爱情的严肃态度表现得淋漓尽致。

（三）礼俗歌

礼俗歌是侗族北部方言区民众在日常生活婚嫁中唱的歌谣，主要有《伴嫁歌》《官亲歌》《酿海歌》以及各种酒歌。如《好日好时分花秧》："好日好时分花秧，一园分花两园香。他家为男君为女，双双唯愿儿女强。"这首歌谣是伴嫁歌中的一首，是姑娘出嫁时邻里劝说父母唱的，意思是为人父母者在女儿离别时不要过度伤感，要把女儿出嫁当作开枝散叶的大好事来理解，每家都有儿女，男娶女嫁是社会发展的正常规律，这实际表达了侗族民众对男婚女嫁的豁达态度。

（四）劝世歌

劝世歌是侗族民众在长期的生产生活过程中，为了维护家庭、社会和谐而编唱的系列歌谣。主要包括《孝敬父母》《尊兄爱弟》《结友要真心》《夫妻要同心》《家庭要和睦》《劝戒赌》等，如《孝敬父母》："父母恩情大如天，莫把双亲丢一边。"劝诫为人子女要孝敬父母，不要冷落、虐待老人。尊老爱幼是中华民族的传统美德，侗族社会通过歌谣形式表达对老人的尊重，对于这一传统美德的传承具有重大意义，这不仅彰显了侗族尊老爱幼的传统文化，更是通过歌谣的形式警示世人。

（五）劳动歌

侗族是勤劳善良的民族，崇尚劳动是侗族民众的传统美德，在劳动过程中侗族民众用歌声表达自己通过劳动创造美好生活的憧憬。侗族劳动歌表达的都是积极劳动、争取丰收的理想，如《十二月农事》中的："三月清明交谷雨，一年之计正当急"，这首歌展现了侗族民众阳春三月勤耕细作的劳动场面，表达了勤劳的侗族民众朴实的春种秋收观念。对于以农耕为主的侗族社会而言，这些内容无疑是具有积极意义的。

（六）祭典歌

祭典歌是侗族民众在日常生活中举行的一系列仪式活动中所说唱的歌谣，主要有《上梁吉利歌》《开大门吉利歌》《龙灯吉利词》《吊唁亡人词》等。这类歌谣说唱场合较为特殊，一般带有神秘色彩。唱词多为祈求吉祥、五谷丰登、人畜兴旺、老少安乐等。有些唱词表现出人们在长期的农业社会中对自然界及人生中出现的一些灾异的畏惧，如对火灾、水灾、地震以及人生中的麻疹、水痘等自然灾害和病痛的无可奈何，所以极度希望回避所有灾害追求幸福生活的微妙心理。实际上正是侗族民众趋吉避凶、希望人与自然和谐共生的美好理想的概括。

此外，侗族北部方言区还有反映不同历史时期的《时政歌》、巫医唱的《傩歌》、善男信女朝山拜佛唱的《佛歌》以及反映侗族儿童天真无邪的儿歌等。这些丰富的民歌文化资源为侗族北部方言民众日常生活增添了诸多乐趣，成为民众喜闻乐见的精神食粮。

二、表现形式

（一）长短多样的体式特征

侗族民间歌谣，尤其是北部方言区以汉语说唱的民间歌谣体式较为丰富，主要有三言、四言、五言、六言、七言、十一言以及七言与十一言交叉出现等表现形式，同时存在几十个字一句的长歌。

1.三言体歌谣

讲大话，用小钱。端豆腐，过大年。[1]

---

[1] 周昌武搜集整理，见《侗族文学史》编写组编印《侗族文学资料》（第三集：三穗县专集），1984年。

这是一首三言童谣,通过对比方式对喜欢说大话而言行不一的人进行批评,强调说话、做事都要讲求实际,不能出现浮夸的现象,从中可以窥见民间歌谣对于侗族儿童的教育功能。

再如《打鹰歌》:

> 坏老鹰,爱偷鸡。抓小鸡,进林吃。
> 小弟弟,捡碎石。打老鹰,救小鸡。
> 打断脚,剥它皮。分它腿,大家吃。[1]

这首歌具备了句式简短、节奏感强、朗朗上口以便于记诵的童谣特征。从内容上看,可谓极具乡土气息,其中包含了老鹰抓小鸡、弟弟砸老鹰救小鸡等故事情节,反映出侗族民歌源于生活、内容取材均为群众喜闻乐见的事物的特点,生活气息浓郁。其中"鸡""弟""皮""吃"等字,在侗族地区方言中读音均为同韵母"i",以方言诵读,韵味十足。

2.四言体歌谣

> 日吉时良,天地开张。
> 今日上梁,大吉大昌。
> ……
> 兴工动土,吉星照临。
> 天覆地载,地方天圆。

---

[1] 吴浩搜集整理,见杨通山等编《侗族民歌选》,上海:上海文艺出版社,1980年。

> 大厦落成,千秋万年。[1]

这是侗族地区起造祭典歌唱词。主要是表达对新建房屋的夸赞,同时表达对主家的祝福,表达了侗族民众趋吉避凶的心理特征。

3.五言体歌谣

> 冬瓜已坐地,白瓜才长藤。
> 小米分细线,穄子一大蓬。[2]

这是一首童谣,歌中将一些农作物的生长情况做了介绍,同时教导青少年辨别这些农作物生长规律,反映出侗族童谣教育侗族少年儿童"具体问题具体分析"的基本功能。

4.六言体歌谣

> 歇凉要靠大树,划船要靠水深。
> ……
> 望姐帮说几句,金言替说几声。
> 花园同堂共坐,才是热闹得成。[3]

---

[1] 王瑞钧、龙范亭搜集,欧阳家泉整理,见欧阳家泉、龙更清编《贵州天柱县歌谣卷》,1995年。
[2] 杨永东搜集,见欧阳家泉、龙更清编《贵州天柱县歌谣卷》,1995年。
[3] 杨华池、秋鸿搜集,见贵州省民族事务委员会、贵州省文联民研会编印《侗族文学资料》(第四集),1985年。

这是侗族民歌中比较有特色的"白话"歌词，侗族民歌中称之为"送板"，侗语为"垒""晓宋巴""阿板送"等，是侗族北部方言区众多民歌类型中的一种。其表现形式是在唱玩山歌中插入一段朗诵性歌调，遣词讲究文采、韵节，散句中夹以骈文对句，兼具诗歌与散文性质，具有较强的文学性。歌中"歇凉要靠大树，划船要靠水深"富含哲理，是侗族请歌中较有代表性的表达方式。

5.七言体歌谣

> 斑鸠砌窝三根柴，蜂子砌窝在半岩，
> 蜂糖好吃花难采，山歌好唱韵难排。[1]

七言句式是侗族北部方言区民歌中最有代表性的句式。这首歌属于谦赞歌，歌词通过日常生活中常见事物"斑鸠砌窝""蜂子（蜜蜂）砌窝"等与唱山歌这一行为做对比，通过对比表达"山歌好唱韵难排"这一主旨思想，其内涵是表示自己不如对方，是一种自谦的表达方式。

再如：

> 高坡无路开成路，江边无路架成桥，
> 高坡修成攀花路，江边架成洛阳桥。[2]

---

[1] 龚宗唐搜集，欧阳家泉整理，见欧阳家泉、龙更清编《贵州天柱县歌谣卷》，1995年。
[2] 龙玉成搜集，欧阳家泉整理，见欧阳家泉、龙更清编《贵州天柱县歌谣卷》，1995年。

这是一首情歌，主要是表达"玩山"对象通过"花山"对歌相识相知甚至相爱的过程，也突出了真诚、坚贞的思想。歌词通过"修路""架桥"来象征爱情的沟通，哪怕是"高坡无路""江边无路"，只要有心经营，在无路的高坡也能够修成"攀花路"，在无路的江边也可以架成"洛阳桥"，表达了青年男女为了爱情孜孜以求的执着。这里提到的"攀花路""洛阳桥"，是侗族地区民歌中的两个典故：侗族地区将青年男女通过对歌恋爱的场所称为"花山"，因此青年男女通过歌谣相恋被称为"玩山"，侗族民众将少女誉为"花"，男子在"花山"上追求女子被称为"攀花"；"洛阳桥"是侗族民众视为爱情桥梁的象征，在诸多情歌唱词中多处涉及。

6.十一言体歌谣

一心一意一匹黄篾吊千斤，永不悔改郎是跟妓说句真，我俩分散要等海干龙现爪，铁树开花鱼死同串鸟同林。[1]

爱情是人类亘古不变的主题，在侗族地区，青年男女通过"玩山赶坳"定情之后，为了表达恋人之间的忠贞，彼此通过歌谣来表达誓言。这首情歌就是青年男女为了表达爱情誓言而唱的："海干龙现爪""铁树开花"是基本无法实现或者非常难以实现的自然现象，歌中强调，就是出现这些多年难遇的现

---

[1] 龙更清搜集，欧阳家泉整理，见欧阳家泉、龙更清编《贵州天柱县歌谣卷》，1995年。

象，恋人之间也要"鱼死同串鸟同林"（侗族民众在抓鱼时，如果没有随身带有器皿，就会就地取材，用一些植物通过鱼鳃将抓到的鱼穿起来），生死与共、心若磐石，感人肺腑，令人敬仰！

7.七言与十一言交叉体歌谣

客进寒门落寒店，茶花莫拿比那芙蓉牡丹鲜。
希望亲朋遮盖点，旁人问信只讲仁义水也甜。

客来实在对不起，人手单薄帮忙服侍没得力。
可惜千宗少礼义，客来夸称篾穿豆腐难得提。[1]

七言与十一言交叉的表现形式在侗族北部方言区中较为常见，这是一组礼俗歌中的谦赞歌。唱歌为主人一方，从歌词内容可以推断客人之前向主人的热情招待表示感谢，主人则通过对比来表达谦虚，向客人表示招待不周的歉意，表达了侗族社会热情好客的传统习俗。

8.杂言体歌谣

姐的帕子巧绣花，
织着九万九千九百九十九根纱，
……

---

[1]《侗族文学史》编写组编印《侗族文学资料》（第三集：三穗县专集），1984年。

> 九万九千九百九十九家的小姐都来看,
> 问是哪家小姐玲珑乖巧绣起鸳鸯戏水双凤朝阳喜鹊口衔石榴花?[1]

这首长歌是夸赞歌。侗族青年男女在"玩山赶坳"中相识相知并相恋后,男子会向女子讨要"把凭",即定情信物,这首歌就是此时唱出来的表达情意的歌。歌词中男子竭尽全力地表达自己对女子手艺精巧的赞美,通过一组数字来说明女子手巧以及出众:"(手帕)织着九万九千九百九十九根纱"说明该女子纺纱刺绣手艺精到,"九万九千九百九十九家的小姐都来看"则是通过众多女子来突出这个绣手帕的人无人能及。生活中赞美人的语言很多,这首歌词通过夸张的手法,表达自己对恋人的赞美,不失为一种很好的表达方式。

此外,侗族北部方言区民歌中还有一类"藏字歌",与传统诗词中的"藏头诗"表现形式相似:如

> 福字写来是条龙,荣华富贵在其中。
> 拿颗福字来贺你,洪福齐天坐朝中。
>
> 禄字写来是只凤,飞凤来朝喜堂中。
> 拿颗禄字来贺你,丰衣足食是富翁。
>
> 寿字写来寿延长,三星高照你屋梁。

---

[1] 郎翠珍搜集,见杨应海编《剑河民间文学资料·侗族情歌集》,1986年。

拿颗寿字来贺你,寿延盖过盘古王。

喜字写来喜连连,它是和合二神仙。
二仙堂中齐恭贺,贺你四字得周全。[1]

这首"藏字歌"主要流传于贵州省三穗县侗族地区,歌中将"福、禄、寿、喜"嵌入唱词之中,是客人一方向主人一方表示恭贺之意,其中"龙凤""丰衣足食""三星高照""和合二仙"等,都是传统文化中吉祥的象征,表达了侗族民众祈求和谐平安的朴素思想。

(二)押韵特征

1.《侗族说唱韵语》中归纳的韵词简介

侗族民歌在押韵方面非常讲究,龚宗唐先生曾于1991年编成《侗族说唱韵语》一书,将侗族日常说唱韵词分为十三类列出来:

第一部	第二部	第三部	第四部	第五部	第六部	第七部	第八部	第九部	第十部	第十一部	第十二部	第十三部
花韵	开韵	安韵	江韵	遥韵	科韵	飞韵	知韵	人韵	耶韵	中韵	由韵	姑韵

在这十三部之下,再按阴平声、阳平声、上声、去声分别予以归类,如第一部中的"花韵",在阴平声之下还按每句

---

[1] 《侗族文学史》编写组编印《侗族文学资料》(第三集:三穗县专集),1984年。

押韵的最后一字分为"瓜、差、花、家、袈、佳、痧、纱、沙、巴、粑、他、她、拉、妈、夸、萨、渣、挖、虾、抓"共计21类；在阳平声之下分为"茶、查、夹、瘩、牙、芽、袜、鸭、法、滑、猾、发、斜、杀、辣、拿、蟆、麻、抹、扒、爬、耙、划、八"共计24类；在上声之下分为"瓦、把、打、假、哑、马"6类；在去声之下分为"大、卦、挂、话、下、价、稼、架、嫁、怕、把、爸、骂"共计13类。也就是说，在第一部"花韵"之下，涵盖了64类韵词，各类之下的韵语词条更多。全书共计13部，每部之下各有几十类韵词，总计16.6万字，侗族民间歌谣中讲究押韵由此可见一斑。

需要说明的是，龚先生将收集到的韵词分为以上十三类，多数还是根据侗族地区方言来归纳的，这与传统文化中的平水韵存在比较大的区别，具有明显的地域特征。

2.侗族民歌押韵与换韵示例

侗族民歌讲究押韵和节奏，以七言四句的歌谣为例，每句以二、二、三或者四、三的节奏递进，如：

> 吃了秤砣铁了心，不怕爹娘动酷刑。
> 砍了脑壳还有颈，打断骨头还有筋。[1]

这是一首青年男女表示忠贞的情歌，歌中各句最后一个字"心""刑""颈""筋"，在侗族地区方言中尾音都为

---

[1] 龙玉成搜集整理，见欧阳家泉、龙更清编《贵州天柱县歌谣卷》，1995年。

"in"（侗族地区方言中没有"in""ing"的区别），都可视为押韵字。歌词表达了侗族青年男女争取自由恋爱，敢于违背"父母之命，媒妁之言"的抗争精神。

侗族民歌中，有些歌谣是一韵到底，有些长歌则在说唱过程中出现换韵的情况。例如在侗族青年男女"玩山"对歌中的《请坐歌》这样唱道：

> 男：请坐客，不得板凳坐木叶，
> 　　不得木叶坐细草，细草开花闹热热。
> 女：一座花园四四方，你哥要妹坐哪堂？
> 　　坐哪点，坐在哪方才久长？[1]
>
> （白话）哥啊！四方八角，不晓哪方坐得着？四方八处，不晓哪方坐得住？坐西朝东，得罪弟兄。坐南朝北，得罪贵客。坐上得罪天，坐下得罪地。不高不矮坐在中央之地，得罪朋友伙计。这也不是，那也不是，不晓坐在哪团地。
>
> 男：一座花园四四方，随你坐在哪一堂，
> 　　妹是客人先坐起，请先坐下慢商量。[2]
>
> （白话）妹啊！出门得遇蛇拦路，上坡遇着虎拦山，来到花园得会你，真是前世修有缘。我郎请妹花园坐，妹要问郎坐哪堂。东西南北，方方坐得；四方八处，方方有

---

[1] 龙玉成搜集，见欧阳家泉、龙更清编《贵州天柱县歌谣卷》，1995年。
[2] 陶光弘搜集，见欧阳家泉、龙更清编《贵州天柱县歌谣卷》，1995年。

路。坐在东方,地久天长;坐在南方,双凤朝阳;坐在西方,玉燕双双;坐在北方,如同鸾凤配鸳鸯;坐在中央之地,恩深义重久长。若是你妹先坐下,一堂和气万年长。

这组对唱歌谣句式上虽然长短不一,但是女方唱词中的"客、叶、热"是一、二、四句押"皆"(ê)韵(按:现代汉语中的"e"在侗族北部方言区方音中大多读为"ê"),男方唱词"方、堂、量"则是一、二、四句押"唐"(ang)韵。至于女方"白话"中的"角、着","处、住","东、兄","北、客","地、计"及男方"白话"中的"山、缘","北、得","处、路","方、长、阳、双、鸯"等字,在侗族地区方言中也都是押韵的,而且此处还采用了换韵:"角(guo)、着(zhuo)"押"波"(uo)韵,"处、住"押"模"(u)韵,"东、兄"押"东"(ong)韵,"北(bê)、客(kê)"押"皆"(ê)韵,"地、计"押"齐"(i)韵,"山、缘"押"寒"(an、uan)韵,"北(bê)、得(dê)"押"皆"(ê)韵,"处、路"押"模"(u)韵,"方、长、阳、双、鸯"押"唐"(ang、uang)韵。

再如男方要向女方索要"把凭"(定情信物)时,唱道:

前世有缘修得好,哥妹有缘才得遇今朝;
妹若有情不嫌弃,邀妹同心共架落阳桥。[1]

---

[1] 欧阳家泉、龙更清编《贵州天柱县歌谣卷》,1995年。

（白话）：妹啊！千有缘，万有缘，今日才得遇妹们。出门得遇七仙女，修桥得遇架桥人。今日这团遇姐妹，好比狮子遇麒麟。鱼爱水，树爱藤，山中百鸟爱树林，蜜蜂只爱百花岭，我郎只爱妹聪明。郎想跟妹借花戴，请妹开口行不行？

听姐说来逗人爱，金枝玉叶人又谦和口又乖，

郎想跟姐分花戴，可莫嫌郎配不来。[1]

（白话）姐啊！人在少年，宝贵春光，花花世界，光阴难得。鸟为林，花为根，鲤鱼上滩为戏水，官跑长安为朝廷，望姐打伞多遮盖，大小留样做人情。

其中的"好、朝、桥"，"爱、乖、带、来"以及"白话"中的"们、人、麟、藤、林、岭、明、行"与"林""根""廷""情"等字，在侗族地区方言中也可以说是押韵的（因为侗族地区方言没有前鼻韵跟后鼻韵之分，所以"们"（men）、"人"（ren）、"麟"（lin）、"藤"（teng）、"林"（lin）、"岭"（ling）、"明"（ming）、"行"（xing）等字在侗族地区读起来，都是以n结尾，而没有"n"与"ng"之别），"白话"讲究韵节可见一斑。而"出门得遇七仙女，修桥得遇架桥人。今日这团遇姐妹，好比狮子遇麒麟。鱼爱水，树爱藤……"句子形象生动、清新自然，就恰似骈文对句，同时对句的要求又比较自由灵活，使得节奏感和自然韵律得以有机结合。歌唱者灵活运用对比、比喻、拟人、

---

[1] 欧阳家泉、龙更清编《贵州天柱县歌谣卷》，1995年。

夸张等修辞手法，常常巧妙地借眼前景，抒心中情，情景交融，妙趣横生，将侗族民众喜闻乐见的民间艺术表现得淋漓尽致，不仅收到了娱己娱人的良好效果，而且充分展示了其独特的民间歌谣艺术之美。

三、修辞手法

（一）比喻

在侗族歌谣中，尤其是以对歌的形式出现时，为了含蓄地表达情感，歌唱者往往会采用比喻的方式，通过暗示说明事理，增强表达效果。如青年男女在玩山对歌"讨把凭"时唱的：

> 哥要借件可莫忙，妹要跟哥借几行：
> 天上明月借一个，月内梭罗借一根，
> 蛤蟆胡子借四两，蚂蟆骨头借一根。
> 你哥若肯借给我，我妹拿去远传名。[1]

这是女子唱给向其讨要"把凭"的男子听的歌，其中以"天上明月"喻镜子、以"月内梭罗"喻花根[2]、以"蛤蟆胡子"喻丝线、以"蚂蟆骨头"喻绣花针。虽然"月中梭罗""蛤蟆胡子""蚂蟆骨头"等都是虚拟的东西，但是给人的感

---

[1] 王瑞钧收集整理，见中国民间文艺研究会贵州分会编印《民间文学资料》（第五十五集：侗族情歌），1982年。
[2] 花根：指女子绣花时的纸样。

觉是本体喻体之间联系得天衣无缝,反而不会再去追究这些喻体的虚实问题。

如:

哥莫逗,妹是虾子难上钩,
虾子无血红得丑,肚内无膘又无油。[1]

歌中的比喻形象生动地以生活中常见的虾子自喻,表达唱歌人的谦虚态度,语言风趣,形象生动。

(二)夸张

民歌是普通民众精神生活的一个重要组成部分,逗乐、搞笑、抒情等是其重要职能,因此,在侗族北部方言区民歌中,大量运用夸张手法,对于表情达意具有异常重要的作用,如:

金盆淘米水淘沙,夜夜做梦到郎家。
连喊三声郎不应,眼泪汪汪哭出房。
泪落衣上衣襟烂,落到岩上岩发光。
落到高坡烂囤草,落到平地酿成塘。[2]

这首情歌是女子向自己的恋人表达思念之情时唱的,歌词使用夸张手法,将自己思念恋人而不得相见的急切心情表达得

---

[1] 龚宗唐搜集整理,见欧阳家泉、龙更清编《贵州天柱县歌谣卷》,1995年。
[2] 龙玉成搜集整理,见欧阳家泉、龙更清编《贵州天柱县歌谣卷》,1995年。

淋漓尽致：因思念过度，自己每晚梦中都到恋人家中去探望，结果恋人却不知情，以至于自己伤感过度，眼泪如泉水般涌出，滴在衣襟上可以使衣襟烂掉，落到石头上，可以使得石头像鹅卵石被河水长年累月冲刷般光滑，可以沤烂山上的草团，甚至眼泪可以作为鱼塘……如此深情，感人至深，这些极度的夸张，将"难以言传"的恋人之间的思念表达得具体深刻、生动传神。又如：

> 你哥真是好口才，唱得死人眼睛开，
> 唱得江水倒着转，唱得干鱼摆尾来。[1]

这是青年男女"玩山赶坳"过程中夸赞对方的一首民歌。歌词中女子对男方的口才表示敬佩，并用了一系列夸张，夸赞男方唱歌出神入化，能够使得一些不能实现的事情都变为现实，如"死人眼睛开""江水倒着转""干鱼摆尾来"等。这是一种调侃的语调，在侗族北部方言区的歌场对歌的"谦赞歌"比较普遍。

（三）双关

双关语的大量运用，是侗族北部方言区民歌的一大特色，通过一些生活中的事物，表达一种别样的情感，往往比直抒胸臆的效果更佳，在这些双关语中，将一些情感思想充分表达出

---

[1] 王继英采录，见欧阳家泉、龙更清编《贵州天柱县歌谣卷》，1995年。

来，往往能将比较严肃的话题轻松化，具有很好的效果。如：

> 莫做渔网千个眼，要做蜡烛一条心。[1]

这是恋人之间在通过"玩山"定情之后，强调忠贞的歌词。歌词中通过"渔网""蜡烛"两个日常生活中的常见物进行对比，要求恋人之间不要像"渔网"一样，这里的"千个眼"引申为想法多、心眼多，而要像"蜡烛"一样，一心一意，这里的蜡烛"一条心"就有本身的一条灯芯演变为恋人之间的心若磐石，一心一意。

再如：

> 麻布洗脸初相会，一回生来二回熟。[2]

这是侗族青年男女初上"花山""玩山赶坳"时的歌谣，歌词通过借麻布之"粗"衍生出"初次见面"之"初"，往往能把初次见面的矜持情绪化解，通过形象生动的歌词获得对方的好感，从而实现彼此深入交流的目的。

此外，侗族民歌中还有"阴山油麻难开口，唱歌容易还歌难。""送我一把长把伞，撑也难撑拿难拿"等，都是一语双关的表现形式。

---

[1] 龙更清搜集整理，见欧阳家泉、龙更清编《贵州天柱县歌谣卷》，1995年。
[2] 欧阳家泉、龙更清编《贵州天柱县歌谣卷》，1995年。

（四）借代

民歌源自民间，是民间艺人表情达意的一个重要载体，因此在创作、传唱民歌的时候，往往信手拈来，将现实生活中的人和事借指某种事物，达到暗示或某种特殊效果。

如侗族玩山歌中的一组对歌：

> 男：一蓬好花在路边，人人都想拢来攀。
> 　　问花有主是无主，花若无主我来玩。
> 女：一菀苦李在路边，无人采摘口难言。
> 　　若还你哥不嫌苦，尝了口苦心也甜。[1]

歌中男子以"好花"代指眼前的女子，夸赞女子的美貌、贤惠等，以表达自己意欲追求的思想感情；女子则以"苦李"代指自己，表达自谦，强调自己不尽如人意，同时也表达了对爱情的期望："若还你哥不嫌苦，尝了口苦心也甜"是对男子求爱的回应，只要能够坚持，便会有先苦后甜的圆满结局。在谦赞的过程中促进了双方的了解，达到了交流，对接下来的对歌奠定了良好的基础。

（五）顶真

顶真在侗族北部方言区民歌中也较为常见，尤其在儿歌中，如：

---

[1] 杨贤台、龙更清搜集整理，见欧阳家泉、龙更清编《贵州天柱县歌谣卷》，1995年。

> 排排坐，吃果果，果果香，吃干姜，干姜辣，吃枇杷，枇杷苦，吃豆腐，豆腐烂，吃鸭蛋，鸭蛋尖，尖上天，天又高，买把刀，刀又快，好切菜，菜又青，买棵针，针又秃，买头牛，牛又走，买条狗，狗又花。……[1]

这是一首流传于侗族地区的童谣，在侗族北部方言的天柱、锦屏、剑河、三穗等地均有流传。歌谣中顶真手法运用娴熟，说唱起来朗朗上口，在侗族地区少年儿童中广为传颂。

（六）反问

在侗族北部方言区诸多民歌种类中，盘问式较为常见，因此在设问、反问等修辞手法上用得较为普遍，有的盘歌一气问出几十个问题，供应对者回答，这在诸多民歌中是较有特色的一种。

> 郎是高坡杉木树，妹是田中的浮漂，
> 若凡你郎哄得浮漂上得树，妹愿跟哥抬岩去架洛阳桥。
> 郎是高坡杉木树，妹是田中的浮漂，
> 砍根杉树来架枧，浮漂顺水上枧来。[2]

这是一组反映侗族青年男女智慧的对唱歌谣。从女子提出

---

[1] 孔凡相搜集整理，见中共锦屏县委宣传部、锦屏县文化局、锦屏县民族事务委员会编《中国民间歌谣谚语集成：贵州省黔东南苗族侗族自治州锦屏县卷》，1988年。
[2] 龙玉成搜集整理，见欧阳家泉、龙更清编《贵州天柱县歌谣卷》，1995年。

的问题来看,明显具有刁难的思想,因此才会提出一个看似难以回答的问题:浮漂(浮萍)本为水中物,杉树却为山中物,二者看似没有任何联系,但是侗族姑娘们却以此为题,考验"歌友"。勤劳善良的侗族罗汉(侗语对青年男子的称呼)的回答令人拍案叫绝:侗族主要生活在山区,这里沟壑纵横,崎岖的山路往往是遇水搭桥,而山间梯田,亦没有贯通山间的沟渠,因此聪慧的侗族民众架枧引水灌溉,男子正是从这一生产生活常识得到启示,"砍根杉树来架枧,浮漂顺水上枧来",这一回答可谓巧妙至极,在回答了刁难问题之外,还反映了其热爱劳动、懂得生活的一面,必然会得到姑娘的芳心。通过歌词的问答,侗族青年男女能够达到试探、了解对方的作用。在问答间,往往能够促成若干美好姻缘。

四、侗族北部方言区民歌的美学意义

(一)侗族北部方言区民歌的审美价值

侗族民歌是侗族民间文学的重要组成部分,分析侗族民歌的审美价值,对于研究侗族民歌的社会价值具有重要参照作用。所谓审美意识形态,是指与现实社会生活密切缠绕的审美表现领域,其集中形态是文学、音乐、戏剧、绘画、雕塑等艺术活动。审美意识形态在意识形态中具有特殊性:它一方面被看作意识形态中的富于审美特性的种类,但另一方面又渗透着社会生活以及其他意识形态的因子,与它们复杂地交织在一起。因此,审美意识形态不是审美与意识形态的简单相加,而是指在审美表现过程中审美与社会生活状况相互浸染、彼此渗透的状况。侗族民歌是根植于侗族民众生活中的文学样式,不管是研究它的产生还是发展,都必须与侗族社会生活有机结合起来。

侗族北部方言区民歌的审美价值体现在广大劳动人民对它的热爱,正如恩格斯在谈及民间故事书的审美娱乐价值时指出:"它的使命是使农民在繁重的劳动之余,傍晚疲惫地回到家里时消遣解闷,振奋精神,得到慰藉,使他忘却劳累,把他那块贫瘠的田地变成芳香馥郁的花园;它的使命是把工匠的作坊和可怜的徒工的简陋阁楼变幻成诗的世界和金碧辉煌的宫殿。"[1]侗族北部方言区民歌正是如此这般地在侗族民众的社会生活中发挥了不可估量的巨大功用,有力地促进了侗族社会精神文明、物质文明的不断发展。

(二)侗族北部方言区民歌审美价值具体表现

1.侗族社会生活中重要的精神食粮

民歌成了侗族同胞在生产生活之余的主要精神食粮,他们通过歌谣来表达自己现实生活中不能实现的美好愿望,使自己进入歌谣描述的情境之中,以获取精神慰藉,如:

唱首山歌来解闷,喝口凉水来解心。

---

[1] 恩格斯《德国民间故事书》,见《马恩全集》第41卷,北京:人民出版社,1965年。

> 凉水解得心头火，山歌解得忧愁人。
>
> 山歌解除千般闷，歌养人心饭养身。
> 歌养人心百年久，白饭养活天下人。[1]

这些歌词就是侗族民众将歌谣与现实生活融为一体的典型。现实生活中，物质生活与精神生活缺一不可，没有物质保障，生活难以为继，没有精神食粮，人的灵魂就会脱离躯壳。物质生活保证精神文明的发展，精神文明促进物质生活质量的不断提升。侗族民众对歌谣的喜爱甚至依赖，充分体现了民间歌谣在侗族民众生活中不可替代的重要地位。

2.歌颂真、善、美是主旋律

在侗族情歌中，关于对爱情忠贞的歌词随处可见，如：

> 新的伴，花园结伴要当真。
> 莫做渔网千个眼，要做蜡烛一条心。[2]

这首歌是青年男女在"花园"相会之初所唱，短短二十四字，将侗族青年男女纯洁坚贞的爱情观表达得清清楚楚：虽然是花园相见，方式是自由的，但是真正要"结伴"还是有规矩的，后面两句便是侗族青年男女"花园""结伴"的根本要求，具有"约法三章"的意味。

---

[1] 杨应海搜集，见杨应海编《剑河民间文学资料·侗族情歌集》，1986年。
[2] 龙王成搜集整理，见欧阳家泉、龙更清编《贵州天柱县歌谣卷》，1995年。

在侗族古歌《祖公上河》中，讲述了侗族祖公与苗族祖公齐心协力追求美好生活的故事：

> 侗族祖先上山砍楠木做船，
> 苗族祖先上山砍枫木做船。
> 楠木船轻上得快，枫木船重上得慢。
> 侗族祖先前面等，苗族祖先后面赶。
> 两家祖先结伴走，兄弟情谊万代传。[1]

这首古歌讲述了苗族侗族祖先在迁徙过程中携手共进的故事，实际上是歌唱者对于苗侗同胞长期杂居一处、亲如兄弟一家的真情流露，体现了侗族与人为善的价值观。这首古歌后边还讲述了苗族祖先因为行船较慢，对于侗族祖先经常停顿等待表示歉意：

> 你们走得快，我们走得慢。
> 遇到岔路口，立标在河滩。
> 有标做记号，我们会团圆。[2]

侗族祖先按照苗族祖先的要求，在行船途中不断留下标记，谁知标记被野猪弄乱，造成了"苗族祖先赶来到，不见草

---

[1] 张民、张勇搜集整理，见黔东南苗族侗族自治州文艺研究室、贵州民间文艺研究会编《侗族祖先哪里来》，贵阳：贵州人民出版社，1981年，第68页。
[2] 同上，第68页。

标在河滩。四处寻找才发现,草标靠岸指上山",所以苗族祖先便按照草标指向,进入高山生活。由于久等不见苗族祖先的到来,"我们侗族的祖先,前面船弯等三天,不见苗族祖先到,急得度日如度年……"这些歌词,充分显示了侗族与苗族等兄弟民族长期交往、亲如一家的民族情谊。

3.体现民众勤劳朴实的精神风貌

侗族是勤劳善良的民族,侗族社会形成了热爱劳动、与人为善的良好风尚。在侗族地区流传的民歌中,对于生产劳动的描述与赞颂客观地体现了侗族民众勤劳朴实的精神风貌。如《木夫歌》:

> 杉木生来坡连坡,扛木累了唱首歌。
> 你上山来把木砍,我来把木拖下河。[1]

再如《放排歌》:

> 江边两岸林成海,江中日夜放木排。
> 一排接着一排走,口唱山歌喜心怀。[2]

这两首歌分别是木夫和排夫唱的歌谣,其中流露出劳动的艰辛,在这样的条件下,歌谣成为用以调适身体的良药——"扛木

---

[1] 龙更清搜集整理,见欧阳家泉、龙更清编《锦川贵州天柱县歌谣卷》,1995年。
[2] 中共锦屏县委宣传部、锦屏县文化局、锦屏县民族事务委员会编《中国民间歌谣谚语集成:贵州省黔东南苗族侗族自治州锦屏县卷》,1988年。

累了唱首歌",非常真实地显示了侗族歌谣无处不在的状态。歌中无论是排夫还是木夫,对于艰苦的劳作没有抱怨,因为他们是满怀热情从事这项劳动,在他们的眼里,连片的青山就是大家共有的财富——"杉木生来坡连坡""江边两岸林成海"都流露出内心世界充满着无限希望,体现了侗族民众积极向上的精神。因为长期生活在崇山峻岭之中,"靠山吃山"自然成为侗族民众的生活哲学。从古至今,侗族都是善于经营山水的民族,除了维护好天然植被之外,侗族民众还形成了人工造林植树的良好传统,并总结了一整套培植、护理杉树的经验,保证了青山常在、绿水长流。其中地处清水江沿线的锦屏、天柱等地,自明清以来便依托清水江航运,将木材远销至湖南、湖北等地,可观的经济收入为当地文化教育的发展奠定了坚实的经济基础。正因热爱生活、对生活满怀希望,加之有歌谣的调适,使得侗族人在劳动过程中感受到满满的幸福。这些都是长期以来形成的良好风尚。

4.民间歌谣彰显侗族民众的抗争精神

在封建社会,侗族人民长期受到封建统治者的压迫、剥削、歧视,在民歌中反映除暴安良的歌谣也非常多,如黎平县的《勉王之歌》记述了吴勉领导的侗族群众起义的历史故事,锦屏县等地流传的《林王之歌》也是讲述侗族将领林宽领导侗族民众起义的故事,天柱县等地流传的《姜应芳之歌》同样记述了侗族将领姜应芳率领苗侗同胞揭竿起义的故事。歌中对腐朽的封建制度下侗族社会生活做了描述:

> 穷人面前三条路，上吊逃荒坐监狱。[1]

> 第一腊八犹自可，第二腊八急如火。
> 一到年边三十夜，第三腊八无处躲。[2]

在这样的时代背景下，侗族民众处于求生不得的境况，于是便出现了"人民被逼无奈何，成群结队唱反歌"的境况，并提出了自己的口号：

> 官逼民反，不得不反，
> 若要不反，免丁免款。[3]

但是，即便是如此简单的要求也不能得到满足，甚至于出现不少人无端惨死的情况，其中姜应芳的父母就是在这样的背景下被折磨致死。这无疑增加了姜应芳内心的仇恨：

> 世间最苦数黄连，应芳更比黄连苦。
> 家破人亡深仇恨，人到伤心敢破天。[4]

到了忍无可忍的程度之后，姜应芳在咸丰五年（1855年）揭竿起义，首先打了当地土豪劣绅，开仓放粮，并与苗族起义

---

[1] 欧阳家泉搜集整理，见欧阳家泉、龙更清编《贵州天柱县歌谣卷》，1995年。
[2] 欧阳家泉搜集整理，见欧阳家泉、龙更清编《贵州天柱县歌谣卷》，1995年。
[3] 欧阳家泉搜集整理，见欧阳家泉、龙更清编《贵州天柱县歌谣卷》，1995年。
[4] 欧阳家泉搜集整理，见欧阳家泉、龙更清编《贵州天柱县歌谣卷》，1995年。

军领袖张秀眉联合抗击清廷统治。同治三年（1864年）姜应芳率义军攻破天柱县城，将时任天柱县令的方时乾斩杀于县城东门外的雷寨村水井畔。近年当地发现"方时乾县令殉难处"石碑一通。

侗族地区青年男女的婚恋，为了反抗"父母之命、媒妁之言"的禁锢，为了争取婚恋的自由，部分青年男女情歌中流露出对封建包办婚姻的控诉：如：

> 吃了秤砣铁了心，不怕爹娘动酷刑。
> 砍了脑壳还有颈，打断骨头还有筋。[1]

这是恋人之间盟誓的歌谣，歌词中强调了青年男女通过自由恋爱之后，对"父母之命，媒妁之言"封建婚姻的挑战——"吃了秤砣铁了心"是对自由恋爱的坚持，如果父母不能接受自己的择偶标准的话，就算是"砍了脑壳""打断骨头"都不会屈服，因为就算是"砍了脑壳"也还有脖子（颈），就算是打断了骨头，也还有筋连着这份感情，不会因为世俗的眼光、父母的刁难而罢休，表达出侗族青年男女争取自由恋爱的抗争精神。此外，在歌场对歌等自由场合中，往往也会有相应的规则，一旦违背了这些规则，也会遭到批判，如《骂歌》：

> 唱歌莫唱骂人歌，老虎扛来豹子拖。

---

[1] 龙玉成搜集整理，见欧阳家泉、龙更清编《贵州天柱县歌谣卷》，1995年。

> 这边岩梁挂脚杆，那边岩梁挂脑壳。
> 父母四处去找你，找到头来又无脚。
> 爹娘盘你多辛苦，抛尸露骨是为何？
> 唱歌莫要太寡毒[1]，死去阴间变黄牛。
> 我来当个种田汉，烂泥田中慢报仇。
> 烂泥田中你不走，棍棍抽你背（脊）梁骨。[2]

骂歌，顾名思义就是骂人的歌，能够将骂人的话通过歌谣的形式表现出来，也是一种文化素养的体现。从歌词中可以看出，这首歌是在被人骂了之后唱的，两首歌开头都是开宗明义——"唱歌莫唱骂人歌""唱歌莫要太寡毒"，算是劝诫，之后"老虎扛来豹子拖""死去阴间变黄牛"便是对骂人者的指责，由此可见在侗族民间通过歌谣作为媒介的交际活动之中，还是需要遵守一些公序良俗的，不能任意妄为。这些也是民间约定俗成的规则，体现了侗族民众追求公平、和谐的价值观。

总之，歌谣是侗族民众追求美好理想、幸福生活的直接反映，是侗族民众缓解心理压力、消解内心愤懑、表达生存诉求的一剂良方，其中对真、善、美的歌颂，对假、恶、丑的批判是非常明确的，充分体现了侗族民众对美好生活的向往，是侗族社会崇尚美的最佳载体，因此，歌谣成为侗族民众生活中不可或缺的重要组成部分，是侗族民众社会生活最直观的反映。

---

[1] 寡毒：方言，指非常过分。
[2] 万必轩搜集，见杨应海编《剑河民间文学资料·侗族情歌集》，1986年。

湘南瑶族坐歌堂中歌唱文本的模式化特征

郑长天[*]

湘南坐歌堂中的歌唱文本由于受到其交际性质的深刻影响,有着明显的模式化特征。对于这种与歌手交际行为相对应的文本特征,本文将从文本的主题序列、主题表述中存在的"套路"和"古版"以及重叠的歌句等三个层面分别予以描述。

稳定的主题序列

在坐歌堂活动中,主、客双方歌手的歌唱行为和文本内容是依循着基本的交流主题序列逐步展开的,若以一个夜晚为一次坐歌堂活动完整的时间单位,那么该主题序列可以表述为:进乡——敬烟——敬茶——敬酒——缘分(爱情)——谢主——离别。在每一个主题阶段,歌手会熟练地动用相应的歌

---

[*] 郑长天,湘潭大学文学与新闻学院副教授,湖南省瑶族文化研究中心首席专家,湖南省非遗保护委员会专家。

唱文本，适当地、充分地去完成各个主题的表达。若歌唱活动延续到第二乃至第三个夜晚的话，则可以在上述主题序列后增加新的主题，一般情况下，第二天晚上是增加"盘古"的主题，也就是开始唱一些历史传说方面的古歌，到第三个晚上主题会变成"考问"，即双方歌手互相出题考对方，内容则可以涉及生产、生活、历史、神话、传说、谜语等多个方面。

上述交流主题和步骤是相当稳定的，尤其是以一个夜晚为时间单位的坐歌堂活动，其主题序列基本上是完全雷同的。作为一种特定的社会交往模式，其交流主题及其序列显然已经带有仪式的性质。坐歌堂主题序列的模式化或仪式化是由其引导、规范歌手之间交际行为的性质决定的。双方歌手作为相互生疏的异性，他们经历了从陌生到相识、从初步的试探到感情的大胆表达、从彬彬有礼的客套到富于对抗的竞赛的互动过程。与歌手之间交际行为和交际心理的过程相对应，坐歌堂的主题序列模式也象征性地显示了一种循序渐进的社交分寸和进度。而且歌唱的主题序列模式作为一种仪式化的表述，消除了那种日常社交行为中可能存在的歧义和不确定性，从而使歌手之间定向的、逐步深入的交往行为显得顺其自然、合乎情理。总之，在坐歌堂这个特定的社交框架内，稳定的主题序列模式为歌手的交际行为提供了有序的结构。

主题表述中的"套路"与"古版"

在坐歌堂活动中，每一个交流主题的表述过程同样是模式化的。在内容方面，用歌手的话来说，唱歌的时候很有讲究，该唱的唱，不该唱的不能唱。但更重要的是，有经验的歌手总是能够掌握一些基本的歌唱套路和大量的传统文本，并且善于在对歌的过程中心照不宣地使用它们。下面就从主题表述中的文本组合"套路"和传统的文本即"古版"两个方面，对存在于主题表述中的模式予以描述。

一、"套路"：主题表述中的文本组合

围绕着同一个主题流动的文本集丛在歌唱的组合上通常有着明显的模式化特征，或者说，这种文本集丛在组合的方式上往往存在着一定的"套路"或"路数"。下面以"进乡歌"为例加以说明。

主寨方的歌手进入主家后，仪式化地向主家人表明前来陪客人对歌以及征求主家人同意的意思，并盛情邀请客人，将客人请入歌堂，双方开始对"进乡歌"。如表示迎接客人的：

　　主方：郎村路口小，郎村路口小游游，
　　　　　早知龙星贵步到，十字路口接进州。

　　客方：打定到，四季官桥打定游，
　　　　　告郎有心不要接，不接小妹进郎州。

　　主方：郎村路口小，郎村路口小央央，
　　　　　早知妹妹贵步到，十字路口接进乡。

客方：打定到，四季官桥打定央，
　　　告郎有心不要接，不接小妹进郎乡。

"进乡歌"又叫"接歌"，在客人为"进乡歌"，在主方为"接歌"，主、客双方一唱一和。歌中的"进乡"在空间的转换上分为几步，即进州（县）、进乡、进村、进园（寨）、进街（屋前过道）、进家等，由远及近。"进乡歌"实际上仪式化地表达了主方歌手接客人"进乡"的过程。据歌手说，"进乡歌"有十多种"套路"。主客方歌手围绕着固定的"套路"一唱一和，即使歌词出现某些细微的变化，也一定是以大家共知的"套路"作为基础的，并且这种细微的变化绝不会给对方的应答带来困难。在"进乡歌"的这种对唱"套路"中，空间概念的变化又是一条最为核心的线索，如上所述，到州（县），到乡，到村，到组，到园子（寨子），上街梯，进屋，在距离上由远而近，主方歌手每一步都有相应的迎接歌，客方歌手同样每一步也都有恰当的应对。与空间变化的步骤相对应，每一步的歌词基本上是雷同的，只变换个别空间概念词。通过空间概念词的转换组织起递进式的对唱，这样的结构模式在坐歌堂中是十分普遍的。

二、"古版"：传统的文本

除了在文本的组合方式上存在一些基本的"套路"外，

单一的歌唱对答或者说歌唱文本通常也是模式化的。在歌手眼里，对歌在很大程度上是"肚才"的较量。所谓"肚才"，即肚子里有多少歌，其实可以理解为歌手对歌唱文本以及歌唱模式的掌握程度。现成的传统歌唱文本常常被歌手称为"古版"，而且歌手普遍认为"古版"更加好听，实际上这种尊崇"古版"的态度意味着对歌唱模式的肯定。对歌手而言，记忆一定数量的"古版"是在对歌中稳定发挥和顺利交流的前提，一旦失去了大量可资引用的"古版"，歌手将会在对歌中面临极大的困窘，因而对歌的顺畅性也很难得到保证。

比如，"考问"歌是坐歌堂中对抗色彩最强的主题环节，双方歌手相互"考问"的重点是谁的"肚才"好，即谁记的歌多，而不是谁的临场创编能力强。事实上，无论是问还是答，"考问歌"的内容通常都有现成的"古版"，问的一方给出的是有本可依的问题，而答的一方给出的是有本可依的答案，充其量也只是在所依的"古版"的基础上略加变化，以考验对方的机敏而已。在"盘王大歌"中，就有专事"考问"的"何物歌"，这种传统的歌唱文本也时常出现在坐歌堂的"考问歌"中。再如"盘古创世""漂洋过海""桃源峒""十二姓瑶人音郡""梁山伯与祝英台"等"古歌"也多见于坐歌堂。可以说坐歌堂的每一个主题环节都是借助相当数量的"古版"来奠定其歌唱基础的。

当然，歌手对"古版"的遵循并不意味着他们只是机械地背诵传统的歌词。出色的歌手总能根据实际情况即兴地加入一些创新的元素，一方面使对歌过程变得更灵活和更富有挑战性，另一方面也能够充分地展示自己即景生情、因事感兴的创作才能。多数情况下，歌手的即兴创编是在传统的"套路"和文本的基础上进行一点字词的改动。掌握大量诸如"套路"和"古版"的传统模式通常是歌手成功地进行即兴创编的基础。毕竟对歌不同于独唱，歌唱文本模式化的实质在于它有助于更便利、更顺畅地交流。

重叠的章句

从坐歌堂活动中的对歌情况来看，在每一个交流主题的环节中，如果以一组属于同一个套路的对歌为单位，那么章句的重叠是十分常见的文本现象。这也意味着，谈论章句重叠的问题不是以单一的唱段即四句子歌词为单位的，由数首歌词构成的歌唱套路才是考察的单位。一个特定套路之中的歌唱文本一般具有相同的内涵。在某个交流主题之内通常可以容纳多个歌唱套路，即歌手常常运用多个套路去完成每一环节的主题表达。如在唱"缘分歌"的主题环节，有"钓鱼""采花""修缘分""连风流"等歌唱套路；又如在唱"古歌"的主题环节，歌唱套路则有"梁山伯与祝英台""十二姓瑶人音郡歌""盘古创世""桃源峒"等等。一般说来，由数首四句子歌词组合成的对唱方能成为一个完整的歌唱套路。

同一套路的对唱组合常常形成章句重叠的现象。每一方多次的四句子唱段固然是极尽复沓重叠之能事，双方之间的唱和也往往是一方亦步亦趋地循着另一方的歌句回环往复地自然衔接。如在"采花"一路歌中，一方歌手的每一次复沓仅仅变换第二、第四句的末尾一字，唱和的一方同样在复沓的时候作相应的变化，双方在歌段的衔接和字词的变换上均是合韵的，依此模式循环往复地歌唱。为了便于分析，现将起唱一方的每一歌段的四句以"1、2、3、4"标示，将唱和一方的每一歌段的四句以"+1、+2、+3、+4"标示，将歌段中变化字词之处以"×"号标示，至于句后括号内则为依序对应变换的尾字。即如下：

1.七月秋，
2.七月离花水面×，（游／凉／溶／排）
3.小郎有缘行到妹乡摘起金花带把归家园里种，
4.年年哟开花在郎×。（州／乡／村／街）

+1.传告你，
+2.贱妹传告贵花×，（游／央／荣／开）
+3.你贵乡也有小蕊小芽如意金花摘一朵，
+4.年年哟开花在本×。（州／乡／村／街）

在每一套路的对歌过程中，一般要讲究合韵，除了歌手的每一首四句子歌词讲究合韵外，唱和一方的歌词也要与起唱方的歌词合韵，并且当起唱方在复沓时尾韵发生了变化，唱和方也必须跟着起唱方进行相应的调整。在上面的对唱模式中，可以看到，无论字词如何变换，其每一次唱和的合韵情况大致是：起唱方的2句始终与4句尾字不同但合韵；唱和方的+2句始终与

+4句尾字不同但合韵；唱和方的+2句始终与起唱方的2句尾字相同或不同但合韵；唱和方的+4句始终与起唱方的4句尾字相同。

这样的对唱比较典型地反映了坐歌堂的歌唱文本中大量存在的章句重叠现象。虽然在重叠的程度上，并不是所有的文本都是这么强烈，而且合韵重叠的具体方式也多种多样，不过其大致的形态和风格是比较接近的。围绕特定意义的套路歌唱的双方，每一方复沓的歌句极为雷同，而一方应对的和句也与对方的歌词大致近似；而在韵律的表现上，一个十分明显的特征，是以双方的一次对唱即两段四句子歌词为一个合韵的单位，重叠复沓时再共同相应地变换新的韵脚，这样一直唱下去。

以往学者对歌谣复沓结构形态的分析，主要还是关注重章叠句之于文本的再三咏叹悱恻缠绵的表现和效果，而不大考虑它对于歌唱主体的意义，这种偏重是与当时歌谣研究的文本倾向相一致的。事实上，歌唱主体应该才是歌谣复叠风格的决定因素。帕里-洛德口头诗学理论肇始于史诗程式化特征的文本研究，但最终却不是从文本而是从史诗歌手身上找到了答案。史诗的程式化特征主要是源于史诗歌手记忆和在表演中快速创作的需要，而不是史诗文本内在的形式要求。寻找坐歌堂歌唱文本在语言结构上的重章叠句现象的本质，同样也应该更多地把目光从歌唱文本转移到歌手的记忆、创编以及歌手之间的互动行为上。其实朱自清在他的歌谣讲义中就曾提到了Pound的观点，即"重章易于记忆，且极便群众参加歌唱"。[1]阿兰·鲍

---

[1] 朱自清《中国歌谣》，上海：复旦大学出版社，2004年，第154页。

尔德在《民谣》一书中引用F. B. 古默里的批评术语"渐进的反复"（incremental repetition），也强调歌谣中"渐进的反复是帮助记忆的最好技巧"。[1]对于坐歌堂的歌手而言也是这样，一方面重章叠句的歌词结构提供了基本的模式，使记忆它们变得更加容易；另一方面，在坐歌堂这样的集体歌唱活动中，歌唱行为的本质是借以实现歌唱主体之间的良好交流，重章叠句的模式使歌手之间的唱和衔接变得更加轻松自然，而任何对花样翻新的追求则很可能会成为交流的障碍。概而言之，易于记忆、便于交流是坐歌堂歌唱文本中重章叠句现象十分突出的根本原因。

---

[1] 阿兰·鲍尔德，高丙中译《民谣》，北京：昆仑出版社，1993年，第45—47页。

德靖一带的"吟诗"传统

陆晓芹[*]

一、"吟诗":一种聚会对歌的传统

在德靖一带壮语的"央"话中,"吟诗"($ȵam^2θei^1$)相当于汉语中的"唱山歌"[1]。其中,"吟"($ȵam^2$)有"唠叨"的意思,可引申为"唱";"诗"($θei^1$)就是"诗歌",是口头即兴创作并演唱的一种七言民歌形式,主要流行于广西南部邕宁、扶绥、宁明、崇左、凭祥、龙州、大新、天等、靖

---

[*] 陆晓芹,广西民族大学文学院教授。
[1] 潘其旭《壮族歌圩研究》(南宁:广西人民出版社,1991年)第167页认为:"在壮语南部方言地区,把唱山歌叫'寅西',对唱山歌叫'得西',这即是汉语'吟诗'、'对诗'的异读"。覃建真《也谈民歌种种》针对依易天把壮族民歌分为壮欢、壮西、壮加、壮囡四大类的做法,认为:"'欢'、'西'、'加'、'囡'是壮语方言,其汉意都是民歌","'西'这个词,看来是汉语的'诗'的变音,靖西、德保以至依易天同志的家乡龙州,唱歌都是叫作'吟西'的",《广西民间文学丛刊》1981年第3期。本文的"吟诗"是拟壮音,并非直指汉语的"吟诗"。

西、德保、隆安等县[1]。在德靖一带，与"诗"并行概念还有"伦"（lun⁴）[2]，它是指流行于那坡县和靖西县西部的一种山歌体裁。靖西县境内，以"央"话演唱的"诗"主要有三种[3]，即"诗那"（θei¹na²）、"诗列"（θei¹rai⁶）、"诗贪别"（θei¹tha:m¹pe:t⁷）等。

其中，"诗那"的"那"（na²）是水田的意思，它是靖西县内流行最广的山歌种类，在汉语文献中被称为"下甲山歌"（以下按此称谓）[4]。主要流传于县城南部（包括县城）以水稻种植为主的城郊、新圩、化峒等乡镇，用靖西的"央"话演唱。每个歌队由同性的两个人组成，一人唱高声部，一人唱低声部。

"诗列"的"列"（rai⁶）指畲地（旱地）。它的主要流行地是县城西部和西北部以旱地耕作为主的龙临镇、果乐乡等地。每个歌队的人员构成与下甲山歌相同，也是用靖西"央"话演唱，但二者存在调式上的差别。它在汉语文献中被称为"上甲山歌"（以下按此称谓）。

"诗贪别"的"贪"（tha:m¹）是"抬"的意思，"别"

---

[1] 黄革《壮族民歌的名称及其分布》，《广西民族学院学报》1988年第4期。
[2] "伦"也是一种山歌形式，其中心流行区域在广西那坡县。用"央"话演唱，为单人单声部。在靖西县境内只在靠西边的安德、三合、南坡等乡镇流传。
[3] 还有以"仲"话演唱的"诗"，叫"诗仲"，主要流行于广西那坡、云南富宁等讲"仲"话的地区。其在靖西县的流行情况尚不清楚，但笔者曾在县境西部安德镇一个村落听一个妇女唱起，当地人均表示很陌生。
[4] 清代的靖西行政区划中有上、下甲之分，故有此说。另据廖汉波介绍，在云南富宁一带有"天保上甲山歌"和"天保下甲山歌"的说法，前者指"诗列"，后者指"八抬诗"。天保即今之德保县，原为镇安府府治所在地。

(pe:t⁷)即"八",按字面可译为"八抬诗"(以下按此称谓),其具体意思不能确定,但可能与多人合唱的演唱方式有关。它主要流行于德保县北部的十二个乡镇,一般也被称为德保北路山歌[1]。其曲调也为二声部,但以德保的"央"话演唱,且每个歌队至少需要三人,一般四至六人,多者可至十几二十人。其中一人唱高音,其他人都是低音。它是德保县最具有代表性的山歌种类。但其流行地域并不止于德保县,还包括靖西县东、东北部与德保县相邻的渠洋、大道、芭蒙、魁圩等乡镇,田阳县南部巴别、乔业、洞靖等乡镇,百色右江区泮水乡,等等。在德保县城九曲桥附近、靖西县人民公园、田阳县布洛陀广场、百色右江区人民公园和一些厂矿附近,都有定期的"八抬诗"聚会对歌活动。歌者多是从其流行区域迁居上述县市的人们,但也有人为了对歌专门前往。在广西最大"歌圩"的田阳县敢壮山,过去很少有"八抬诗"歌者的参与,但自从2003年当地政府在那儿举行纪念壮族"人文始祖"布陀洛[2]的活动以来,"八抬诗"歌者也开始涉足其中[3]。在德靖一带民间歌唱活动普遍衰微的情况下,"八抬诗"却随着歌者越走越远,这确实是很有意思的现象。

---

[1] 以德保城或德保河为界、与之相对的南路山歌,指流行于该县南部乡镇的另一种歌调,它也是双声部,由二人演唱,在调式、语言、押韵方式等方面与北部山歌均有不同。
[2] 覃乃昌《布洛陀:珠江流域原住民族的人文始祖》,载覃乃昌主编《广西田阳敢壮山布洛陀文化考察与研究》,南宁:广西人民出版社,2004年,第260—328页。
[3] 2005年4月,笔者看到,田阳县的"八抬诗"歌者专门邀请了十个来自本县、德保县、田东县和百色市右江区的歌队前往参加活动,不少歌队都特地制作传统式样的服饰。靖西县渠洋镇一些歌者也曾于2003年前往参加活动。

通过三种歌调在靖西县城流行情况的比较，我们也大体可以看到这一情况。在官方举办的山歌比赛中，报名参赛通常主要是下甲山歌和"八抬诗"的歌队，上甲山歌极少出现。在日常生活中，下甲山歌和"八抬诗"在县城人民公园和农贸市场附近也都有各自的活动区域，几乎每个晚上都有一些中老年歌者聚在一起对歌。县城历来是上甲山歌的流行区域，但"八抬诗"随着歌者活动的日益频繁，在县城的影响也越来越大。一般情况下，两种歌调都很强调区域的界限，平时很少会在一起对歌。但在歌赛中，在主办者的安排下，两个歌种的歌队也常常被安排在同一场比赛。2005年4月的山歌擂台赛中，三个下甲歌队和五个"八抬诗"歌队抽签轮流上场参加了比赛。第一场，一个"八抬诗"歌队输掉了比赛，在现场录像的一个"八抬诗"爱好者立即上前面授机宜，并特别提醒其他"八抬诗"歌队改变策略。结果赛程刚过半，下甲歌队就完全被淘汰出局了。2006年春节期间，当歌赛再次举行时，参赛的八个歌队中，只有一个下甲歌队，其他都是"八抬诗"歌队，结果自然又是后者当了擂主。

　　在民间，人们经常将二者并置以比较优劣。对此，靖西县文化馆的蒙秀峰老师曾作如下分析：

　　　　说到渠洋调[1]，它的用韵和下甲山歌不同，歌路也广得多。若从创作的难度来说，下甲的难度更高，要求的技

---

[1]　"八抬诗"在靖西又被称为"渠洋调"。

巧更高，因为它的腰韵定死在第四个字——两者都是腰脚韵，但它的只能在第四个字，如果定在其他位置，则唱不下去。渠洋调则不同，它的腰韵可在第一到第五个字，无论在哪个位置都可唱得下去——它的韵要广得多，但若从技巧性艺术性来说，肯定要低于下甲山歌。还有，渠洋调讲事情时，会一套一套的讲下去，它的歌路很干净。下甲山歌的歌路本来也应该显得很干净的，但为什么上台后却像散文一样，给人以东一句西一句的感觉，因为他们听到对手的诗句后，要考虑如何对答才能得分，因而受到了限制。事实上，台下的下甲山歌的歌路也是很干净的。所以比赛时，唱下甲山歌的人要求出题，如果不出题，就会像上方[1]一样——那里的诗是有套路的，谁背得旧"诗"多谁就能赢。像下面[2]一带，定题定韵的，你事先背不了，比如以前背了一套韵"吞"，现在要求你唱韵"花"，你就不能靠以前背的那些了。因此，下面一带的即兴性肯定是比上面一带的要强。[3]

从形式上看，以上三种"诗"存在着曲式上的差别，歌词的形式则大同小异。每首"诗"为七言二句式，即分为上句和下句，每句七个字，民间称为"十四点"。其韵律形式包括脚韵和腰脚韵。其中，"脚"指一句"诗"的最后一个字，第

---

[1] 指"八抬诗"流行的靖西县北部渠洋镇、魁圩乡一带。
[2] 指靖西县城以南流行下甲山歌的一带。
[3] 时间：2005年4月28日上午；地点：靖西县城；受访人：蒙秀峰（约61岁），原靖西县文化馆副馆长。

一个字到第五个字为"腰"。所谓押脚韵，即把韵脚放在句子的最后一个字。腰脚韵即是要求上句的最后一个字要与下句腰部的某个字押韵，其中，上甲山歌和下甲山歌的腰部均指定第四个字，"八抬诗"的"腰"则是第一至第五个字中的任意一个。对歌的时候，每首上、下两句要押脚韵，首与首之间则押脚韵，而且一韵到底。其中，下甲山歌一共有二十六个歌韵，常用的有十五六个。韵有"宽韵"和"窄韵"的区别，前者指字数比较多的，后者则字数比较少的。一般来说，用"宽韵"创作时就比较容易。在韵的数量上，上甲山歌、"八抬诗"与下甲山歌基本相同。但在用韵方式上，"八抬诗"要比下甲山歌要宽一些。蒙老师的分析还表明，各种"诗"之间的差异绝不只是这些。

如果撇开这些文本内部的差异，仅从两种"诗"在靖西县城的实践情况来看，确实可以发现：从乡土社会中成长起来的"吟诗"，在当下已是城镇休闲娱乐文化的一种方式和地方政府文化建设的一部分，与官方、主流的"大传统"之间并无截然分立。但在民间，人们往往把请别人到家里来"吟诗"叫作"暖屋"，在一些村落、圩镇，也常通过举办歌赛的方式达到"暖村""暖圩""暖地"的目的。而在历史上，对歌与青年男女婚恋的关系则多被关注。

二、德靖一带的歌唱传统

在德靖一带，聚会歌唱之风由来已久。从目前所知，文献

中与之相关的最早记载,见于宋代周去非的《岭外代答》:

> "交趾俗,上巳日,男女聚会,各为行列,以五色结为球,歌而抛之,谓之飞驼。男女目成,则女受驼而男婚已定。"[1]

"交趾"主要是指越南北部与靖西交界的一带[2],"飞驼"即今天所说的"绣球"[3]。在靖西话中,至今仍把说越南语叫作"讲交"(kaːŋ³ keːu¹),在县境南部龙邦乡,人们用"央"语与前来赶圩的越南岱人、侬人可沟通无碍。靖西县旧州镇的人们至今仍然非常擅长做绣球,成为有名的"绣球之乡"。从以上引文看到,当时的男女青年边掷"飞驼"边对歌的行为具有促进两性婚恋的意义。人类学调查发现,越南高平和中越交界一带的广西西部,竞赛性的对歌活动是一种普遍的习俗[4]。相关资料也表明,在民国年间,靖西县不少地方的青

---

[1] 周去非著,杨武泉校注《岭外代答校注》,北京:中华书局,1999年,第422页。
[2] 郭振林等认为,远古时代的越南北部地区,称为"交趾"。"交趾"一名,作为一个特定的固定地区,始于中国秦朝末年。但在远古时代的神话传说中,"交趾"系泛指古代中国长江流域以南的广漠地域。汉代时的交趾相当于今日的越南北部和中部北区。载于郭振林、张笑梅主编《越南通史》,北京:中国人民大学出版社,2001年,第112、149页。
[3] 杨武泉引顾颉刚《史林杂识·抛彩球》:"东自黔苗,西至滇僚,南暨交趾,其婚俗大同,其婚仪中无不有彩球",同时指出,"延至现代尚有之,而广西较著。惟其作法,有女掷男受,亦有男掷女受。或曰抛球,或曰丢包,微有不同耳"。载于周去非著,杨武泉校注《岭外代答校注》第422页。顾颉刚原文亦可见于钱小柏编《顾颉刚民俗学论集》,上海:上海人民出版社,1999年,第330—389页。
[4] 葛兰言著,赵丙祥译《古代中国的节庆与歌谣》,桂林:广西师范大学出版社,第233、241页。

年男女还有抛绣球和对歌的习俗[1]。

18世纪70年代末，作为清代乾隆年间三大文学家之一的赵翼在担任镇安府知府期间，写下了大量描述边地风俗的诗文。其中，在《镇安土风》中有"跳月圩争趁，娶春俗善讴"之句[2]。在《土歌》[3]一诗中更详细描述了男女青年赶圩对歌的情景：

> 春三二月墟场好，蛮女红妆趁墟嬲。
> 长裙阔袖结束新，不睹弓鞋三寸小。
> 谁家年少来唱歌，不必与侬是中表。
> 但看郎面似桃花，郎唱侬酬歌不了。
> 一声声带柔情流，轻如游丝向空袅，
> 有时被风忽吹断，曳过前山又袅袅。
> 可怜歌阕眼波横，与郎相约月华皎。
> 曲调多言红豆思，风光罕赋青梅标。
> 世间真有无碍禅，似入华胥梦缥缈。
> 始知礼法本后起，怀葛之民固未晓。
> 君不见双双粉蝶作对飞，也无媒妁订萝茑。

从作者对青年男女在春日赶圩时对歌的浪漫描述中，我们可以感受到：发生于"春三二月"中的对歌是作为歌唱主体的男女青年（蛮女、郎）借以传情达意的一种方式。在"边郡风

---

[1] 广西壮族自治区民间文学研究会翻印《广西各地歌圩情况》（内部资料），1980年，第56页。
[2] 羊复礼修，梁年等纂《镇安府志》清光绪十八年刊本，台北：成文出版社，1967年重印，第168页。
[3] 颜绍贽《归顺直隶州志》（卷六）光绪二十五年（1899）刻本。

俗"[1]一文中，赵翼亦有过如下描述：

> 粤西土民及滇、黔苗、倮风俗，大概皆淳朴，惟男女之事不甚有别。每春月趁墟唱歌，男女各坐一边，其歌皆男女相悦之词。其不合者，亦有歌拒之，如"我爱你，我不爱你"之类。若两相悦，则歌毕辄携手就酒棚，并坐而饮，彼此各赠物以定情，订期相会，甚有酒后即潜入洞中相昵者。其视野田草露之事，不过如内地人看戏赌钱之类，非异事也。当墟场唱歌时，诸妇女杂坐。凡游客素不相识者，皆可与之嘲弄，甚而相偎抱亦所不禁。并有夫妻同在墟场，夫见其妻为人所调笑，不嗔而反喜，谓妻美能使人悦也，否则或归而相诟焉。凡男女私相结，谓之"拜同年"，又谓之"做后生"，多在未嫁娶以前。谓嫁娶生子，须作苦成家，不复可为此游戏。是以其俗成婚虽早，然初婚时夫妻例不同宿。婚夕，其女即拜一邻妪为干娘，与之同寝。三日内，为翁姑挑水数担，即归母家。其后虽亦时至夫家，仍不同寝，巩生子则不能做后生也。大抵念四五岁以前，皆系做后生之时。女既出拜男同年，男亦出拜女同年。至念四五岁以后，则嬉游之性已退，愿成家室，于是夫妻始同处。以故恩意多不笃，偶因反目，辄至离异，皆由于年少不即成婚之故也。余在镇安欲革此俗，下令凡婚者不许异寝。镇民闻之皆笑，以为此事非太守所当与闻也。近城之民颇有遵者，远乡仍复如故云。

---

[1] 赵翼《簷曝杂记·竹叶亭杂记》，北京：中华书局，1997年，第51—52页。

从这段文字中，我们大体可以看出以下三层意思：第一，对歌的男女青年"若两相悦，则歌毕辄携手就酒棚，并坐而饮，彼此各赠物以定情，订期相会，甚有酒后即潜入洞中相昵者"，因此，对歌作为两性交往的一种方式具有情爱的意义；第二，在"缓落夫家"婚俗中，已婚妇女在未生育之前有与异性"拜同年"的自由，一旦生育则不能涉足歌场，说明了在对歌中，恋爱对象与婚姻对象并不一定重合，生育是女性参与对歌活动的分水岭；第三，统治者已经意识到："缓落夫家"的习俗对婚姻稳定和社会安定非常不利，有意"革除"，但"镇民闻之皆笑"，"近城之民颇有遵者，远乡仍复如故云"，并没有多大成效。

在光绪年间的《镇安府志》中也有对这种"歌圩之风"[1]的描述：

> 谨案土民之家，婚姻俭约循礼，不尚奢侈，风尚近古，惟歌圩之风尚沿苗人跳月踏摇之俗，虽严行禁止，未能尽革。插秧获稻时，男女互相歌唱，情意欢洽，旋市果饵送女家。其父兄有允订丝罗者，亦有私践桑巾约者，颇伤风教。又新娶之妇，至夫家一宿即去，及娠然后至夫家，以奉议蔗圜为甚。亦属恶习，今奉檄严禁，以冀移风易俗。若得贤守，令厉禁之，贤父兄劝勉之，当不能朝夕改观焉。

---

[1] 羊复礼修，梁年等纂《镇安府志》清光绪十八年刊本，台北：成文出版社，1967年，第169页。

在这里，官方对"歌圩之风""严行禁止"，但"未能尽革"。"男女互相歌唱，情意欢洽"，有的经父兄同意可以结婚，也有的则"私践桑中约"，被官方视为"颇伤风教"。对于"缓落夫家"的习俗，官方尤其视为"恶习"，决心"奉檄严禁，以冀移风易俗"。

尽管以上的文字中，"吟诗"之说并没有出现，但其地域上的共同性使我们有理由认为，在这一带，聚会对歌是一种传统，具有历史的延续性。在相关描述中，对歌始终与两性婚恋的话题联系在一起，这也说明：在传统的德靖社会，对歌确实具有两性婚恋的意义。但主流意识对其进行压制和改造的努力也说明，它从来不是自在自为的，也并非一成不变的"原生态"，它与主流意识之对立至少在清中叶以来就存在。正是在这种对立和对话的过程中，它不断重新生成，并始终流动着。作为一个时间链，它是围绕着被接受和相传的主题而产生的一系列变体，是一种传统[1]。

既是传统，它必有不可变的部分从而具有模式化的特征。文献中对活动时间（"上巳日""春三二月""插秧获稻"）、主体（青年男女）和结果（导致了青年男女的婚恋）的描述，提醒我们，有必要对其传统的规定作一把握。在德靖一带传统社会，"吟诗"活动嵌入乡土生活中，成为民众的一种生活方式，在主体、时空方面有其特殊的规定性。

---

[1] E.希尔斯《论传统》，上海：上海人民出版社，1991年，第17页。

（一）"吟诗"的主体

"吟诗"的主体即指参与对歌活动的人。在德靖壮语中，对"吟诗"主体并没有专门称谓，对歌双方一般互相称呼对方为"勒俏"（lok⁷θaːu¹：lok⁷孩子，θaːu¹女孩子）和"勒冒"（lok⁷ʔbaːu³：lok⁷孩子，ʔbaːu⁶男孩子），其意分别为"姑娘"和"小伙子"。在德靖一带，这两个词特指已经成年但还没有做父母的青年人，并没有一定的年龄指标。从这一称谓中，我们可以知道，"吟诗"是"勒俏"和"勒冒"的专利。在"缓落夫家"婚俗中，已婚但还没有生育的女性也是对歌活动的合法参与者，而一旦生育，则被排斥在歌场之外。因此，不少人为了可以多玩几年，会尽量延长其在娘家的时间。与女性相比，男性参加"吟诗"的时间则较少受到限制。他们即使做了父亲，只要愿意，还可以继续参与各种对歌活动。20世纪80年代以来，女性参与"吟诗"受限制的情况已经不存在了。已婚育的女性、尤其是中老年人纷纷参加到"吟诗"活动中来，成为当下对歌活动的主要人群。但不管年纪多老，他们仍习惯以"勒俏""勒冒"来称呼与他们对歌的人。

在歌场上，青年男女通过对歌表达感情，但很多时候并不能结合。在赵翼的记载中，对歌的男女可以与配偶之外的异性"拜同年"。在德靖一带民间，至今还有同性之间结成"同"（hat⁷toːŋ²：hat⁷做，toːŋ²相同）的做法，互为"同"的两人要以对方的身份介入其社会关系，在感情上亦是亲密的朋友。与此同时，参加对歌活动的异性之间的关系则被称为"情意"（tsəŋ²ʔŋei⁵：原意不明）。以往在汉语中多将之译为"情人"，并强调他们之间的婚外性关系。但在调查中，一些歌者表示，"情意"关系中的两个人很多时候并不存在肉体上的关系，只是喜欢在一起谈心，离开以后也会在心里想着对方。无论如何，这种婚外的两性交往对于婚姻的稳定确实非常不利。在德保县，传统上有女性"丁关"（təŋ³ kaːn¹：təŋ³顶住kaːn¹丈夫）的做法[1]，她们出嫁后如果不如意，特别是在遇到合意的异性之后，往往不愿意到夫家去。因此，至少在清代中期以来，官方就对这种可以促进两性自由交往的对歌活动有意加以干涉。

（二）"吟诗"的时间

作为民众生活方式的聚会对歌主要是围绕村落社会的生产生活节奏来展开的，有其特殊的时间规定性。根据《壮族歌圩研究》附表1987年的统计显示，靖西县有55个地方每年举行"歌圩"一至三次不等，时间多为农历正月至三月，个别则在农历七八月举行；德保县三十四个地方有"歌圩"，时间主要在农历二月至四月，另外有两个地方在阳历5月4日举行，还有两个地方分别在正月和七月举行[2]。总的来看，其主要发生时间是每年春季和秋季，其中尤以春季最为盛行，与文献中对于"上巳日""春三二月""插秧获稻"的描述是一致的，也与葛兰言关于《诗经》的季节性祭祀活动中对歌主要发生在春季

---

[1] 1935年著名语言学家李方桂在广西百色进行语言调查时，曾根据两个天保（今德保县）人的口述，记录下四首"诗"，其中一首是"丁关歌"。见李方桂《天保土歌》，载《中央研究院民族学研究集刊》1970年第30期。
[2] 潘其旭《壮族歌圩研究》，南宁：广西人民出版社，1991年，第287—292页。

和秋季的结论一致。但需要指出的是,这里的"歌圩"其实是指作为一类民间节日的"航单",其歌唱活动具有定期性的特点。

在传统壮族社会,除了定期的节日性对歌之外,还有大量在日常生活中发生的临场性对歌活动。过去,婚礼、新生儿的满月酒、老人的寿宴、进新居和打醮等仪式都是"吟诗"的重要场合[1]。此外,它还可能发生在插秧、种地等各种劳动场合以及平时到别的村子做客或圩日赶圩的时候。这些非定期的歌唱活动伴随着人们一年四季的生活。

(三)"吟诗"的空间

从"歌圩"调查表可以看出,定期性的对歌活动主要发生在"航单"的所在地,它可以是圩场、村落,也可是郊外某个比较空阔的地方。非定期性既可能发生在村落内、家屋里,也可能是人们劳动的田间和赶圩的路上。但总的来说,可以分为聚落之内和聚落之外两种情况。白天的对歌可以在聚落以外不远的山坡、田洞进行,夜幕降临后,男女双方则必须回到聚落内,围绕家屋展开对歌活动。根据活动时间和地点的不同,潘其旭也将"歌圩"分为"野歌圩"和"夜歌圩"、"野外歌圩"和"村寨歌圩"[2]。其中,"野歌圩"或"野外歌圩"指郊外的对歌活动,通常发生在白天;"夜歌圩"和"村寨歌圩"则指晚上围绕着家屋进行的对歌活动。在德靖一带,过去

---

[1] 广西壮族自治区科学工作委员会壮族文学史编辑室编《壮族民间歌谣资料》(内部资料)第三集,第45—46页。
[2] 潘其旭《壮族歌圩研究》,南宁:广西人民出版社,1991年,第170页。

在家屋中"吟诗"时，对歌双方不能面对面，而是被分隔在两个空间。如果女方在火塘边或卧室里，男方则多在门口、屋檐下；如果男方进入堂屋，女方就一定会退进卧室。这种情况直到20世纪50—60年代还相当普遍。

三、布要人和"吟诗"

任何习俗都"不是单独存在的，而是与其他民俗事象共同存在于具体时空下的整体生活当中"[1]。"吟诗"作为乡土社会的一种生活方式，就存在于特定的村落中。意义产生在事件之中，是主体对活动的价值的体验，撇开事件和主体，也就无所谓意义[2]。歌者作为生活的主体和"吟诗"的承担者，是我们了解这一歌唱传统最好的切入口。以下，笔者将从布要屯切入，进一步考察"吟诗"这一传统在当下的实践状况。布要屯是广西靖西县境北部与德保县敬德镇交界地带的一个"板"（ʔbaːn³：自然村），在行政上属于靖西县渠洋镇足要村[3]。这

---

[1] 刘铁梁《民俗学与人类学》，《广西民族学院学报》2005年第3期。
[2] 高丙中《中国民俗学的人类学倾向》，《民俗研究》1996年第2期。
[3] 足要村还包括足登、布隆、弄勿三个自然村，2006年5月乡镇合并前属于岜蒙乡。根据足要村1994年10月29日填报的《计生人口登记表》显示，布要年初人口为338人，年末常住人口为262人（其中新出生1人，死亡和外出除外）。死亡4人，外出半年以上72人，无迁出。总户数为75。笔者在此基础上的统计数为73户共319人。分属蒙、周、黄、凌、何、李等六个姓氏。其中，周姓中两个不同的支系，蒙姓是村中公认最大的姓氏，李姓人则已迁至渠洋镇，仅留有旧宅。自20世纪90年代以来，村里18岁到40岁的劳动力中，绝大多数常年外出务工，其中有四户举家在外，常年不归。留在村里的基本上是老人、小孩和一些有家累的中青年人（以妇女居多），常住的只有150人左右。十年来，布要人口变化比较大，一是因为出生和死亡，二是由于婚姻导致的人口增减，三是由于举家常年在外打工的人口增多。

里不仅正好位于广西德靖两县交界一带的"八抬诗"流行区域中心地带,还有靖西县唯一的"八抬诗"女歌王蒙妈考[1],她至今活跃在县乡各地的歌场上。笔者通过她进入布要屯,以进一步了解"吟诗"在村内外的实践。

(一)布要的歌者

跟踪作为文化实践者的歌者是走近乡土歌唱传统的第一步,因为"即便是名闻遐迩的歌王,平时也是一样劳动的"[2]。由于对歌之风曾经盛行于传统的壮族农业社会,并且出现过"歌仙"刘三姐的传说,因此,在一些人的想象中,壮族人似乎都是能歌善唱的。这当然只是出于某种想象。但"吟诗"是一种集体行为,特别是"八抬诗"的演唱,每队最少三人,不设上限,最多时可能十几二十人。因此在一个村落内部,通常并不

---

[1] 在德靖壮族社会,每个人在其一生中会有几个名字:刚出生时,他(她)是没有名字的,男的通称小男孩(ʔi³ ʔba:u⁵: ʔi³⁵对未做父亲的男性的通称,ʔba:u⁵男孩子),女的通称小女孩(te³ ʔe:ŋ²: te³对未做母亲的女性的通称,ʔe:ŋ³¹女孩子)。在满月前后,他们会获得乳名,男的为"依(ʔi³)某",女的为"达(te³)某"。进入学校以后,则会另起一个带有姓氏的名字,供他(她)在学校和社会上通用。但在熟人社会里,人们会继续称其乳名,直到他(她)结婚生孩子,才根据其孩子的乳名称其为"爸某"或"妈某"。当他(她)的儿子长大,也有孩子后,别人会根据其孙辈的名字称之为"公某"或"婆某"。蒙妈考娘家姓乔,夫家姓蒙,因其第一个孩子叫"考",在当地被称为"妈考",在村委会的人口登记表上则被冠以"蒙妈考"。在调查中,笔者对访谈对象均采取拟亲属称谓,对年长者和辈分高的人分别称之公(婆)、伯(叔)、姆(婶)、哥(嫂)、姐(姐夫)等,自己则使用la:n¹(孙女、侄女)、noŋ⁴(妹妹)等谦称。但为了强调其当下身份,同时避免拟亲属称谓有可能造成的重复,文中对村落内大部分访谈对象亦使用当地称谓。其中,对女性访谈对象,按村委会记名方式冠以夫姓,对男性则冠以本姓。

[2] 梁庭望《歌圩的起源及其发展》,《广西民间文学丛刊》1982年第6辑。

只有一个歌者。

这里所说的歌者，是指善于"擦诗"（sat⁷θei¹：sat⁷原意不明，θei¹诗）的，即创作歌词的人。在一般人眼里，这些人被认为是懂"诗"的人，有"奇才"（khi²sa:i²：汉语拟音），即才华很高的人。周公能表示，即使在过去，也并不是每一个人都懂"诗"的，在一个村子能有三五个已是相当不错。在一个歌队中，至少要有一个这样的人，他（她）是其中的核心人物，一般也被称为"诗根"（θei¹kɔk⁷：θei¹诗，kɔk⁷植物根部）或"诗头"（θei¹tau²：θei¹诗，tau²第一）。歌队中的其他人，无论人数多少，均为"跟声"（ke:m¹haŋ¹：ke:m¹跟着，haŋ¹声音），即跟着唱的人。在布要，不少三四十岁以上的中年人均表示，他们曾经参与"吟诗"，但只是跟着唱的。一些20岁左右的年轻人也说，"吟诗"的调子很容易学，但自己不会创作。

在布要，目前被认为最懂"诗"的人主要是：93岁的周公能、62岁的周爸习、四十岁的蒙妈考。另外，67岁的黄婆童和65岁的蒙婆阳也曾经是对歌场上的活跃人物，并曾担任同龄人的"诗头"（参见表1）。在调查期间，60岁的何妈块和45岁的周婆领曾分别跟随蒙妈考和黄婆童外出参加对歌比赛，其中何妈块负责高声部的演唱，但她们均不会创作，因此不列入歌者的考察范围。

表 1　布要屯歌者的基本情况

姓名	性别	年龄	籍贯	配偶来向	2005年1至4月歌唱活动情况	备注
周公能	男	93	布要	布要黄家	无活动	
黄婆童	女	67	田阳巴别	布要黄家	春节期间到渠洋镇由利村参赛，任"诗头"	
蒙婆阳	女	65	布要周家	布要蒙家	春节期间到岜蒙乡多珍屯参赛，参与创作	
周爸习	男	62	布要	布隆屯	无活动	
蒙妈考	女	40	德保敬德	布要蒙家	参与歌唱活动七次，任"诗头"	县歌王

需要指出的是，表中人物之间没有直系亲属关系，也没有传承关系。其中，两位男性虽同为周姓，但分属于两个不同的支系。周公能为蒙婆阳娘家族亲，与黄婆童为姐夫和内弟媳关系，其孙女则为蒙妈考的儿媳妇。黄婆童与蒙婆阳为干亲，后者的孙子到黄家"吃寄"[1]，与蒙妈考则为歌友关系。蒙婆阳为蒙妈考夫家妯娌，二者也是歌友。周爸习与其他人均无亲属关系。在以上五人中，最年轻的蒙妈考也已经40岁，老龄化是他们最明显的特点。其中，周公能、蒙婆阳和周爸习一直在布

---

[1] "吃寄"（$kin^1 kei^3$：kin吃，kei^3寄托）：在当地民间，如果一个孩子体弱多病或不喜欢吃饭，则需要根据巫婆、道公等仪式专家的指点，到一个人家或一处比较特殊的地方（如岩石）"吃寄"，拜其为养父母，认为吃了他们家的米饭以后就能长得健壮。

要生活，是在本土里成长起来的歌者，他们曾带领同伴活跃在歌场上，是布要及周边一带歌唱传统的直接传承人和有力见证者。蒙妈考作为当下"吟诗"活动最活跃的实践者，是在布要之外成长起来的。因此在访谈中，周公能曾感伤地说，在周爸习之后，布要的"诗"就绝了。无论如何，在田野中，他们作为重点访谈的对象，均在不同场合、以不同的方式指引着笔者一步一步地走近当地的"吟诗"传统。下面以年龄为序分别对他们作进一步介绍。

周公能，少年丧父，没有读过书。18岁时为了躲避国民党的兵役，曾在村后岩洞昼伏夜出。后四处流浪为人务工，曾先后到过西林县、隆林县[1]、靖西县化峒乡和德保县马隘乡一带。20世纪50年代初期曾参加"清匪反霸"运动，后担任大队民兵队长，曾因表现突出到南宁参加表彰活动。40岁始婚配，妻子是本村黄家，当时26岁。她原来已嫁到弄勿屯，但在"缓落夫家"期间因参加大队的工作而对周心生好感，于是离婚另嫁。周公能不仅是村里最长寿的老人，也是目前公认最懂"诗"的人。他20岁左右就懂得"吟诗"，但年轻时一度因为忙于谋生很少参加活动，30多岁才又开始频繁外出对歌。当时只要听说附近村子有人家请姑娘们来除草，他就会和同伴连夜赶过去。因为擅长"吟诗"，他们走到哪里，哪里的姑娘就竖起耳朵等待他们的歌声。但也曾经有姑娘以"诗"讥讽："出门就当老人家，回家却好像乞丐。"意思是说他们出门在外显

---

[1] 时称"西隆"，现在行政上均属于广西百色市。

得有模有样,"吟诗"也还不错,可是回到家里却没吃没穿的。60—70年代,"吟诗"作为"黄色山歌"被禁止,他也被扣上"风流头"的"帽子"。80年代,山歌解禁之后,他曾多次组织村里春节期间的球赛和"吟诗"活动。现在,观看"吟诗"比赛的影碟是他最大的乐趣,也是他接触"吟诗"的唯一途径。此外,他也会收看广西频道的电视,但因为听不懂汉语,只能看画面。他一生劳碌,90岁以后才停止田间劳作,但除了听力和记忆力有所衰退以外,表达仍很清晰,特别喜欢谈起村中历史和个人经历。初次接受我的访谈时,他曾因担心政治问题而拒绝录音,但后来很快就转变了看法,讲了不少村落和个人的事情,还讲了一个田螺姑娘的故事(tsy:n^4:"传")。我离开村子前,老人用"诗"体的语言表达了道别之意。下面是我们之间对话的意译:

周:"你进出这里几天,不知姓名是什么。"

陆:"孙女叫×××。"

周:"和公讲笑真热闹,好像我的亲孙女。"

陆:"这是孙女的福气,可惜孙女不会用'诗'回答您。"

周:"如今要回到你的地方,以后照镜也看不见了。"

陆:"您别这么说,孙女还会再来,也一定会想着您老人家的。"

周:"那就帮照几张相,闷时看看它也好——有空和妈洵(指他的儿媳妇)来往,和她讲话也一样。"

老人家以这种方式让我知道,"吟诗"其实就像交谈,在生活中随时都可能发生。其中所蕴含的深厚情谊,则是我无以言表的。在调查期间,我来往于靖西、德保、田阳等地,接触了许多歌者,他(她)们和周阿公一样,以最真纯的情怀来面对我。这是比可见的材料更珍贵的财富,引领着我从精神内涵上去理解、体悟这种传统。

黄婆童,教育程度不详,田阳县巴别乡人。丈夫是黄道公,两人在田阳县水泥厂当工人相识,1961年因工厂精减人员一起回到布要。年轻时就喜欢"吟诗",到夫家后也曾应邀到别的村子对歌。80年代以后,曾自己担任"诗头"或加入蒙妈考的歌队外出参赛,在村内的歌唱活动中也相当活跃。但由于丈夫做道公后不事农活家务,她自己独立承担,外出参加活动的机会并不多,创作能力也有所衰退,被同村歌者认为是"偶尔找到一两句"或"有字无句"。但蒙妈考认为,她尽管上了年纪,"吟诗"时声音却很"暖"。2005年春节期间,由于未得到蒙妈考的响应,她自己和布隆屯的一些歌者组队参加了渠洋镇由利村的山歌比赛,担任"诗头",但没有通过初赛。

蒙婆阳,曾读过两年小学,但自认为连名字都不会写。原为布要周家人,后嫁到本村的蒙家。丈夫曾担任足要村支书30多年,2004年去世。她的父亲、姑姑和姐姐都会"吟诗",常外出参加活动。谈到自己"吟诗"的经历时,她说:

> 我只跟比自己年长的一辈去玩过一次,就自己学会"吟诗"了——那时别人请一个姑和她的同伴去"吟

诗",我也跟去了,坐床上听着。后来有一次,我和同伴到别村去做客,那边的小伙子说:"布要的姑娘来了,我们去找她们'吟诗'吧。"我和同伴赖着不起,心想:难道不"吟"主家就不给我们吃饭不成。但主家过来催我们起床,没办法,我们只好硬着头皮起来,想着"吟"不得多,起码也可以得十句吧。于是大家商量着一句一句地"吟"下去,竟然也可以到天亮。事后我们自己也觉得好笑,可是如果我们"吟"得很差,难道对方会跟着到天亮?以后别人再要我们"吟"我们就"吟"吧。从那以后就有兴趣了。[1]

她从17岁开始就经常和同伴外出游玩、"吟诗",并担任"诗头",主要在敬德、渠洋一带的圩场和各村屯活动。通常的情况是:圩日时和同伴去赶圩,当晚则应其他村落一些人家的邀请前去"吟诗"暖屋,在那儿住上两个晚上,然后回家来,第二个圩日去赶圩时又会再次接受邀请。曾经有一次,她们连续有三个圩(15天)没有进家门。因为不愿过早受到婚姻的束缚,她与同伴相约晚婚晚育,直到27岁才结婚。婚后一年生育,才中止各种对歌活动。80年代初,她与村中同龄妇女组队,曾在敬德、渠洋和德保县城一带参加歌赛,获过一些奖励。但她认为台上对歌只能一对一,不如在台下唱得热闹,所以一般不主动寻求上台比赛的机会。近年来已不主动组队,多应邀与蒙妈考结伴。由于子女学业、事业均有所成,现已停止

---

[1] 访谈时间:2005年2月28日;地点:布要屯;受访人:蒙婆阳(65岁)。

农业劳动，大部分时间随子女在南宁市和靖西县城等地居住。我调查期间，她正好回到村里过节。

周爸习，读过四年小学，15岁时开始随年长者外出游玩"吟诗"，在队中跟着唱。有一次对歌时输给对方，很不服气，于是另外组织队伍再去挑战。20岁左右成为歌队的核心人物，经常带领本村同龄人外出"吟诗"，有时最多可有十七八人。虽然父亲也懂"诗"，但他并不认为受其影响，而是强调：

> "吟诗"的人是没有学校的，都是自己想自己说自己"吟"出来的。就像我们现在说话一样，你说一句，我就想着答你一句——比如今晚你来，我就问："为何恁晚才到来，今是乘车或走路？"你可以答："为了时间赶不及，晚了才能走进来。"[1]

即使在禁歌的年代，只要听说附近村子有姑娘来暖屋，他和同伴也会连夜出动。20世纪60年代末的某个晚上，他们赶到德保县某村对歌，一进门即径自坐到神龛前的四方椅上，被姑娘讽刺："来到就到处乱坐，木头截子有大把。"他们则回应："话儿说得太难听，幸亏我是借光有名义才来的。"1968年或1969年正月十五，和同伴山上割草时，遇到一队姑娘前来捡野菜花回去做糍粑，于是连续三天都跟着过去求歌，女方

---

[1] 访谈时间：2005年4月23日；地点：布要屯；受访人：周爸习（62岁）。

说:"跟他们对吧,如果我们输了就不吃饭。"结果女方三天连败,只好答应给他们每人做一双鞋子。和所有驰骋歌场的小伙子一样,他年轻时几乎每个月都会得到姑娘送的鞋子,但也会以一些钱和礼物作为回报。在禁歌最严的年代,他不得不中断活动,直到70年代末山歌解禁之后。80年代常到敬德、渠洋的圩市及周边村屯"吟诗",但不喜欢上台参加比赛。曾因外出对歌,家中的牛吃了别人家地里的玉米,引起邻里纠纷。1990年,因为外出"吟诗",导致家中的牛被盗。从此认为"吟诗"败家,矢志不再外出参加活动。谈到"吟诗"败家的话题,笔者曾和他们夫妻俩有过如下对话:

周:当时我们到别人村子"吟诗",有一句是:"游来荡去真老了,恋爱不成人也传。"

陆:既然"吟诗"可以认识很多人,为什么会恋爱不成呢?

周:因为"吟诗"败家。如果你已有妻儿,出去"吟诗",今天出去,大后天才回来,衣服脏了没人洗,家里的活也没人做。每七天才在家三天,衣服洗干净后又出去了。

周妻:有过这种说法:"五天赶了三天圩,两天生产是雨天。"雨天只能在家待着,另外三天就是去玩,还能做什么呢?

陆:如果看上了别人,情况可能更不好吧?

周:当时有姑娘说:"因为有山来阻隔,否则天天能见面。"男的则说:"回家没有哪个骂,吃饱想玩就去玩。"还有的说:"去了这边去那边,我一个人吃多少?"一个人不吃多少,也不干活了,只想去"吟诗",这一辈子还不完了吗?像这样"吟"来"吟"去,没有饭吃,妻子也跑了。[1]

他60年代曾任足要村的仓库保管员和会计。妻子是布隆人,年轻时也是村干,两人因工作上的交往,自由恋爱而结合。婚前,女方为同伴陪嫁到布要时,曾作为跟声者与他对过歌。两人婚后生育有五个女儿,除了一人嫁在本村,其他女儿均外嫁或外出打工。尽管他表示不"吟诗"并不觉得闷,但如果村中来客会"吟诗",他一定组队挑战,对歌通宵。每次谈到"吟诗"时,也都意兴盎然,并几次希望笔者能建议蒙妈考请她的朋友们到村里来"吟诗",他愿意提供食宿。

蒙妈考,初中毕业,娘家原在德保敬德镇某村,后来迁到镇上。父亲是道公,年轻时擅长"吟诗",对她和几个弟妹影响很大。15岁的时候,她和同伴到别的村子做客,遇到一队来自靖西的男性歌者前来求歌。他们先唱道:"弄偶村的姑娘个个精灵,靖西那边人人流传。"她负责创作答道:"早上刚起就打嚏喷,晚上得会'布瑶'的小伙子。"回来后受到父亲赞许,从此开始了"吟诗"。十七八岁时和年长者到渠洋参赛,在队中唱高声部,不参与歌词创作。但很快就能独当一面,与同龄歌者组队时担任"诗头",在敬德、渠洋一带颇有"诗"

---

[1] 访谈时间:2005年4月22日;地点:布要屯;受访人:周爸习(62岁)。

名。80年代初期，她和同伴应邀到布要对歌时，经人撮合嫁到蒙家。之后，活动中心转移到靖西县，成为县里的歌王。20多岁时，就曾代表靖西县到百色、南宁参加对歌活动。其事迹曾录入《广西歌王小传》[1]：

> 乔兰花，女，壮族，1964年7月29日出生，广西靖西县峕蒙乡足要村陇偶屯[2]人。农民。广西山歌学会会员。乔兰花受其父影响，从小便立志要当一名歌手。1979年7月中学毕业后便愉快地奔赴农业第一线。在从事劳动中，拜识了很多农村歌手，并在家父的直接指点下，很快地掌握了编唱山歌常识。1980年后曾多次出席县里所摆的歌台，并均在一、二名获奖之内。1987年被选送参加区级的山歌协会会演，并编有《计划生育》《治安管理处罚条例》等宣传山歌本。

该书每个歌者均获赠一本。但蒙妈考的那本已经找不到了。从某种意义上说，这段文字并未提升她在当地民间的声望，但官方的这一肯定确实使其拥有很多外出参与活动的机会。她强调，县乡各级组织山歌活动时，"八抬诗"方面往往首先考虑到她，有时甚至派车子到村子来接。据一位曾在渠洋镇文化馆工作的中年人说，蒙妈考比较年轻，外貌也不错，所以平时要派歌队参赛，经常会首先考虑到她。在渠洋、峕蒙一

---

[1] 农冠品等编《广西歌王小传》，桂林：漓江出版社，1992年，第205页。
[2] 此处有误。弄偶屯在行政上属于德保县敬德镇多敬村。

带，说起布要的"妈考"，几乎没有人不知道的，可见其在当地拥有相当高的知名度。她并没有固定的歌伴，最喜欢和嫁在大道桥头村的两个妹妹组队，认为她们年轻，小妹高声尤其出色。但也会和村里或附近村屯的妇女组队，甚至应邀加入其他歌者的队伍担任"跟声"的角色。因为家庭事务繁忙，除非受到邀请，一般不主动外出。尽管如此，她仍是村中乃至周边一带最活跃的女性歌者。我在布要期间吃住在她家，作为妹妹介入她的社会关系。在这个过程中，她的信任使我深刻体会到了一个女性歌者的家庭生活和内心世界不易为外人所感知的一面。

以上关于歌者的描述，一方面旨在通过对个别歌者的描述，呈现其生命特质，使我们对乡土生活中的歌者群体有感性的认识；另一方面也希望在此基础上寻找一些共同点，以切近这一传统。从布要歌者的情况来看，至少有以下四个方面的特点：

第一，所有歌者的年龄均在40岁以上，其中四人在60到90多岁之间，其老龄化的倾向极其明显。其中，布要本村自己培养的歌者已多不具有主动参与对歌活动的能力，即已失去了歌唱的生命力。最年轻也最活跃的蒙妈考由外村嫁入，但已很难在本村同龄妇女中组织起自己的歌队。由此可以认定，在布要，"吟诗"之风已经不具有普遍性。

第二，在谈到"吟诗"学习时，除了蒙妈考表示曾受到父亲的影响以外，其他人均否认家庭和村落生活在个人"吟诗"过程中的作用，认为"诗"是从心中自然出来的，别人教不来。周爸习明确表示，如果想要一个人学会"诗"，最好的办法是带其去参加对歌活动。一直生活在布要的蒙婆阳也一再强调，虽然她的父亲、姑姑和姐姐都擅长"吟诗"，但是大家从来不在一起交流"吟诗"的事情。在调查初期，笔者也企图通过对众歌者的传承情况入手去描述"吟诗"的传承模式。但布要歌者的事实说明，家庭内部并不是"吟诗"的主要传承场域。

第三，"吟诗"对以上歌者的婚姻没有直接的影响。其中，只有周爸习婚前曾与为女伴送嫁的配偶对过歌，但她只是其中的"跟声"者，而且此前两人已在工作中认识。其他人从未有与配偶对歌的经历，包括婚前应邀到布要来"吟诗"的蒙妈考。因此，歌唱与歌者婚恋的关系需要重新考虑。但不可否认的是，有"诗"创作才华确实是他们获得配偶好感的重要原因。

第四，从受教育状况来看，多数歌者未接受或只接受了短期的学校教育，只有蒙妈考曾读到初中毕业。在日常生活中，他们基本上不使用书写的方式，只有蒙妈考因为经营小卖部和宴请客人时偶尔用文字记账。因此，书写能力并不是一个歌者必备的素质，也不是"吟诗"传统得以传承的必要手段。

与此同时，村落中掌握书写能力者对"吟诗"的态度也颇引人思考。在布要，平时接触文字比较多的人是道公和小学教师，但他们所代表的文化均有意无意地排斥"诗"文化。前者视"吟诗"为一种"繁华"加以禁绝，后者也多表示对"吟诗"没有兴趣。在村里关于人才的观念中，道公是人才之一，但并不包括具有"诗"创作才华的人们。从布要人对子弟教育问题的普遍关注中，我们也可以感知村民们对生命价值实践的普遍期待是通过学校教育来完成的。因此，村落中书写文化与"吟诗"这一口传文化的对立可能需要从价值层面上进行探讨，而这则可能是影响"吟诗"传统传承的根本原因。下面，笔者想透过歌者在村落内外的歌唱活动，对"吟诗"与乡土生活的关系做进一步考察。

（二）村内的歌唱

此部分旨在了解"吟诗"活动在布要村落生活层面的展开情况。但在田野工作期间，村内没有发生任何歌唱活动，因此，相关情况均来自对歌者和其他村民的访谈。

在谈到"吟诗"的传统规定性时，笔者曾对歌发生的时间，将其分为定期和不定期两类，前者指发生于"航单"的对歌活动，后者则是随机发生的。在布要村内，没有定期性的对歌活动。近20年来，布要的"吟诗"活动主要发生在以下几种场合：春节期间村里组织球赛时；外村的妇女到村里来帮助除草时；外村的男子前来建新房时；村里歌者邀请歌友来做客时。下面作进一步介绍。

春节期间举办球赛是布要全村的集体活动，经费向各家筹集。球赛期间，村里邀请附近各村和渠洋、敬德等乡镇等地的球队前来参加，一个在德保县公安局工作的黄姓族人也曾经组队前来。与此同时，村里一些人家还会邀请一些会"吟诗"的亲友前来做客。白天，歌者会观看球赛或聚在球场边的一个角落对歌，晚上则会在家屋内进行通宵的对歌活动。活动的主要组织者是村支书、周公能和现已退休的村小学校长李老师等

人。在访谈中,李老师介绍了整个活动的情况[1]:

> 歌赛比较少,球赛则比较多——我还年轻时,球赛几乎年年举办。在这一片,我们村的球赛是最早组织的,也做得比较妥当。应该是一九五几年开始的,"吟诗"则不敢上台,因为当时的村支书害怕治安问题。每年球赛的指挥总是离不了我,于是我去和支书说:"村里青年想赛球,你的意见如何?"他说:"别来了。如果大家打架,对我们影响不好。"我说:"这些不让你担忧,无论是治安还是别的,只要你说做与不做和我都没关系就可以了。"最后那次,渠号和由利在球场上打架。大家都怕了。我叫暂停,让双方代表到指挥台来,其他人则停下来。大家商量后,我宣布:"双方闹事的人不能上场比赛了,比赛继续进行,如果再出现类似的情况,双方的队长要负责任。""诗"是在晚上"吟"的。支书害怕治安问题。事实上也不用怕,因为我们前面说的黄恒山、德保公安局的来坐镇。

从中我们可以看出,由球赛造成的人群聚集为"吟诗"的发生创造了条件,但它只作为球赛的附带而存在。80年代,这类活动曾经举办过几次,当时都还只是20出头,现在已经40岁上下的人们成为整个活动最积极的参加者。那是村里最热闹的

---

[1] 访谈时间:2005年3月3日;地点:布要屯;受访人:李长松(约65岁),退休小学老师。

时光，但在80年代末以后就再也没有了[1]。

请外村人到村里来劳动也是村内"吟诗"的重要场合。从劳动内容看，过去以除草为主，现在则多是建新房。分田到户以后，每年农历七月到九月，收完玉米，各家开始为畲地除草准备种上豆类时，一些人家会以劳动的名义请外村一些会"吟诗"的姑娘前来暖屋。白天，大家在地里一起劳动，晚上则会聚集在主人家举行对歌活动。前来向客人求歌的，除了村里的男子以外，还有闻讯赶来的邻村男子。由于劳动更多是邀请女性歌者前来"吟诗"暖屋的一种理由，因此白天劳动时，即使有本村或外村的男子守在一旁和客人对歌，主家也并不以为意。于是，当大家都在劳动的时候，作为客人的女歌者往往会不时停下手中的农活，和旁边的男性对歌，劳动反而成了"副业"。一般来说，客人要在主家住上三天两晚，即第一天晚饭前来到，第二天是正日子参与劳动，第三天回去。其间需要好饭好菜待客，至少需要一两只鸡、三五斤猪肉，但不需要另付费用。对于附近赶来对歌的男子，主家一般不招待其食宿。另外，过去在家屋里"吟诗"时，男女双方不能面对面，因此，无论本村男子还是外村男子，多只能在主家的窗外，和屋内的女客们隔窗对歌。如果主家邀请男方进入家里，女方则只能待在卧室里。在对歌过程中，双方也不能涉及赤裸裸的情爱内容或相互讽刺、谩骂，否则会被认为没有修养且对主家不敬。现

---

[1] 多数受访者已经不记得活动停止的时间了，但据蒙福令（32岁）回忆，1989年前后他在读初中时，放假回来还能见到，初中毕业后就没再见到了。访谈时间：2005年3月3日；地点：布要屯。

在，请妇女来除草的情况已经很少。这主要是因为：一方面，现在村里人很少劳动条件不好的地方种豆子；另一方面，当下请人来干活已经不只是好饭好菜招待的问题了，还需要付工钱。

相比之下，外地建筑队到布要来参与建新房期间成了近几年来村内"吟诗"的主要场合。过去，村里人建木房，多请亲友帮忙，一般三五天也就可以了。现在建砖房，技术要求比较高，一般要从村外雇请懂技术的人。2003年，村里一个周姓人家建房时，雇了一个来自靖西县城郊一带的建筑队。工程进行期间，他们一直住在村里，白天工作，晚上则和村里的妇女"吟诗"。男方唱的是下甲山歌，女方则唱"八抬诗"，但这并不影响相互之间的沟通。2004年秋季，此类对歌活动又一次发生。最热闹的时候，布要妇女会组成两个歌队，其中一队多是六十岁以上的老年妇女，另一队则是以蒙妈考为首的中青年女性，与男方形成三角之势，以"诗"争抢。但需要指出的是，在这种情况下，"吟诗"只是一种具有偶发性的附带活动，并不是个别家庭出于暖屋的目的请来的。

在日常生活中，村里歌者也可能出于非仪式、非劳动目的专门请歌友前来"吟诗"。蒙妈考的婚姻就是与同伴两次应邀做客布要的结果。当时她娘家住在距离两县交界的德保县敬德镇一个村落。在一次到渠洋镇参加歌赛活动中，她认识了后来的婆婆，应其邀请到布要"吟诗"，并经撮合不经媒聘就直接落户夫家。她的两个同伴也先后嫁到布要，但后来又都弃婚离家。村里最近一次由外来客人引发的"吟诗"活动是在2004年春天，客人是蒙妈考在德保敬德雅里村一带的朋友们。当晚，以周爸习为首的布要男性歌者主动向对方求歌，双方通宵对歌，专门唱斗歌，和对方过不去。有意思的是，黄婆童等人也以和客人认"同"的方式加入对歌中。

由此，我们看到，请歌者前来"吟诗"通常是布要个体家庭的行为，因此也强调"吟诗"暖屋的意义。但这些"吟诗"均是非定期性的，也主要发生在非仪式性场合，仪式场合的歌唱活动相对缺失。当村里来男客时，出面对歌的一般是以蒙妈考为首的妇女们，如果来的是女客，周爸习则会组织歌队前去求歌。近些年来，由于年轻人多离开村子到外乡打工，因此，参与"吟诗"的主要是中年以上的人们。

（三）村外的歌唱

除了有客人到村里来引发的"吟诗"活动之外，布要歌者更多是到村外去参加对歌。2005年1月至5月间，他们的"吟诗"活动全部发生在村外。表2是这些活动的情况，它们主要体现为以下几个特点：

表2　2005年1月至5月间布要歌者的"吟诗"活动

时间（农历）	地点	缘由	参与者
腊月十六 （1月25日）	渠洋镇	赶圩时有人求歌	蒙妈考、布隆屯三妇女及渠洋、更甲、怀渠等地男歌者
正月初三至初五 （2月11—13日）	岜蒙乡多珍屯	参加山歌邀请赛	蒙妈考三姐妹、蒙婆阳、何姆块和岜蒙乡闭开照队、德保的三个歌队

续表

时间（农历）	地点	缘由	参与者
正月初三至初十 （2月15—19）	渠洋镇由利村	应朋友参加山歌比赛	蒙妈考与岜蒙、由利歌友组队，婆童与何妈块、布隆妇女组队，另有来自敬德及渠洋镇各村歌者若干
正月二十二 （3月2日）	渠洋镇义傲村	应邀到朋友家做客	蒙妈考，具体情况不详
二月二十七 （4月5日）	靖西县城	参加"航单"山歌擂台赛	蒙妈考与岜蒙、大道歌友组队，另有下甲山歌、"八抬诗"歌者八队
三月十九 （4月27日）	渠洋镇新力村	参加新力"航单"	蒙妈考，具体情况不详
三月二十四 （5月2日）	岜蒙乡	参加"航单"山歌比赛	蒙妈考，具体情况不详
四月初二 （5月9日）	德保县敬德镇	参加"航单"对歌	蒙妈考与渠洋、岜蒙、大甲、敬德、都安各乡镇歌者

1.从时间上看，这些"吟诗"活动分别发生于"航单"和春节期间。

特定地方的"航单"在时间上是相对固定的，因此发生于这一日子的"吟诗"也具有定期性的特点。在表中所列的八次活动中，后面四次均发生在这一节日里，凸显了"航单"与"吟诗"的特殊关系。

春节期间"吟诗"则不必然举行，具有偶发性，因而也是不定期的。在表上所列的前四次活动中，多珍和由利的歌赛在正月初举行，且已形成一定的操作模式，但它并非春节的必要内容，因此也并未形成一种制度。还有两次分别发生于圩日赶圩和在圩场上受朋友的邀请前去做客的过程中，都是歌者离家之前未做预期的。

2.从地点上看，这些"吟诗"主要发生在以下三类场合：其他村子、圩场和县城。

其他村子的"吟诗"。正如外村人到布要来"吟诗"一样，布要歌者也会到其他村子去。但人们并非随意就可以进入别人的村子去对歌。布要及其周边村落具有施坚雅所指的"村庄"的特点，是"没有设立市场的聚居型居民点"[1]。它们作为"最为恒常稳定的社区"，"自身内部基本形成经济上和社会文化上的自我满足的生活格局"[2]。因此，在一般情况下，除非受到邀请，外人是无法涉足的。传统上，女性歌者需要受到邀请，方可到其他村子"吟诗"，男性歌者则可以不请自去，但前提是那个村子有别村的女性前来"吟诗"。2005年春节期间，蒙妈考先后到同一市场区域的岜蒙乡多珍屯和渠洋镇、由利村、义傲村、新力村等地去参加对歌活动，即是受到了对方或者作为第三方的朋友的邀约。根据笔者跟随她们外出

---

[1] 施坚雅《中国农村的市场和社会结构》，北京：中国社会科学出版社，1998年，第7页。
[2] 刘铁梁《村落——民俗传承的生活空间》，载《北京师范大学学报》（人文社会科学版）1996年第6期。

对歌的经验，从布要到多珍需要步行三个半小时，到由利则需一个半小时，其间均需翻越山梁，路途相当崎岖。若非受到邀请，主动跑到那么远的地方去对歌，也是难以想象的。现在，即使是男性歌者主动前往请求对歌的情况也已经不普遍，因此，一般人家请歌者前来"吟诗"时，需要同时请男女歌队。

圩场上的"吟诗"。"圩"即集市[1]，德靖土语称之为"航"（ha:ŋ⁶），其地点既可以是一个中心村落，也可以是乡镇行政中心，即对应施坚雅的"基层市场"，还可以是作为中心市场的县城。这里主要指前者。施坚雅认为，每个农村家庭至少可以进入一个市场[2]。布要由于所处的特殊地位，历史上曾与多个圩市发生联系。2005年，蒙妈考的"吟诗"活动就涉及三个圩市，它们分别是渠洋镇、岜蒙乡和敬德镇。其中，渠洋镇由于地缘上的优势，成为布要人日常生活中最重要的市场，每旬逢一、六为圩。几乎每个圩日，在村中经营着一个小卖部的蒙妈考都要到那儿批发一些商品以补充货源。在圩上，她与歌友时常会面交流信息并适时进行即兴式的对歌。2005年1月某个圩日的下午，在歌友的邀请下，她和布隆的几个妇女结伴，与一队男性歌者在圩里对起歌来。由此引来了其他歌队，从下午3点到6点左右，至少有两个女队和四个男队参与了对歌活动。岜蒙乡1987年独立建制后，虽是布要的乡行政中心，但由于距离布要较远，一直未在其日常生活中发挥更大的作用，村里人很少去那里赶圩，除非那里举行歌赛或相关活动。2005

---

[1] 白耀天《"墟"考》，《广西民族研究》1987年第4期。
[2] 施坚雅《中国农村的市场和社会结构》，第1页。

年农历三月二十四是岜蒙乡"航单",圩里举行了一个小型歌赛,蒙妈考也参加了比赛。德保县敬德镇过去曾是布要的县级行政中心和主要市场。这一位置后来虽然被取代,但布要人还会不时到那儿去购买一些紧缺物品。每年四月初二的"航单"曾是村民们重要的节日,现在仍有部分人前去赶圩。蒙妈考的娘家就住在镇上,因此,每年这一天,她一般会回去探望父母并参加对歌活动。

县城。布要距离县城约25公里,因交通不便,人们平时并不经常到县城去。2005年农历二月二十七是县城"航单",县文化馆举行"消防杯"山歌擂台赛,安排了八个歌队的比赛。其中有三个歌队唱靖西上甲调,另外五个则唱"八抬诗"。蒙妈考与其他村的歌友相约,也特地前去参加比赛。此次比赛,由于由武警消防中队提供了经费,因此以"消防杯"冠名,并在正式比赛之前进行了两项与该主题有关系的活动,一是由消防队进行消防知识表演,二是由两个上甲歌队根据已经拟好的稿子演唱关于消防安全"诗"。因此,比赛前一阶段具有宣传政策法规的意义,后一阶段则几乎与此无关。县城歌赛由于其所具有的权威性,并非每个人都敢上台的,但蒙妈考作为县歌王,几乎每年都会参赛。值得一提的是,2006年春节县城又举行山歌擂台赛时,以蒙妈考为核心的歌队夺得了擂主的地位。

另外,需要说明的是,由于蒙妈考的两个妹妹均落户大道乡桥头村,因此那里的"航单"也是蒙妈考经常去的。但在2003年的歌赛中,因为觉得裁判不公,她与新力村一个男歌队通过对歌讽刺了主办方[1]，并发誓从此不再去大道参赛。2005年调查期间，她听说笔者要去，也曾动了去的念头，后因家务所累没有成行。无论如何，那次不愉快的经历仍然影响着她。2005年春节前，大道曾请人转告蒙妈考，希望她前去参加宣传考烟的歌赛，她也因事没有前去。

3. 从主体来看，到村外"吟诗"的布要歌者均为女性。

上表所列"吟诗"活动中，真正独立于蒙妈考之外的只有由利歌赛中由黄婆童出面组织并担任"诗头"的歌队，其他活动均以蒙妈考为核心。在传统的"吟诗"活动中，主家只要邀请女性歌者，男性歌队就会闻声前来，从而发生对歌活动。但当下，主家只有同时邀请男女歌队，才可能产生有对歌。在布要男歌者中，周公能因为年龄原因，很早就退出了"吟诗"实践，周爸爸则因担心外出对歌会影响家庭，早些年就完全杜绝此类活动。因此，他们就只能处在无声状态了。

4. 从对歌的发生来看，可以分为经过组织的对歌和自由发生的对歌两类。

前者是出于某种目的组织对歌活动。其主办主体又可以分为官方和民间，其组织方式可以通过比赛，也可以是一般的聚唱。官方往往出于宣传政策或其他政治上的目的，采用比赛的方式。蒙妈考在县城参加的山歌擂台赛就属于这种情况。民间组织的对歌活动既可以圩市、村落为单位，也可以个别家屋为

---

[1] 对于那次"吟诗"讽刺大道的经历，对歌双方至今仍津津乐道。2005年敬德"航单"期间，笔者听到男队一个歌者说起此事并提到其中一些"诗"句。2006年初在布要，当时参赛的蒙婆阳复述了对歌过程中的经典片段。

单位，前者多以比赛的方式进行组织，希望通过对歌活跃节日期间的圩市、丰富村落的娱乐生活，进而达到暖圩、暖村的目的；后者以请歌友到家里做客的方式，进而引发对歌活动，达到暖屋的目的。在上表中，蒙妈考所参加的"航单"和春节歌赛属于前一类，只有正月里应邀到渠洋镇义傲村朋友家做客是属于第二类的。

  自由发生的对歌指歌者自发聚集或由于其他非歌唱的目的形成人群聚集后自然产生的对歌活动，例如圩日赶圩和劳动过程中产生的对歌。表中有两次此类的对歌活动，一次是2005年初蒙妈考在渠洋赶圩时应他人求歌而进行的，另一次是敬德"航单"晚上她和歌友自发聚集产生的对歌活动。

  需要说明的是，在以上两种情况下，歌者所获的回报也不同。前者可能获得金钱奖励和声望等回报；后者则主要是个体精神上的愉悦。因此，在前一类活动中，歌者或多或少都带有功利取向，在后一类对歌中则以娱乐为目的。从蒙妈考的"吟诗"实践来看，前者显然占了绝大多数。

  以上通过布要歌者及其在村落内外的"吟诗"实践，我们发现，布要歌者的对歌活动多在村外进行，村内"吟诗"只发生在外人到来的时候，且基本是在非仪式性场合，仪式性场合的歌唱处在缺失状态。也就是说，"吟诗"只能发生在跨村落的两性之间。对于这一点，笔者曾和蒙婆阳进行的一次谈话可以进一步补充说明。兹录如下：

    陆：您小的时候，大人们会不会把一些道理用"诗"

的句子讲给你们听,即使他们不"吟"出来?

蒙:没有的。都是从我们的心中自己出来的,没有谁来教的——即使他们教,我们也不会记得住的。

陆:听说以前媳妇在公婆面前"吟诗"是一件很害羞的事情?

蒙:是这样的。如果媳妇这样做,也就是不让公婆,不给他们面子。会"吟诗"当然是好事,可是如果你是新媳妇,却在丈夫、公婆面前"吟",想想也是一件很害羞的事情,所以她是不会这么做的。

陆:那您当年也不在伯父(指她丈夫)面前"吟诗"吗?

蒙:到我这一代就不怕了,因为已经进"共产"了,在国民党的时候大家才害怕这么做的。

陆:是在家里"吟"吗?

蒙:当然不是。我才做他们家的媳妇,当然不好意思在他家人面前"吟"的。我也从不在自己父亲面前"吟诗",都是离开村子才"吟"的。平时在村子里也不"吟""诗朗"(指私下唱着玩)。只是到了前些年,有姑娘来村子,外村也有男子来"吟",我们才在村子里"吟"了——这都是进"共产"以后的事了。男人在村子里"吟诗"时,也是因为有别处的姑娘来,他们不会和本村的姑娘"吟诗"的。

陆:您做姑娘时,外村会有小伙子到村子里来求你们"吟诗"吗?

蒙:没有的。他们不会有事没事自己跑来找我们"吟诗"的,只是大家认识了以后,会相约着某个圩日到圩上去"吟"。他们不会想:某个村子的女孩子很会"吟诗",我们要去她的村子去找她"吟诗"。到这一代才是随便,好像在哪儿都可以"吟"。过去真的很讲究的。

陆:你们也会在村里"吟"吗?

蒙:有时会的。如果有别村的姑娘来,肯定也有别村的小伙子来,所以我们也会去找那些小伙子"吟诗"。同村是不能"吟诗"的,自古以来就是这样了。

从以上对话中,我们至少可以获得以下信息:第一,一个姑娘不能在自己的父亲及丈夫的家人面前"吟诗",否则会被认为是不给他们留面子,是对他们的不尊重。第二,同一个村子男女青年之间不能"吟诗"。第三,平时年轻人多到别的村子去"吟诗",除非有外村的异性客人到村里来时,他们才会在村子里对歌。也就是说,传统的"吟诗"中必须遵循两个原则:第一,它必须发生于异性之间;第二,"吟诗"双方必须属于不同的村落。这些原则,与布要歌者的"吟诗"实践是一致的。

对于民间对歌活动中跨村落异性交往的事实,法国汉学家葛兰言[1]早在20世纪20年代的《诗经》研究中就已做过如下表述:"集体对歌是在异村的青年男女之间进行。"在考察壮族"歌圩"时,一些学者也从宏观视野上强调对歌双方是来自不同村落的[2],日本学者手冢惠子通过在广西武鸣一个叫桥北的

---

[1] 葛兰言著,赵丙祥译《古代中国的节庆与歌谣》,桂林:广西师范大学出版社,2005年,第133页。
[2] 周作秋《论壮族歌圩》,载《广西师范大学学报》,1985年第4期;潘其旭《壮族歌圩研究》,南宁:广西人民出版社,1991年,第249—250页。

行政村调查发现："桥北村的人跟桥北村的人不对歌，对歌必须是桥北村的人和外地人之间或外地人和外地人之间对。"[1] 从这个意义上说，通过布要的个案指出"吟诗"跨村落两性交往的性质，是在自然村层面上、以个案的方式印证了有关学者的结论。

总之，"吟诗"是一种跨村落的两性交际。撇开不同种类"诗"之间的差异，我们可以发现，这一民间歌唱传统具有多重的功能和意义。但通过对布要的考察发现，歌者呈现老龄化特征，歌唱与婚恋的关系也并不明显，而歌者的"吟诗"活动基本上发生在村落外部，村落内部对歌活动的相对缺失也说明，"吟诗"已经淡出村落的社会生活，其暖的功能也并不充分。就这意义上说，"吟诗"对于当下村落社会的意义是有限的。

---

[1] 手冢惠子《武鸣县桥北村歌圩的文化圈》，《广西民族学院学报》1988年第2期。

"一带一路"的美声

——瑶族蝴蝶歌与侗族大歌的潜能作用

王光荣[*]

2013年9月和10月,中共中央总书记、中华人民共和国主席习近平同志在出访中亚和东南亚国家期间,先后提出共建"丝绸之路经济带"和"21世纪海上丝绸之路"(简称"一带一路")的重大倡议。这个倡议借用文化作为一种精神力量,能够在人们认识世界和改造世界的过程中转化为物质力量。对社会发展产生深刻的影响。

古代丝绸之路的历史符号,高举和平发展的旗帜,积极发展与沿线国家的经济合作伙伴关系,共同打造政治互信、经济融合、文化包容的利益共同体、命运共同体和责任共同体。它将充分依靠中国与有关国家既有的双多边机制,借助既有的、行之有效的区域合作平台。居住在桂湘黔粤四省区边缘地带的

---

[*] 王光荣,彝族,南宁师范大学研究员、教授,广西作家协会会员。

瑶族和侗族，恰属这个"一带一路"区域的族群，他们的意识形态，他们的传统文化艺术，尤其是传统的歌谣成为颂扬"一带一路"的美声，是推动"一带一路"发展的力量源泉。

一、两朵艳丽的奇葩

瑶族的蝴蝶歌和侗族大歌，皆为自古流传于"一带一路"发源区域的歌谣，早年就被列入我们国家级非物质文化遗产名录的民间艺术品种，是两朵艳丽的奇葩。它们也将为"一带一路"倡议的实施起到推动作用，为中国日益强盛、永远立于不败之地充实厚重的养料。

先说瑶族蝴蝶歌。

在广西富川瑶族自治县、钟山县和湖南江华瑶族自治县及其毗邻等地的瑶族聚居区，自古流传着一种汉语方言土语演唱的娓娓动听的二声部民歌，当地百姓称之为蝴蝶歌。蝴蝶歌内容以情歌为主，因为在歌的衬字词中，常出现"蝴的蝶""蝶的蝶""黄蜂"之类衬词，故此得名"蝴蝶歌"。蝴蝶歌在上述几个瑶族县份中，居住在汉语的不同方言区，分别用不同的方言叙唱，譬如在广西的富川用一种叫作"梧州土白话"的方言土语演唱，钟山县则用汉语客家方言演唱，湖南江华瑶族自治县则用汉语湘南方言演唱。2008年，瑶族蝴蝶歌被列入国家级非物质文化遗产名录。近几年来，广西富川瑶族自治县已先后投入60多万元用于莲山镇莲塘村作为该非物质文化遗产的传承基地建设。

据富川县有关人员介绍，蝴蝶歌内容涉及记事、传情、祭祖、述史等瑶族人民生产生活的各个方面和领域。蝴蝶歌原生态二声部的唱法，多半是歌手们即兴创作、出口成章、一唱群和的民族民间艺术。多年来，这种蝴蝶歌吸引了国内外许多艺术家、歌谣研究学者以及民族民间艺术爱好者和各方游客。他们慕名而来，满载而去。有的还跟着当地瑶胞学唱一些唱段，哼哼一些乐句，拍摄一些群演群唱的情景，领略领略瑶胞们的感情。蝴蝶歌的曲调清丽优美，婉转悠扬，悦耳动听。犹如成群的黄蜂飞过一般，发出嗡嗡的声音，故一些村民形容这种歌声为"黄蜂音"，又叫"波浪音"。唱功不好的人如果唱蝴蝶歌，旁边的如果取笑他就说像街道上卖桐油的。只顾拉着嗓子在喊，没有音乐的美感。

次说侗族大歌。

侗族大歌，是流传于广西、湖南和贵州三省（区）侗族地区的一种多声部民歌，是一种无指挥、无伴奏、自然和声的民间合唱形式。据有关资料记载，早在中国春秋战国时期，就有这种歌在侗族地区流传，至今已有2500多年的历史。1986年，在法国巴黎金秋艺术节上，贵州黎平县和从江县演唱队的侗族大歌一经亮相，便技惊四座，被认为是"清泉般闪光的音乐，掠过古梦边缘的旋律"。演唱队成员有上级有关部门和县政府的领导，有两县民间艺术团体负责人即侗族大歌团长，以及两县九位侗族歌手。

2009年，侗族大歌被列入世界人类非物质文化遗产代表作名录。2016年6月，由著名音乐人百慕三石担任制作人的全球首张实地录制侗族大歌主题专辑《天赋侗听》正式问世。2017年7月，《天赋侗听》荣获首届CMA唱工委音乐盛典"最佳民间/民族专辑"。

侗族大歌不但历史悠久，而且随着时代的变迁，内容越来越丰富，演唱人数越来越多，演唱方式也越来越多样化。宋代就有《老学庵笔记》关于侗人"至一二百人为曹，手相握而歌"的记载。明代邝露《赤雅》一书也有"侗人善音乐，弹胡琴，吹六管，长歌闭目，顿首摇足"的记载。

大歌有"鼓楼大歌""声音大歌""叙事大歌""礼俗大歌""儿童大歌""戏曲大歌"等。之所以成为大歌，是因为它是一种多声部的民歌，流行于各种娱乐场合。侗族大歌亦可按性别和年龄分为"男声大歌""女声大歌""童声大歌"等种类。随着时代的变迁，侗家歌师们为丰富大歌的内容和种类，满足人们文化生活的需求，又创作出许多歌唱新生活、赞美新时代的混声大歌。

侗族大歌被誉为"饭养身，歌养心"。需要3人以上的歌班（队）才能演唱，参加演唱的人越多，效果越好。演唱地点主要是在鼓楼、戏楼、吊脚楼、晒坝、草坪等。逢年过节还有赛歌活动。特别是每年的"侗年节""吃新节""春节"等，都有村与村、寨与寨的对歌比赛活动。届时，男女青年们彼此之间，不断地用目光相互偷窥，含情脉脉，他们常常通过唱大歌的这种形式初识相恋，直至结下良缘。大家把歌当作精神食粮，用它来陶冶心灵和情操，把"歌"看成与"饭食"一样重要，世代都爱歌、学歌、唱歌，以歌为乐，以"会唱歌、会歌多"为荣，用歌来表达自己的情感。

二、"一带一路"源泉的内动力

文化是历史文明的积淀，具有认知、教化、沟通、凝聚、传承和娱乐等方面功能，这些特异的功能，在推动国家发展和民族进步中，有着极其重大的战略意义。社会文化构成了人及其社会的存在方式和发展机制，因而必然在人类社会发展中发挥着不容低估的重要作用。

文化，无论是精英文化，还是民间传统文化，作为一种精神力量，自然在人们认识世界和改造世界的过程中转化为物质力量。各种文化在不同的历史时期对社会发展产生深刻的影响。这种影响，不仅表现在个人的成长历程中，而且表现在民族和国家的历史中。先进的健康的文化促进人与社会的发展。"一带一路"倡议，首先取义于"丝绸之路经济带"。这个丝绸之路又是起始于我国古代历史事件之中，它连接亚洲、非洲和欧洲的古代陆上商业贸易路线。1877年，德国地质地理学家李希霍芬在其著作《中国》一书中，把"从公元前114年至公元127年间，中国与中亚、中国与印度间以丝绸贸易为媒介的这条西域交通道路命名为"丝绸之路"。

丝绸之路分为陆上丝绸之路和海上丝绸之路。

陆上丝绸之路，是我国西汉时期（前202—8年）汉武帝派张骞出使西域开辟的，从所经过的线路看，主要是我国西北地区，但涵盖了当时中国内陆与外界联系的主要交通枢纽。

海上丝绸之路，是古代中国与世界其他地区进行经济文化交流交往的海上通道，始于秦汉时期。从广州、泉州、宁波、扬州等沿海城市出发，从南洋到阿拉伯海，甚至远达非洲东海岸的海上贸易的"海上丝绸之路"。丝绸之路从运输方式上，主要分为陆上丝绸之路和海上丝绸之路。

随着时代发展，丝绸之路成为古代中国与西方所有政治经济文化往来通道的统称。除了"陆上丝绸之路"和"海上丝绸之路"，还有北向蒙古高原，再西行天山北麓进入中亚的"草原丝绸之路"等。

一定的文化由一定的经济、政治所决定又反作用于经济、政治，给予经济、政治以重大影响。先进的、健康的文化促进经济政治的发展，为经济建设提供精神动力、智力支持、方向保证。民间歌谣，作为民间艺术发展的重要成果，是民间文化的一个组成部分，从整体而言，它情真意切，格调优美，品类齐全，具有娱乐功能、审美功能和调节功能，体现了中国老百姓的聪明才智，具有一种重要的文化功能与艺术特色。深入分析探讨民族民间歌谣的文化功能及艺术特色，能够推动民间歌谣更为有效地发展，更好地发挥民间歌谣的社会文化价值功能。瑶族的蝴蝶歌和侗族大歌都是具有悠久历史，广泛流传于民族民间的优秀文艺品种，无论在过去、现在和将来，对于国家建设的方略和地方社会经济建设，都有一种正能量的推动作用。这种作用是一种内在的作用。瑶族蝴蝶歌总体上来说，旋律自由，节奏明快，曲调优美流畅，犹如林间和草丛中飞舞的蜜蜂和蝴蝶。它是一种二声部民歌，适合众人齐唱，也适合二人对唱、合唱。从思想内容看,蝴蝶歌是瑶族人民生活的一部史诗,唱出瑶族人民迁徙的历史和劳作的艰辛及丰收的喜悦,也唱出了居住环境自然风貌,倾吐男女青年彼此爱慕之情,是男女青年传情择偶的手段。从声律上说,其音域不高,均在五度音程之内,百姓容易学,也容易唱,当地人和外来人都喜欢她。

至于侗族大歌,其本义就是大众的歌,人人都喜爱,人人都能唱。众所周知,大凡侗族居住的地方,不仅风光秀美、民风淳朴,而且侗族也是一个极富创造性的民族,有民谚说:"侗人文化三样宝:鼓楼、大歌和花桥。"其中的大歌就是看不见、摸不着,只能用耳朵和心灵去捕捉与欣赏的民间音乐。

关于侗族大歌的历史,有些资料说是产生于春秋战国时期,也有些说是宋朝盛行,时差较大,本人姑且不去考证,就说它的艺术特点和表演形式,便看出它对侗族地区经济社会发展起着促进作用。丰富多彩的内容和形式,足够人们欣赏、采纳和吸收。每当节假日,走进侗族寨子,一阵阵大歌声不绝于耳。若能有机会同侗族同胞们一起唱唱跳跳,自然受到无比熏陶,就像喝醉了侗家陈年糯米酒,心中事前积郁的一切杂念,就会一扫而光。这种人类的美声,这种内在的动力,势必促进"一带一路"倡议的实施,促进我国和相关地区经济生产的大踏步前进,是真正的伴随着中国乃至"一带一路"经济建设区域向前迈进的美声和内动力。

三、两朵奇葩和非物质文化遗产的传承和保护

在目前或未来相当漫长的时期内，某个民族的非物质文化遗产是相应民族乃至中华民族的象征。与典籍文化比较，民族非物质文化遗产更具民族性。因为它根植于民间，是文化的源头，也是文化的依托。就像高尔基说"民间文学是一切文学之根源、乳娘，它成就了作家文学的产生和发展、哺育了上万作家、诗人的成长"。高尔基在这里所讲的是文学，然而文化亦不例外，即先有民间的活态的东西，然后才有其他各种各样、各色各类的文化。

早在十多年前，原中央美术学院民间美术研究室主任、美术研究学家乔晓光曾说："我们民族文化的大河从源头奔流到今天，一直没有断裂，没有干涸，没有成为支离破碎的支流和沼泽之地，不是因为别的，而是因为中国文化是活生生的、具体的、没有脱离开本原发展的文化。"（《中国文化报》2002年2月21日）

作为典籍文化，相对集中地反映了先进的汉民族生产、生活，表现了汉民族文化的特征，与此同时，这些典籍文化之所以被称为"典籍"，就是因为它已成了文字化或音像化的凝固了的东西，世人自然有目共睹。我国是个多民族的国家，各少数民族都以各自的文化特征，证实自己是个相对独立存在的民族。这些文化特征，即体现在居住、饮食、服饰、信仰、歌谣、礼仪、道德、神话、传说等方面的社会民俗文化和精神、口承文化。瑶族蝴蝶歌和侗族大歌就是分别具有所属民族特色

的民间艺术品种，如何做好这些歌谣的传承和保护工作，是我们每个民族文化研究人员和民族工作者深思的问题。

笔者在以往发表的一些文章中，提出几点建议。归纳起来，即两种意识、两种场合、两套人马和两种形式，并对这些观点和意见做了些诠释和说明。当时是为了迎合旅游事业的需要，提出这些二者兼挂的观点，而且当时主要是针对各种综合性的仪式而言。如今对瑶族蝴蝶歌和侗族大歌的传承和保护，不需要那么复杂。两种歌流传区域文化部门已提出了许多行之有效的传承保护措施，本人表示赞赏。然而有一点，大家似乎略有忽略，就是对这两种歌的歌手随兴即唱的歌词重视得不够，认为既然是"随兴即唱"嘛，而且是"听不懂"，就不必去采录，只重视采录其音乐调子和演唱的场面。这次我们20多人考察的几个地方，情况均如此，笔者认为这是个缺陷。从艺术的规律而言，"内容决定形式"这句话还是不能忘。没有内容可唱这些歌也就会很快消失，这并不是鄙人"杞人忧天"，而是个明摆着的事情。不是吗？目前唱这两种歌的绝大多数都是四五十岁以上的中老年人，年轻人特别是男青年没有几个会唱的。

要重视歌词的收集、采录和传承保护，就要下点儿功夫，把目前大家所唱的两种歌（蝴蝶歌、大歌）的歌词，认真地录音，认真地翻译整理，能够公开出版就公开出版，不能公开出版，至少作为内部资料，认真收藏保存下来。只有这样，才不枉我们这次"一带一路探源——桂湘黔粤歌谣采风"活动的圆满举行。

侗乡歌谣文化和谐发展的几点思考

杨顺丰[*]

三江侗族自治县居广西北部,位于桂、湘、黔三省交界处,侗族是一个快乐、和谐、幸福的民族,不但有闻名世界的精美建筑,而且有多姿多彩的侗族歌谣文化。笔者谈谈侗乡歌谣文化和谐发展的几点思考。

首先,打造三江歌谣文化品牌,创建侗族文化名县。

近几年,三江侗族自治县充分发挥丰富的歌谣文化资源优势,紧紧依托底蕴深厚、多姿多彩的侗族大歌文化、博大精深的楼桥文化、团结和谐的侗"款"文化,力求打响侗族歌谣文化品牌,建设独具特色的文化名县,为侗乡的经济社会发展注入了新的生机和活力。

---

[*] 杨顺丰,侗族,新华社签约摄影师,曾任广西三江侗族自治县文联主席,中国少数民族文学学会侗族文学分会会刊《风雨桥》主编。

(一)打造歌谣文化品牌，建设世界歌谣研究与交流中心

三江侗族自治县是广西民歌特色之乡。进一步挖掘和整理歌谣文化资源，是推动侗族文明走上全国乃至世界的重要途径之一。三江现有169个行政村，每个村有一支文艺队。该县充分利用民歌文化节等有利契机，实施歌谣文化品牌带动战略。自2003年起，已成功举办15届"多耶文化节"，形成学术研讨、歌谣演唱、文艺表演等为一体的文艺交流平台，吸引海内外游客，对三江乃至广西的旅游发展、经济繁荣和对外开放产生了重大的促进作用。与此同时，三江县还借助优秀文化在世界的影响力，不断加强对外歌谣文化交流，展示了歌谣优秀文化与现代文明相互辉映的时代特征。下一步，该县将进一步加强与自治区以及国内、国际区域性组织的联系，扩大与湖南、贵州、湖北等省的文化交流，举办世界性的歌谣文化研讨会，力争将三江建成世界歌谣文化研究与交流中心。

(二)打造侗族文化品牌，建设歌谣文化休闲旅游胜地

侗族歌谣文化是侗族文化的重要组成部分。发展繁荣侗族歌谣文化对于促进经济社会发展具有十分积极的作用。三江侗族自治县拥有十分丰富的歌谣文化资源，梅林的侗族大歌、富禄的三月三、独峒邑团的"讲款"、高定的"月也"、唐朝的坡会、程阳八寨春节的集体婚礼、冠洞的百家宴、高友的韭菜节、同乐的敬牛节、老堡的龙舟节、丹洲的柚子节以及侗戏、"多耶"等民间文化活动，异彩纷呈，争奇斗艳。这些活动都

与歌谣文化有关，集地域性、历史性、艺术性于一体，极具个性与特色，展现了三江独特的地方魅力。

近年来，侗乡努力把歌谣资源优势转变为文化产业发展优势，出台了相关的优惠政策，为创建全国先进文化县、优秀旅游县以及全国歌谣文化休闲旅游名县奠定良好的基础。柳州三江"多耶"文化节每年吸引数万客人旅游休闲，成为宣传三江、推介三江的重要窗口。为了做大做强文化旅游产业，该县按照"深度开发、培育亮点、发挥优势"的思路，对侗族歌谣文化进行整合，形成了"多耶"三江文化、"讲款"风情文化、侗族大歌文化等六大文化旅游线路。文化旅游业已经成为侗乡经济增长的支柱产业。

其次，充分利用侗族大歌资源，努力创建中国旅游强县。

侗族大歌是一种无伴奏、无指挥、多声部的合唱，属于民间创作的复调音乐。"大歌"是从侗语"嘎老"音译而来。"嘎"即歌，"老"有大和古老两层意思。"嘎老"的意思是古老的从前流传下来的大歌。"嘎老"在此流传时间已久，同时，还有三个方面的特征：一是要由集体歌队来演唱；二是有两个以上的声部；三是它的正规演唱场合一定要在村寨的活动中心——鼓楼。侗族大歌可分为鼓楼大歌、男声大歌、女声大歌、叙事大歌、童声大歌、混声大歌、戏曲大歌等等。其曲调悠扬，旋律优雅，多声部和谐独特，演唱技巧极高，在国际上被专家喻为"天籁之音"。侗族大歌享誉国内外。三江县梅林乡因侗族大歌出名而被广西壮族自治区人民政府授予"民间艺术之乡"荣誉称号；2008年，被文化部授予"中国民间文化艺术之乡"荣誉称号。侗族大歌已被列为国家首批非物质文化遗产名录。

三江县在2008年荣获"广西优秀旅游县"称号的基础上,以创建"中国旅游强县"为契机,充分利用侗族大歌资源,进一步实施"民族文化进课堂"工程,让儿童从小受到优秀民族传统文化的熏陶,形成以梅林乡为示范点,以榕江河为重点片,以独峒、八江、林溪为优化区的全县侗族联唱大格局。举办"湘、桂、黔三省公民道德侗歌大赛""法制宣传侗歌大赛"等一系列主题活动,将这些活动与三江的节庆(如"三月三"花炮节等)结合起来,与生产活动结合起来,与乡风文明结合起来,与休闲旅游结合起来。建立"侗族大歌文化发展中心",制订短、中、长期侗族大歌文化发展规划。

三江县充分利用侗族大歌资源,同时发挥侗乡在饮食、服饰、婚俗、礼仪、舞蹈、奇石等方面的优势,努力建设中国旅游强县。

最后,增强侗族歌谣文化的三种能力。

处于新时代,侗族优秀歌谣文化越来越成为民族凝聚力和创造力的重要源泉,越来越成为促进生产发展的重要因素之一。丰富歌谣文化生活已成为侗乡人民的热切愿望。弘扬侗族优秀歌谣文化,大力发展文化产业,是推动新农村生产大发展和文化大繁荣的重要内容,也是当前侗乡文化建设的一个热门话题。然而,发展和繁荣歌谣文化,是我们必须认真思考的重要问题。

随着新农村建设的不断深入,生产的日益发展,特别是该县文化旅游产业的不断发展，从这个方面讲，可以说产业发展是挖掘和发展侗族优秀歌谣文化的好办法。

在生产和经济发展的背景下弘扬侗族优秀歌谣文化，不可否认，需要市场力量来促进歌谣文化的发展，但同样，优秀歌谣文化也会促进市场的进一步繁荣。因此，文化、生产和市场"三个结合"，趋利避害，以达到生产更快发展、市场更加繁荣和歌谣文化更好保护的"三丰收"。要取得成效，必须做到以下几点：

（一）不断增强侗族歌谣文化适应现代市场的能力

三江侗族自治县优秀歌谣文化是建立在农耕经济基础上的，具有强烈的家族或者集团的基础特征，地域概念浓厚，内地特征明显，而市场歌谣文化强调平等的、自由的，具有自我中心、开放、竞争等特征。侗族优秀歌谣文化需要主动适应市场运行的基本规律。这是我国市场经济背景所要求的。众所周知，侗族优秀歌谣文化中的天人合一的生态观、重承诺的义气观等等，在市场经济中依然具有极大的价值。因此，在侗族优秀歌谣文化产业化的过程中，要积极修正侗族歌谣文化中的不足，大力发扬侗族优秀歌谣文化在现代市场中的积极价值，这样，才能真正夯实侗族优秀歌谣文化的基础和不断增强侗族优秀歌谣文化适应现代市场的能力。

（二）不断增强侗族歌谣文化促进生产发展的能力

侗族歌谣文化源远流长，其中大歌文化、"多耶"文化和琵琶歌文化等底蕴深厚。大歌文化对促进文化旅游产业的大发展具有深远的意义。对于三江侗族自治县这样一个以文化旅游为主导产业，生活逐步富裕的少数民族县，加快社会主义新农村建设具有更大的现实意义。要在坚持生产发展、生活宽裕、乡风文明、村容整洁、管理民主的总体要求下，从县情的实际出发，尊重农民意愿，尊重歌谣艺术规律，采取切实可行的措施，扎实稳步推进精神文明建设。

1.壮大支柱产业

加快文化旅游建设。千方百计增加农民收入，改善消费结构，提高农民生活质量，是新农村建设的根本目标。该县农村集体经济普遍比较薄弱，农民集体化程度不高，现代化农业发展步伐缓慢。针对制约农村生产力发展的突出问题，全县要抓住支柱产业培育、特色基地壮大、龙头产业经营等关键环节，采取综合措施，加快转变农业增长方式，确保实现农村经济逐年增长。

要深入贯彻落实县委、县人民政府《关于加快文化旅游产业发展的决定》。在做好当下文化旅游的前提下，进一步做好景区布局，巩固老区，拓展新区，按照产业化、规模化、标准化、商品化发展的要求，调整文化旅游结构，因乡制宜，择优发展，不断提高公共文化旅游服务水平。新发展的景区重点应集中在程阳景区等旅游线、209国道沿线的丹洲镇、古宜镇、斗江镇以及321国道线的良口和梅林等村上。满足不同地方的游客的需求。搞好文化旅游建设和经营体系、服务人才体系、质量标准体系、科学管理体系四项建设，逐步实现建设、经营、服务、提高、发展一条龙的文化旅游产业化体系建设目标。不断适应产业化和市场化的需要，有效实现文化旅游发展和经济腾飞。

2.培植龙头企业

培植龙头文化旅游企业，全力打造精品文化名牌。鼓励实力强、管理优的文化旅游企业以兼并、收购、参股、控股等多种形式主导文化旅游企业优化组合，实现强强联合，促进中小文化旅游企业向骨干企业、优势产品和品牌集中，改变文化旅游企业小、散、弱的局面。同时要不断整合"三江侗乡"文化旅游品牌，打造精品文化旅游名牌。积极引导文化旅游企业树立品牌战略和品牌提升意识，加大政府的支持力度，利用各种社会资源，创建名牌，发展名牌，抢占市场制高点，通过举办文化旅游节，鼓励一般品牌向名优品牌集中，塑造三江文化旅游品牌形象，提高三江的美誉度和知名度。

3.开发歌谣文化资源

将弘扬歌谣文化纳入三江侗族文化产业发展规划，鼓励成立各类歌谣文化促进会，支持社会组织建设文化屋和文化园。积极开展歌谣文艺活动，深入挖掘、整理歌谣文化，传播歌谣文化知识，利用各种宣传媒体广泛宣传歌谣文化的内涵，并通过举办"歌谣文化节""诗词歌会"等活动，丰富三江侗族文化旅游内涵。把新时代歌堂作为文化旅游观光胜地，注重歌堂的"观、听、赏"方式的引导，建设集文化、旅游、观光、购物为一体的文化旅游项目，促进侗族歌谣市场的科学发展。

（三）不断增强侗族歌谣文化促进文明创建的能力

1.加强歌谣文化和生态体系建设

三江侗族自治县是广西唯一的侗族自治县。在乡村规划和乡村建设上应尊重农民意愿，突出农村建筑的风格和特点，尤其要体现侗民族风格和特点，体现农村特色，注重传承民族文化，保留农村历史文脉和传统民居，继续加强歌谣文化建设，开发新时代歌堂，在木板房改造和新建房屋工程中，以突出民族特色为基调，通过歌谣新村为示范，实现歌谣文化与生态家园相结合，集中建设，科学规划，建设环境友好型、生态美化型及民族文化型的村镇，做到人与自然和谐，既展现农村的田园风光，又彰显农村的历史文化底蕴和新时代气象，适应农民生产生活文化要求，真正使三江的村庄彰显"侗寨、侗歌、侗韵、侗味"的农家特点，呈现"诗情画意"的独特风貌。

2.培养造就新型农民，加强农村精神文明建设

发展农村社会事业，是新农村建设的重要内容。塑造新时代的新型农民，既是解决"三农"问题的基本要求和最终目的，也是新农村建设的核心。要以提高农民素质为核心，培训农民具有新的生产方式、生活方式和思维方式。

以侗族歌谣文化为载体，全面提高农民的综合素质。三江歌谣文化产业的发展壮大，建设歌谣文化基地，孕育有文化、懂技术、会经营、善管理的新型农民，他们不仅是茶叶种植、生产、加工的能手，更是文化旅游建设和经营的生力军。他们是该县新时代高素质的复合型农民的代表，新时代农民的典

范。在全面建设新农村过程中，加大典型示范作用，实施农民知识化工程，完善培训网络，做好全体农民的科技培训，增强农民增收致富本领，实现我县农民整体素质的大提高。

以侗族和谐歌谣文化为载体，开展文明创建活动。在人与人交际过程中，以"和为贵"；在邻里之间，以"和睦为荣"；在人与自然相处中，以"和谐为上"。在开展"五好家庭"、"十佳孝心人物"评选、"十佳生态文化寨"和"十佳民间艺人"等形式多样的群众精神文明创建活动中，以歌谣的形式，引导农民自觉接受现代文明，加强科普教育，引导农民破除迷信、远离邪教、移风易俗、崇尚科学。加强法制教育，增强农民依法维权、依法履行义务、依法参与社会事务的意识，树立社会新风尚。

（四）关于侗族歌谣文化与生态文明建设的建议

侗族歌谣文化源远流长，其文化包含大歌、河歌、琵琶歌、笛子歌等内容。侗族文化与生态文明建设以及村容整洁密切相关，很多游客到侗寨考察后都有共同的感叹："侗族是个爱美的和喜欢整洁的民族"。"三江侗乡是个原生态的地方"。

侗族歌谣文化与生态文明建设。

侗族文化的"多耶""唱戏""大歌"等与生态文明建设关联密切。如何运用侗族文化加强侗乡生态文明建设，这是值得我们深思的一个重要课题。

1.广泛宣传，组织和动员全社会力量参与新农村文明建设

充分发挥农民的主体作用，尊重群众的首创精神，通过

短、中、期规划，科学引导，政策扶持等方式，动员和组织农民群众新农村文明宣传建设。充分发挥农村基层文化组织的积极作用，特别是"文化小康户""民间艺人"的双重带动作用，引导广大农民积极投身新农村文明宣传建设。

2.典型引路，有效发挥本县"生态文化寨"的文明示范作用，以点带面，以乡带县，城乡发展

三江侗族自治县的程阳、丹洲、冠洞等村是区、市和县新农村建设样板，以试点村建设为基础，高起点，高标准，高规格，完成全县新农村的宣传和建设等各项任务，为侗乡新农村建设的全面推进提供更好的经验。同时，广泛宣传"侗乡名片"，也就是大力宣传三江"国宝"（程阳桥、岜团桥、马胖鼓楼是国家重点文物保护单位；侗族大歌和木构建筑营造技艺已列为国家首批非物质文化遗产；程阳八寨是中国景观村落、广西十大魅力乡村等等）。进一步完善广播电视、电话、宽带等配套设施建设，实现村村通有线广播电视，扩大广播电视覆盖面。三江对内对外宣传做到广播有声、电视有影、报刊有文章、网络有信息。在国内外人们心目中自然形成一种"山水桂林，桥楼三江。中外游客何处去？神奇三江等您来"的宣传印象。

3.加强领导，为新农村建设提供强有力的组织保证

通过落实专人，加大指导、协调和督办工作力度，按照"一村一员、按需选派、分类指导、统一管理、注重实效"的原则，建立新农村建设农村工作指导员制度，实行单位包村、干部包户和帮扶责任制，定期帮扶，限期达标。

4.上下联动,形成合力

在新农村建设中,要形成"村支两委引导抓、农民主体主动抓、各级部门帮扶抓"的工作机制。引导村民民主产生新农村建设监督小组,负责新农村建设全过程的监督。教育广大群众树立主体意识,认清自己在新农村建设的主体作用,靠自力更生、艰苦奋斗。坚持政府引导不代替,支持不包办。落实农民决策主体、投入主体、实施主体的原则。充分发挥农民的积极性、主动性和创造性。

总之,笔者的侗乡歌谣文化和谐发展的四点思考,是初步的,是浅谈的,是有限的,正确的歌谣研究理论有待进一步的探索和实践,我相信,在今后的侗乡歌谣文化实践中,将结出更科学的理论,与您共同期待。

瑶族盘王祭祀的特点与社会功能拓展

罗树杰[*]

瑶族是一个古老的民族，瑶族在不断南迁的过程中形成中国岭南地区到中南半岛分布最广泛的民族之一，其分布区域与华南"一带一路"密切相关。在推进"一带一路"倡议的背景下，加强瑶族文化的研究的重要意义不言而喻。而盘王祭祀是瑶族民间最重要的祭祀仪式和民俗活动，历史久远，在不同的瑶族民间文献《评皇券牒》或《过山榜》中都有记载。关于盘王祭祀的意义和功能，许立坤教授提出："在不同时期有不同重点，在当下应成为联络、凝聚广大瑶胞的文化纽带。包括盘王认同在内的瑶族文化认同在建构过程中要与中华民族文化认同相适应。"[1]但是，笔者认为，瑶族盘王祭祀的功能当然也要与时俱进，但是在当下其功能依然是多元的，除了为促进中华民族认同外，其他功能仍然需要继承与弘扬，因此有必要对

---

[*] 罗树杰，广西大学公共管理学院教授，广西民间文艺家协会、广西瑶学会常务理事。
[1] 许立坤：《盘王祭祀与瑶族文化认同》，《广西社会主义学院学报》2009年第5期。

盘王祭祀的社会功能进行全面了解。

一、盘王祭祀的特点

（一）明确的目的性

盘王祭祀的实质，可以说是瑶族民众对祖先的一种虔诚和崇敬的情感。这种祭祀活动，具有鲜明的目的性。关于盘王祭祀的原初意义，用《礼记·郊特牲》中的一句话来表达是十分恰当的，即"祭有祈焉，有报焉，有由辟焉"。就是说，进行祭祀的目的有的是为了求福，有的是为了报答，有的是为了避祸。

1.感恩祖先

所谓感恩，就是对我们的生存和发展给予帮助的人或事物心怀感谢，铭记恩情，并加以回报的一种思想行为[1]。感恩，是人类最基本的本性之一。即使为了开拓殖民地而在全世界范围内血腥地屠杀土著的西方殖民者，最初也是有一点感恩之心的[2]。在中国传统社会里，感恩更是备受推崇的一种处世哲

---

[1] 辛世俊：《我们为什么要感恩——哲学层面的思考》，《信阳师范学院学报》（哲学社会科学版）2006年第6期。

[2] 1620年，英国一批主张改革的清教徒，在波涛汹涌的大海中漂泊了65天在北美洲美国东海岸罗得岛州的普罗维斯敦港登陆时，时值寒冬，当他们在缺衣少食、面临死亡威胁的时候，友善的当地印第安人面对这群黄头发、蓝眼睛、高鼻子的不速之客，不但没有将他们置之死地，还为他们送去了食物、生活用品和生产工具，帮助他们在印第安人的地盘上建立了新家园。这些英国人在安顿好新家以后，他们将猎获的火鸡制成美味佳肴，盛情款待印第安人，并与他们进行三天联欢，以感谢在危难之时帮助、支援过他们的印第安人，同时也感谢上帝对他们的"恩赐"。于是，有了美国的"感恩节"（Thanksgiving Day）。

学,一种传统美德,也是一种最起码的品德。如果一个人连这点都不懂得将会被嗤之以鼻,所谓"知恩不报非君子"。因此,"饮水思源"的古训变得家喻户晓,"滴水之恩当以涌泉相报"则妇孺皆知,而"谁言寸草心,报得三春晖"更是千古绝唱。这种观念至今还深深地影响着中国人。学会感恩的人,常被赞誉为"赠人玫瑰,手有余香",这样的人更具有人格魅力,而使他的人际关系更加和谐,工作更加得志。瑶族人同样把感恩作为最基本的处世原则之一。

祭祀盘王首先就是为了感谢盘王。祭祀盘王又称为"还盘王愿"。在瑶族勉支系中,广泛存在"漂洋过海"的传说。相传有一年瑶族祖居地遭到百年不遇的大旱(也有说是瑶族遭到官兵剿杀),河流干涸,池塘干枯,草木枯焦,粮食绝收,瑶民无法生活下去,不得不搬迁。途中有海阻隔,瑶民乘船渡海,不料狂风大作,大浪翻滚,渡船飘摇不定,面临葬身大海之危。危急关头,瑶民祭祀盘王,祈求盘王神灵保佑,并许愿渡过难关之后一定世世代代给盘王还愿,感激盘王的救命之恩。祭盘王后果然风停浪息,经过三天三夜,终于到达对岸,瑶族从此在南方繁衍生息。此后,"还盘王愿"在瑶族中世代相传,延续至今。[1]

2.缅怀祖先

慎终追远,缅怀民族英雄和祖先开创基业的艰辛,是许多民族或族群共同的文化观念。数典忘祖往往会被嗤之以鼻,甚

---

[1] 奉恒高主编《瑶族通史》,北京:民族出版社,2007年,第290页。

至被斥为"民族败类"。尽管每个民族或族群对民族英雄和开山始祖缅怀的方式不尽相同，如汉族每年的清明、重阳举行隆重的祭祀炎黄大典，清明节上坟祭祖，许多民族在重大的祭祀活动中都要演唱英雄诗史，使英雄诗史成为民间文学的重要形式之一，也成为研究民族早期历史的重要材料。每年举行祭奠民族英雄和祖先，追思先祖功德，成为发扬民族的传统美德、抒发民族情感、振奋民族精神、增强民族凝聚力的重要手段。这种观念在国家权力的渗透下，甚至被赋予了具有政治色彩浓郁的特殊含义，如激发国人的爱国热情、增强对国家对民族的历史使命感与责任感、培养为政党奋斗目标的坚定信念等等。从瑶族祭祀盘王活动中的敬祖、祭祖、追忆祖先的历史等充分体现瑶族对先辈的崇敬和缅怀，寄托着他们对盘王的拓荒业绩与优秀品质的尊崇和怀念，同时也反映瑶族智慧、勤劳品质、艰苦创业的坚韧精神的推崇。

瑶族民间祭祀盘王必须跳长鼓舞。瑶族长鼓舞有"单人还愿长鼓舞""做屋长鼓舞""赶羊做鼓长鼓舞""芦笙长鼓舞""挞鼓舞""羊角长鼓舞""排瑶长鼓舞""黄泥长鼓舞"等不同跳法，但是，其起源都与缅怀盘王有关。各地区瑶族流传的有关长鼓舞的来历大同小异：古时，瑶族始祖盘王喜欢狩猎，在一次进山打猎追赶山羊时不幸被山羊抵落山崖身亡，盘王的六男六女进山寻找父亲，发现盘王的尸体挂在悬崖的泡桐树上，盘王子孙们便追杀山羊，砍倒泡桐树，挖空树干制作长鼓，剥山羊皮蒙鼓面，击长鼓以为盘王申冤雪恨。流传在广西贺州市的"72套赶羊做鼓长鼓舞"就非常生动细致地展现了长鼓舞来历的这一传说。[1]在湖南江华瑶族的芦笙长鼓舞中，舞蹈动作中不仅有表现了盘瓠子女砍树做鼓的内容，而且用低沉哀怨的芦笙曲再现盘王坠崖死前的痛苦呻吟；拍打羊皮鼓面，表示为盘王复仇解恨；唱盘王歌，表示盘王后人对祖先的缅怀与追念。[2]公元2012年11月28日（壬辰岁十月十五日），江华瑶族自治县人民政府县长龙飞凤在公祭盘王的祭文中充分体现了这一目的：

> 圣哉盘王，日月同光。创世开疆，功盈天壤。斩高王以平天下，毓瑶脉而启玄黄。体恤民情，德泽绵绵；缔造文明，高风荡荡。驾崩危崖兮沉巨星，叩击长鼓兮慰龙魂。叹瑶人之多艰，险渡重洋；幸英灵之护佑，永世安康。千家峒天，五谷芬芳。多方辗转，万苦倍尝。

3.祈福避祸

祭祀盘王，另一个重要目的就是祈求盘王显灵，像当年护佑瑶族先民安全"漂洋过海"一样，保佑瑶民身体健康，人畜兴旺，五谷丰登，世界太平。不管哪一个族群，趋利避害、祈福避祸、扶正驱邪，对平安、富足、健康、快乐、幸福的祈求、期望和追求都是相同的。这是人类的共同的价值取向。

由于瑶族所处的自然环境比较恶劣，自然灾害、疾病严重

---

[1] 刘小春《试论长鼓舞蹈文化在瑶族社会中的价值与地位》，《社会学研究》1990年第1期。
[2] 刘小春《瑶族长鼓舞》，北京：北京科学技术出版社，2012年，第35—36页。

威胁着虎村人的生存。加上历代王朝实行的民族歧视政策,瑶族备受歧视,长期以来瑶民的生境相当困难。面对自然和社会环境的威胁,尽管瑶族先民顽强勇敢,但是依然难以摆脱生存的困境。因此,他们只好通过在传统节日时举行各种仪式,特别是祈求盘王显灵,保佑子孙,身体健康,平安发财。这种源于祖先崇拜情感,进而发展为祖先灵魂和人格化的自然力量可以主宰人们的祸福,这是世界各民族祖先崇拜的共性。尽管随着社会的进步与科学技术的进步,人们对灵魂、神等非物质的精神有了较深的认识,但期盼丰收、祈望幸福和避灾驱邪的心理仍在很大程度上支配着人们的精神生活,瑶族盘王祭祀同样如此。

4.彰显民族文化特色,推动旅游业发展

在每个国家、民族或族群都进入或正在被卷入经济主导社会的现代世界体系的当代社会,人类追求财富的"胃口"比历史上任何时候都要大。在一些后发展国家和地区,包括中国的许多官员在对"发展才是硬道理""以经济建设为中心"的背景下,为了追求国内生产总值(GDP)的增长,一切资源都会被政府官员绞尽脑汁地使之成为资本,甚至不惜牺牲自然生态、族群文化等方面的东西,使一些文化的意义发生了根本性的变化。正如刘晓春在分析现代庙会时所指出:"民间文化越来越融汇到主流意识形态的滚滚洪流之中,几乎彻底地淹没了其固有的颠覆性与嘲弄性,而是成为中国当下现代性话语的一个有机组成部分,许多民间庙会已经被地方政府发明为一种具有文化资本意义的文化遗产,可以扩大地方的声名,或者能够吸引外来的旅游者，或者可以吸引外来的资金投资到地方政府的经济建设，在传统社会中，俨然以主流意识形态对立面出现的纯粹民间的文化形式，在高度现代性的时代，却可以成为实现现代性诉求的地方性文化资本。"[1]民间庙会的狂欢精神、宗教的神秘性、神圣性也因此丧失。在这样的背景下，经济发展水平普遍比较低下的瑶族地区的政府也往往利用瑶族独特的文化作为资本，吸引八方游客，拉动地方经济发展。江华瑶族自治县计划投资20亿元建设神州瑶族文化博览园，试图把江华建成中国瑶族文化的研究中心、传承中心、开发中心和展示中心，提出"以瑶族文化为灵魂，以生态山水为依托，以'神州瑶都'为核心品牌，致力于打造融合瑶族文化体验、山水生态休闲度假、乡村旅游、特色户外运动于一体的国家级原生态民族风情旅游休闲目的地"，以瑶族文化传承为推力，建设瑶族文化旅游精品项目，推动旅游与文化融合发展。这是新时期包括盘王祭祀在内民族文化建设新的目的。

（二）完整的礼仪

瑶族的盘王祭祀经过千百年的发展，已经形成了一整套完整的礼仪。祭盘王已经成为瑶族传统礼仪的一个重要组成部分。

1.祭祀单位以家族为主

祭祀一般以家族为单位进行。即在每一家族之族长家中厅

---

[1] 刘晓春《非狂欢的庙会》，《民俗研究》2003年第1期。

堂内专设一神龛，供奉盘王神位。随着人口的流动与通婚，以村寨为单位的祭祀活动逐渐兴起。如桂东北、湘南、粤西北一些定居较久的瑶族村寨，普遍建有或大或小的盘王庙，每3～5年全寨瑶民共祭盘王，迎神赛会，有的地方众人敲锣打鼓，肩扛内置一龙犬神像的大轿，游村串寨，以示让盘王驱邪，护村保寨。对盘王的崇拜，八排瑶的祭典最为隆重，据《连山绥瑶厅志·风俗》卷八载："瑶岁有墓祭，有庙祭。庙立于野，凡隶排者皆祭之，如群姓之大社也。"这种每隔三五年举行一次的大型祭盘王活动，是排瑶最为隆重的节日。名曰"耍歌堂"。20世纪80年代后，随着学术机构与国家权力的介入，盘王祭祀活动，发展成以乡镇、县乃至地区性的瑶族联合祭祀。尤其是1990年在由广西瑶学学会发起、贺县（现八步区）政府的主办南岭地区瑶族代表联席会上，提出由湘、桂、粤南岭地区十县市，即湖南的江华、江永，广西的富川、钟山、八步、恭城，广东的连州、连南、连山、乳源，各县（市）轮流坐庄，每两年举办一次盘王节，并邀请全国各地瑶族聚居区的代表乃至美国、法国、越南、泰国、老挝等地的瑶族同胞参加，瑶族联合祭祀盘王的氛围空前扩大，民间行为演变成了政府行为的"公祭"。

2.祭祀时间有规定

瑶族祭祀盘王，每户年年祭，村寨三五年共祭。如，广东连山瑶族，每隔三五年亦要举行一次全排的大型祭祖活动，俗称"拜祭阿公"[1]。祭祀盘王的具体时间各地原来并不统一，但最多相同的日期一般是农历十月十六前后的几天时间内。因为此时为秋收后的农闲，仓满物丰。宋人周去非在《岭外代答》中亦说，"瑶族每年十月旦，举峒祭都贝大王于庙前，男女之无夫家者，男女各群，连袂而舞，谓之踏摇。"《溪蛮丛笑》载：瑶人"十月朔日，各以聚落祭都贝大王。男女各成列，连袂相携而舞，谓之踏摇"。也有一些瑶族的祭祀盘王仪式不在十月份进行，如《蛮司合志·两广一》载：在忻城、荔波等地瑶人"元夕祭盘瓠"。《粤述》载：桂林瑶"岁首祭先"。《广东新语·人语》卷七载：曲江瑶"七月望日，祀其先祖狗头王，以小男女穿花衫歌舞为侑"。1984年8月，由广西瑶学学会倡议，全国各地瑶族代表会集广西南宁市，经协商赞成以瑶族勉支系的祭祀节日"还盘王愿"为基础，加以发展成为盘王节，议定"盘王节"为瑶族统一节日，并将节日定为每年农历十月十六日（盘王诞日）举行。

3.内容和程序是有规定的

尽管各地的盘王祭祀仪式内容和程序有所差异，但是在祭祀盘王时，要杀猪、鸡，举行"奏堂"请师公设坛喃神，并请歌师率童男童女唱《盘王歌》，跳长鼓舞，开展娱神活动，表演盘王故事是基本一致的。广西壮族自治区原副主席奉恒高还领导一个课题组撰写《瑶族盘王祭祀大典》，2010年由民族出版社出版，提出了瑶族祭祀大典的统一意见。

---

[1] （清）姚柬之《连山绥瑶厅志》卷八。

二、盘王祭祀的社会功能

瑶族祭祀盘王的仪式是瑶族标志性的民俗文化活动。它从侧面反映了瑶族神灵信仰的观念及表现方式,它是瑶民心理上的一种寄托,也是一种民间宗教信仰。关于民间宗教的社会功能,人类学功能学派的创始人马林诺夫斯基曾提出:民间宗教是个人追求自身福利和消除不确定感的行为,是在没有掌握科学技术的状态下人们满足自己的基本生物需要的一种手段。[1]而北京大学的王铭铭教授则从个人与社会的角度提出:"民间宗教除了满足一般民众的个人心理需要外,还表现出个人与社会的不可分割性。对'己'和'他人'、个人和社会、私和公、人和超人、世俗和神界关系的界定,是民间信仰和仪式的主要内容。"[2]

(一)唤起和强化瑶民对始祖盘王的记忆

盘王作为瑶族主体的勉支系民众普遍熟悉、敬奉的祖先神。由于政治、社会等方面的原因,盘王祭祀一度被视为"封建迷信活动"而遭禁止。到20世纪80年代,一些年轻的瑶民对本民族的历史包括始祖盘王的来历已经知之甚少。特别是在其他民族文化的影响下,一些瑶族精英因盘王的龙犬形象而自我

---

[1] 马林诺夫斯基《巫术、科学、宗教与神话》,北京:商务印书馆,1936年,第78页。
[2] 王铭铭《神灵、象征与仪式:民间宗教的文化理解》,载王铭铭、潘忠党主编《象征与社会:中国民间文化的探讨》,天津:天津人民出版社,1997年,第91—103页。

污名化，否认自己是盘王后裔。忘记历史就意味着背叛。通过恢复盘王祭祀活动，特别是还邀请国外的瑶族一起参加活动，唱《盘王大歌》，跳长鼓舞，追忆先祖的创业、迁徙和奋斗的艰辛，并通过现代传媒宣传，可以更好地重温和有效地保存瑶族历史，重新唤起并强化瑶族人对先祖盘王的记忆，不让年青一代瑶民"数典忘祖"，也使更多的其他民族的成员了解瑶族，消除民族误解，促进民族的交往、交流和交融。在"一带一路"和中国—东盟命运共同体建设背景下，对于促进中国与东南亚国家之间的民众相亲从而促进中国与东南亚国家的睦邻友好合作也具有重要意义。

（二）增强瑶族凝聚力和内部团结

盘王祭祀作为瑶族的一种特殊的社会活动，也和其他大多数社会活动一样，具有群体性的特点。在盘王祭祀活动中，人们对盘王神灵的礼敬，能达到增强彼此作为"盘王子孙"情感认同的目的，并在一定程度上起到促进社会和谐的现实功能和作用。正如陈荣富所指出："祭祀礼仪能够使属于个人的宗教体验变成群体成员的共同体验，产生群体化的宗教情感，加强了信仰者与他信仰的神之间的联系，实际上同时也就加强了个人与他所从属的社会之间的联系，巩固和发展了群体的共同仪式。共同仪式的主要文化功能是集体效忠这种文化情感的再现与再确定，人们聚集在一起举行宗教仪式，是为了要显示进一步加强他们彼此认同与凝聚的意识。"[1]从瑶族的实际来看，瑶民居住分散，支系较多，如果没有一种坚定和统一的信仰就很难维系瑶族的认同与团结。对盘王的崇拜以及相关的传说、祭祀，对瑶族历史、文化、民族精神和文化心理结构的形成起到深刻性乃至决定性的影响。由于对盘王的共同信仰，各支系瑶民以盘王为始祖开展祭祀活动，就大大增强了民族认同感，维系了内部团结，增强了民族凝聚力。历史上瑶民的反抗斗争就往往利用祭祀盘王来做社会动员。如1933年9月，桂北瑶民起义的领袖凤馥山、凤福林就先后在桂北桐木江、沙罗源、五龙庙以打"开天醮""太平醮""宝醮"等形式聚集兵力、打造兵器、操练队伍，主题是祭盘王、保人民，发动瑶民起义。

新时期，盘王祭祀活动尤其是政府主导的"公祭"，在瑶族自治县，基本上都已经把盘王节作为公众假日，放假一天，许多不同民族的民众都参与其中，促进了各民族的交流。而且，邀请国内外各地瑶族同胞参加，使散居在世界各地瑶族联系得以密切，民族凝聚力空前增强。

（三）传承和弘扬瑶族文化

盘王祭祀是重要的文化载体，是瑶族传统宗教信仰及其仪式活动的最高表现形式，也是传统文化传承的重要渠道。盘王祭祀活动瑶族师公设坛请圣，悬挂祖图，诵读经文，唱"盘王大歌"，跳长鼓舞等各种舞蹈，制作各种供奉盘王的剪纸、美

---

[1] 陈荣富《宗教礼仪与文化》，北京：新华出版社，1992年，第31—32页。

食,进行传统文化的展示与交流,并对子孙进行系统的传统文化教育。特别是在"还盘王愿"时所唱的盘王大歌,全歌一万多行,要唱七天七夜,内容包罗万象,是瑶族的百科全书。包括起声唱、初入席、隔席唱、轮娘唱、日出早、日正中、日斜斜、日落西、日落岗、日过岗、夜黄昏、夜深深、天上星、大星上(出)、月亮亮、天大旱、见大怪、天地动、天暗乌(阙)、雷落地、葫芦晓、桃源洞、闾山学堂、造寺、歌字、邓古歌、何物歌、彭祖、郎老了、放猎狗、双杯酒(又名家先歌)、亚六歌、完合歌等,其中穿插七任曲(黄奇沙曲、南花子曲、三逢闲曲、飞江南曲、梅花曲、万段曲、荷叶杯曲)。内容上至天上星宿,下至鲁班、彭祖、梁山伯与祝英台,远及人类起源,万物诞生,近及族源传说,劳动狩猎,民族迁徙;情调上或是庄重肃穆,或是轻松调笑,或是传播知识经验,或是风趣谈情。还盘王愿的祭祀活动既是一种宗教仪式,又是民族传统文化的教育场所。[1]

(四)心理的调适

盘王祭祀已经演变成为一种传统宗教仪式,也就具有了宗教仪式的心理调适功能。这种思想的不恰当之处是否定当代社会还有唯心主义和宗教存在的基础和必要,否定宗教的文化承载功能和心灵慰藉功能,"没有把民间几千年传承下来的趋吉避凶、祈福避祸、扶正驱邪、除祟禳灾等日常生活中合理存

---

[1] 奉恒高主编《瑶族通史》,北京:民族出版社,2007年,第290—291页。

在的信俗心理与习惯，同'蛊惑人心的谬误信仰'活动相对地区分开来"[1]。以宗教为例，在社会主义社会中宗教不仅继续存在，甚至还会在某种程度上得到发展。在中国，社会主义制度的建立，宗教生存环境发生了变化，宗教存在根源也将发生变化，这不意味着已经具备了宗教自然消亡的条件。因为物质财富的极大丰富、高度的社会主义民主和公平、公正社会的建立，以及教育、文化、科学、技术的高度发达，还需要长久的奋斗过程；由于某些严重的天灾人祸所带来的种种困苦，还不可能在短期内彻底摆脱；贫富分化的加剧，引起了许多新的社会矛盾和众多人的心理失衡。在这种新旧体制转轨的特殊时期，各种新旧思想观念纷纷登场，互相碰撞。宗教在一定程度上化解焦虑和不满，达到心理平衡和内心的安宁。试图超越历史条件消灭宗教，结果只能是加剧社会紧张和激化社会矛盾。同时，科学技术的发展还不足以铲除宗教存在的根基。自然科学和技术科学是人类探寻物质世界奥秘的主要武器，对人们的精神生活也有着重大影响。但对于精神世界的问题，不是单靠科学技术所能解决的，还需要社会科学和人文科学的不断进步，建设社会主义精神文明，不断丰富人民的精神世界。对生老病死的态度，对吉凶祸福的理解，对生命意义的感悟，对个人情感的皈依，凡此等等，这些人类心灵世界的问题，不仅需要科学说明，还需要人文关怀、心理安慰。此外，物质财富的增加也不能铲除宗教存在的土壤。长期以来，人们一直

---

[1] 乌丙安《"信俗"：支配中国民俗生活的基本观念》，载周星主编《民俗学的历史、理论与方法》，北京：商务印书馆，2006年，第157页。

把贫穷作为滋生宗教最深厚的土壤。但随着经济的快速发展和物质的日益丰富也为宗教发挥其社会功能提供了新的机遇和空间。因为世界是由物质和精神共同构成的，随着人们物质生活水平的提高，对生活质量的要求越来越高，这主要表现在精神生活上。精神世界的问题，不是单靠物质生活和科学技术所能解决的，面对越来越激烈的竞争和社会内部的盲目力量，许多人感到无助或者对命运的不确定感，需要精神的抚慰，宗教就是一种可以选择的途径。宗教里的安宁是现实生活不安宁的表现，宗教里的希望是现实里的失望的反映，宗教里的'有求必应'是现实里'有求不得'的祈盼。所以，德国著名哲学家恩斯特·布洛赫（Ernst Bloch）曾说过："哪里有希望，哪里就有宗教。"[1]

按照恩格斯的观点，只要"谋事在人，成事在天"，宗教就不可避免会存在；只到"谋事在人，成事也在人"的时候，宗教赖以存在的基础才会消失。就目前的虎村人而言，面对经济的贫困、疾病的困扰、灾难的威胁，大多数人还只能选择腊摩和萨喃两位具有宗教色彩的祭司来念经驱除"晦气"、祈求平安来获得心灵的慰藉。在现代社会中，即使不相信某种宗教的人，通过一种"唯心"的真诚祝愿，也可以表达出对对方的一种关怀与良好愿望。正如冯骥才先生所说："这不是迷

---

[1] 转引自安希孟《哪里有希望，哪里就有宗教——布洛赫的"元宗教"理论》，《社会科学》1996年第6期。

信,是一种愿望,一种寄托。"[1]乌丙安认为这是一种不同于迷信的信俗,它能够"满足绝大多数俗民求吉、求安、求顺、求福以及免遭天灾人祸等民俗心理的最大需求"[2]。

盘王祭祀的心理调适功能体现在,人们在祭祀活动过程中,能够通过对盘王的祭祀获得信心力量和安全感。即所谓:"去献祭时,人是自然的奴隶,献祭归来时,人是自然的主人,因为他们已经与自然后面的神灵达成了和解,恐惧和不安被削弱了,人以祈祷和献祭换来了心理的平衡。"[3]这种功能在世界上已经有许多学者进行了论述。苏联学者乌格里诺维奇说:"信徒在做礼拜和做祷告的过程中所体验的宗教感受,就其心理学的内容和动态来说,跟审美的净化相仿佛。礼拜和祷告究其心理学职能来说,乃是人们用来排遣郁积于心的消极感受的一种方法和手段。信徒向神祈祷,希望神让他们免遭灾殃和疾病,对他们有求必应,有愿必偿,缘为他们相信神是实在的,并且是全能的,所以往往使他们心情舒畅,感到安慰,他们的消极的感受为积极的感受所排挤,如果否定或低估礼拜和祷告的心理学意义,那是不对的。只是不要忘记,信徒感到宗教给予他们精神'安慰',其实是画饼充饥,因为它所凭依

---

[1] 新华社"新华视点"记者杨维汉、刘晓莉《中国年为何越过越浓厚——透视春节文化传承与发展》,新华网http://news.xinhuanet.com/politics/2007-02/24/content_5767087.htm。
[2] 乌丙安《"信俗":支配中国民俗生活的基本观念》,载周星主编《民俗学的历史、理论与方法》,北京:商务印书馆,2006年,第167页。
[3] 朱狄《原始文化研究》,北京:生活·读书·新知三联书店,1988年,第788页。

的是虚假的前提。"[1]即使这样，也就是说"尽管前提是虚假的，神是不存在的，但是由于信徒笃信神的存在，因而由宗教礼仪所产生的精神力量却是真实的。宗教的产生和存在归根到底源于物质生活条件，但一切宗教在某种意义上说都是由精神所支配的，构成宗教的主要成分是意识的力量。宗教礼仪似乎是一种神秘活动，但正是通过这种活动，宗教感受进入人们的意识，鼓励他们，熏陶他们，使他们的精神进入一种神圣状态。这种精神感受尽管是人同虚幻的神的交往而产生的虚幻的感受，但却是一种真实的感受，由此产生的精神力量也是真实的"[2]。

此外，作为历史上受歧视和受压迫最为深重的民族之一，瑶族特别是平地瑶的一些成员迫于生存和发展的压力，或主动或被动地接纳和吸收汉族文化，甚至形成比较严重的民族文化自卑心理。而且在学校读书越多，不仅对本民族的文化了解就越少，而且对本民族文化的感情就越淡漠、文化自卑心理越重。因此，在相当时期内文化自觉特别是克服文化的自卑心理，增强对自己文化的自豪感和自信心显得十分重要。盘王祭祀变成公祭，从山野走进都市，公开宣传"先有瑶、后有朝"的盘王始祖英雄历史，民族特色历史文化得到彰显，瑶族成员的自尊、自信心理需求得到了极大满足，自豪感得到增强，对于提高瑶族的社会地位，促进社会和谐、化解社会矛盾有着积极的意义。

---

[1] 乌格里诺维奇《艺术与宗教》，生活·读书·新知三联书店，1987年，第11页。
[2] 陈荣富《宗教礼仪与文化》，北京：新华出版社，1992年，第50—51页。

三、结语

瑶族的盘王祭祀文化是瑶族文化的核心文化之一和重要象征。盘王祭祀具有鲜明的特点与多重功能,而且今天其出现了新的特点,功能也不断拓展,展现出瑶族文化与时俱进和开放的特征,在瑶族社会和生活起着重要作用。通过祭祀盘王寄托瑶族的心情,缅怀先祖,维护内部的团结,增强民族凝聚力,促进中国和东南亚国家的睦邻友好,并对后人进行传统文化的教育,彰显民族特色。让更多的人了解瑶族,盘王祭祀对于历史学、民族学、社会学、人类学、文学、语言学的研究无疑是一个值得关注的重要课题。

广东瑶族歌堂与歌舞艺术

许天富亚旺*(瑶族) 唐罗古五**(瑶族)

广东瑶族,有排瑶和过山瑶之分。排瑶主要聚居在清远市的连南瑶族自治县,小部分居住在连山、连州、阳山、清新(三坑)和阳江市的阳春等地。过山瑶分布较广,分居在韶关市的乳源、曲江、始兴、乐昌、南雄、翁源、仁化,清远市的连南、连山、连州、英德以及肇庆市的怀集、惠州市的龙门等山区县(市)。隋唐时期,瑶族的祖先已迁徙到粤北山区居住。在漫长的历史发展过程中,瑶族人民不仅创造了光辉灿烂的民族历史,还创造和积累了丰富多彩的民族文化,其中在瑶山流传了千百年的歌堂和歌舞,是瑶族传统文化的重要组成部分。

---

* 许天富亚旺,又名许文清,瑶族,原广东省连南瑶族自治县史志办主任,清远市民协副主席。
** 唐罗古五,又名唐龙,瑶族,广东连南瑶族自治县民族文化传习中心歌手,瑶族民歌省级传承人。

一、瑶族歌堂概述

广东瑶族,由于排瑶和过山瑶的居住环境、生活习俗不尽相同,歌堂文化也各具特色。

(一)排瑶歌堂概述

排瑶的歌堂,因活动时间、活动内容和宗教科仪不相同,有耍歌堂和香歌堂之分,各自有特定的含义和民俗活动。

1.耍歌堂

耍歌堂,瑶语 ai ko tong(挨歌堂),瑶语"挨"是做的意思,"歌堂"是唱歌跳舞的地方。学术界译作耍歌堂,已成为专有名词,是粤北排瑶集祭祀祖先、追忆民族历史、传承民族文化、欢庆丰收和娱乐怡情为一体的规模最大最隆重的民俗活动。相传瑶族的始祖盘古王仙逝于农历十月十六,又适逢秋收结束,为纪念祖先和欢庆丰收,瑶家便于十月十六之后的吉日会聚一堂,举行耍歌堂活动。旧俗以"大庙"(过去瑶族每个大山寨均建有祖庙,又称盘古王大庙)为单位举行,全瑶排(瑶排,当地汉族人对瑶族山寨的称呼)人或数排人不分姓氏宗族,全体成员参加。

过去,某个瑶排决定当年要举行耍歌堂时,要举行"申疏"祭拜祖先仪式,在农历二月二日请全排先生公(排瑶宗教活动主持者)商议,选好吉日,把盘古王庙重修一新,并将供奉在庙中的神像清洗干净,油漆一新,霉烂的要择吉日重新雕刻,开光后放回庙里。三月三"开耕节"、六月六"尝新节"

和七月七"开唱节",先生公带领掌庙公、烧香公及瑶老们到盘古王庙祭祀起愿,祈求山寨吉祥,人丁平安,风调雨顺,五谷丰收,六畜兴旺,顺利举办耍歌堂。到择定的耍歌堂吉日,瑶家男女老少,身穿五彩缤纷的盛装,倾寨而出,敲锣打鼓,聚集到盘古王大庙宰猪杀牛,先生公念诵瑶经,歌手高唱盘古王歌,举行隆重的宗教仪式,祭祀盘古王和各姓祖先。在庙里完成祭祀礼仪后,将神像抬出来游寨(瑶家人称此仪式为"过斗",居住在寨里的瑶民每个姓或宗族设一个"斗"),并连续几天举行收耗、架桥、沙会、请公、招亡、开光、打阎罗、打良等宗教仪式和娱乐活动。白天,瑶民们会集一起,进行游神(瑶语称"过斗")、祭祖、娱神等仪式。游神队伍由排内最有威望的老人和先生公领头,身后紧跟着旗幡队,幡枝挂满玉米、稻穗、彩条等,以示五谷丰登;继后分别是抬神队、长鼓队、铜锣队、牛角队、枪手队、各房姓盛装男女等,浩浩荡荡进入某房姓设的"斗"(祠堂)。游神之后,人们会集歌堂坪"乐歌堂"。歌堂坪上欢声笑语,瑶民们吹牛角、放铳炮、敲铜锣,唱优嗨嗬歌和弹指歌,跳起欢快的长鼓舞,尽情玩乐。

夜晚,各家各户备足酒菜,盛情款待贵宾。晚饭后,未婚男女青年在野外燃起篝火唱恋歌,谈情说爱,中年人和小孩则在家中火塘边,听老歌手唱盘古王歌和八排瑶来源歌等历史长歌,重温民族历史,通宵达旦。

耍歌堂期间,方圆百余里的瑶胞都赶来观光助兴。歌堂坪上,人山人海,铁铳齐鸣,鼓乐喧天,数十甚至数百瑶民高唱优嗨歌,欢跳长鼓舞,场面极为热烈壮观。1992年,连南瑶族耍歌堂被国家列入中国友好观光年100个节庆活动之一。此后,连南瑶山每年都举行耍歌堂活动,吸引了众多的国内外游客前来观看。传统的耍歌堂已成为各族人民和各国朋友同欢共乐的喜庆娱乐活动。2005年,经广东省文化厅组织专家评审、省人民政府批准,连南瑶族耍歌堂被列为广东"省级非物质文化遗产";2006年,经国家文化部确定、国务院批准,被列为"国家级非物质文化遗产"。

2.香歌堂

香歌堂,瑶语为[vong^{44} ko tong^{53}],又称"大传"和"挨旦堂"[ai^{41}tam^{53}tong^{53}]。瑶语中"香"的含义为"香火",故有香歌堂之称;也有的学者据瑶语谐音译为"旺歌堂"。20世纪50年代,有调查者将此活动称为"打道箓"(《连南瑶族自治县社会调查》),但排瑶人普遍对此称谓不认同。由于各种原因,有关部门的宣传资料和一些专家的文章都将耍歌堂和香歌堂混为一谈,这是很不妥当的。耍歌堂和香歌堂的活动范围、活动时间、活动内容、宗教科式等等,区别非常大,是完全不一样的民俗活动。耍歌堂是以祖庙为单位,一个排或数个排不分姓氏宗族共同举办的以祭祖、拜神、驱邪、祈福、娱乐,追忆民族历史和传承民族文化为主要内容的盛大民俗活动,而香歌堂不是全排性的活动,是以出自同一祖宗具有可查血缘关系的一个姓氏,或同姓中的一房(宗族)为单位举行的宗族祭祖度戒民俗活动(有学者称这种活动为"成年礼",笔者认为不太全面,这种活动除捡法名者接受"过九州"洗礼外，还举行大量的祭祀祖先、追忆民族历史的活动）。由于居住地分散，香歌堂举行的间隔年限各地不一，有的十五六年，有的十七八年，有的则二三十年才举行一次。具体在哪一年举行，由瑶老提议，大家商量，先生公择定。

香歌堂活动多在农历十月后的吉日举行，全宗族男女老少都必须盛装参加。正式的活动时间为三天三夜，内容主要有三项：一是祭奠亡故的先人；二是为在世的男性和已婚妇女取"法名"；三是让取法名者"过九州"度戒，接受宗教洗礼。度戒者"过九州"（排瑶祖先迁徙来连南时经过的宜州、青州、梁州、雍州、润州、荆州、寅州、辰州、道州）时，外家和亲友都来"州坪"给他（她）"挂红"（挂红布）祝福，放鞭炮庆贺，极为隆重。活动结束后，各家各户杀鸡宰猪，宴请外家和亲友；而外家和亲友必须前往赴宴，唱祝福歌，放鞭炮庆贺。一连几天，瑶家山寨，人来人往，欢声笑语，鞭炮齐鸣，歌声飞扬，非常热闹。

（二）过山瑶歌堂概述

过山瑶的歌堂，主要有众人堂和坐歌堂两种类型，其活动时间、活动内容完全不相同。两种歌堂都有特定的含义和民俗活动。

1.众人堂

众人堂，又有做堂、跳盘王、还盘王愿等多种称呼，是过山瑶以村寨为单位，在立冬后举行的一种祭祀祖先、酬谢众神、祈求平安、追忆民族历史和传承民族文化的民俗活动。旧俗每三年或七年举行一次，活动时间多为三天。届时，瑶民在村中设立祭坛，杀猪宰鸡，隆重祭祀祖先，并请师公念诵瑶经，举行请神、祭神、安神、娱神、送神、打马鞭、锁马鞭、捆杀四方妖怪等一系列宗教仪式。活动期间，师公带徒弟学习瑶经、学做法事，歌郎歌姆带童男童女学唱瑶歌，众人"围堂"观看阳笙舞、花鼓舞。如是丰年或吉年吉日，瑶民还将婚礼、挂灯、度戒连在一起举行，活动时间延至七天，举行捡法名、挂灯、上刀山（梯）、过火海（炼）、摸油锅、修炼等仪式。白天，祭祀礼仪结束后，歌姆歌郎唱盘王歌和历史歌。未婚男女青年在歌堂坪唱歌跳舞娱乐活动中暗暗选择自己心仪的对象，到了夜晚，他（她）们在厅堂或坪地燃起火堆，一群群，一对对，围火而坐，纵情歌唱，谈情说爱，通宵达旦。

2.坐歌堂

坐歌堂，是过山瑶在厅堂围火唱歌接待客人的一种仪式。以前，过山瑶居住分散，集体娱乐活动少，逢年过节或农闲时大家走到一块儿，主客双方就用对歌的方式来互相表达情谊。在坐歌堂唱的歌，迎接客人，唱迎客歌；请坐、请烟、请茶、敬酒都以歌相请；客人也唱歌回谢。若是送客，唱送客歌、出路歌、拦路歌。清代劳大舆《瓯江逸志》卷二十三载："（瑶人）冬无卧具，群聚热火。晴雨唯顶笠，或复以葵叶。捕兽饮酒，击长鼓为乐。"可见过去瑶族虽缺衣少食，但热情好客，节日客人来得多了，可又"无卧具"安排客人，只好"群聚热火"。或许他们为了调解枯燥单调的生活，渐而产生围火唱歌的"歌堂"习俗。

二、瑶族歌堂的起源与流传

瑶族歌堂,历史悠久,源远流长,独具特色。瑶族歌堂作为瑶族社会的一种民俗文化现象,有其产生和发展的过程。从上述四种歌堂的主要形式和核心内容来看,起源的时间、起源的缘由、形成的过程等等,都各不相同。

(一)耍歌堂的起源和流传

根据史料记载和调查资料考证,排瑶耍歌堂起源于唐代,形成于宋代,兴于明代,盛于清代,流传至今。

耍歌堂的起源和形成,从其活动的主要形式和核心内容来看,应起源于瑶民对盘古王和各姓祖先的崇拜。排瑶崇奉盘古王为民族始祖。新中国成立前,排瑶每个大的山寨(排)都建有盘古王庙,小的瑶寨则几个寨合建,把盘古王和各姓始祖的木雕神像供奉在庙里,设掌庙公和烧香公负责烧香祭祀,每逢一年中的正月十五元宵节、三月三"开耕节"、六月六"尝新节"、七月七"开唱节"、十月十六"盘古王节"等重大节日,全排的人(或每家派人)到庙里祭祀。相传盘古王仙逝于农历十月十六,所以,这天排瑶在盘古王庙举行的祭典仪式也就特别隆重。耍歌堂活动也往往选择在"盘古王节"稍后的吉日举行,可见过去排瑶的耍歌堂是伴随着祭祀活动而进行的。

瑶族祭祀盘古王,有悠久的历史。晋代干宝著的《搜神记》,已提到了瑶族先民"用糁杂鱼肉,叩槽而号,以祭盘瓠"。唐代大诗人刘禹锡被贬官到连州时(那时连南地区归属连州辖)作《蛮子歌》,说到瑶族"时节祀盘瓠"。宋人周去非著的

《岭外代答》记载："徭人每岁十月旦,举峒祭都贝大王于其庙前,男女之无夫家者,男女各群,连袂而舞,谓之踏摇。"

伴随着祭奠活动而产生的耍歌堂,最迟在明代已形成完整的科仪,据连南瑶排的瑶老唐丁当公收藏的一份明朝天启年间抄写的《歌堂书》(俗称"十二本")记载,在明代排瑶已有造桥、香花、收红尸、罗罡、结界、又变、兵床、迎兵、长沙王、招亡、赦罪解结、开光等十二本耍歌堂时使用的瑶经和发牒等文疏,统称为《歌堂书》。20世纪80年代在连南收集到的明朝崇祯年间转抄的《耍歌堂断卷书》也说明,排瑶在明代已有了专用于耍歌堂时唱的歌书。到清代,排瑶耍歌堂进入了盛兴时期。清代李来章著的《八排风土记》记载:排瑶耍歌堂,"每排三年或五年一次行之,先择吉日,通知各排届期至庙,宰猪奉神,列长案于神前,延道士坐其上。每人饭一碗,肉一碟,口诵道经,瑶人拜其下,以筊卜吉凶。富者穿五色绣衣,或袍或衫,必插鸡羽于首,足穿草履或木屐、或赤足不袜,系金银褚纸于竹篙上,手执之,击锣挝鼓,赛宝唱歌,各排男女来会,以歌答之"。类似有关清代排瑶耍歌堂盛况的记载,在史籍中屡见不鲜。

耍歌堂在刚形成时,是以祭祀为主要内容的,带有浓厚的宗教色彩。随着时代的发展,人们的思想意识不断变化,这项活动至今虽保留着某些原始的程序,但活动内容和形式已渗进很多新的含义。如清代时,加进了许多歌舞娱乐内容,以此欢庆丰收,祈祝来年五谷丰登,人丁兴旺。到了近代,耍歌堂大量的活动则以跳长鼓、吹牛角号、敲铜锣、放铳炮,唱盘古王歌和历史歌、弹指歌、生产歌、爱情歌、祝愿歌等为主要内容,演变成为集纪念祖先、追忆历史、庆祝丰收、酬神还愿和群众性娱乐活动等为一体的传统的民族盛会。

(二)香歌堂的起源和流传

排瑶的香歌堂是受汉族道教的影响而产生的祭祀亡故者,为在生者度戒祈福,"捡法名""过九州",接受宗教洗礼的一项庄严而盛大的宗教仪式。瑶民认为,未经香歌堂度戒,"捡法名""过九州"的人,生前没有神兵保护自己,死后不能立神主,上神龛,变成了野鬼。因此,每个瑶民都必须经过香歌堂度戒,择定法名,接受"过九州"的宗教洗礼和众亲友"挂红"祝福。香歌堂这项活动,与汉族打醮相似,道教色彩甚浓。

道教是中国土生土长的一种宗教,它形成于东汉顺帝(126—144)年间,至今已有1800多年的历史。道教作为中华民族的固有宗教,不仅对汉族的政治、经济和文化思想产生深刻的影响,对排瑶的宗教文化也产生巨大的影响。

道教在排瑶中传播已有很长的历史。20世纪70年代初,在连南排瑶地区发现有明代抄成流传的瑶族道经,还在南岗排发现两座明朝万历三十七年(1609年)建的排瑶石棺古墓,碑上刻有墓主"度戒"后使用的道教法名。说明最迟在明代,道教和香歌堂已在排瑶中广泛流传。而其传入的时间,则应该更早。长期以来,排瑶在保留本民族固有的原始宗教的同时,不断接受道教的影响,并将道教的经书、科仪等加以改造和利用,形成了自己独特的宗教信仰。根据史料记载和田野调查考证，排瑶香歌堂，起源于宋末元初，形成于明代初期，盛行于清代，流传至今。这项活动在排瑶各地流传，每个姓氏宗族视新出生的人丁和娶入的媳妇有多少人而决定举行香歌堂活动的时间，如新增人口较多，一般20年左右举行一次；如新增人口较少则30年左右才举办一次。

（三）众人堂的起源与流传

众人堂是广东过山瑶酬神祭祖，驱除邪恶，祈求平安，追忆民族历史，传承民族文化的一项隆重盛大的民俗活动。根据调查资料考证，众人堂应起源于宋末元初，形成于明朝，盛兴于清朝，流传至今。这项活动应起源于对盘王和各姓祖先的崇拜，所以，有的地方称为做堂、跳盘王和还盘王愿。尽管各地称呼不同，但其活动内容和科仪相同。

跳盘王，是过山瑶传统的祭祀民族始祖盘瓠的民俗活动。瑶民崇拜盘瓠，将他尊称为盘王。瑶族跳盘王活动，从战国到民国时期均有记载。晋朝干宝《搜神记》云：瑶民"用糁杂鱼肉，叩槽而号，以祭盘瓠，其俗至今。故世称'赤髀横裙，盘瓠子孙'。"清·屈大均《广东新语》云："诸瑶率盘姓，有三种，曰高山、曰花肚、曰平地，平地者良。岁七月十四拜年，以盘古为始祖，盘瓠为大宗。"

举行跳盘王活动的时间由师公（宗教活动主持者）择定。跳盘王这天，瑶民设置祭坛，供奉猪头、熟鸡、米酒、山果等祭品，祭祀盘瓠；唱盘王歌，跳盘王舞，追思和酬谢盘王。青年男女开展社交活动，通过对歌等形式，选择意中人。

还盘王愿，是过山瑶怀念祖先。祭祀祖先，祈求祖先，祈求平安的一种民俗活动。瑶家称盘王为祖宗，因此又叫"还祖宗愿"。

还盘王愿多由一个或几个村寨集体举办，十分铺张。一般选在农历十月十六之后的吉日举行，全村或几村人集资筹办。在盘王庙设法坛，各家在门口搭个草棚设小神位。还盘王愿仪式为：首先敬奉盘王，把盘王像、平王像、顺王像挂在神坛正中，其余两边排真武王、功曹王、田公地母、36罗汉72兵将等神像。祭祀开始，鸣铁铳炮三响，放鞭炮，摆全猪等祭品。杀猪时，把猪放入山林，然后聚众把它捕捉回来，意为无猪敬祖，捕野猪代替，更显虔诚之心。摆上祭品后，大师公率徒弟开始念赞颂盘王的经书，又唱又跳，一套接一套做法事。接着，由歌姆、歌郎对唱瑶歌，互相对答盘王的生平历史以及传出瑶家、祖先过州过府迁徙的艰苦历程，表达瑶家对祖先敬仰怀念之情，对后代进行民族历史和民族传统教育。当唱歌对歌告一段落，师公们各使花纹叉棍，表演祭祀舞。接着歌手唱"七侠鬼神歌"，舞师跳36套或72套花鼓。

还盘王愿最后一套仪式是出州过州，凡举办者和参观者都要参加。敲锣、打鼓、吹唢呐、放鞭炮、放铁铳炮、唱瑶歌、跳花鼓舞等同时进行，与排瑶耍歌堂一样热闹。这个仪式，是对祖先们长途迁徙，漂洋过海，过州过府的追忆。

过去，过山瑶由于居住分散，大家很难聚在一起，因此，众人堂"还愿"活动也就成为青年男女谈情说爱的重要场所。白天，未婚青年暗中选择自己心仪的情侣；到了晚上，大家在厅堂或地坪上围着火堆唱情歌，谈情说爱，通宵达旦。很多年轻人就是在众人堂"还愿"活动中相识相爱，建立起幸福美满的家庭。

（四）坐歌堂的来源与流传

坐歌堂起源于何时，现无资料可考证。据连南过山瑶寨师公莫福讲，在过山瑶地区流传的瑶歌和传说，都说坐歌堂这种风俗是祖先从湖南带过来的。过山瑶人最早迁入连南是郑姓的祖先，是明朝万历中期（约1580年前后）从湖南桂里冲迁入连南大麦山菜坑村，其他姓人于清朝道光后陆续迁入连南，据此推算，坐歌堂活动在明清时期已在广东过山瑶地区流传了。

关于坐歌堂风俗的来历，众说纷纭。其中在连州瑶区流传有一种说法是：在那古老的年代，有个瑶寨的姑娘，虽然长得非常美丽，却因找不到如意郎君而20多岁了都不肯出嫁。后来，有个长者献策，邀请周围村寨的未婚青年男女都来欢聚一堂，尽情唱歌跳舞，好让姑娘选择对象。邀请发出后，百里瑶山的青年男女都响应而来。大家唱呀跳呀，狂欢了三日三夜。果然，未婚男女都找到了自己称心如意的情侣。于是，这风俗便一直流传至今。长期以来，许多未婚男女青年，通过坐歌堂活动相识相爱，建立感情，结为配偶，建立起幸福美满的家庭。

三、瑶族歌堂的舞蹈与民歌

历史悠久的瑶族歌堂，给后人留下很多民族文化珍品，如伴随歌堂产生的瑶经《歌堂书》、《大传书》（排瑶又称"十二本"），长达数千行的排瑶叙事长歌盘古王歌、八排瑶来源歌和过山瑶的盘王大歌，古朴豪放的优嗨歌，粗犷优美的长鼓舞，绚丽多彩的瑶族服饰，风格独特的民间工艺等等，为今天研究瑶族社会历史、宗教信仰、文化艺术和风俗民情，提供了丰富而真实的资料。

（一）瑶族歌堂的舞蹈

能歌善舞的瑶族人民喜欢用歌舞来抒发内心的情感，因此在耍歌堂、香歌堂、众人堂这些瑶族最为隆重盛大的民俗活动中，具有浓郁民族特色的舞蹈艺术形式贯穿整个活动的始终。传统的舞蹈形式，主要有长鼓舞、祭祀舞（过山瑶称盘王舞）、打兵马舞等。

1.长鼓舞

长鼓舞，分为排瑶长鼓舞和过山瑶小长鼓舞，是瑶族最有代表性的民间舞蹈，被誉为瑶族艺术之花，在瑶区广泛流传。每逢春节、十月十六盘古王节（过山瑶称盘王节）、耍歌堂、香歌堂、众人堂还盘王愿或其他喜庆活动，瑶族男子都喜欢跳起长鼓舞来庆贺。

（1）排瑶长鼓舞

排瑶称长鼓为"汪都"，鼓身细长，两头大，呈喇叭状，长约4市尺，用梓木（泡桐木）制成，两端蒙上牛皮或山羊皮做鼓面。表演形式分为单人舞、双人舞和群舞。群舞常在盘古王庙祭祖或举行耍歌堂、香歌堂活动时进行，数十人击鼓跳跃，欢呼呐喊，场面非常壮观。相传有36套和72套多种表演程式。舞时，长鼓横挂胸腹间，右手五指并拢，以掌击鼓，左手持一竹片，敲打鼓面，发出"咚呐咚呐"之声，节奏多变，舞蹈动作刚劲有力，粗犷洒脱。尤其是双人表演，犹如两虎相斗，又像双龙戏珠，妙趣横生。

长鼓舞在排瑶地区有多种称呼和表演风格，油岭排"歌堂鼓"，舞姿刚劲威猛，粗犷奔放；军寮排歌堂"团圆鼓""啄木鼓"，火烧排歌堂"十二姓鼓"和大掌排歌堂"种树鼓""砍树鼓"，舞姿矫健，柔中带刚；南岗排歌堂"欢乐长鼓"和大麦山镇新寨歌堂"斗鸡鼓"，舞姿多变，轻快优美。

自古以来，排瑶女子是不跳长鼓舞的，只有男子才是这种独具特色的舞蹈表演者。新中国成立后，瑶族长鼓手除要歌堂、香歌堂等重大节庆活动在瑶山村寨跳长鼓舞外，还组成长鼓表演队，多次应邀到北京、上海、南宁、广州、深圳、香港等地以及美国、法国、澳大利亚等国家演出，所到之处，受到观众的热烈欢迎。2007年，以连南排瑶为代表的长鼓舞入选为广东"省级非物质文化遗产"，2008年，经国家文化部确定、国务院批准，入选为"国家级非物质文化遗产"。

（2）过山瑶小长鼓舞

过山瑶称长鼓为"剥贡"。鼓身也是泡桐木制成，长约80厘米，鼓身细长，两头大，鼓身绘上花纹图案，故称"小长鼓"或"花鼓"。打鼓时，左手握鼓中间，翻腕转动多变，右手指掌拍鼓。舞蹈动作繁多，套路叫法多样。常用锣、钹、铛、唢呐、铜铃等乐器和着盘王大歌表演，动作柔和，节奏明快，独具情趣。

过山瑶的小长鼓，平时放在祖宗神位旁边，每当举行众人堂还盘王愿或重大节日要打长鼓时，需点上香烛，打起锣鼓，吹起唢呐、横箫、芦笙才能取下长鼓进行表演。这种仪式，反映他们怀念祖先，祈求人丁安泰、五谷丰登、六畜兴旺的愿望。

过山瑶的小长鼓舞，动作风格的主要特征是以屈膝进行，也就是说表演时必须两膝弯曲。从屈膝程度区分，有"高桩""中桩""矮桩"打法；从动作节奏区分，有"文打"和"武打"（"文打"动作深沉稳重，温和缓慢，稍有颤动，有刚有柔，富有韵味；"武打"则节奏稍快，动作跳跃，步伐灵巧潇洒）；从表演场地区分，有"地打"和"台打"。

台打，又称为"高台长鼓"，即将两张八仙桌叠在一起，两个鼓手相对站在桌上对打，一方面便于观看，另一方面显示舞者技能。因为桌面上位置有限，每转一个位置须侧身而过，贴身而舞，所以动作必须准确吻合，相互间必须默契。更有甚者，再叠加一桌，难度更大，更能显示他们高超的技艺。

地打，一般在室外地坪表演，有时亦在厅堂表演，跳时通常为两男对舞，也有一男一女或两男两女对舞。表演动作的特点主要是屈、弯、蹲、转等，舞时配以鼓点和唢呐伴奏，曲调轻快流畅。舞者各站一方，交错起舞，如织金穿梭，动作敏捷而平稳对称。敲打乐器为小鼓、小锣、芒锣、中钹等。

小长鼓舞起源于瑶民对本民族的图腾崇拜和祖先信仰。舞蹈真实而形象地表现了瑶民搭屋建房的内容和过程，反映出他们曾经过着游耕、游猎、频繁迁徙的艰辛生活。

小长鼓舞是过山瑶在众人堂还盘王愿和喜庆节日时喜爱跳的一种民间舞蹈，独具民族特色，被誉为瑶族艺术之花，深受瑶族同胞所喜爱，代代相传。2011年，以连山县过山瑶为代表的小长鼓舞经国家文化部确定、国务院批准，入选为"国家级非物质文化遗产"。

2.祭祀舞（盘王舞）

祭祀舞，过山瑶称为盘王舞。排瑶则在举行耍歌堂、香歌堂、"求雨"或丧事打斋做法事时，由先生公跳这种舞蹈。跳舞时，数个男子吹牛角、打铜锣，打铙钹，四个或六个先生公手摇铜铃，挥舞神剑道鞭，在祭坛边念瑶经边舞蹈，气氛十分热烈。过山瑶则多在众人堂还盘王愿活动时才表演。过山瑶的众人堂还盘王愿活动，要唱盘王大歌和跳盘王舞。盘王大歌主要是以歌的形式叙述盘王一生的事迹，七字句式。词句洗练，曲律古雅而浑厚。届时，由1～3对盛装打扮的未婚男女青年，跟着师公和歌手唱盘王大歌。师公助手则依歌跳起盘王舞，表演盘王创业故事，再现瑶族先民耕种狩猎、出征杀敌的一幅幅模拟画面。所以，盘王舞又叫跳盘王，伴着长鼓声，舞者时而翻腾，时而旋转，时而跳跃，并时而有男女伴唱。舞蹈动作大多是模仿劳动的动作，如开荒、播种、造林、伐木、狩猎等内容，动作矫健潇洒，节奏复杂多变。场面气氛热烈，给人一种山野般粗犷奔放的感觉。

3.打兵马舞（又称打马鞭舞）

流传于过山瑶地区。由数名师公组成，先由一名德高望重的师公手持铜铃站在中央,其他徒弟围绕着他欢快起舞。数位师公手持道鞭、铜锣、铙钹、花棍围成圈,时而上下跳跃,时而来回旋转,并高声欢叫,气氛热烈,表示对祖先恩赐的感激之情。每年秋收之后,举行众人堂活动时,各村瑶民聚集在一起,围堂看师公跳打兵马舞,纵情欢乐,感谢祖先,祈求平安、吉祥如意。

(二)瑶族歌堂的民歌

广东瑶族,能歌善舞,十分喜欢唱歌,歌唱活动浸透于社会生活的各个方面。恋爱、结婚、生育、丧葬、祭祀、待客、议事、劳动等,都以唱歌的方式来表达思想感情。若逢耍歌堂、香歌堂、众人堂、坐歌堂等重大活动,寨寨摆歌堂,纵情歌唱,通宵达旦。

1.排瑶民歌

排瑶在耍歌堂和香歌堂唱的民歌,内容十分丰富,种类主要有古歌、歌堂歌、情歌、劳动歌、礼仪歌等。

古歌。又称歌堂古,是排瑶史诗性的叙事长歌,歌词的格式长短不一,不拘押韵,诗体自由。内容主要叙述瑶族历史来源和迁徙过程中的苦难遭遇,历史重大事件,歌颂民族英雄等。流传较广的有水淹天、八排瑶来源歌(又称大官烦)、甘基王、里八峒等。这些古歌,一般在歌堂夜晚时由老歌手演唱,其中水淹天、甘基王、八排瑶来源歌等,歌词长达数千行,故事悲壮,结构完整。曲调富于叙事性和吟诵性,音调低沉压抑,节奏缓慢。

歌堂歌。排瑶男子白天集体在耍歌堂活动中唱的歌，以唱优海歌为主。优海歌，以歌中的衬词"优嗬海"而得名。歌词的主要内容是歌颂盘古王，以及反映瑶民获得丰收后耍歌堂的喜悦。歌唱时，一人领唱，众人和唱，并伴之牛角号声、口哨声、欢呼声，气氛非常热烈。这种歌，曲调高亢，风韵粗犷，悠扬动听。歌手在祖庙或晚上在家里唱的歌，主要是盘古王歌和礼仪歌，盘古王歌的内容主要讲述盘古王夫妇开天辟地造人类的故事。

情歌。排瑶在歌堂唱的情歌有两种类型：一种是白天在歌堂坪上唱的，称为弹指歌和歌度单歌。这类歌由男性年轻人在歌堂坪上唱，挑逗和赞美年轻女性。另一种称为天黑歌，曲调低柔委婉，亲切深情。在举行歌堂活动期间的夜晚，未婚青年男女，成群结队，燃起篝火，唱歌谈情，直至天亮。

礼仪歌。又称风俗歌，举行歌堂时，瑶民夜晚在厅堂或火塘边唱，主要有迎客歌、敬酒歌、祝福歌，还有先生公做法事时唱的祭祀歌等。这两类歌的曲调，风俗歌节奏明快，悠扬响亮；祭祀歌节奏缓慢，音调低沉。

2.过山瑶民歌

过山瑶在众人堂唱的民歌，主要有盘王大歌（又称盘王歌）、千家峒歌、祭祀歌（又称还愿歌）等。祭祀活动告一段落，开始唱盘王大歌。由师公领唱，众人帮唱，场面十分庄严肃穆，表现出一种神秘的宗教气氛。

盘王大歌是过山瑶的史歌，其主歌有七千五百多行，副歌有一千多行，杂歌杂词有一千多行，累计上万行，歌名多至数十种，一般要唱七天七夜。

盘王大歌是瑶族人民传统文化的珍品，是过山瑶"还盘王愿"时唱的神歌。专家研究认为，盘王大歌可能产生于晋代，因为晋代干宝著的《搜神记》已有瑶人"叩槽而号，以祭盘瓠"的记载，唐代诗人刘禹锡在其《蛮子歌》中所说的"时节祭盘瓠"，讲述的就是瑶族人民还盘王愿的祭祀活动，说明盘王大歌在晋代形成雏形，完善于唐宋时代。盘王大歌七言体为主和篇幅长短不限的格局，与唐代盛行的古体诗、近体诗、绝句、六言诗等篇幅长短自由、句子整齐划一的七言体、五言体、长短句的多种形式文学风格相吻合。

盘王大歌在瑶山广泛流传中，形成了两种不同的手抄本。一种叫作"二十四路"（附九任曲）；另一种叫作"三十六段"（附七任曲或十二任曲）。为什么有"二十四路"与"三十六段"之分呢？这是由于十二姓瑶民在还盘王愿时，不同的姓氏使用不同的盘王大歌版本。即有的姓氏用"二十四路"，有的姓氏用"三十六段"。

两种盘王大歌手抄本，歌词内容博广精深，包罗万象。其中叙述了人类始祖创世的艰辛，以及人类、民族、天地万物的形成和发展；并且反映瑶族人民的宗教、生产、生活和爱情以及伦理道德观等。由此可见，盘王大歌并非完全歌颂盘王（盘瓠）的专集，而是一本乐神唱本和反映瑶族历史文化的歌谣集成。

过山瑶在坐歌堂唱的歌，迎接客人，唱迎客歌；请坐、敬烟、敬茶、敬酒都以歌相请；客人也唱歌回谢。夜晚在歌堂围火唱歌时，互相盘歌，比聪明才智，主要唱劳动歌、生产知识歌、情歌等，有问有答，气氛热烈。若是主人送客，唱送客歌、出路歌、拦路歌等。

坐歌堂在厅堂内或火塘旁进行。谓之坐歌堂，即逢年过节或举办重大活动时，便围火过夜，纵情歌唱。一般歌堂程序由瑶家长老（主家）起歌头：

龙花会上会乡亲，红绒丝线绣花针。
牵条丝线共凳坐，搭起歌堂起歌头。

歌堂歌头共有七十二对（可视歌堂情况酌减），主人唱歌头就意味着要起歌堂了。然后本寨的男女青年分头请各户来的客人到歌堂唱歌。按歌堂习俗，本寨的男青年唱着歌去请各户来的女客人，女青年也唱着歌去请男客人，分别请到两个不同地点的歌堂去唱歌，亦有同开一个歌堂。歌堂主客按预定的位置坐下，主人请客人坐、请茶、敬烟、请唱歌等，都以歌来表达，客人也以歌回答。主客分别按预定位置就座好后，开始唱歌。歌堂前半夜多唱历史歌、劳动知识歌、谜语歌等等。男女之间互唱"盘歌"，盘歌当中答不上歌者，有人把篝火往他（她）面前移，表示"逼歌"和嬉戏，答上歌就可以把火往回送。这种盘歌斗智，可判断人们的聪明才智和品德性格，男女青年往往从中选择自己理想的对象。歌堂唱至午夜，主家捧出甜酒、糍粑、糖果和爆米花等，供大家消夜。之后，已婚男女（包括主客）悄悄离场，剩下小伙子和姑娘们继续对唱情歌。

至天亮时便唱"天光调"即分离歌,表示情深意浓,难分难舍。天亮以后,如果客人愿意留下,歌堂可连唱几晚。若客人执意回家,要离别上路时,主人摆一条凳拦门,摆上两碗酒,客人答不上歌时,便要罚酒,答得上歌的,便一边送一边拦路对歌,此时唱的便是拦路歌。客人向主人告别时,唱告别歌和谢主歌等。这种歌唱形式会迫使不会唱歌的男女青年学歌唱歌,这就促成了过山瑶民爱唱歌的习俗。

文化自信与秩序建构

——布依族歌谣传承保护个案研究

鄂启科[*]

布依族历史悠久，有自己丰富而灿烂的民族文化，其中歌谣作为布依族乡村口述传统文化的一个重要内容，具有独特社会教育功能、真善美的价值观念、天人合一的自然生态观，如一朵盛开的花儿一样，展示出布依族文化无穷的魅力。然而，随着现代化浪潮的冲击，布依族歌谣各种传承场域也逐渐发生疏离，民族文化认同感面临着新的挑战，如何挖掘、传承、保护好布依族歌谣，对民族文化认同和乡村社会秩序建构有着重要的积极意义。基于此，笔者以贵州望谟县布依族为研究个案，通过田野调查，对布依族歌谣的伦理表达与传承保护的必要性进行分析，同时，进一步探讨布依族歌谣传承困境，并提出对策建议，以就教于方家。

---

[*] 鄂启科，贵州省地方海事局。

一、布依族歌谣研究现状和评述

在汉语民间韵文体作品中，有"歌"与"谣"之别。《毛传》说："曲合乐曰歌，徒歌曰谣。"而"歌谣"的合称则始于《淮南子·主术训》："……陈以礼乐，风之以歌谣。"[1] 在布依族中，也有与汉族相对应的称谓，有"歌"与"谣"之分，"歌"，布依语称为"weanl"（音译：温），只诵不唱的称为"bic"（音译：比），合称"gueh weanl gueh bic"（音译：哥温哥比）[2]。近年来，对布依族民间歌谣的研究，大致可以分为以下两方面：一是在学术研究方面，根据中国知网统计数据显示，仅从1984年李子和先生在《民族文学研究》发表《〈南盘江情歌〉纵横谈》到2019年贵州民族大学欧芳箐硕士论文《贵州荔波县布依族多声部民歌的传承路径研究》，三十五年来，对布依族民歌的研究论文就有70篇之多，如：贺又宁的《布依族情歌语言的审美特征与人的审美意识》[3]，周国茂的《论布依族情歌生态》[4]，李继昌的《布依族"情歌"的传统形态及其民族婚姻的渊源关系》[5]，杨昌儒、赵志君的《布依族对歌文化初探》[6]，石尚彬的《试论布依族民间说唱

---

[1] 朱自清《中国歌谣》，上海：复旦大学出版社，2005年，第1—2页。
[2] 周国茂《布依族民歌荟萃》，贵阳：贵州人民出版社，2015年。
[3] 贺又宁《布依族情歌语言的审美特征与人的审美意识》，载《贵州民族研究》2001年第1期。
[4] 周国茂《论布依族情歌生态》，载《贵阳学院学报》2013年第1期。
[5] 李继昌《布依族"情歌"的传统形态及其民族婚姻的渊源关系》，载《中国音乐》1987年第2期。
[6] 杨昌儒、赵志君《布依族对歌文化初探》，载《贵州民族研究》1999年第2期。

艺术特色》[1]，或论对歌文化，或论审美特征，或论语言特色，或论社会功能，或论传承困境等等，成果丰硕。在硕士论文方面，黄镇邦的《当代布依族社会weanl的传承研究——以望谟县乐康村为个案》，[2]这是对望谟县乐康的传统口传民歌weanl的传承进行系统研究，并提出传承保护的意见建议。专著方面，也取得了一定的成绩，如黄德林先生的《文化生态视野下的布依族古歌生存价值研究》[3]，对布依族古歌的宗教价值、历史价值、民俗价值、社会价值、文学艺术价值、学术价值等方面进行了深入探讨，分析了文化生态视野下的布依族古歌的传承困境，从宏观、中观、微观三个层面提出了保护传承的对策。二是在翻译搜集整理方面，根据笔者阅读视域所及，目前已经出版10余部之多。如：吴秋林等学者主编的《盘县羊场布依族盘歌》，推进了布依族盘歌保护、传承和发展新进程。黄荣昌、黄镇邦的《布依族民歌荟萃——十二部古歌》，鄂启科的《布依族民歌荟萃——大调民歌》，吴定川、鄂启科的《布依族民歌荟萃——小调情歌》等"布依族民歌荟萃"系列作品，分别收录了第一土语区的传统口传民歌大调、小调演唱的作品以及在仪式活动中演唱的十二部古歌，用布依文、国际音标和汉语对译、意译的方式排列，不仅让读者了解作品的思想内容和韵律特点，而且对认识和了解布依族民俗和文化具

---

[1] 石尚彬《试论布依族民间说唱艺术特色》，《贵州民族研究》1994年第1期。
[2] 黄镇邦《当代布依族社会weanl的传承研究——以望谟县乐康村为个案》，中央民族大学硕士论文，2009年。
[3] 黄德林《文化生态视野下的布依族古歌生存价值研究》，北京：中国社会科学出版社，2004年。

有重要意义。贵州民族出版社推出由梁朝文等学者搜集整理翻译的布依族口传歌谣系列丛书（《布依族传统恋情歌选》《布依族传统婚宴歌》《布依族传统礼俗歌选》《布依族传统叙事歌选》），把布依族传统口传民歌的搜集、整理、翻译进一步系统化、规模化，使得布依族口传民歌搜集整理翻译呈现出欣欣向荣之势。

通过上述梳理，笔者发现30多年来，学者们对布依族歌谣的关注度不断提升，并且取得了可喜的成绩，但也依然存在一定的缺憾：一是学术研究方面，偏重于"歌"的研究，对"谣"的研究偏少。二是在翻译搜集整理方面，均为"歌"的作品集，目前尚未发现有"谣"的作品专集出版。三是学者对布依族歌谣的文化价值、社会价值、历史价值等均达成共识，对如何传承、保护、发展也提出了建设性的对策建议，但研究的程度不一，有的停留在作品评介层面，有的则只专注于某个方面的研究。因此，从民族文化认同和乡村社会秩序建构的角度切入，对布依族歌谣的保护传承发展进行深入探讨，尤其是采用布依族"谣"作品来分析研究，以田野调查为主要研究方法，仍然有很大的空间和诠释的可能性。

二、布依族歌谣的伦理表达与传承保护的必要性分析

（一）布依族歌谣的伦理表达

布依族weanl（歌）和bic（谣），作为一种口述传统，是

布依族文化的元典之一，反映布依族乡民的伦理道德规范和社会准则。既然作为一种文化，它必然起着劝诫、鼓励、引导、压制等作用。其伦理表达，可以概括为以下三个方面。

一是道德教化。孔子说"不学礼，无以立"（《论语·尧曰》）。礼仪是人们立身处世之根本，在乡村这个熟人的社会，人们更加重视。因为中国乡土社会的基层结构是一种"差序格局"，是一个"一根根私人联系所构成的网络"。[1]布依族是一个尚礼的民族，热情好客是布依族的一个显著特点，但凡家中来客，要把家中最好的酒、肉奉上，哪怕家中只剩下一只老母鸡，都要拿来杀给客人吃。在歌谣中，也体现了这种重视礼节、注重孝道的道德教化功能。如这首童谣：

Dongz hee dongz[2]，
老庚啊老庚[3]，
Rauz bail ric genl boongs，
咱们去溪边吃糯米灌肠，
Gaaislaez ndoongs xih genl，
哪块好就吃，
Gaaislaez benl xih xuangs，
留点拿回家，
Xuangs bail raanz haec boh haec meeh，

---

[1] 费孝通《乡土中国·生育制度》，北京：北京大学出版社，1998年，第48页。
[2] 本文中所引用的均为布依族文，属于拼音文字，与汉语拼音不一样，这种拼音文字的调号用字母表示，标在音节后面。
[3] 老庚，是非常要好的同性朋友，逢年过节还要相互拜年。

拿回家给父母亲，
Boh yieh jaiz,
父亲高兴，
Meeh yieh jaiz,
母亲也高兴，
Leeuxboz maiz aangsyaangh.
大家一起高兴。

这首童谣，两个玩得好的同伴吃糯米灌肠，两个互相说：我们选好的那截吃，留点回家给父母吃，父母会很高兴，我们大家都高兴。这是望谟县布依族的人们耳熟能详的童谣。寓教于乐，通过说唱，把小孩对父母的孝心从小就根深蒂固于每一颗稚嫩的童心。笔者在田野调查中，惊喜地发现，望谟县新屯街道办中心小学还把该童谣编为儿童玩的游戏，纳入学校课堂教育，边说唱边游戏，一方面传承民族文化，另一方面让小孩多了一种乐趣。

在民歌方面，如这首：

Soongl bix dingl daz qyagt henc xuaanh,
我俩跨过房前的栏杆，
soongl bix dingl daz qyams henc lail,
我俩一走上石梯，
jol dangs raiz boh nangh,
感谢长辈们拿凳子给坐，

soongl bix nangh dangs lumz naail dangs,

我俩坐下就忘记打招呼，

……

lumz naail boh jis bix ndael raanz,,

忘记向父兄们打招呼，

ndanl baamz beeul soongl wois,

嘴笨就属我俩了，

ndanl beeul lingx soongl wois.

错误就属我俩了。

这首歌为大调对唱时必唱的一首歌，以自己"不懂礼貌"的谦卑之心，来表达对长辈的尊敬。你看，第三、第四句，感谢长辈们给自己凳子坐，接下来几句，说自己就知道坐下来，却忘记向长辈们问好、打招呼，结尾处说自己是多么地不礼貌、嘴巴是多么地笨拙。我们知道，在乡村社会，客人来到家里，首先要给客人递凳子，招呼客人坐下，这是待客之道。像这样的歌，在大调的演唱中，还有10多首。通过演唱，大家耳濡目染，无形中知道如何待客，从而学会尊敬长者，做一个有礼貌、有道德、让人尊敬的人。这远比空洞的说教有用得多。润物细无声，歌谣的道德教化功能无形中得以彰显。

二是抑恶扬善。歌谣虽然不是道德哲学，但是它却蕴含抑恶扬善的基本道德规范和行为准则。如这几句：

Lac lail feax gaais ingl,

莫靠他人梯，
Saaul dingl gvaanl gaais longh,
莫逗离婚女，
Roongz dinzhas qyus haanc,
黄蜂窝在近，
Saaul dingl gvaanl gaais longh,
莫逗离婚女，
……

这是告诉子女，不要惹多情的女子，犹如黄蜂窝在眼前一样，会带来灾难。实际上是告诉子女，不要去招惹是非，免生祸端。长期在歌谣的影响之下，从小耳闻目睹，无形之中会通过这种歌谣的教化来规范自己的言行。在今天的布依族地区，这几首歌谣，对于教育子女处理家庭关系，仍然有着重要的现实意义。

三是和谐共生。布依族依山傍水的居住环境，孕育了布依族乡民与自然山水和谐共生的生态伦理观念。比如，下面这首童谣：

Rongh ndianl dianz macngueh,
月亮出来了，
Doodt beah xux legraz,
脱下衣服迎接月光，
Saanl fal xux yahjims,
编网迎接月亮姑娘，
……

Soongl bux diz ndanlndongx,
两人敲打簸箕,
Soongl bux fongx ndanlyianz,
两人敲打铜鼓,
Ndanlyianz dogt bail xoongh,
铜鼓落到洞里面,
Yah dal ndoongs bail ral,
眼睛亮的就去找,
Meeh gaaisjal bail yeeuh,
老母鸡去喊,
Reeuh dangz lac xaz faaiz,
到楠竹下去喊,
Ranl duezgugt xuanh xuax,
看见老虎在游玩,
Ranl duezbih dez soic,
看见蜻蜓戴手镯,
Ranl duezmbax raaiz sel,
看见蝴蝶在写字,
Ranl duezmbax raaiz sal,
看见蝴蝶在写字,
Ranl duezmal bah rih,
看见黄狗在挖土
……

这首童谣有很多动物,有老虎,有蜻蜓,有蝴蝶,有黄狗,有母鸡，老虎在游玩，蜻蜓戴手镯，蝴蝶在写字，黄狗在挖土，这些动物用现在的话说，都很"呆萌呆萌的"。童谣里面没有描写他们凶恶的一面，而是充满着童话般的美好和诗意，他们像小孩子一样，玩得很开心，自得其乐。这里，我们看到的是一幅生动的、祥和的画面，是人与动物和谐共生的画面。反映出布依族歌谣中天人合一的伦理观念。我们再来看这首歌：

    Golfaix basngih mbeal,
    树有许多叶子，
    Golraul basngih jis,
    枫香树有许多枝丫，
    Mbaanx bassis bashac raanz hunz,
    寨子上有许多户人家，
    Gah ranl mengz hoz saml doh doh,
    只见你合心，
    Gah ranl nuangx hoz saml doh doh.
    只见妹合心。

这首歌，前两句起兴，以"树叶之多"为兴，引发所要表达的"万人之中，只有你才是我最喜欢的女孩"。为什么要通过植物来起兴呢？通过考察，笔者认为，这是布依族和自然和谐相处的生态伦理观念所致。类似的还有很多，如：

    Duezbyal heec duezbyal,
    鱼儿啊鱼儿，

Genl gaaisbmaz jeedt lih,
你吃什么鱼鳞才如此精致，
Duezbih heec duezbih,
蜻蜓啊蜻蜓，
Genl gaaismaz rox mbinl,
你吃什么才会飞翔，
Yuxjiml heec yuxjiml,
女孩啊女孩，
Genl gaaismaz xih xauh,
你吃什么才如此美丽，
Deg maaic yiangz fus dal,
你明眸善睐，
Deg hal yiangz fus yiangh,
你婀娜多姿，
Isnoz yiangh mengz miz,
如果不是你的美丽，
Xibliz gul miz neh,
我一点都不会喜欢你，
Gucliz bix miz neh.
我一点都不会喜欢你。

这首歌，前两句分别以鱼和蜻蜓来起兴，接着才转入喜欢女孩的话题。这里暂且抛开文学的修辞手法不谈，只就歌中的意象而言，动植物仿佛就是一个精灵，与人可以实现沟通交流，一如老朋友一样，畅谈知心话语。正如叶嘉莹先生所说:"'我'之中有此生命之存在,'物'之中亦有此生命之存在。因此我们常可自此纷纭歧异的'物'之中,获得一种生命的共感。"[1]笔者认为,"生命共感"的基础来源于和谐共生。意识观念与具体实践从来都不是单向关系,而是互动关系,因此,人们亲近自然、与自然和谐相处的行为又反过来内化人们的思想观念。田野调查中,我们发现,在望谟布依族地区,小孩出生三朝礼时,都要请布依族摩师来家"解旁"[2],然后栽一棵生命树,布依话叫"ndaml faix mingh"。逢年过节,特别是正月、七月半,还要拿香、果、饼等去供奉,并形成了一种风俗,这充分说明一点,歌谣所蕴含的生态伦理情怀,促使人们在心灵深处去爱惜自然、爱护生态。

(二)传承保护的必要性分析

第一,传承保护歌谣是实现文化认同的一个先决条件,是树牢文化自信的重要基础。文化认同具有深层的心理内涵,它反映的是民族文化的归属问题。文化认同有助于民族凝聚力的形成。我们知道,歌谣是乡民们信手拈来,作为自己娱乐和谈资的资本,甚至作为教育子女、小孩的重要语言工具,如饱读诗书的人们,总是喜欢引经据典一样,习惯引用"四书五经"、《增广贤文》等经典句子来教育、规范人们的言行。这

---

[1] 叶嘉莹《几首咏花的诗和一些有关诗歌的话》,《迦陵论诗丛稿》,北京:中华书局,2005年,第267页。
[2] 摩师,布依族叫"摩公""老摩",与彝族的"毕摩"类似。"解旁",一种巫术仪式。

里,布依族乡民们使用的歌谣,却体现出浓厚的地域色彩、风俗习惯、审美观念等特征,渗透到乡民生活的方方面面,深埋于人们的潜意识当中,成为民族文化认同和维持乡村社会秩序的重要因素。所以,保护传承民族歌谣等民族文化遗产,对于实现民族文化认同、树牢文化自信、增强民族自信心和自豪感具有重要的现实意义。文化认知是文化认同的前提,文化认同是文化自信的重要基础,反过来说,没有对自己民族文化的认同,就不可能树立民族文化的自信心和自豪感,更不可能实现民族文化的繁荣发展。

第二,乡村社会秩序的稳定需要"礼"来维系,布依族歌谣的道德教化功能对维持乡村社会秩序的稳定发挥着重要作用。"礼是社会公认的合适的行为规范"[1]。歌谣是乡村文化的重要组成部分,是人们在生活实践当中创造出来的,通过口耳相传,世代传唱,并成为人们表达情感、判断是非的伦理规范,维系着乡村社会秩序的稳定。过去如此,在振兴乡村文化的时代背景下,也依然需要歌谣蕴含的道德教化来发挥作用。在田野调查中,许多受访者,在谈到歌谣的传承时,都不约而同地,希望这种歌谣世代传承下去,大家都在感叹"人心不古""世风日下",有的感叹现在的年轻人,没有以前老一辈的人们懂礼貌了,"显得很随便"。尽管大多数人接受现代教育,但是在传承传统礼节上却失去了应有的自觉。费孝通先生说过:"维持礼俗的力量不在身外的权力,而是在身内的良

---

[1] 费孝通《乡土中国·生育制度》,北京:北京大学出版社,1998年,第50页。

心。"[1]因此，在当下，通过传承保护歌谣、广泛传唱歌谣，来内化人们的内心，重塑道德良知，维持乡村的社会生态，维系乡村社会秩序的健康和谐，振兴乡村文化，显然很有必要。因为，歌谣作为一种口述表达"确实有许多文字表达所不及的优势。文字固然能超越时空，传承后世，也可成为全球化的工具，乃至'文字狱'的根据，但是，口述表达却有身势、表情、语调、场景的'合谋'，生动地表达寓意，包括大量不可言传的直觉和不可推理的意识"[2]。

第三，守护民族精神家园的客观需要。海德格尔说过："语言是存在的家园"，布依族歌谣是布依族世世代代口耳相传的口述文化，是通过词汇表达，是乡村文化的重要载体。保护传承歌谣，也就是保护传承语言、历史、文化、风俗习惯、道德规范。换而言之，保护传承歌谣，就是守护民族精神的家园，守护存在之根。

三、歌谣的传承困境与对策建议

（一）传承困境

第一，文化传承场域发生变化。文化的传承场域是家庭、社会和学校。但是近年来随着现代化浪潮的冲击和社会的变

---

[1] 费孝通《乡土中国·生育制度》，北京：北京大学出版社，1998年。
[2] 纳日碧力戈《作为操演的民间口述和作为行动的社会记忆》，资料来源http://xiangyata.net/data/articles/a02/698.html。

迁，布依族歌谣的传承场域也发生了很大的变化，在家庭方面，父母已经把民族文化的传承教育转移到了对学校升学考试等主流文化教育的督促。田野调查中，大部分家长都认为学习这些歌谣，不务正业，只有读书、成绩好、能考省大学才有用。笔者就有亲身经历，小的时候，本来很喜欢唱山歌，学摩经，但是父母亲认为学这些歌谣，没有前途，反对很强烈。所以没有系统地去学习，参加工作后，凭着儿时的兴趣爱好，以研究的心态去找哥师学习的。在学校传承场域方面，目前还没有跟上，民族文化进校园，形式多于内容，没有取得实质性的进展。如前所述，学校主要是应试教育，民族文化进校园只是副课，一个学期安排一两次课，已算很好。再说，缺乏专业老师，也是学校传承场域的一个明显的不足。歌谣等民族非物质文化遗产的严肃性、崇高性没有在学校素质教育中得到很好的彰显。在社会传承场域方面，尽管近年来，望谟县通过举办布依族"三月三"文化节，有布依族传统的歌舞表演，唱民歌，穿民族服装，但是能够对唱民歌的歌手年龄普遍偏大，基本上都在40岁以上，二三十岁的年轻人能登台演唱山歌的，目前还没有发现。再一方面，现在的娱乐方式已经发生了明显的变化，人们的娱乐方式多种多样了，有网络，有电视，有手机，对唱山歌在乡村社会不再是一种主流的娱乐方式，也不再是必需品，传统走村串寨对唱山歌的时代已经渐行渐远，民族文化疏离感越来越强。

第二，文化保护政策亟待改进。公共政策周期理论认为，政策过程是一种政治行为的生命过程，该政策运行过程分为制定、执行、评估、监控、终结五个循环往复的阶段，由此形成一个周期。依此论看，没有绝对完美和永恒不变的政策，政策实施中总存在一些问题，政策环境也常发生变化[1]。由于政策环境的变化，政策的执行机制、保障机制、环境支持与约束遇到了一些问题，在田野调查中，笔者发现，现行的民族文化保护政策在执行过程中仍然存在亟待改进的地方，就布依族歌谣传承保护而言，主要存在如下困境：一是个别条款规定缺乏可操作性，如《贵州省非物质文化遗产保护条例》第38条规定："鼓励和支持中小学校将本地优秀的非物质文化遗产项目内容纳入素质教育。"该表述比较笼统，"鼓励和支持"，在现实中要看实施主体能否认识到非物质文化遗产项目进校园的必要性和高度自觉性，如果实施主体认识上有偏差，则可能导致该条款规定无法执行到位。二是缺乏资金保障。根据《贵州省非物质文化遗产保护条例》第二十七条规定："县级以上人民政府文化主管部门应当采取下列措施支持非物质文化遗产代表性项目的代表性传承人和保护责任单位开展传承活动"，并明确要求"给予必要的经费资助"。但是，按照《中华人民共和国预算法》第十三条规定："经人民代表大会批准的预算，非经法定程序，不得调整。各级政府、各部门、各单位的支出必须以经批准的预算为依据，未列入预算的不得支出。"换句话说，有关部门提供必要的经费资助，必须在上一年度申报预算的时候，就要将所要资助的经费列入一般公共预算支出项目进

---

[1] 谢明《公共政策导论》，北京：中国人民大学出版社，2009年，第104—105页。

行申报，否则支出将难以通过审计部门的审计。所以，经费资助，在政策层面，需要资助者申报、批准的过程就会拖得很长。同时，即使得到资金的资助，也可能是杯水车薪。田野调查中，很多从事民族文化研究的专家学者都谈到，搜集、整理、研究出来的作品，除了科研项目课题有一定的经费保障外，其余的都要四处找相关部门、托关系去申请出版经费，有的作者潜心多年，甚至皓首穷经，没有经费资助，搜集、整理、翻译或研究的作品只能锁在抽屉当中，有的是自费出版。所以，缺乏资金保障是歌谣等民族文化遗产保护传承面临的困境之一。三是缺乏考核机制。公共政策周期理论认为在政策执行过程中，需要将政策执行效果和政策客体的反映及时向政策主体反馈，并及时修正和优化政策，使政策能够更好适应政策环境的变化，以延长政策的生命周期。[1]换而言之，对政策的执行需要进行监督和评估。一项政策的实施，能否成功，很大程度上取决于实施主体的履职能力和政策作用对象的参与度。就我们现行的民族文化保护系列政策，监督、评估机制尚未建立健全，以至于影响了政策实施的有效性。

（二）对策建议

一是制定配套政策体系。从上文的梳理分析中，现行的系列民族非物质文化保护政策缺乏配套的政策体系，那么，围绕问题导向，应该尽快建立配套政策体系。比如：如何"鼓励和

---

[1] 谢明《公共政策导论》，北京：中国人民大学出版社，2009年，第104—105页。

支持中小学校将本地优秀的非物质文化遗产项目内容纳入素质教育"问题、经费资助投入问题等等，在现行条例、法规尚未修订之前，制定相应的配套政策，明确纳入学校素质教育的项目内容、课程设置、考核机制、专业老师的配备以及资金投入等，补充条例、法规无法具体的地方，使政策具有可操作性，充分发挥学校民族文化传承场域的功能。

二是建立经费保障机制。将歌谣等民族非物质文化遗产保护传承发展相应的经费列入有关部门同级财政一般预算。同时，各级民族宗教管理部门应该建立出版资金的申报机制，让搜集、整理、研究的民族非物质文化遗产能够迅速出版，一方面，鼓励更多的专家学者深入田野搜集、整理民间歌谣；另一方面，可以加快和时间赛跑的速度，快速地进行抢救，提高抢救的效率。

三是加大传承人培养和认定，让歌谣代代传唱。当前，布依族歌谣的传承人命名人数较少，而且年龄偏大，呈现传承人断档的严峻形势。因此，要利用国家当前利好的民族文化遗产保护政策，加大政策的宣传力度，加大口传民歌传承人的培养和认定工作，支持传承人开展歌谣传习活动，让布依族歌谣的艺术魅力代代相传。

四是建立民间团体与政府机构的良性互动机制。歌谣等民族文化保护传承发展离不开地方政府的重视力度。因此，民间学术团体要与地方政府机构建立良性的互动机制，积极向地方政府沟通汇报，及时反映歌谣保护传承中遇到的困难和问题，呼吁地方政府在资金、政策等方面予以更大的支持。

四、结语

彭兆荣先生说过:"我们在面对遗产的时候,应该多一份小心,从遗产中去发现祖先的智慧,去分析历史,学会从遗产中学习,去发现祖先如何适应自然,与自然和谐共处,与其他独特的人相互合作,相互学习、相互交流。"[1]布依族歌谣是布依族文化的经典口传文学之一,是研究布依族历史、文化、宗教、语言、审美等多方面的基础资料,传承、保护、发展布依族歌谣具有重要的文献价值、学术价值,同时也是实现文化认同、民族认同以及构建乡村社会秩序的客观需要。在当下语境中,如何去面对歌谣这一份祖先留下的文化遗产,认识自己脚下的土地,无论是政策层面还是研究、实践层面,都应该值得每一位有良知的学者认真思考。

---

[1] 彭兆荣《文化遗产学十讲》,昆明:云南教育出版社,2012年。

浅谈遗产视域下的水族《开控史诗》*

蒙耀远**

随着口语交流的日趋汉化,以及文化场域的逐步改变,贵州省都匀市归兰水族乡丧葬习俗也随之简化,在那里传承有一部民间叙事史诗,通常称为《水族迁徙史诗》,这部史诗需要在特定场域传唱,随着文化生境的变迁,它有逐渐消亡的趋势。

一、《水族迁徙史诗》地理环境

《水族迁徙史诗》主要流传于以都匀市归兰水族乡为中心的"恒套"地区,地处云贵高原,介于贵州省南部的都匀市、独山县、三都水族自治县和丹寨县四县(市)接壤处的一个边

---

* 基金项目:国家社科基金特别委托项目《中国史诗百部工程》项目2018年子课题水族史诗《调布筌》(SS2018007)阶段性成果。

** 蒙耀远,水族,黔南民族师范学院副研究员,贵州省少数民族语言文字学会副会长,贵州省水家学会副会长。

远山区，系都柳江上游支流源头之一。具体位于都匀市东南部，辖区地处山区峡谷地带，最高海拔1650米，最低海拔430米，境内有6条小河流。全年气候温和，平均气温15.5摄氏度，年降雨量1300毫米左右，森林覆盖率为45.4%。总面积149.69平方公里，耕地面积18952亩，人均耕地0.58亩。全乡经济收入以种养殖业和劳务输出为主。

宋朝曾在此建立陈蒙州，遗址至今依稀可寻；民国《都匀县志稿》（1925年）称为"河外东区外套保""河外东区内套保"，民国三十年（1941年）称阳和乡、鸡场乡，民国三十八年（1949年）称阳和乡、基场乡。1952年建立的王司水族苗族自治区的核心区。1984年建立奉合水族乡、阳和水族乡、基场水族乡。1991年都匀市建镇并乡撤区调整行政区划，保留奉合水、阳和、基场三个水族乡原建制[1]。2014年都匀市行政区划

---

[1] 奉合水族乡解放初期属王司乡，1953年分出单独建奉合乡，1956年建奉合、大定乡，1958年建跃进公社，1959年建奉合管理区，1962年复奉合乡之名，1984年8月建奉合水族乡，辖奉合、杉木、和平、合心、联盟、大定6个村，67个村民小组，55个自然寨，1176户。全国第三次人口普查为5545人，水族占全乡人口总数的33.8%。
阳和水族乡沿用解放前阳和乡建制，1950年建阳和乡政府，1953年建南庄、潘硐、富河三个乡，1956年南庄乡并入潘硐乡，1957年划归三都县，1958年建阳和人民公社，1959年建丰乐公社阳和、富河两个管理区，后建阳和、富河两个公社。1961年复归都匀，1966年将富河公社并入阳和公社，1984年8月属王司区阳和水族乡，辖潘硐、洒洋、翁高、安全、富裕、光荣、翁条、翁勇、福庄、新民10个村，79个村民小组，78个自然寨，全国第三次人口普查水族占全乡总人口80%。
基场水族乡沿用中华人民共和国成立前基场乡建制，1953年原基场乡建基场、翁降、合群三个乡，1956年三乡合并为基场乡，1957年划归三都县大河区，1958年建基场人民公社，1959年丰乐公社基场管理区，1961年8月复归都匀，1962年为基场公社，1984年8月属王司区基场水族乡，辖基场、合群、翁降、阳光、新华、永立、民生、翁奇8个村，74个村民小组，68个自然寨，全国第三次人口普查水族占全乡总人口48.7%。

进行调整，由原基场水族乡、阳和水族乡和奉合水族乡合并组建成归兰水族乡。

东面与丹寨县原合心水族乡、三都水族自治县大河镇和普安镇接壤，南邻独山县原翁台水族乡、甲定水族乡，西邻都匀市墨冲镇，北邻都匀经济开发区匀东镇。

归兰水族乡辖12个行政村，分别是归兰水族乡辖12个行政村，分别是奉合片区的奉合村、合心村、联盟村、大定村，阳和片区的潘硐村、富裕村、翁高村、福庄村，基场片区的基场村、翁降村、阳立村、翁奇村；共114个村民小组，190个自然寨。2019年全乡人口33134人，8332户。

归兰水族乡居住着水族、苗族、布依族、汉族等民族，少数民族占全乡人口的97%，其中水族人口占全乡人口的61.57%。主要姓氏有蒙、韦、吴等。[1]

二、《水族迁徙史诗》的文化环境

"恒套"水族主要分布点，传说这一带的水族是整个水族大家庭的老大哥，该地区是水族文化活态传承较好的地区之一。水语分三洞、阳安、潘硐三个土语区，"恒套"即潘硐土语覆盖的区域。在这里征集的水书经典卷本《六十龙备要》，2008年入选第一批国家珍贵古籍名录，2012年被纳入国家重点文化工程"中华再造善本工程"进行再造，原件于2014年由国

---

[1] 参见都匀市水家学会编《都匀市水家学会通讯》（创刊号）2019年内部编印，第65—66页。

家图书馆出版社影印出版,是荣幸进入此工程的为数不多的珍贵的少数民族文献。

都匀水族地区于道光二十五年(1845年)百余个村寨公立于原阳和水族乡年谷寨寨脚的《乡禁碑》是民族自治的文化标识,碑高133cm,宽68cm,厚12cm。碑顶呈半圆形,碑眉刻"乡禁碑"。20世纪90年代,移都匀市文物管理所。碑文凡20行计887字[1]。

---

[1] 参见蒙耀远《水族地区碑刻文献研究》,北京:民族出版社,2019年。该书载乡禁碑碑文:

乡禁碑

夫乡禁之设,乃各方之乡规也。然我两套人,俱系良善,务农为本,勤俭为生。先皇乾隆、嘉庆年间,吾等地方,三年皇册一,伙盗家磕索者少,地方富户者多,是以地方清静。至道光一三年以来,皇册连年苛派,于年即三四者也。今地方之穷者多富户少,苛派之频难出,甚有本乡之滥棍,勾串外为匪徒,若有一毫小事波成包天大祸,或磕银几十或几两方休,不然非刑而民不安;再者外来面生歹人,日间三五吃食为名,夜间偷窃为事,偷鸡盗狗,磕害良人;又有本乡地棍勾串本官革局,伙串外来匪徒,差来至我乡苗寨内,无牌无票,锁磕良人,遭者甚众。我等两套之人尽属良善,是时不省,过后方知被害者,银钱已去。思明时毁家破产也,乞食之人或死于路旁,或死寨边,或死于田地垦。我等,人在路毙,各出白米一升或一碗,埋其死尸,安葬后反被磕索,是以人人皆切齿。为此,地方不服,传齐两套公议,设此乡规。自今以后,上行一切公件仍照先皇之派,地方敢不遵命,如若照今之行,地方诚有不安,百端尽遭恶毒。今乃地方寒苦,俱系首盘磕,实万不得已,传齐两套,议此乡规,以靖地方,以安良善者也。

计者公议各条乡规开列于左:

一议各寨有大小事件总由公论。无许本乡滥人勾串外人入乡和盗人并确磕索,实由各甲自出钱相帮,将来磕之人捆解送官究治,无许一人推诿,如有推诿罚银五两入公。

一议各家无许窝藏匪类。若有窝藏者,经人查出指实谢银一两二钱,若不报者罚银二两四钱,各寨自拿获贼者,众人亦出钱相助解官究治,如不报者,以同罪官治后,无许入乡。

一议各寨老人包禁各寨生无许作贼。如有哪寨之人犯贼案者,众出公禀解官究治后,逐贼出境,不准入乡,罚寨老出银五两入公。

这是中央王朝对水族地区管理鞭长莫及而衍生的族群自我管理的民俗习惯法，至今仍然在维系内部团结、推动水族社会发展进步产生非常积极的影响。碑文后来成为很多水族村寨新拟定的村规民约的范本，对研究当时水族人民的生活、社会状况和民俗风情提供了宝贵的资料。

当地居住环境相对封闭，周边分布布依族、苗族及汉族，形成水族文化孤岛。当地水族同胞日常使用水语交流，丧葬习俗传唱的《水族迁徙史诗》和《挽歌》自然用水语完成，有意思的是当地水族日常所唱的山歌，使用的布依族的山歌调子，也是四言八句的当地汉语方言，充分体现了当地的语言和谐。可能是场域决定，《水族迁徙史诗》被长期尘封，至今不为外人所知，亟待搜集、整理与研究。

一议如贼入寨偷窃，闻听鸣角为号，各寨人众自往要道截拿。如有一家不到者罚银五两入公。

一议偷牛盗马，众寨每家出人一名，各代白米随牛脚至哪寨搜寻哪寨，如不送搜者，与贼同情，即向寨老赔赃。

一议偷盗田禾五谷，若见指实者谢银一两二钱，若见不说者罚银二两四钱。拿获贼犯交与贼族赔赃后，逐贼出境不准入乡。

一议我等地方不准毁田找地，如有强敷重伤者，传齐人相帮出钱上控，无许私和贯磕之人。如私和者，罚银二两四钱入公。

一议我乡苗礼，老人死后外家来讲鬼头钱，并礬派首饰铜鼓器等项，如哪家出银私和者，罚银三两六钱入公。

一议外甥钱只准一两二钱为定，无许多出，并女出嫁只准送亲十二人，如多去者，罚银二两四钱入公。

一议偷山盗渔园内瓜菜，拿获者罚银一两四钱交公。

道光二十五年春三月吉旦公立。

三、《水族迁徙史诗》基本情况

《水族迁徙史诗》水族称pju^{13}kom^{13}，与汉字"布控"谐音相近，为避免产生歧义，2018年，国家社科基金特别委托项目《中国史诗百部工程》子项目《水族史诗〈调布箜〉》立项的时候，根据专家意见，将"控"改为"箜"，命为《调布箜》，本文所称的水族迁徙史诗指的就是这一部长篇叙事诗。这部长篇叙事诗，承载了水族的沧桑历史，与一般的迁徙古歌有较大差别。该史诗流传于过第一个端节的水族群体，传承生态良好，至今举行丧葬仪式仍然演唱。该迁徙史诗属水族的口头传统，使用水语连续演唱需要三个小时的时间，是在举行葬礼的时候，在司仪人员主持开控仪式之际，按照仪式流程逐一演唱，司仪队伍一般由六至十二人组成，演唱场景庄重肃穆，具有很强的感染力和震撼力。歌词分为十二部分，对祖先迁徙路线、途经地地形地貌、发生的重要事件等历史过程进行讲述，并描述了入黔始祖后裔的分布情况。传唱姓氏主要有翁条蒙氏、老鸡场蒙氏和翁降韦氏三个支系，唱词大同小异。水族迁徙史诗传承人的汉文化水平相对较低，用汉语表述所掌握的水族历史文化的能力相对薄弱，又是在丧葬习俗中传唱，故该迁徙史诗尚未引起重视，汉译难度大，非本民族人士较难以深入了解和把握，至今没有被申报为非物质文化遗产项目，传承人尚未被命名为非物质文化遗产传承人。

根据遗产的形态和性质，按世界遗产分为文化遗产、自然遗产、文化和自然双重遗产、记忆遗产、口头与非物质遗产、文化景观遗产，《水族迁徙史诗》属于口头与非物质遗产。

《中华人民共和国非物质文化遗产法》的第一章第二条："本法所称非物质文化遗产，是指各族人民世代相传并视为其文化遗产组成部分的各种传统文化表现形式，以及与传统文化表现形式相关的实物和场所。包括：

（一）传统口头文学以及作为其载体的语言；

（二）传统美术、书法、音乐、舞蹈、戏剧、曲艺和杂技；

（三）传统技艺、医药和历法；

（四）传统礼仪、节庆等民俗；

（五）传统体育和游艺；

（六）其他非物质文化遗产。"[1]

《水族迁徙史诗》属于"传统口头文学以及作为其载体的语言"的非物质文化遗产。

四、《水族迁徙史诗》危险性评估

《水族迁徙史诗》是水族地区最具有代表性的史诗经典，至今没有固化为文本，是在特定的文化场所里被不断地重复演唱而得以流传下来，而在日常中却讳莫如深，是水族一部重要的口头无形文化遗产。也曾有人尝试用汉字记录水语语音来记录这部史诗。

---

[1] 《中华人民共和国非物质文化遗产法》，北京：法律出版社，2011年。

如"宗枝根"汉字记音选段如下:

有老公初合恒奥,牙初合塘告,有没生哪个,生老笋当麻、生老皆赖护、生公署,生公见,生老见当叶,变四五腊问。留初拜采高做钱,高初拜采伞做钱,伞初拜采利做钱,利初拜五赖做钱,赖初拜挖问拜恒的、初做钱,因依依的困钱,因颏颏八困钱。

有老公皆腊公到,有每生哪个,生虐堂、生美柳、生俩辽、生公条、生老公倒要,生老公倒钉,生老份当穴,生老见当中、生老应中包,生老害当朽,生老信贺小。有虐堂拜挖问拜恒的;有美柳拜独山拜几交,埃怀拜做丑,埃奴拜做官,进个印抢个钉;有俩辽拜摆荼拜埋刀;有公条拜苗尧拜毫表;有老公倒要、公倒钉拜花鸭、拜花扛;老见当中拜总汙拜留的;有老应中包拜巴开拜埃韦;有老害当朽拜抵刁拜姑桥,有老信贺小拜恒粮拜併化[1]。

以上两段的国际音标、直译、意译三对照翻译如下:

qoŋ⁵ sə³ ndau³ hən² ŋam²,
公　才　走　地方　昂
祖公走过水昂这地方来到这里

---

[1] 参见蒙言昌藏《本族蒙氏门中历代宗枝》绵纸手抄本,第1页。

ja⁴ sə³ ndau³ ndam¹ kau⁵
奶　才走　塘　靠
祖母经过了水各这地方来到这里

naŋ¹ mei⁴ haL:ŋ⁴ ai³ nau⁴
有　没　生下个　谁
他们生下谁呢?

ha:ŋ⁴ lau³ tɕhəŋ⁶ ta:ŋ³ ma:ŋ⁴
生下一　省当忙{祖先名}
生下省当忙

ha:ŋ⁴ lau³ qai⁴ lai¹ lu⁶
生下一　介赖鲁{祖先名}
生下介赖鲁

ha:ŋ⁴ qoŋ⁵ ɕu⁶,　　　ha:ŋ⁴ qoŋ⁵ kjen¹
生下　公书{祖先名},　生下公健{祖先名}
生下了书公，生下了健公

ha:ŋ⁴ lau³ kjen⁵ ta:ŋ³je²
生下　一件当叶{祖先名}
生下了件当叶

pjek⁷ ȟi² ŋo⁴ la:k⁸ mba:n¹
分　为五　儿子　男
分为五个儿子

liu¹ sə³ pai¹ sai³ qau³ he⁴ hjen¹
柳　才　去　问　高　做　钱
{柳}去问问{高}如何去找钱

qau³ sə³ pai¹ sai³ san³ he⁴ hjen¹
高　才　去　问　三　做　钱
{高}去问问{三}如何去找钱

san³ sə³ pai¹ sai³ li¹ he⁴ hjen¹
三　才　去　问　利　做　钱
{三}去问问{利}如何去找钱

li¹ sə³ pai¹ ŋo⁴ lai¹ he⁴ hjen¹
利　才　去　俄　赖　做　钱
{利}到{俄赖}这个地方去找钱，去当家。

lai¹ sə³ pai¹ wa⁵ wen² pai¹ hən² te³, sə³ he⁴ hjen¹
赖　才　去　万　问　去　地方　下面，才　做　钱
{赖}去{万问}这个地方，又移到{恒的}这个地方，才安定下来。

huən⁵ ɣe² ɣe², te³ hun² hjen¹
想　数数，一　堆　钱
细细想来，钱是一堆一堆的

huən⁵ ŋeŋ³ ŋeŋ³, pet⁷ hun² hjen¹
想　　慢慢，　八堆钱
慢慢想着，八堆钱集在一起

naŋ¹ lau¹ qoŋ⁵ qai³ la: k⁸ qoŋ⁵ ndau¹
有　一　公　没　孩子　公我们
其中有一个祖公是我们的祖公

naŋ¹ mei⁴ ha:ŋ⁴ ai³ nau⁴
有　没　生下　个谁
他生下谁呢？

ha:ŋ⁴ njuət⁷ ta:ŋ², ha:ŋ⁴ mei⁶ lqui⁶
生下　虐堂，　生下美吕
生下{虐堂}、生下{美吕}

ha:ŋ⁴ ljan⁶ ljau⁴, ha:ŋ⁴ qoŋ⁵ tjau⁴
生下　两辽，　生下　公调
生下{两辽}、生下{调}公

ha:ŋ⁴ lau¹ qoŋ⁵ tau³ jau³, ha:ŋ⁵ lau¹ qoŋ⁵ tau³ tjeŋ¹
生 下 一 公 道 鸟，生 下 一 公 道 佃
生下{道鸟}、生下{道佃}

ha:ŋ⁴ lau¹ ɦjon⁵ taŋ² hjuət⁷, ha:ŋ⁴ lau¹ kjen³ taŋ² toŋ³
生 下 一 粉 当 雄，生 下 一 件 当 炯
生下{粉当雄}、下生{件当炯}

ha:ŋ⁴ lau¹ jiŋ⁵ toŋ³ pau³, ha:ŋ⁴ lau¹ ai⁵ taŋ² hjeu²
生 下 一 迎 仲 保，生 下 一 艾 当 秀
生下{迎仲保}、生下{艾当秀}

ha:ŋ⁴ lau¹ ɕit⁸ ho¹ ɕjeu²,
生 下 一 信 合 小
生下{信合小}

ljeu⁴ pi² lau⁴ pai¹ ɕa³, ta² pu³ ljeu⁴.
全部 批 大 去 哪里，则 也 结束
这大批的祖公去哪里了呢？先讲到这里吧！

naŋ¹ njuət⁷ ta:ŋ², pai¹ wa⁵ wen², pai¹ hən² te³,
有 虐 堂，去 万 问，去 恒 底
{虐堂}公去{万问}、去下面的地方去了

ljeu⁴ pi² lau⁴ pai¹ ɕa³, ta² pu³ ljeu⁴.
全部批大去哪里，则也结束
这大批的祖公去哪里了呢？先讲到这里吧！

naŋ¹ mei⁶ lqui⁶, pai¹ miu¹ li², pai¹ ti⁶ ta: u³,
有美吕，去独山，去计交
{美吕}公去独山、去计交去了

ai³ fai⁴ pai¹ he⁴ su⁴, ai³ nu⁴ pai¹ he⁴ kwun¹
位哥去当官，位弟去当官
哥哥去当官了，弟弟也去吃皇粮去了

tsjeŋ¹ lam¹ jan⁵, ndjan⁵ lam¹ tiŋ³,
抢个印，拽个翎顶
为了当官，抢了我们的大印，从此要去了我们的翎顶[1]。

ljeu⁴ pi² lau⁴ pai¹ ɕa³, ta² pu³ ljeu⁴.
全部批大去哪里，则也结束
这大批的祖公去哪里了呢？先讲到这里吧！

---

[1] 走访中，传说蒙氏的大印是由都匀的族人掌管，后来独山蒙姓家族来走访的时候，带上一个聪明的小孩子，在临走之际，哭闹不止，什么东西都不愿要，唯独喜欢那个代表权力和地位的铜印，老人也觉察到这是计谋，为了避免同室操戈，只好把那枚铜印给他。从此，那边的族人文脉极盛，人才辈出。按：这是一个故事母题，民间这一类传说很多。2009年夏，我在都匀市王司镇摆领寨，也采集到当地吴姓类似的故事。

naŋ¹ ljan⁶ ljau⁴, pai¹ pai⁶ tɕha⁴, pai¹ mai⁴ tau³,
有两辽，去摆茶，去么桃
{两辽}公去摆茶、去么桃

ljeu⁴ pi² lau⁴ pai¹ ɕa³, ta² pu³ ljeu⁴.
全部批大去哪里，则也结束
这大批的祖公去哪里了呢？先讲到这里吧！

naŋ¹ qoŋ⁵ tjau⁴, pai¹ miu¹ ja:u⁴, pai¹ au⁴ pjo⁶,
有公调，去苗族夭[1]，去棉朵
{调}公去了丹寨、去了棉朵

ljeu⁴ pi² lau⁴ pai¹ ɕa³, ta² pu³ ljeu⁴.
全部批大去哪里，则也结束
这大批的祖公去哪里了呢？先讲到这里吧！

naŋ¹ lau¹ qoŋ⁵ tau³ jau³, naŋ¹ lau¹ qoŋ⁵ tau³ tjeŋ¹, pai¹ hua³ ɲia³, pai¹ hua³ ka:ŋ¹,
有一公道鸟，有一公道佃，去花拉，去花扛
{道鸟}{道佃}两公去了花拉和花扛[2]

---

[1] miu¹ ja:u⁴，即"夭苗"，在方志中对这一支苗族多有记载，现在水语里还有这一名称的语音保留。
[2] 据说，此地名在今麻江县宣威镇一带，待详考。

ljeu⁴ pi² lau⁴ pai¹ ɕa³, ta² pu³ ljeu⁴.
全部批大去哪里，则也结束
这大批的祖公去哪里了呢？先讲到这里吧！

naŋ¹ lau³ kjen³ taŋ² toŋ³, pai¹ tum⁶ u³, pai¹ lju ²te³.
有一件当炯，去地方上面，去留下面
{件当炯}公去{仲务}[1]{留底}

ljeu⁴ pi² lau⁴ pai¹ ɕa³, ta² pu³ ljeu⁴.
全部批大去哪里，则也结束
这大批的祖公去哪里了呢？先讲到这里吧！

naŋ¹ lau³ jiŋ⁵ toŋ³ pau³, pai¹ pa:k⁸ hai³, pai¹ jai³ ŋui²
有一迎仲保，去巴开，去埃伟
{迎仲保}公去巴开、去埃伟

ljeu⁴ pi² lau⁴ pai¹ ɕa³, ta² pu³ ljeu⁴.
全部批大去哪里，则也结束
这大批的祖公去哪里了呢？先讲到这里吧！

naŋ¹ lau¹ ai⁵ taŋ² hjeu², pai¹ ti⁶ tu³, pai¹ ku³ tjeu²
有一艾当秀，去地九，去头桥
{艾当秀}去了抵九、去了桥头

---

[1] tum⁶u³，水语地名，今荔波县城一带。

ljeu⁴ pi² lau⁴ pai¹ ɕa³, ta² pu³ ljeu⁴.
全部批大去哪里，则也结束
这大批的祖公去哪里了呢？先讲到这里吧！

naŋ¹ lau¹ ɕit⁸ ho¹ ɕjeu², pai¹ hən² ljem², pai¹ pjeŋ⁶ hok⁸,
有一信合小，去地方连，去丙华
{信合小}公去简粮[1]、去丙华

ljeu⁴ pi² lau⁴ pai¹ ɕa³, ta² pu³ ljeu⁴.
全部批大去哪里，则也结束

这大批的祖公去哪里了呢？先讲到这里吧！

这部迁徙史诗只传男不传女，传内不传外，加之系口传，不易掌握记忆，学习难度非常大，在传承上有一定的局限性，所以这部史诗只掌握在为数极少的传承人身上，且有老龄化趋势。迁徙史诗里有很多的古老词汇在现在的语音里找不到，能理解其语音语义的人越来越少，年轻人学习热情不高，面临失传。特别是随着社会的巨大变革，传统丧葬习俗中的繁文缛节日益简化，迁徙史诗传唱的文化空间逐渐变窄，如不及时采取相应的抢救保护措施，濒危程度越来越大。族聚居区为历史上地理环境比较封闭的地区，近年来随着国家的脱贫攻坚工作，对当地的开发步伐速度加快，水族地区与外界的交通变得越来越通畅，现代文明涌入，现代生活的日益同质化，特别是城镇

---

[1] 简粮，水语地名，一作姐粮。

化建设之后没有特定的文化场域。城镇年轻人对水语的记忆运用在快速减弱。

尽管《水族迁徙史诗》是在人生礼仪中为了满足自己的精神生活需要的具有凝固性的行为，被水族视为文化传统的表现形式。但是要对这部重要史诗进行传承保护至少面临以下三个问题。

第一，传承人老龄化，出现断层。非物质文化遗产的最大特点是不脱离民族特殊的生活生产方式，是民族个性、民族审美习惯的"活"的显现。它依托于人本身而存在，以声音、形象和技艺为表现手段，并以身口相传作为文化链而得以延续，是"活"的文化及其传统中最脆弱的部分。因此，对于非物质文化遗产传承的过程来说，人就显得尤为重要。

第二，《水族迁徙史诗》是一种非物质文化遗产，较之有形的遗产而言，不论在内容还是形式上，都具有自己的独特性。需要多种措施抢救，如录音、录像、文字记载抢救，但是这项工作数量大，时间紧迫，亟待完成。

第三，黔南为国家扶持的贫困地区，抢救保护经费压力也很大，严重影响了迁徙史诗抢救保护工作。

五、《水族迁徙史诗》的非遗特征

《水族迁徙史诗》具有以下三个特征。

第一，真实性。这部史诗至今仍在丧葬仪式传唱，其内容真实存在，真实记录着传承区域水族同胞的历史，是水族民众共同社会心理的独特记忆，为水族民众所熟知、认同、尊重、共享。这部史诗的传承地区是贵州省都匀市归兰水族乡，是它赖以产生、发展、运用和保存、承传的地理环境空间没有发生根本性的变化，具有地理环境上的真实性。它的传承主要是靠口耳相传，形成传承团队，有传承脉络，曾有人尝试使用汉字记录它的读音，也有人曾经借助录音磁带保存，充分利用各种计算机存储设备等为代表的现代科技介质材料，均真实地记录着水族族群的社会记忆，可保存、可复制和可广泛传播。《水族迁徙史诗》作为记忆遗产具有记录载体和传承方式的真实性。结合丧葬习俗，它在仪式过程中已经形成程式化，具有日常生活记录的真实性。

第二，完整性。《水族迁徙史诗》是水族人创造、拥有、记忆和传承的口头文献。对水族这一族群有重大的影响，是水族人的民族身份认同、民族特征和民族记忆的一种标志，从某种角度说，它起到精神纽带的作用。是水族村落聚族而居的形态和水族的丧葬习俗支撑了史诗的完整性。目前有两支蒙姓家族和一支韦姓家族在传承，因为是口耳相传的记忆方式，三个支系的记忆组成了史诗记忆表达的完整性。

第三，唯一性。《开控史诗》的诵唱形式独特，它的唱腔、衬腔、节奏、韵律别具一格，具有诵唱形式上的唯一性。

诵唱时，每则的开头的衬腔如下：

$jum^5\ hən^2\ ljeu^4$, $tha{:}u^3\ ta{:}u^2\ laŋ^2$,
涌　　地方　　啦　　找　　哪里逃走

洪水涌上来了，寻找逃走的路，

jum⁵ hən² ljeu⁴, h̃jaŋ⁵ ta:u² pa:i¹。
涌地方啦，不知道哪里去
洪水漫上来了，该往哪里去呢？

qoŋ⁵ sə³ ka³ qa:i⁵ tan²,
公才等鸡打鸣
祖公盼呀盼鸡叫，

ja⁴ sə³ ka³ wan¹ nda:ŋ¹。
奶才等天亮
太祖母等啊等拂晓。

thjep ⁵njə ¹sa⁵, ta⁶ njə³ h̃a¹,
沿河爬上，过河来
沿河而上，溯流而走。

h̃a¹³ la⁶ hən², h̃a¹ la⁶ wan¹。
来找地方，来找天
去找安家的地方，来寻属于自己的天地[1]。

---

[1] 从第二则起，均以这八句开头，"洪水来了，找路逃走；洪水来了，不知跑去何方。"此二句有洪水滔天的印记，但从"沿河而上，溯流而走"一句考察，则不单讲洪水滔天之事，而可能是祖先原先生活在海边，大海涨潮，海水漫上，不得不溯河而上。印证祖先生活在海边，从两广北迁之说。

《水族迁徙史诗》的生存空间是在特定的水族村寨，这一独特的演唱方式和唱词是周边其他兄弟民族所没有的，所在族际运用上具有不可替代性。这部史诗历代传承不衰，它的教化功能尤为凸显，它教育族人铭记历史，缅怀先人，激励后代，更重要的是教育人们重人伦、行孝道。它保留了水族重要的口传历史资料，同时是一部重要的水族民间口头文学作品，它在语言学、民间文艺学、文化人类学、历史文献学、民俗学、伦理学等方面都具有重要的学术研究价值，显而易见，《水族迁徙史诗》的遗产价值同样具有唯一性。

　　综上所述，《水族迁徙史诗》是水族人思想观念、风俗习惯、生活方式、情感样式的集中表达，将《水族迁徙史诗》纳入非物质文化遗产进行抢救保护，加快对它的搜集整理，就是对一部重要的水族文献的抢救与保护。从学术研究的角度看，它为多学科研究水族语言文化提供鲜活的题材与实证范例，能够为我们拓展传统民族文化研究路径。就水族同胞而言，挖掘、保护这部史诗，增强水族的文化自信，促进优秀传统文化的传承自觉。同时会为我们探索少数民族"弱势"文化在竞争中的传承路径。

侗族村寨文化的市场经济方向研究

覃桂双* 杨尚荣**(执笔)

文化是人类一套适应自然、他人、自我的方式,是人类解决问题、适应环境的共同生活模式。侗族村寨文化与其他民族的文化一样,其可观察的部分主要由体现在食、衣、住、行等各方面的,作为适应自然环境之产物的物质文化,体现于社会组织、伦理关系的社群文化,以及集中体现于表达自身的文学、艺术及宗教的精神文化三部分组成。

在此,我们需要特别强调的是,文化并非从产生之日就一成不变地延续至今。随着经济的发展和社会的进步,人类为了适应生存的需求,其所创造出来的文化,不管是结构形式还是功能法则,都会随着它自身一定的涵化过程而发展变化、变迁或变异。在近现代,特别是在改革开放三十多年来的政治和经济变革中,中国社会经济文化从城市到农村、从汉族到其他

---

* 覃桂双,柳州市工商行政管理局调研员,柳州市侗学会副会长。
** 杨尚荣,广西三江侗族自治县大同社会工作服务中心主任。

少数民族地区、从物质层面到精神层面，都不同程度地发生了变迁。促使其发生变迁的缘由，是多方面。我们在这里着眼的是，在当下中国的市场化和现代化的进程中，文化变迁过程的快慢轻重，可以说很大程度上取决于市场经济交易的程度。

围绕2011年六中全会的主题之一"文化大发展"，中国艺术研究院研究员刘军宁曾指出，中国文化的目标在于市场化、民间化、多元化。这"三化"是中国未来的方向，是中国文化的目标。他认为，中国的文化体制指官方的文化管理系统，而这一套文化管理系统是政治体制的一部分，民间其实并没有什么文化体制，民间的文化是呈现一种自发的，非官僚化的状态。因此可以说，提出文化走向市场化、民间化和多元化，其实提出了文化自身该如何发展，以及谁来发展文化主体的议题。为此，本文试图以侗族村寨的申遗为出发点，对侗族村寨文化的市场经济趋势及其过程进行探讨，更明晰的是一种指向于方法论的强调。

一、侗族村寨文化的功能结构及市场优势

文化的传承保护是一个永恒的话题。文化是需要传承的，文化的传承过程就是文化生成、发展、丰富的过程。我们强调文化的传承和保护，其动因并不是要让文化原封不动地成为文物（世界上没有哪一种文化，也没有哪一个人有能力让一种文化亘古不变），而是要让文化不要生吞活剥地变迁那么快，要让文化尽可能地按照其自身的肌理和法则进行自我更新，得以

延续和发展。

（一）侗族文化的村寨传承

文化依托村寨进行传承，是民族学、人类学、社会学等多学科的共识。村寨是文化产生、发展和变迁的摇篮，也是文化所有者生存繁衍的土壤。前面我们说过，文化是人类为了生存而适应自然、他人、自我创造出来的生存智慧的综合体，它由无数个文化事项联合组成。单个文化事项一定不是孤立存在的，它势必会与其他文化事项发生时空关联。而可以提供全体文化事项发生时空关联的母体，就是村寨（有的文化体系可以是集镇或城市）。举例来说，当下已经申报成为世界非物质文化遗产名录的侗族大歌，中国国家非物质文化遗产名录的侗族木结构建筑技艺、侗族织棉制造、侗戏等文化元素，都离不开侗族村寨这个母体而单项传承。没有村寨这个母体，所有的非遗项目将在传承方面都难以为继，成为无源之水。村寨是一个人们共同体生产生活的场域，一个个村寨的时空关联组合，就构成了整个民族的文化集成（这也是侗族村寨作为一个整体申遗的意义所在）场域。我们在这里提出文化的市场经济方向课题，并以村寨为最基本的结构单元，把村寨作为文本研究的关注点和调查基线，其方法论意义即在于此。而更为重要的是，文化的传承保护，我们考察和操作的视野，一定要立足于村寨。唯有把文化的研究、保护、发扬光大放到村寨这个母体上，我们的理论才能接好地气，为村民和地方社会服务。

在2015首届"中国传统村落·黔东南峰会"上，就有学者指出:"村落是各民族在农耕文明时代传承至今的文化财富,无论是村落民居建筑、历史遗存、民风习俗、信仰崇拜、建造技艺和工艺制作,无不反映和记录着中国社会发展的历史进程和各民族走向文明社会的步履(吴建伟——贵州文物局原副局长、贵州省文物博物馆学会秘书长)。村寨聚落文化遗产,是少数民族地区乃至全中国传统文化的重要构成板块,是人类非物质文化遗产的重要载体,是多彩乡村文化发展的主要源泉,是生态文明建设中人与自然和谐共存模式的最佳代表,是文化遗产保护的一片重要文化空间。侗族村寨作为侗族村民聚居耕作、生息的领地,历史地构成了浓烈地域民族色彩的乡土社会,在这个社会聚落里,侗族村民通过劳动与才智,为今天的侗乡社会创造了丰富多彩的物质和文化财富,也为今天的侗族社会进步与发展提供了丰厚资源和动力支持。

我们说文化依托村寨传承,是因为我们知道,非物质文化遗产包括口头传说和表述,媒介语言,表演艺术,社会风俗、礼仪、节庆,有关自然界和宇宙的知识和实践,传统的手工艺技能等,都以不同的形态存在和发展在我们的那些传统村寨里。正是这些乡村里的东西,才是人类文化的"基因库",是研究人类及人类社会、研究民族和国家历史命运以及人类世界观发展的重要原料。它能向各民族人民甚至全人类提供世世代代积极而宝贵的人生经验。

(二)侗族村寨文化的市场经济交易行为趋向

文化是人的文化,它依附于人而存在。传统文化也需要各村寨中生活着的文化所有者，激发自身的文化自觉意识，主动进行传承和存续。而人是追求对物质财富的拥有的。物质财富拥有的手段之一，就是进行市场化，或打破封闭的局面，进入市场实现交易。因此，毋庸讳言，侗族村寨文化的发展，也依附于村民而具有市场化趋向。

历史上，侗族社会虽有轻商鄙商的观念：传统的侗族社会认为一个人如果不好好地耕田、种地谋取生计，却去进行买卖活动，是不务正业，是一种消极懒惰的行为，故为村民所不齿。但是，侗寨村民对于物资的交换、互通有无，却是与物质的生产生活同步发展，比如进行原始的"物物交换"或"换工"行为。

传统的侗族村寨里虽然生产生活以自给自足为主，经济行为较为少见，但用农特产品与外面进行一定的物质交易而换取一些食盐、铁器等生活必需品，却也是比较兴盛的。《侗族简史》（民族出版社）载：清代初叶，"怀远县属的古宜（今三江县治）和老堡是茶油和土特产的聚散处所，商业日益繁荣，有水路通向长安、柳州，船只来往不绝。"《桂北民族丛书：龙胜各族自治县少数民族·侗族》（漓江出版社）载："抗日战争爆发前……每天有二三十艘木船（每艘载货1000公斤～2000公斤）日夜装卸货物，主要有桐油、茶油、山货，输出三江县，再转运至柳州等地。再由三江县通过水路输入生产、生活用品。"

到了现当代，随着外族商业观念的移入，随着侗乡商业集镇的出现，以及一批专门从事商业生意的外族移民的移入，物资货币交易的市场行为开始被侗族村民所接受，侗乡开始出现侗族商人。特别是随着封闭的自然环境被现代技术手段打开后，各种现代思潮观念大量涌入，特别是侗寨村民也随着升学、外出打工等行为的增加，使他们的眼界开阔了起来，进而对物质拥有的心理欲望也膨胀起来。当汽车、冰箱、电脑等工业品普及后，他们更迫切希望能够改变自己传统的农耕生活模式，因此，对市场交易行为的心理接受力就越加扩大。于是，村民们的生产观念就从传统的解决温饱转变为"我种这东西能卖得多少钱？"然后将自己种的农特产品不断地拿到市场集镇去从事交易，在卖得了货币后再购买自己所想要的工业产品。到了这个时候，传统的侗族农耕社会就与工业、商业体系发生了联系，村民的传统农耕思想发生了质的变化。

物质生产商品的市场经济交易是侗族村民进行交易的先行者，随后，随着其市场手段不断地丰富，进行市场交易的内容不断发生变化。近十年以来，侗乡社会旅游业有所发展，在不少旅游业者或当地政府部门的有意推动下，侗寨成为旅游景区、旅游目的地的资源优势就显现出来，旅游景区销售门票及其旅游收入等市场优势就应运显现，这些就让村民有如一夜之间就醒悟过来：原来我们习以为常的村寨和村寨文化（特别是可以开发为旅游产品的物质文化）也是一个宝贝，可以通过开发旅游景区，增加经济货币收入。

就是在这样的过程中，整个村寨文化就与市场自觉不自觉地对接了起来，影响了村民的观念和侗族村寨的传统生活。

（三）侗族村寨文化结构功能的市场优势与边界

侗族村寨文化以其特有的景观立足于世界文化之林。侗族村寨文化的类别，目前国内外专家学者多有论及，有的从外部表现形式分为建筑文化、服饰文化、饮食文化、歌舞文化……有的从内部构成分为酒文化、桥文化、鼓楼文化、坐夜文化……凡此种种，不一而足。本文认为，侗族村寨文化，从其结构功能及以转换为市场产品和商品的角度来分析，大致可以包括如下几个方面。

技术文化方面：有以追求与大自然和谐共生，寨背面是连绵不绝的苍莽群山，寨前面是溪河流过的宜于耕作的平坝田园，寨里是风雨桥、鼓楼、庙宇、吊脚楼和谐团聚依山傍水共同组成的村落自然景观；有以取自土地又回归土地循环复生的狩猎、种养、灌溉等组成的农特产品农耕系统；有以追求均衡、团圆、适用为目标的锻炼、压榨、纺织、镶嵌、编织等手工艺生产的产品体系；有以崇尚生命哲学、讲究生命原生价值和实用功能的道路桥梁的交通经济系统。

伦理文化方面：有以在血缘和地缘基础上形成的强调民间习惯法，以及村寨与村寨之间结成联盟进行内部自我管理的款文化及其宣讲体系；有以尊老孝老、血脉永续的房族家族社会结构体系；有以讲究"与人为邻、与万物为伴"的生命哲学体系，以及一人有难众人帮的互助互爱礼仪习得体系。此外，还有以"牛死留下角"的文化留存传承系统。

表达文化方面：有以一人领唱众人和，大家团圆乐无穷的大歌、多耶、芦笙踩堂的群体性文艺形式和侗笛、琵琶、牛腿琴弹唱等音乐舞蹈形式；有浩如烟海，诠释原初生命和大自然、民族历史的神话传统体系；有以叹唱人生、传播真善美和普世价值的歌谣体系；有对外求和、对内严明、保境安民不尚武斗追求安定的杨再思飞山庙祭祀，以及治病救灾、德佑子孙的萨岁祖母神为中心的原始信仰的宗教系统；更有以"巫祝"诠释文化远古的"巫文化"展演体系。

正是上述各项文化元素共同构成了侗族村寨文化的整体。侗族村寨的这一文化体系历经千万年来的传承，至今仍生生不息地在村寨里传承，教化着侗寨村民。从功能结构上来看，侗族村寨文化是一个功能齐全、内容丰富的文化体系，因此曾有人断言说侗族社会是一个唯有食盐才需外调的社会。为此，我们提出侗族文化的市场化趋向，也必须以侗族村寨为基础，有效利用其文化体系中的诸多元素。

侗族村寨文化综合体现在农特产品和旅游开发诸方面，只要经过一定的加工和包装，即可成为市场产品和商品，具有极旺盛的市场潜质。

那么，侗族村寨文化的市场经济行为，应该如何做，才能让村寨文化的传承少受到冲击，才能让村民既能在经济行为中获取生产生活的物质需要，又能不使原生的民族文化形态发生大的变化呢？

这个问题，我们如果放大到整个中华文化的传承保护视野来观照，我们就会发现在当下中国，随着文化生产与精神生产在经济社会与人民消费中扮演着越来越重要的角色，文化与经济、市场的结合,其边界在哪里,应该如何界定边界,是学界与业界急需研究的问题。目前,我国并没有官方或学术机构对文化经济的概念做出完整的诠释,长期以来,文化经济被囊括在"文化产业"的概念中。根据国家统计局《文化及相关产业分类(2012)》,我国定义文化产业是指为社会公众提供文化产品和文化相关产品的生产活动的集合。2017年4月,根据文化部"关于印发《文化部'十三五'时期文化产业发展规划》的通知",文化部只是将文化产业按照行业来进行划分,包括演艺业、娱乐业、动漫业、游戏业、创意设计业、网络文化业、文化旅游业、艺术品业、工艺美术业、文化会展业以及文化装备制造业等,并没有对文化市场经济的边界进行界定。众所周知,在人类社会的多个生产领域,充分的市场化带来的是竞争,以及伴随着竞争所带来的产业升级与优化,有益于产业发展。文化作为一种特殊的生活要素与商品,它与人类精神和认知息息相关,其形成虽是一个漫长的过程,但在市场经济面前却往往呈现出容易被破坏而受到伤害的态势,因此在与市场经济的充分结合下,文化的市场经济往往会使文化本身呈现出了更复杂的表现。

中国改革开放30多年来,在公司治理与产业化的领域研究取得颇多成果,而产业化和企业化有许多经济文化的方法和内容却鲜少介入文化活动中来,比如文化产业的商业模型问题、文化企业的公司治理以及所谓产业兼顾。上述问题恰恰是文化活动在向产业化、企业化的过程当中衍生出来的问题。在国民消费转型后文化产业究竟应该如何发展?文化行业的充分市场化带来的负面影响究竟有多大？以及文化行业市场化的边界究竟在哪里？所有的这些命题都需要得到很好的研究，当中不仅仅是经济学命题，甚至包括社会学、伦理学、人类学。

有基于此，对侗族村寨文化的市场经济方向的探讨，其方法论就更有意义。

二、侗族村寨文化市场的基础构筑

侗族村寨文化虽然具有市场的潜质和优势，但要真正成为市场产品和商品，还有一段较长的路要走。它需要夯实一定的基础，才能走向市场。特别是抓住当下侗族村寨申报成为世界文化遗产的宝贵机遇，才能逐步实现文化的市场化。

（一）在村寨外，要强调申遗工作机制与作为

侗族村寨文化，以其结构的完整与功能的真实，成为全人类生存的一种智慧。侗族村寨申报世界文化遗产，正是实至名归。从市场的角度来观察，申遗工作成为侗族村寨文化走向市场的最大助力。

侗族村寨申报世界文化遗产，是一个组团申遗项目，由贵州省黔东南苗族侗族自治州榕江县、从江县、黎平县和湖南省怀化市通道县、邵阳市绥宁县，广西壮族自治区柳州市三江侗族自治县［简称三省（区）四市（州）六县］，共25个侗族村寨组成，并于2012年入选《中国世界文化遗产预备名单》。作为广西方面工作申遗的中坚环节，柳州市居中联动，做了大量

卓有成效的工作。根据媒体消息我们知道，2016年3月中旬，由柳州市有关部门主持召开的湖南、广西两省（区）"侗族村寨申报世界文化遗产工作交流会"就在三江举行，会议围绕侗族村寨申遗工作进展进行了充分交流与探讨，会议拟定当年邀请国内外申遗专家考察侗寨申遗工作，并举办"侗族村寨申报世界文化遗产高峰论坛"，对侗族村寨文化遗产核心价值和普遍价值开展研讨，争取年内向国家文物局汇报三省（区）侗族村寨联合申报世界文化遗产工作，争取国家文物局，直至国务院对侗族村寨申遗的支持，力争将侗族村寨申报世界文化遗产项目列入中国政府2020年申报联合国教科文组织项目计划。

申遗工作是一项社会工程，它涉及社会的方方面面。要使申遗成功，我们不能走过场，流于形式，使侗族村寨丧失成为世界文化遗产的千载难逢的机会。在此，我们的申遗工作，要做好各种政策的兜底工作。要依照国家文物局、联合国教科文组织有关申报世界文化遗产的申报机制和工作要求、认真负责地开展各项相应工作。相关各省（区）、市、县三级政府部门要出台各项政策，对申遗村寨的文化进行保护性开发。我们的建议是：

首先，要对申遗村的农林土地等自然环境依法保护、大幅度提高各种农村补贴标准、实现真正意义上的封山育林，解决村民必须要伐树砍树补贴生计的问题，保护农耕。农耕体系是以农业生产方式为基础产生、发展起来的侗族村寨传统文化得以延续和发展的根本。

其次，要出台村落各种文化的保护措施，在村寨内推行传承保护机制，明确传承人、传承链和传承任务，并明确传承补助资金。强调对村民文化自觉与文化自信的提升，使申遗变政府行为为村民行为。村民是侗族村寨文化的所有者、传承者和发展者，只有依靠他们实现市场化，才能使侗族村寨"活"在当下，"活"得更美好更长久。

再次，要落实村落整治资金，对申遗村寨进行文化景观风貌整改，强化村寨的可视美感。这里的整改并不是鼓励村民建造砖房、新房，而是对村中的道路、水利、危房、垃圾等进行整顿和清理。

最后，制定各种工作法规，协助和指导当地村民进行文化的市场化。可以通过成立申遗村寨综合执法专项机构，对村寨现有文化项目进行监测和执法，不使申遗村寨过度进行商业开发，避免村寨的寨貌发生变化和变异。

申遗侗寨，是我国极具打造世界文化遗产天赋的优质资源，具有极强的民族唯一性、技艺杰出性、资源完整性和生存濒危性，它既是文物又是文化，符合联合国教科文组织《保护世界文化和自然遗产公约》规定标准的第3项、第4项、第5项标准，在很多方面高度吻合申报世界文化遗产的条件。侗寨申遗的步伐只能加快不能滞后，要全面、精准地把握侗族鼓楼等能够支撑和保障申遗顺利推进的核心物质遗存及其与村寨、人文、自然的关联，确保申报成功。

（二）在村寨内，全民参与规模化是不二法则

在这里提出规模化法则，既是属于"内"功修炼的需要，

同时也是在市场经济浪潮中,规模化、集团化生产经营是占领市场的必要前提和基础。发端于小农经济自给自足的侗族村寨经济结构,其分散经营,小打小闹,流通能力不足的缺陷,已日益凸显出来。

侗族地区各村寨,有史以来就是人多地少,人均占有土地面积5亩左右。例如申遗侗寨三江县林溪镇高友村,全村446户1927人,土地面积6900亩,其中水田1008亩,旱地335亩,有林地4056亩,茶叶地800亩,村集体林场400亩,其他300亩。而同是申遗侗寨三江县林溪镇高秀村,全村392户1675人,土地总面积9346亩,其中水田938亩,旱地480亩,有林地8057亩,村集体林场300亩。而更为致命的是,自改革开放后,随着家庭联产承包责任制的推广落实,这些土地被分割成一块块大不过5亩的"巴掌大"地块,由各家各户分散经营。这种土地小分散的状况,其种出来的农特产品,在大市场面前,显得是那样地弱小。例如高友、高秀两村出产的红薯、韭菜,以其香、脆、糯而闻名四方,于是便有客商兴冲冲开着一部大卡车前去收购,不想两村全部集中起来的红薯,也才装够他半车,让他差点车油费都赚不回。

规模化经营就是要打破这种现状,连片进行开发经营,以规模应对市场,满足市场的转合与吞吐需求。举个例子来说,坪坦河流域侗族村寨众多,其间有高友、高秀、高步、中步、坪坦、阳烂、都天、芋头等八个村寨已进入中国申报世界文化遗产预备名录,要进行规模化经营,当以这八个村寨为核心,延伸到附近的几十个村寨,捆绑起来一起进行开发,光土地就有二十多万亩面积。这样我们的市场行为就有广阔的时空及腹地，这就让我们无论是农特产品营销市场的集成，还是旅游市场的集散，都有着可以自如的纵深。

从文化的连体性来看，坪坦河流域更集中地具有联动效力。其间侗族村寨有全国重点文物保护单位10处，省级文物保护单位2处，县级文物保护单位10处。自20世纪80年代以来，坪坦河流域侗族村寨及其侗族建筑陆续公布为各级文物保护单位和民族保护村寨。其中高步侗寨的永福桥、回福桥被公布为全国重点文物保护单位，高升鼓楼、河上鼓楼、龙姓鼓楼、岩寨鼓楼、萨坛、社王祠被公布为县级文物保护单位。阳烂侗寨的文星桥为全国第六批重点文物保护单位，中心鼓楼为县级文物保护单位。中步侗寨的中步头桥、中步二桥于2006年被列为全国重点文物保护单位。坪坦侗寨的普济桥为全国第六批重点文物保护单位。横岭侗寨的廻龙桥为全国第六批重点文物保护单位，横岭鼓楼为湖南省级文物保护单位。芋头侗寨古建筑群为全国重点文物保护单位。路塘村的观月桥2006年被列为国家重点文物保护单位。因此，把坪坦河流域这一批文化文物串成一线，开发布局为一个景区，就能设计出包括线路、景点在内的丰富旅游产品。

侗族村寨申报世界文化遗产，除了以"天人合一"村落景观为可视遗产外，更为重要的遗产核心价值就是村寨内具有以"均富"为起始的"人耕有其田"的朴素经济基础，和以家族房族为责任救济单位的"不让一人受难"的扶贫济困系统。"聚团、抱群、适众"，是侗族人民人与人之间平等互助的秩序依存心理。所以，侗族村寨文化要走市场经济运行之路，则必须要重视和尊重这个原则，要把全体村民聚集起来，让大家在他们自己的那个"集团"里自成文化体系，把文化表现出来。以一个流域的几十个村寨来进行文化市场经济开发，这涉及这个区域里的两万多人口，这是一个很大的群体。这正好符合了侗族村民的聚集习惯，使侗族村寨文化走向市场经济具有原动力。

这就是全民参与法则。从另一个角度来看，全民参与还应该包括政府部门、科研机构、公司集团、全体村民在内的集体参与，做到不缺人、不漏人，人人为申遗，申遗为人人，申遗走市场，市场助申遗。

（三）组建各类经营公司，"居中"联动市场

侗族村寨文化中的农特产品和旅游产品、商品资源虽然市场潜力巨大，但还没能形成合力与市场真正对接起来，有些资源还没能转化为可资收入的产品和商品，还只是一些物品。在全民参与和规模化经营的前提状态下，适时地把侗族村寨文化资源转化为市场商品进行营销，这就需要组建各类公司，教育和引导村民对日常生活用品进行加工、包装和提炼，使这部分文化产品得以进入市场进行交易、流通，以应对市场的需求。

综合考虑村民生活的方便和市场发展的需求，在侗族村寨中组建各类公司，应该包括种养公司、网络信息公司、运输物流公司、旅游有限公司、文化传媒有限公司等等，以及在此基础上根据经营状况需要而联合组成的集团总公司。

然而，公司的组建和介入，有招商引资引进外地公司和在村寨本地范围内组建公司两种渠道，这就有所区别，应当做好选择和取舍。特别是针对不同的村寨的实际情况，采用最适合村寨自身发展的组建形式。因为外请公司是一把双刃剑，它虽然有资金和市场的优势，可以快速地营销市场，但是，它也可带来外来文化与侗族村寨文化体系的冲突与对立，外请公司常以追求经济效益为唯一目的，它的一些营销手段和策略，就会有意和无意地损害和冲击侗族村寨文化的有序传承，特别是一些公司急功近利，"杀鸡取卵"地不顾及村民利益的营销手段，常会激起村民与公司的利益冲突。这方面的例子在目前已经进行旅游开发的侗寨景区中为数不少。

组建本地公司，也有其优劣。优势是它与村寨文化体系同根同源，公司经营者对地方人文的把握熟悉到位，公司的气脉易与地方人文合为一体，公司对村寨文化的保护与传承有血肉感情。不足之处是对市场的快速营销能力不够，占有市场的速度不快。

从保护文化的原生角度来选择，我们还是应该尽可能地选择组建本地人自主经营的公司，鼓励本地人组建公司。本地人公司的组建，可以依靠村寨中的能人（比如民主推举的村寨领袖、经济能力较高的地方精英）、地方政府专业人才、科研学者、金融市场人才这四方面的人才，组成一个运营的团队，那么公司的劣势就会很快得到克服，公司的长处就会源源不断发挥出来，实现文化传承保护与市场经济收入双丰收的局面。

侗族村寨文化的市场化，公司、品牌是首先要解决的问题，要通过农旅、文旅一体化来实现品牌价值，放大品牌效应，要把村寨文化作为动漫产品、文化产品、旅游商品来发展，让价值得到充分发挥。要注重用好"差别发展"思想武器，全力展现区域自身优势，使村寨文化亮点突出。组建成立的各相关公司要认真思考如何树立和打造品牌，做好宣传，提升文化产品品质。在品牌体系建设中，每个产品必须具有自身特色，同产品生产企业，在统一品牌时要制定出严格的质量标准，以一个开放的理念和开放的心态来解决实际问题，寻求合作，抱团发展。公司与政府间要建立紧密协同机制，共同开展品牌设计、品牌呵护、品牌宣传、产品营销等工作。在推进品牌创建方面，制订一个品牌战略行动计划，寻找合适战略定位，按照"百里侗乡文化长廊"和"世界文化遗产"的概括性名称来发展。

三、侗族村寨文化市场运作的策略与原则

侗族村寨文化的市场运作，与某一单项商品的市场营销不同，它涉及政治、经济、社会等人与自然、人与人、人与自我的方方面面，是一项具有综合性的社会工程。它不仅要求我们对全局进行运筹帷幄，更需要我们慎重考虑多方面的关系和协调。因此，在进行侗族村寨文化的市场营销时，我们提出要注意对"分合互补、农商依存"策略的运用，同时也应注意遵循"均等、距离、奖惩、主次"几大原则。

(一)分合互补与农商依存的经营策略

这个策略的提出是从侗族村寨文化市场化的整体态势上提出来的。分合互补中的"分"指执行家庭联产承包责任制"分田到户"后零散经济经营之分,"队为所有"的队别之分,村屯、乡镇、县域之分。这些都涉及国家政策、行政区别、历史传统、权利归属等重大课题,侗族村寨文化的市场营销,逃离不了对这些问题的重视与接纳。"合"是指在"分"的现实状况下,为完成市场化基础而进行的文化、土地等资源的整合,村寨间成立各种合作社以及各种市场公司的企业行为之合,乡镇、县际的行政手段的联动之合。

申遗侗族村寨所在的三江、通道、绥宁、黎平、榕江、从江等侗乡各县,自身地方经济总量严重不足,经济结构单一,经济造血功能低下(财政税收的主要来源是依靠国家投入的投资拉动型收入)。促进侗族村寨文化市场化,地方政府必须依靠国家投入,才能形成一定规模,在交通、市场、规划等方面形成联动,形成市场,使地方财政和社会收入得到增加。

农商依存的"农",指的是侗族村寨文化中的农耕文明,它包括传统耕作模式、产品的绿色有机无公害、种养产业主导的有机可循环往复,以及村民千百年来的农耕经验并在此基础上形成的社群伦理文化与精神表达文化。"商"指的是侗族村寨文化的可转化为市场产品或商品的文化事项;这些事项的可注册成地理产品标识、QS认证、有机绿色产品的品牌标识行为;市场运行的营销化、网络化、订单化、集级化、公司化等各种营销手段。

农商关系,古人多有论及。宋人陈亮说:"商藉农而立,农赖商而行。"明末清初思想家黄宗羲认为:"世儒不察,以工商为末,妄议抑之。夫工固圣王之所欲来,商又使其愿出于途者,盖皆本也。"清雍正说:"国家休养生息,数十年来,户口日繁,而土地止有此数,非率天下农民竭力耕耘,兼收倍获,欲家室盈宁,必不可得……观四民之业,士之外,农为最贵。凡士工商贾,皆赖食于农,故农为天下之本务,而工贾皆其末也。今若于器用服玩,争尚华巧,必将多用工匠。市肆之中多一工作之人,即田亩之中少一耕稼之人。"在侗族村寨申报世界文化遗产的进程中,如果我们能够让村寨农耕文化得到传承的同时,处理好统与分的辩证关系,让村寨传统文化形成商品,走上市场,增加村民经济收入,当为善事。

(二)侗族村寨文化市场化运作需注意的几个原则

均等原则:我国正从工业化初期阶段进入中期阶段,工业化进程大大加快,社会分工越来越细,社会成员的地位不仅表现在水平分化上,而且表现在垂直分化上。但是社会差别或不平等不宜太大,要由稳定性不平等向暂时性不平等转变。因此,在社会中实施均等原则,促进社会合理流动,以此来适应社会分工的需要,促进社会动态的稳定和推动社会发展,具有重要作用。侗族村寨文化的市场化运作,当也要遵循这个原则,要以每个村民、家庭、房族为基本单位,以自身所拥有的田地、房屋、公共建筑诸要素作为股本,均等地参与到文化的市场化中，均等地参与和拥有市场公司的各种权利与义务，达到人人都是文化传承者，家家都是文化市场的参与者，村村寨寨都对文化的传承保护和维护市场享有权责。

奖惩原则：按多劳多得分配原则进行权益分配，制定出各种规则对村寨文化的传承保护做出奖惩，对助益者进行奖励，对破坏者进行惩罚。

距离原则：从保护村寨文化、减少外来干扰的角度出发，让游客以及现代工业、商业行为与侗族村寨保持一定距离。村民只专心从事农业生产，进行农特产品的种或养，一切市场营销行为全部交给公司去运作，确保村民的农业属性不因此改变为第三产业的商业属性。在旅游业态营运中，在与村落保护有一段距离的地方另建游客中心或者展示中心以满足游客的食、住、娱、购，村落只在一天之中有一定时间对游客开放参观，达到不让游客过度干扰村民的日常生活，不让游客打破村民农耕的"宁静"，从而使村寨文化有一个纯洁的传承时空。

主次原则：侗族村寨的农耕文明及其共生的侗寨宗法结构的传承保护，在整个市场化之中占主要地位，通过市场化营销让村民享受现代文明成果是次。市场化不能冲击和破坏村落文化按其自身法则进行传承。一切市场手段必须围绕和服从服务于村寨文化的永续传承而展开。

（三）侗族村寨文化市场管理需要注意的问题

中国是一个有着五千年文明史的泱泱大国，中国传统文化是世界上不多的几种原生性文化之一。中国传统文化的核心层，是以儒家思想为正统的文化价值体系，其主要特点是重视人、倡导德。中国是世界上最早提出人本主义哲学并初步建立起了以"爱人贵民"为中心的人本主义管理思想体系的国家。这就决定了中国的现代"人本管理"体系不可能抛开中国传统文化而重建，也意味着我国市场经济的发展、现代企业制度的创立和现代"人本管理体系"的构建只能在民族传统文化的基础上进行。

市场经济一旦走出其初始阶段，那种以物质刺激为手段的企业管理模式在经济增长中的作用便显得力不从心了，这主要是因为当今世界经济已经从传统的市场经济时代进入知识、技术和文化经济时代，社会总需求和个人总需求已不能再完全用物质范畴来涵盖。换言之，物质的概念已成为过去时，人的文化消费的比重越来越大，即使是物质消费也越来越变成文化的物质。

侗族村寨文化是一种传统的民族文化，它的市场化管理，应注意的问题应当放在整个中华文化的系统中来观照。在当下的中国，传统文化对人的管理有着多重影响，这种影响有六个方面：一是重形式轻效率。传统行政文化中注重形式，导致在行政管理中爱做官样文章，办事拖拉，机构臃肿，人浮于事，决策迟缓，影响行政效率的提高和行政目标的实现。二是重人治轻法治。传统文化中重人轻法，人情风盛行，在行政活动中表现为行政权力凌驾于法律之上，行政决策和执行缺乏法律约束，有法不依，执法不严成为常事。三是重权威而轻民主。传统社会的皇权、官权使权威观念影响极深，在现代行政管理中表现为独断专行、专制、集权，家长制，行政民主难以实现。四是重共性轻个性。传统文化中以办事稳健、不出风头为为政的要诀，以至于行政人员在行政活动中思想僵化、保守，不敢开拓创新，行政活动缺乏应有的弹性和活力。五是追求等级不尚平等。传统社会等级森严，官本位思想严重，在行政活动中常常表现出极强的等级性和依附性，严重影响行政法制建设和行政民主进程。六是注重大一统集权缺乏必要的分权意识。因此，我们在进行侗族村寨文化市场经济管理时，要切实注意这些问题。

中国传统文化及管理思想有积极的一面，也有消极的一面。因此，在建立有中国特色的现代企业制度及管理模式的侗族村寨文化市场经济过程中，既要学习西方制度化管理的优势，实施组织化、科学化管理，又要吸取中国传统文化及管理思想的精髓，"古为今用，洋为中用"。需要强调的是，中国几千年的传统文化及伦理观念根深蒂固，至今还影响着国人的价值观念和行为取向。没有文化底蕴的管理是不成功的管理，照搬西方的现代管理理论会因群众的心理抵触，其效果将大打折扣。但要完全用中国传统式家庭管理方式管理企业，可能在创业时期有积极的作用，但当企业发展到一定规模后，它肯定会成为企业进一步发展的障碍，这就是中国企业成长慢（国企）、寿命短（私企）的原因。

侗族村寨的传统文化和村民的生活方式在社会发展的过程中产生了巨大变迁，市场机制的盲目性和行政的强制干预，一定程度上会导致侗族村寨传统文化衰竭、生态环境恶化、公共生活荒芜。我们在这里提出侗族村寨文化市场经济方向的研究，力图找到一种有效的方法，可以支持以村寨村民为主体的草根群体传承本民族的核心文化、诠释自身的经验、建构共同的记忆，唤醒文化主体对本土文化的反思、自觉和传承，探寻侗族村寨可持续发展的新路径。尽管这个过程中也存在一定的问题，但我们坚信传统文化中包含的人与人、人与自然和谐相处的观念和知识，是可持续发展必需的宝贵资源，也是一个民族的精神根脉所在。任何民族甚至国家只有从传统文化中汲取营养，发展才真正具有持续性。

总之，侗族村寨申报世界文化遗产，这是侗族人民生产生活中的一件大事。侗族村寨文化的市场化，这既是历史的必然，也是使村民在有序传承自己民族文化的同时，也能享受人类现代文明成果的良好时机。因此，侗族村寨文化的市场化，就成为全体侗族人民离不开的话题。我们在进行侗族村寨文化的市场化运作，念好"分合互补、农商依存、内外兼备"十二字方针，遵循均等、奖惩、距离、主次几大原则，正是坦途。

参考文献

[1] 李亦园《田野图像》，济南：山东画报出版社，1999年。

[2] 乔健《印第安人的诵歌》，桂林：广西师范大学出版社，2005年。

论我国鱼图腾崇拜及其演变

姚 德*

一

在我国，特别是西南少数民族的神话、传说、童话故事中以鱼所幻化而成的人物作为描写对象的作品很多。从笔者所查到的这类作品中，有汉、壮、傈僳、怒、彝、瑶、侗、黎、基诺、傣、哈尼、独龙等十几个民族的作品。作品中，鱼大多以正面形象出现，有的是龙的女儿，作为一条鱼被一个孤儿钓得或捞得，最后还原为龙的女儿与孤儿结婚，婚后战胜自然和社会的邪恶势力，过上美满幸福的生活。如怒族的《龙姑娘》《雪峰洞》，彝族的《长工与龙女》《吹笛少年与龙女》，傈僳族的《鲍鱼》《孤儿的故事》，独龙族的《鱼姑娘的故事》等。有的鱼是龙的儿子，被主人公救护，此后便竭力帮助贫苦、善良、勤劳的主人公，或者帮助主人公娶得龙的女儿，使

* 姚德，广西华商国糖有限公司副总经理。

主人公过上美满的生活，如《张打鹌鹑李钓鱼》、壮族的《老三与土司》等。有的鱼帮助主人公惩罚骄横的人间皇帝和公主，使主人公娶得龙王的女儿，过上幸福生活。有的作品中，鱼作为主人公的保护神出现，如广东陆丰的有关鲤鱼石传说的《鲤鱼姑娘》，黎族的《宝筒》，广西涠洲岛的《鲛人泪》，湖南关于鲤姑庙传说的《鲤姑》，傣族的《金鲤鱼故事》，湖南有关屈原衣冠冢的《神鱼送屈原故事》，广西壮族关于鱼峰山传说的刘三姐乘鱼升天的故事等。有的鱼通过自己的神力使主人公五谷丰登、六畜兴旺；有的鱼能辟邪祛病，如瑶族的《圣堂山》，侗族的《雷打塘的来历》，苗族的《杀鱼节》，汉族的《白龙挂须》等作品中都有"鱼"用唾沫或鳞片治病的内容。此外，还有帮助主人趋吉避凶的《孟姜鱼》《靴头鱼》，帮助主人公克服自然力障碍的《运河水传说》，主孝道的《骗鱼》等。

民歌，特别在情歌中，以鱼起兴的更不乏其例。如会泽情歌：河中有鱼郎来寻，河中无鱼郎无影，有鱼之时郎来赴，无鱼之时郎费心。平治瑶族情歌：一条河水清又清，两边绕有打鱼人，打鱼不得不收网，连妹不得不放心。安顺民歌：太阳落到坡坡阴，坡背有个钓鱼坑，有心钓鱼用双线，有心连妹放宽心。民歌中的例子可谓举不胜举。需要指出的是，在这些民歌中表现婚姻爱情方面内容的作品占的比例最大，而鱼大多是雌性的形象。

为什么我国民间有那么多以鱼幻化成的人物为描写对象的作品呢？为什么我国民间对鱼有如此之深的感情呢？它的原

始因由是什么？这些原始因由又是如何演化的呢？为什么我国西南各少数民族特别多这类的作品？探讨这些问题又有什么意义？这些都是本文试图探讨的问题。

二

中国民间之所以对鱼如此厚爱的原始因由是：鱼是原始初民的图腾崇拜物之一。图腾崇拜的特点在于，作为人类从动物界分化出来的最初阶段，一方面原始人不仅不把自己同动物对抗起来，反而在很多场合下愿意承认动物高人一等[1]。在原始人看来，某些动物植物具有人所不能及的强大神秘力量，而加以崇拜，将之视为图腾物，而氏族同这些图腾物又有某种神秘的内在联系，他们认为所有的某一类图腾物都是他们的亲属，有血缘关系，因而对它们崇拜至极，尊奉为自己的祖先或保护神。另一方面，在崇拜物后面，又寄托着希望借图腾物的神秘力量来控制与征服自然界的积极意义。马克思说："人在自己的发展中得到其他实体的支持，但这些实体不是高级的实体，不是天使，而是低级的实体，是动物，这就是图腾崇拜的特征。"[2]鱼就是这样的一种"实体"。

鱼类在我国原始初民的生活中占据着十分重要的地位。当时的人们不可能掘井取水，只是逐水草而居，水是人们生存所必不可少的。没有水就没有生命。因此，原始初民临河而居，

---

[1] 《普列汉诺夫哲学选集》第3卷。
[2] 《马克思恩格斯选集》卷27。

而河中的鱼就必然会成为他们的直接食物来源，加之河中的鱼繁殖快，数量多，原始初民从河中永不竭尽地取得自己的食物，因而鱼类成为他们赖以生存的基本物质基础。考古学的成果表明，新石器时代的文物中有许多关于渔猎的图饰和渔猎工具，如半坡村型仰韶文化的新陶，其图饰为鱼纹，有单体鱼、双体鱼、三体鱼、两头鱼和人面鱼纹等十多种。在半坡原始村落遗址还发掘出大量的渔猎工具，如用石、骨、角等素材加工制成的鱼钩、鱼叉等[1]。这些都表明了仰韶文化阶段，渔猎是原始先民生存的重要手段。

这时，鱼类作为人类的恩主的原始观念应该说已经形成了。费尔巴哈说："动物是人不可缺少的东西，人之所以为人，要依靠动物，而人的生命和存在所依靠的东西对于人来说就是神。"[2]图腾崇拜正是在这样的前提下产生的。

同时，鱼类有着极其强大的生殖能力，如一尾鲤鱼每次产卵在万个以上。鱼的生长适应能力强，不怎么挑剔生长环境。原始初民一方面有强烈的求生殖愿望，另一方面又羡慕鱼类的强大的生殖能力，希望自己的子孙后代像鱼类一样连绵不断，以壮大集团的力量，求得生存。此外，对于人类自身的生殖问题，在原始社会很长的时间里是不可以理解的。人们虽然有性生活的存在，但还不能认识到生育就是两性结合的结果。人类学家J.G.弗雷泽（J. G. Frazer）认为对于原始社会的野蛮民族来说，他们还不能认识到男女结合与婴儿诞生的因果关系，把妇

---

[1] 《考古》1983年第3期，《文物》1980年第5期。
[2] 《费尔巴哈哲学著作选集》，北京：三联书店，1962年。

女怀孕看作由一种神秘力量在起作用，这种神秘感导致他们的图腾崇拜[1]。我国的"简狄吞玄鸟卵而生契"，女登与神龙接触而生炎帝等感生神话，还有西南许多民族中的创始神话中人类的产生的故事都正是J.G.弗雷泽这一观点的佐证。鱼类以其生殖能力强，善于繁衍的优秀特征在原始人的生殖崇拜的宗教意识中占有十分重要的地位。

就这样，生存和生殖的迫切愿望导致了原始初民的鱼图腾崇拜。

1978年在河南临汝阎村发现的《鹳鱼石斧图》引起了学术界的普遍关注[2]。许多学者认为这图是原始人生存和生殖两大功利目的的体现。图中，鹳鸟口中叼着一条鱼，旁边是一把石斧。《经籍纂诂》卷四十七引《七谏·自悲》："鸟兽惊而失群兮。"注云："鸟者，阳也。"鹳鸟，鸟类，亦阳物也。《经籍纂诂》卷六引《诗灵台序》云："鱼，阴虫也。"又引《易井》云："鱼为阴物。"《鹳鱼石斧图》中鹳和鱼如果分别是阳物和阴物，那么鸟鱼相接正体现了阴阳结合，是生殖的象征，而石斧可以认为是物质生活的象征。在陕西宝鸡北首岭发现的距今六千多年的"鸟衔鱼细颈壶"也具有同样的象征意义。

正因为鱼类有这样的特性，因此，在原始初民那里，鱼就必然成为一种其他事物所不能企及的图腾崇拜物之一。

民族的分化和融合，西南少数民族和汉族之间以及西南

---

[1] 转引自肖琳《图腾与图腾崇拜》，《百科知识》1983年第8期。
[2] 参见《民间文学》1984年第7期。

少数民族之间的相互文化交流，又使各族的文化出现趋同，鱼图腾崇拜就是这种趋同现象，是各民族共同的一种原始宗教心理。此后的民间创作，鱼的形象就必然成为广大劳动人民所喜爱沿用的形式。而随着历史的发展，民间创作的一代又一代的传承，鱼这个形象就必然发生演变和讹变。

三

从新石器时代起，社会经济生产开始由渔猎向农耕、畜牧经济过渡。此后，阶级社会的产生，社会经济又出现了质的飞跃。因此，鱼类原来所具备的因生存和生殖而起的图腾崇拜意义越来越淡化，变得模糊不清了。鱼，在一代又一代的民间创作中失去了原来的意义，变成具有更大适应性的具有抽象意蕴的特殊符号和传递某种文化信息的密码形式了。而形式一经取得独立，便撇开了原来的观念内容的制约按其自身的规律前进。就像京剧的脸谱，红脸是从关公的形象抽象得来的，红脸这种形式脱离了关公形象后，就可以用来表现所有的忠心热肠、正义凛然的内容，人们无须想到关公。鱼这种形式也一样，久而久之，人们在鱼的身上注入了约定俗成的固定化的宗教情感和审美情感，而对它形成一种习惯性的联想。

形式美的产生是一个历史的过程。人类对形式美的认识与肯定最早从实用开始的，当人们在实践中发觉某种事物的形式对人们的行为发生实际利益时，就逐渐对它带上审美的色彩。鱼由于它的功利性大，于是人们便把它抽象化、神化，形成一种撇开了具体内容的形式或仪式,在以后的创作中,习惯性地喜爱用鱼这种形式,并赋予它美的内容,人们要表达或寄托某种观念或内容时,便以鱼作为起兴和话头。

在鱼这个民间创作的形式里,积淀着丰富的历史内容。后来的人要开掘这种内容,只能从现存的神话、传说、童话、民歌或别的艺术样式中追溯,回到原来的意义上去。

鱼所蕴含的意义,至少有下面几个方面。

1.鱼是爱情中配偶的象征

从笔者所收集到的作品中可以看到,《鲍鱼》中鲍鱼是龙的女儿,被孤儿捞得后,幻化成人与孤儿结婚;《雪峰洞》中孤儿钓上来的就是龙王的小闺女,两人结婚后生了一个胖小子。故事还特别指出,生活在怒江两岸的怒家人就是孤儿和龙女的后代;《龙姑娘》中小金鱼也是龙的女儿,也是孤儿的配偶;《长工和龙女》中的小红鱼是长工河西的配偶;《宝筒》中的小红鱼是亚丹的配偶。民间故事中此类例子极多。民歌中更为丰富,如彝族情歌《红岩石》:

女唱:想吃鲜鱼滇池钓,快撒金钩手莫闲。

男对:宽宽滇池白滩头,小小鲤鱼水中游,阿哥探头甩金钩。

女对:鲤鱼偏偏不吃钩,阿哥急得汗水流,啊咦哟——,阿哥急得汗水流。

在这些打逗、调情的对歌中,女方就自喻为鲤鱼。

再如广西三江侗族情歌：

妹讲信伴不信伴，好比鲤鱼心事多，妹今话语说得好，妹的心事是如何？

广西桂平板瑶情歌：

壁上画马求麒麟，漂亮情妹邪死人，好似鲤鱼浮水面，邪死一河两岸人。

晋宁民歌：

一对鲤鱼活鲜鲜，小妹来到大河边，要吃小鱼随便捡，要吃大鱼要添钱。

宣威民歌：

要吃辣子种辣秧，要吃鲤鱼走长江，要吃鲤鱼走长江，要玩小妹走四方。

这样的例子不胜枚举，其中大多数都以鱼当作男方的配偶而起兴，而比喻。

为什么要用鱼来象征配偶呢？这当然和鱼图腾崇拜有关。而鱼图腾崇拜的原因之一就是鱼作为阴物，并且具有强大的繁殖能力。在原始初民那里，虽然没有明显的匹偶、爱情观念，但生殖、繁衍后代却是他们迫切的愿望，他们希望自己的子孙后代能像鱼一样连绵不断，兴旺发达。"饮食男女，人之大欲"，"食色，性也"。不管是饮食还是男女，在鱼为恩主、保护神的原始氏族中都紧紧系结于鱼的强大的繁殖能力。在以后的历史发展中出现了婚姻、爱情的观念，人们之所以把匹偶比作鱼，是因为婚姻在其产生之初或者说爱情、婚姻的基础与"男女"这种生物性，与生殖有着密切的关系。由于在传统的宗教观念中，鱼被作为生殖的象征并凝聚一定的生殖意义。所以，当人们说到匹偶、婚姻时，就习惯而自然地联系到鱼。反之，说到鱼就联想到爱情、婚姻。这正是它传统的宗教意义的推演。当有关的宗教观念经长时间推演而淡化之后，这种联系开始脱离而抽象化，鱼成了民间习惯喜爱的动物，并以之比喻自己的配偶，双方都不一定知道为什么要以鱼来比喻配偶，但世世代代都这样沿袭，这正是习惯性联想的结果，这时，鱼纯然变成了一种代表配偶或生殖物如女性神的符号。

2.鱼象征丰稔，是代表丰收的符号。

所谓符号，就是一种通过视觉、听觉所感知的对象。人们把这种对象和某种事物相联结，使得一定的对象代表一定的事物，当这种规定被一个人类集体所认同，从而成为这个集体的公共约定时，这个对象就是代表这个事物的符号。

鱼就是我国民间这个人类集体所认同的代表丰收的符号。在我国民间文学作品中，鱼能通过自己的神力使自己的家庭富裕幸福。这是民间百姓对美好生活的理想幻想化的结果。许多故事中，鱼姑娘都能使孤儿或贫儿家六畜兴旺、五谷丰登，如《鲤鱼》《龙姑娘》《弟兄俩》《鱼姑娘》等。有的鱼能变出宝物，使作品中的男主人公能享有金银财宝，如《望娘滩的传说》中鱼给温朋的那颗大明珠就能变出大米、金银，要什么就有什么；《三根金头发》中的鲛人能从自己头发上梳下一斗珍珠。

为什么我国民间创作中以鱼象征丰收呢？追本溯源，这同样与鱼图腾崇拜有关。

鱼以其强大的繁殖能力得到初民的崇拜，而鱼又是他们的主要食物来源，人们希望能多打鱼，因此，从初民的这一理想开始，鱼被我国民间这个人类集体所认同，久而久之，鱼就成了丰稔的象征，这是其他动物或植物所不能企及的。

在半坡型马家窑文化中发现的类似仰韶文化的网鱼图中有一个网点纹彩陶盆，该盆外壁绘满了网纹，网眼中的长点是鱼纹的变形或简化。在半坡原始村落的遗址发掘出大量的渔猎工具，这说明仰韶文化时期，渔猎是先民生存的重要手段，丰收主要是鱼的丰收。《诗经》中的《小雅·鹿鸣之什·鱼丽》中有"鱼丽于罶""物其多也，维其嘉矣"句，《说文句读》释"罶"为"鱼所留也，从网"。"鱼丽于罶"是鱼落在网之意，是物多且嘉的吉兆。《尔雅·释地》有"鱼丽，言太平，年丰，物多也"的注释。可见，其中表现了祈求丰收的主观愿望。

这一丰收观念的扩演，是在原始农业产生后开始的，人们由渔猎时代的祈求渔猎丰收到进入农耕时代后的祈求五谷丰收。有些民间故事就把民间五谷的种子和各种家畜家禽的来源说成龙王所赐,由鱼姑娘带到人间。如怒族的《龙姑娘》,从其中可以看出这种扩演的某种影子。

我国有些地方从新石器时代起就以雕刻的石鱼或烧制的陶鱼作为丰收的象征。中古以后,人们还以石鱼作为水标,视其隐现来作为是否丰收的征兆。清姚觐元的《涪州石鱼文字所见录》曰:"涪州大江有石梁,长数十丈,上刻双鱼,一鱼三十六鳞,一衔蘘叶,一衔荷花,或三五年或十余年一出,出必丰收,名曰石鱼。"《太平寰宇记》中说:"开宝四年,黔南上言,大江中石梁有古刻云,广德元年二月江水退,石鱼现,部民相传丰稔之兆。"

以鱼象征丰收的观念一直延伸至今天。今天北方的年画和花灯就有"吉庆有余"一种,画面或灯饰表现着一个胖娃娃骑着一大红鲤鱼,以示丰收。今天北京的春节就风俗中祭财神一行,就有以鱼作为祭品的。财神是人们礼拜最勤的神,家家户户都供财神,祭品除了一般的食物外,还特备活鱼一条,羊肉一方,以祈新年发财。

当然,这时,鱼这个符号越来越抽象化了。其所表现的意义随着时间的久远而与原始的意义的距离越来越远了。今天的人们以鱼祭财神,祈丰稔,也无须追究其原始的因由,人们只是例行这种形式而已。而且后世的"吉庆有余"也更多的是取"余"和"鱼"的谐音以及鱼的象征意义,但毕竟仍可见"鱼"在人们心中的地位。

鱼主风雨,是天神的象征。在我国的古籍中记载着许多祭鱼以求雨的故事。《帝王世纪》记载:"皇帝出游洛水之上,见大鱼,杀五能牲以醮之,天乃甚雨。"《述异记》中有:"关中有金鱼,周平二年,十旬不雨,遗祭天神,金鱼跃而雨降"的记载。董仲舒的《春秋繁露·请雨止雨篇》中记载:"四时皆以庚子之日,令民吏夫妇皆偶处,凡求雨之大体,丈夫欲藏匿,女子欲和而乐。"董仲舒的《请雨法》曰:"令吏妻各往视其夫,到起雨而止。"

在古代人的心目中,由于雨水自天而降,因此认为天上有河,汉语词汇中便有"天河""银河""落水"等词。《黄帝书》说:"天在地外,水在天外,水浮天而载地也。"因而把鱼幻想成星河里的星宿便是很自然的事了。《楚辞天问》中就有"鲮鱼何所?"的问句。在天命观念形成之后,认为冥冥之中有一种力量支配着一切,于是,鱼作为天神出现了。

追本溯源,这一观念的产生还是根源于鱼图腾崇拜。图腾既然被认为是人类氏族的祖先,因此,它与氏族之间便认为有血缘关系。《山海经·东山经》里有"衈用鱼"句,郭璞注为:"以血涂祭为衈也。"[1]以鱼血涂抹祭器可能是人血涂祭的替代,鱼血和人血的可替代性反映了二者的共性,根源于鱼、人之间的血缘关系的图腾意义。求雨中杀五能牲以祭鱼,明显意味着人与鱼之间有着感情的互渗,用男女的交欢,显然就是模拟双鱼或视鱼为同类或使鱼视男女为同类,以诱发云雨。

鱼再演化为禳祸降福的祥瑞动物,是吉祥的象征物。在许

---

[1] 袁珂《山海经校注》。

多民间故事中，鱼能有治病救命的神奇力量。如湖北兴山县响龙山的《白龙挂须》的传说中说，一天周大买了一条鱼，原来她是白龙洞守荷花的姑娘。姑娘送给周大一片金鳞，周大把这片金鳞熬给自己视为父亲的瞎老汉吃了，瞎老汉眼睛复明。广西涠洲岛民间故事《鲛人泪》中也有鲛人用自己的唾沫治好婆婆的瞎眼的情节。瑶族的《圣塘山》中有用香草鱼的鳞片治好村村寨寨的人瘟，救活瑶族百姓的情节。苗族民谚中就有"人间江河里，百鱼治百病"的说法。

此外，鱼还能使人逢凶化吉，助人成事。如广东的《鲤鱼姑娘》中，渔翁父女在大土霸的威胁下，冒着汹涌的巨浪出海打鱼，几乎葬身大海，其时，鱼姑娘游了过来，顿时风平浪静，使父女免遭祸害。此后，鱼姑娘还惩治了大土霸，百姓过上了幸福生活。黎族的《宝筒》，阿丹被洞主杀后，是红鱼姑娘救活了他。《鲛人泪》中林元被毛量深（无良心）逼迫下海捞蚌，昏死海中，得到鲛人姑娘的救助。《靴头鱼》中孙膑被庞涓砍去双脚后，被砍的脚变成了两条鱼，两条鱼帮助孙膑逃出庞涓的魔爪，并征服了庞涓。《孟姜女》中孟姜女寻夫途中，溺落水中得到自己养育多年的一雄一雌的两条鲫鱼的救助。后来，河中的这两条鱼忽然觉得水动，以为是孟姜女寻夫荣归，却是孟姜女哭崩了长城，引起地震搅动了水。因此，传说现在澧县姜女湖的孟姜鱼能预感地震，使人逢凶化吉。如此等等。

在民间风俗中，贵州苗族当老人去世，安葬三天后，要招魂回家，必须用一对鲤鱼来祭供；修房建屋升梁，求神保佑吉利，必须用一对鲤鱼祭供；小孩得病，求神焚香保佑平安也必须用一对鲤鱼敬供。贵州彝族每年三月三要在河边祭龙神，原来传说这一天，龙王的三公主——鱼姑娘征服了罪恶多端的土司。白族"鱼塘会"，侗族"花炮节"，锡伯族的三月鱼清明，基诺族的用玉色祭神等礼俗和节日都把鱼作为吉祥物看待。

以上鱼主征兆凶吉神性的观念与鱼图腾观念的联系更加间接了，只存在某些影子，但它却和鱼作为天神的观念密切相连。鱼既然是图腾崇拜的对象，是某一民族的祖先和保护神，是天神，是主宰人间的星宿，因此，在历代的流传中，鱼的神力得到扩演，产生变异，而逐渐淡化了原来的意义，甚至使原来的意义消亡，鲜为人知，而实际上，它还是根源于鱼图腾崇拜。

总之，无论是配偶、丰收的象征，还是天神的象征，鱼的这些意象都源于人们对鱼这一食物的原始意蕴即鱼图腾崇拜。由于人们在鱼身上积累了特殊的感情，因而这种感情在新的历史条件下被赋予新的内容，鱼这个民间创作的符号便带上更复杂、更丰富的文化信息内容。如在封建社会生活中，鱼成了十分常见的图饰之一，鱼形刻作水标以兆丰年；糊成挂灯，助月为明，以求得道；做成门闩，以辟邪守夜；制作兵符，以逢凶化吉，太平顺利；捏面成鱼，象征夫妻恩爱，家庭美满。如此等等。当然，鱼这个符号的神秘内涵的缘起和演变是一个长期而复杂的过程，只要有其物质基础和认识基础，它将继续下去。

以上由我国特别是西南各少数民族的民间文学作品谈起，谈了我国鱼图腾崇拜源起的物质基础以及在新的历史条件下所产生的演化。那么谈论这些问题有什么意义呢？我们知道，文学是社会生活的反映，民间文学固然是想象的产物，其中包含着许多幻想的成分，但是，透过这些幻想形式会使我们看到一些古代文化发展的依稀轨迹，会使我们多少看到一些一定社会历史阶段的人们的社会生活、心理活动，宗教、民族心理等的影子。马克思说："神话是已经通过人民的幻想用一种还不自觉的艺术加工加工过的自然和社会形式本身。"[1]神话如此，其他民间文学样式又何尝不是这样！我们现代人要认识已逝的古代社会，特别是认识没有文字记载的原始社会，所要依靠的重要手段之一就是依靠现存的民间文学作品及其他民俗。正如英国人类学家彭尼所说：研究传袭的信仰、习惯和故事的各种形式及其与环境的关系，可以晓得它们的特征有多少普遍于人类全体，有多少是属于种族及环境的，这很可以帮助民族学的研究，次之，可以观察有何种事件或境况影响了各族的民俗，文化不相等的民族接触后所产生的结果怎样，属于传袭的成分有多少等，最后则可衡量其环境与特性而寻出各民族的文化何以或则停滞不前或则发达直上的原因。所以对历史也有极大的贡献……在心理学方面，则可明了人类初期的心理，晓得天真未凿的人类对生命及自然的观念，并探索宗教道德、哲学、科学美学、文学的起源[2]。

---

[1] 《马克思恩格斯全集》，北京：人民出版社，1972年，第二卷第113页。
[2] 林惠祥《林惠祥人类学论著》，福州：福建人民出版社，1981年，第31—32页。

通过对鱼图腾崇拜及其对演变的探讨，使我们认识到从原始社会到封建社会以至今天这一历史阶段所积淀于鱼这个形式上的人类学、民族学、心理学、美学、历史学等丰富的内容，发掘蕴藏于这一形式的深层里面的古代文化，如认识到原始人的原始思维的混沌性、蒙昧性、幻想性、群体性、自发性、功利性和形象性等特点，以及这些原始思维对以后的历史阶段人类思维的影响。认识到不同物质形态对意识形态的决定作用。认识到人在原始社会的重要地位以及由此而产生的生殖崇拜和女神崇拜。

人类学家埃次勒（Q. Eichiler）说："文明不过是理想主义的一层薄膜，罩在百万年的野蛮上面，揭开了这层薄膜，人类的生活还是差不多与几千年前一样。""所谓现代文明，其实很像文化的白粉水（白化妆水）（Cultural whitewash）刷的一层薄外衣，不过是一种装饰品，包着人类由长久时间的生存竞争而得的情绪、冲动、本能、迷信和恐惧等在内，这'文化的外衣'时时都有失掉的危险。"[1]确实，现代人类与原始人类相似还多于相异，特别是一些经济、文化比较落后的地区，认识人类文化本身的目的是尽快脱离原始文化的情绪、冲动、本能、迷信和恐惧而向高级文明进化。研究历史上的文化，目的之一就是使我们清楚地认识到和正视我们这些尚带原始性的人类，拉开与原始人类的距离，摆脱残存于我们人类身上的原始性，使人类由必然王国进入自由王国。

---

[1] 林惠祥《林惠祥人类学论著》，福州：福建人民出版社，1981年，第33页。

粤北排瑶民歌述略

许文清[*]

"瑶族人民爱唱歌,日出唱到日落坡;明月东升歌又起,月照山头歌对歌。"的确,粤北连南百里瑶山是歌舞之乡。聚居这里的排瑶同胞,经常以歌代替语言,以歌记事,以歌祭祀,以歌叙述历史,以歌表达礼仪、亲情、友情、爱情。在漫长的历史长河中,对于有语言无文字的瑶族来说,以口耳相传的排瑶民歌,为传承民族历史文化和树立民族精神,起到了不可估量的积极作用。丰富多彩的排瑶民歌,是瑶族传统文化的重要组成部分,是中国民间文艺百花园中的奇葩。

一、民族简况

瑶族,是我国民族大家庭中一个具有悠久历史的少数民

---

[*] 许天富亚旺,又名许文清,瑶族,原广东省连南瑶族自治县史志办主任,清远市民协副主席。

族，其先祖历史，最早可以追溯到远古时代的"蚩尤""三苗""蛮"族。蚩尤是中国远古传说中的英雄人物之一，他与传说中的华夏族的炎、黄二帝是同时代人。当时，在黄河下游与长江中下游之间的济水、淮水流域一带，有一个势力强大的九黎部落联盟。蚩尤部落则是九黎部落联盟的领导集团。在五六千年前，蚩尤部落集团与炎帝、黄帝部落集团"逐鹿中原"，共同开拓黄河、长江中下游地区，一起创造了中华文明的开篇历史。蚩尤部落集团从北向南迁徙后，其后裔先后演变、发展为三苗、蛮、长沙武陵蛮、莫瑶、瑶族。

先秦时期，瑶族先民主要生活地域是在长江中下游及湖南、湖北地区。如《广东通志初稿》（明·戴璟）、《古今图书集成·职方典》（清·陈梦雷）等史籍记载："瑶本盘瓠之种，产于湖广溪峒间。"战国中期，楚国"南并蛮越，遂有洞庭苍梧"。瑶族先民向南迁徙的历史，大致也始于此时。秦汉以后，随着北方民族的向南推进，瑶族先民逐渐迁移到南岭地区，成为最早开发南岭山区的民族之一。宋元时期，瑶族不断向两广腹地深入，形成"南岭无山不有瑶"的格局；进入明末清初，部分瑶族自广东、广西迁入贵州及云南南部山区，形成南方六省（区）大分散小聚居的分布格局。部分瑶民自明末清初后始迁越南、老挝、泰国，成为他国居民。20世纪70年代始，东南亚（主要是越南和泰国）瑶族因印支战争不断避迁美国、法国、加拿大等欧美国家，瑶族也就成为世界性的少数民族。

瑶族按语言和习俗信仰分，可划分为四大支系：一是勉语盘瑶支系。勉语是瑶族的基本语言，属汉藏语系苗瑶语族瑶语支，操勉语的瑶族有过山瑶、土瑶、板瑶、蓝靛瑶、排瑶等。二是布努语支系。布努语属汉藏语系苗瑶语族苗语支，操布努语的瑶族有背篓瑶、背陇瑶、白裤瑶、黑裤瑶、花篮瑶等。三是拉咖语支系。拉咖语属汉藏语系壮侗语族侗水语支，操拉咖语的有茶山瑶。四是说汉语的平地瑶等（属汉语方言当地汉族土语的瑶族各支系）。

瑶族的自称和他称，全国有几十种。他们的自称和他称虽然很多，但他们在长期的历史发展过程中都有共同的经历和共同的命运，形成共同的文化心理素质。在长期的历史发展过程中，"瑶"始终是其民族的共称，瑶族始终是统一的、不可分割的。

世居在广东的瑶族，有"排瑶"和"过山瑶"之分，他们同源于"莫瑶"。过山瑶自称"勉"或"优勉"，排瑶自称"藻"或"藻敏"。瑶语"优""藻"，译为汉语是"瑶"的意思，"勉""敏"是"人"的意思，连在一起即是"瑶人"。

广东排瑶，有12万多人口（2018年），主要分布连南、阳山、连山、连州、清新、阳春等县（市、区），其中连南人口最多，有10万多人，分别居住在大麦山、盘石、香坪、大坪、涡水、三排、南岗、金坑等乡镇。连山县、清新区与连州市的排瑶与连南排瑶同宗，由于所在区域不同才分开。

粤北排瑶来源于湖南湘江、沅江流域的中下游和洞庭湖地区。其祖先经过长期的迁徙，约在隋唐时期先后进入粤北（主要是连南）的崇山峻岭居住。唐代大诗人刘禹锡在永贞变法后被贬到连州，写下了《连州腊日观莫瑶猎西山》《莫瑶歌》《蛮子歌》等诗作，真实反映了排瑶先民生产生活的情景。"排瑶"的称呼，汉文史籍的记载，最早见于明崇祯十四年（1641年）张若麒的题奏《连阳排瑶》。但"排瑶"的名称应早于明朝出现。排瑶自称"藻敏"，"排瑶"是他称。因为瑶民居住的村寨被汉人叫作"瑶排"，故被称呼为"排瑶"，并以此区别迁徙不定的"过山瑶"。连南排瑶在明朝前主要聚居在南岗、油岭、横坑、军寮、里八峒、马箭、火烧坪、大掌八个大瑶排上，所以又被称呼为"八排瑶"。

粤北排瑶，男女皆束发结髻，男子头裹红头巾，以雄鸡翎插髻上；女子头裹绣花帕，穿耳戴环，髻插银簪和白色鸡绒毛。他们习惯选择地形险要的高山峻岭来建寨，聚族而居，既种旱地作物，也种杉、松、竹等树木，兼耕作少量水田，形成以农林业为主的社会经济。由于交通不便，加之历代封建统治者的多次征剿和区域限制，瑶族经济文化同外族交往较少，社会经济文化发展十分缓慢。直至中华人民共和国成立前，粤北排瑶还残留着瑶老制的社会组织遗迹，生产、生活亦保存着不少古老的习俗。传统文化艺术，特别是口头文学和民族艺术，仍留存着古朴、独特、浓郁的民族特色。

二、排瑶的歌唱活动

粤北排瑶，能歌善舞，善于雕刻、刺绣，民间文学艺术十分丰富。千百年来,在瑶山流传着许多民族色彩浓郁的神话、传说、故事、寓言、童话、史歌、歌谣等,多以民歌演唱的形式来传承。排瑶人十分喜欢唱歌,过去,几乎男女老少都会唱歌、会编歌,他们以歌代言,以歌对答,歌唱活动渗透于社会生活的多个方面。恋爱、婚礼、贺喜、节庆、丧葬、祭祀、迎宾、送客、劳动等,无不以歌唱来表达他们的思想感情和生活内容,若逢喜庆或节日,寨寨摆歌堂,纵情歌唱,通宵达旦。瑶民就是通过歌唱活动,把本民族的社会历史、生产知识、生活经验、道德观念、理想追求等,传授给子孙后代。所以排瑶民歌不仅是一种艺术形式,而且还是一种传承民族历史文化的重要载体。

1.节日活动中的歌唱

排瑶是一个十分讲究礼节的民族,他们的民族传统节日丰富多彩,而且每个节日都有其特定的含义和民俗活动。较隆重的如农历二月二日"踏青节",三月三日"开耕节",六月六日"尝新节"(有的排又称"赛土神节",纪念最早到瑶山的祖先),七月七日"开唱节"(传说这天是盘古王诞生日,故这天要到祖庙唱盘古王歌),十月十六日"盘古王节"(传说为盘古王妻诞生日,又是盘古王仙逝日,故称为"盘古节")。节期最长的,要数春节(节日活动从除夕至正月十五日)和"耍歌堂"("耍歌堂"以祖庙为单位,3~5年举行一次,节期3天,费用充裕时,延至6天)。在上述节日期间,除进行特定的民俗礼仪活动外,大部分时间实际上是群众性的歌唱活动。族人聚集一堂,听瑶老和老歌手唱盘古王歌、歌堂歌、历史歌、生产知识歌等。尤其是春节期间，每到晚上，年轻人带上山鼠干、腊猪肉和米酒，相约到老歌手家学唱瑶歌。在火塘边，众人边喝酒吃鼠肉，边唱瑶歌，通宵达旦。

2.男女交往、恋爱生活中的歌唱

自古以来，排瑶人恋爱自由，婚姻自主，极少有包办婚姻的现象。青年男女一般都通过唱情歌来相识、恋爱、订婚，自由选择配偶，父母极少干涉子女的婚事。所以排瑶的青年男女，从少年时代就开始学唱情歌。倘若不会唱情歌，就很难去谈情说爱，找到称心的爱人。他们白天唱的情歌被称为《行路歌》，一般在山野上对唱，男子先唱，女方若响应，亦用同一曲调回歌。唱歌时，男子习惯用两个食指塞着耳朵，用真嗓大声唱。而夜晚唱的情歌被称为《天黑歌》。男子习惯在天黑以后，点着火把前往中意的姑娘家窗下或门前，用歌声向姑娘表达情意。每年春节的初一至初三（有的瑶排延至初六）是连南排瑶传统的"情人节"。每到这个时候，各山寨的男女青年会集到一个俗定的山坡上，对唱情歌，谈情说爱，逗趣取笑，无拘无束。一些已结了婚的男女，也可以在这几天到山坡上与旧情人相会，对歌叙旧，倾诉思念之情，别人绝不能干扰和非议。节日过后，这种婚外恋的相会又被禁止。所以，"情人节"又被称为"玩坡节"和"开禁节"。这种唱歌谈情说爱的风俗，至今仍在排瑶地区流传。

此外，在排瑶的婚俗活动中，姑娘出嫁要唱哭嫁歌、劝嫁歌，男家迎亲要唱拦路歌、敬酒歌、祝福歌等。

3.劳动生活中的歌唱

粤北排瑶，居住在方圆200余里的高山峻岭上，长期从事农林业生产。在生产劳动中产生了许多劳动歌和生产知识歌。排瑶人爱唱歌，他们上山做什么工就唱什么歌，如耕山就唱《耕山歌》，伐木就唱《伐木歌》，收山禾就唱《收山禾歌》，打猎就唱《打猎歌》，劳动休息时，老人唱《生产知识歌》或《十二月节气歌》，向年轻人传授生产知识。农忙时，如自家缺劳动力种（收）庄稼，赶不上季节，便在田地上高声歌唱，请求援助，族人闻歌后，即时前来帮忙，不计报酬。

4.丧葬活动中的歌唱

排瑶办丧事亦有独特的歌唱风俗。人死后，亲属即将尸体沐浴一番，给他（她）头上戴皇冠形布帽，插上野鸡翎，全身披挂上各种饰物，盛装打扮成活人一样。然后，把尸体安坐在专用的"灵轿"（又称仙人椅）上，供亲戚朋友及族人吊唁。在排瑶村寨，不论谁家死了老人，尽管不同宗族，不是亲友，全村寨的人都来吊唁，向死者唱《哭丧歌》，通宵达旦。出殡时，全瑶排人都来送葬。死者端坐在"灵轿"上，被族人前呼后拥抬至墓地。其送葬行列，前有人敲锣打鼓，摇响铜铃，念诵瑶经，吹着牛角，点燃火把开路，后跟随着数百上千唱着《哭丧歌》的送葬者。送葬路上，不鸣放鞭炮、铁铳炮。凄楚的《哭丧歌》声和着鞭炮声、锣鼓声、铁铳炮声，震荡山谷，悲恸之情，闻者也会落泪。

5.宗教活动中的歌唱

排瑶的宗教信仰，主要是崇拜盘古王、各种自然神灵、祖先神灵、道教诸神。其宗教活动颇多，较重要的有：20年左右举行一次的"香歌堂"（瑶语称"挨旦堂"，汉人称之"打道箓"），3～5年举行一次的"耍歌堂"，逢重大节日（如春节、开唱节、盘王节等）到盘古王庙祭祀，遇人畜不平安或疾病流行时年举行"打阎罗""祭寨""安龙""求雨""架花桥"仪式等。举行宗教活动时，"先生公"念诵瑶经，唱"祭祀歌"，祭拜祖先，驱邪赶鬼，禳灾祈福。祭祀仪式结束后，歌手或瑶老唱《盘古王歌》和《历史歌》，赞颂盘古王，讲述民族历史。到夜晚时，年轻人则成双结对，围着火塘对唱情歌，通宵达旦。

此外，排瑶逢喜事族人聚会，必唱歌庆贺。如接待客人时要唱《敬酒歌》，送客人走时唱《送客歌》，入住新房要唱《贺新房歌》，喜宴（如生日、婚礼、婴儿满月）上要唱《祝福歌》等等。

三、排瑶民歌题材

排瑶流传的民歌，形式主要有两种：一种是民间艺人借用汉字录瑶音抄成的歌册，皆七言山歌体，比较工整；另一种是口耳相传，没有文字记载的歌谣和叙事长歌，多为长短句。歌谣的篇幅长短不一，叙事歌的篇幅十分长，但曲调单一。大多数是每地一种调，用散板节奏来反复吟唱。排瑶民歌，内容丰富，它大概可以分为如下这几种。

1. 歌堂歌

歌堂歌是排瑶在"耍歌堂"活动中所唱的歌。排瑶"耍歌堂"起源于唐代，形成于宋代，兴于明代，盛于清代，流传至今。清·屈大均撰《广东新语》载："岁仲冬十六日，盖田野毕也，诸瑶至庙为会，名曰'耍歌堂'，男女集跳舞唱歌。"耍歌堂是排瑶人民纪念祖先、欢庆丰收、传播民族历史文化的最隆重的民俗活动，同时也是男女青年谈情说爱和人们会亲结友的载歌载舞的娱乐盛会。既然叫"耍歌堂"，那歌唱自然是主要的活动内容。"歌堂歌"按内容和曲调可分为歌堂固、优嗨歌、弹指歌等。"歌堂固"，是瑶语，即在歌堂用歌讲故事的意思。歌堂固多由老歌手在祖庙或夜晚在家里唱，内容多是叙述民族历史和盘古王的故事。弹指歌，是数个年轻歌手在歌堂坪上边弹手指边唱的瑶歌，内容多是歌颂盘古王或者赞美和挑逗歌堂坪的年轻女性。"优嗨歌"，以歌中的衬词"优嗬嗨"而得名。"优嗬嗨"是耍歌堂时群众对歌手领唱的欢呼应和声，表示赞同之意。这种歌仅限在"耍歌堂"活动时由排瑶男子集体演唱。唱时，由一个德高望重的老歌手站在歌堂坪上高声领唱，众人呼应和唱，并伴之牛角号声、锣鼓声、口哨声、欢呼声，气氛非常热烈。这种歌曲调高亢，风韵粗犷，悠扬动听。其内容主要是歌颂盘古王开天辟地造人类的恩情以及反映瑶族人民战胜一切灾害，获得了粮食大丰收后"耍歌堂"纵情欢庆的喜悦情景。

2. 生产知识歌，又称劳动歌

这些歌一般在山上或家里的火塘边上唱，内容主要是叙述一年四季的气候,播种作物的种类、时间和方式,以及鼓励大家勤恳劳动,多获丰收。在连南排瑶中比较流传的劳动歌有《节气歌》《耕种歌》《收山禾歌》《打猎歌》《伐木歌》《放木歌》等;这类歌谣在音乐上一般都采用本地调即当地唱各种歌词都可使用的相同曲调来唱。

3.古歌,又称历史歌

古歌是排瑶史诗性的叙事长歌,歌词格式长短不一,不拘押韵,讲究排比,诗体自由。其中最有代表性的是叙述人类、民族的起源,天地、日月、江河及万物的形成,人类始祖创世纪艰辛的《盘古王歌》(又称《水淹天》)以及叙述本民族历史来源和迁徙过程中苦难遭遇的《八排瑶来历歌》《太官烦》,还有叙述排瑶人民反抗封建王朝压迫的《甘基王》《里八峒》等。这些叙事长歌,一般在年节和"耍歌堂"时由老歌手演唱,歌词长达数千行甚至上万行,故事悲壮,结构完整,反映了排瑶社会的重大历史事件,是研究瑶族社会历史的重要资料。古歌的曲调富于叙事性和吟诵性,音调低沉压抑,节奏缓慢。

4.爱情歌

情歌在瑶族生活中占有极其重要的地位。这些歌反映青年男女的爱情,或互表身世,或互表敬仰,或哀叹失恋、丧偶的幽怨,内容十分广泛。而那些中老年歌手,唱情歌很多时候不为表达爱情,而为逗趣和比试歌词文采,因此他们的即兴情歌内容更为自由大胆,精彩纷呈。

爱情歌分为三种:一种是白天在野外唱的,这种歌瑶族自称为《出路歌》或称《爬山调》。过去，瑶族人民分散居住在各自的山头上，从这个山头走到另一个山头往往要走半天，而隔山相望唱歌则可以立即听到。青年男子为引起姑娘的注意，便放声高歌，远处的姑娘听到了，便以歌相答。若男女对歌合意，便在山里循声会面，否则背声而去，越唱越远。这种出路歌的音调比较高亢、辽阔，实际上是山歌性质。另一种是在女方家门口或窗口唱的，这种歌瑶族自称为《天黑歌》或《谈婚调》。傍晚时分，小伙子们结伴到别的瑶寨找姑娘唱歌。他们三三两两伏在姑娘家的窗下或门外"讴莎瑶"。"讴"，瑶语，即"唱"，"莎瑶"即未婚姑娘，"讴莎瑶"就是对姑娘唱歌，向姑娘求婚。这种情歌，男女都用假声轻轻地唱。开始，男方先唱，女方闻歌后，如果对男方有意，就在窗口对唱或打开门把男方请进屋里，大家坐在火塘边唱；如果不中意，就从窗口递出几条用竹子作的火把，表示送客，把男方打发走了。还有一种被称为"格洛挡歌"，只在油岭和三排一带瑶寨流传。"格乐挡"是一种近似风车的玩具，歌名以此而得。未婚少女将彩色纸花扎在小竹竿上，让风吹着转动，唱着"格洛挡歌"去寻找心爱的男子对歌谈情。爱情歌的内容，主要叙述双方的家庭情况和彼此的爱慕之情。其实歌词中大部分都是运用传统的套式。爱情歌在唱法上是：白天唱的《出路歌》，悠扬响亮，热情奔放；晚上唱的《天黑歌》，低柔委婉，亲切深情。

5.礼仪歌

礼仪歌是在举行宗教法事、祭祀活动、节日庆典、红白喜事中吟唱的歌谣。有的由民众唱,有的则由"先生公"(宗教活动主持者)唱。"祭祀歌"以唱带诵,伴以舞动铜铃、道鞭、神剑等器物,多为供奉神祇,祭拜先祖,祈求神灵保佑而唱,如《请神歌》《祭祖歌》《唱瑶经》等等。这些吟唱既有原始宗教思想又含有迷信色彩,同时在警世醒世、劝人为善、崇尚美德等方面也有深刻的寓意。民众唱的礼仪歌则多体现在婚礼习俗中,瑶族婚礼离不开唱歌:《哭嫁歌》《劝嫁歌》《送嫁歌》《敬酒歌》《贺喜歌》等等,所有的婚礼程序都在唱民歌中完成。在粤北排瑶民间普遍流传的还有:《白花歌》,是年轻人向老歌手求教瑶歌和邀请贵客唱的歌;《讲理歌》,是瑶老调解族内或村寨之间纠纷时唱的歌;还有《儿歌》《新年歌》《十二月花歌》《四季歌》《哭丧歌》《妇女养小孩歌》等等,这些都是歌词不同和应用的目的不同的歌谣,在音乐上可以说都是本地调的变体而已。

四、排瑶民歌艺术特色

排瑶是个古老的民族,祖辈的艰苦历程,天长日久所积累起来的民歌,既有各族民歌的夸张、比喻、含蓄、对比、排比等艺术表现手法的共性,又有本民族想象奇特、重复修辞、充分发挥衬词的艺术特色,形成排瑶民歌独特的艺术风格。

排瑶民歌常用夸张、比喻等传统表现手法,既保留了排瑶民歌的特点,又加强了艺术感染力。这里,拿几段经过整理,用汉文翻译的情歌为例,如《男女对唱》:

男：李花梅花朵朵娇，惜在石岭顶上摇；
　　我愿挥锄开路摘，不怕花枝压断腰。
女：李花梅花石岭生，辛劳开路甚艰难；
　　同心合力来开路，寻梅采李有何难。
男：杉在山岭难成荫，竹在坡上易茂盛；
　　何时杉竹连成荫，慰我辛劳宽我心？
女：山岭也长青竹林，坡上杉树连竹根；
　　只要不嫌竹根短，杉竹终会连成荫。

　　这几段歌词描写一对恋人互相追求幸福的婚姻，里面没有一个字眼提到哥妹谈情说爱，却用"梅花李花""竹杉成荫"等比喻、对比，"挥锄开路""花枝压断腰"等夸张，含蓄地说出了两人心心相印的感情，以"荫"喻"姻"，以物喻人、喻情、喻体都是瑶家居山熟悉之物。同"海枯石烂""棒打鸳鸯"之类相比，就有瑶家自己的特色了。

　　联想奇特，富于浪漫主义色彩，是排瑶民歌的一大特色。排瑶叙事长歌，有一个共同的特点，就是以神喻人，神仙协助瑶家排解危难。这些神仙都是神通广大，心灵美好，扶危救难，与瑶家休戚相关，深受瑶家贫苦人民崇敬的救星。如创世纪长歌《水淹天》描述莎方三和房十六开天辟地，歌中唱到房十六开天时因贪抽烟，误了时辰把天开小了，而莎方三勤奋把地开大了，造成天盖不住地的后果。怎么办？房十六哭了，莎方三却笑了。接着唱莎方三改造天地，其想象非同一般：

>   莎方三说完话，
>   抓住天边往下拉，
>   把天拉得圆又圆；
>   解下裤带箍拢地，
>   大地马上变了形，
>   地面箍得有高低，
>   出现平川和山岭……

可见，莎方三的神通是多么广大！天地山川的形成，只凭她一双手，一条裤带，不费吹灰之力就造好了。而这种想象是根据天地山川的自然状态，加以附会的，虽则可笑，但不能不佩服它的丰富的想象力。在塑造民族英雄的瑶歌里，神话色彩也极为浓郁。如《里八峒》写到瑶民起义女首领莎房一的神通广大时，有这么一段歌词：

>   莎房一，真神通，
>   黄裙飘雨，红裙飘风。
>   肚里飞出锋钢刀，
>   胁里飞出白银枪。
>   一刀杀死千万兵，
>   一枪刺倒百万勇。
>   杀死"州府"兵马九千九，
>   刺倒王朝官兵十万人……

多么奇特的想象！它根据瑶家妇女穿绣花统裙的习俗，想象出"黄裙飘雨，红裙飘风，肚出钢刀，胁飞银枪"的歌词，生动、鲜明地刻画出了本民族的英雄形象。

采取重复修辞方法，也是排瑶民歌的一个特点。重复修辞即在歌词中连用两句或多句歌唱一个意思，起强调词意的作用。这种修辞方法，几乎所有瑶歌都出现。如《三月三节日歌》唱开耕时，就用了重复句："左手提起铜犁尾，右手把住铁犁柄；提起铜犁开田峒，拿起铁犁开地垄。犁开泥土五寸深，铲起地皮六寸阔；泥团松松左方倒，泥块片片右边落。大田弯弯灌满水，大水茫茫灌满田。犁好田头九个角，耙好田角十个弯。十八趟工精耕作，二十日工细耕种。田间长禾土肥美，地上麦长泥美肥。多做九天拔青草，多做十日铲草皮……"这是一首传播生产知识歌，重重复复强调犁田耕作技术知识；工整、对称、朴质、易懂、易记。看一首少女自贬自叹表示谦逊之意的歌，也很有风趣：

> 同年纪的阿哥啊！
> 父母生我好孤凄，
> 出门无伴，入门无侣！
> 父母生我好丑貌，
> 九分难看，十分不美！
> 单身郎怕和我做伴，
> 瞧也不瞧，理也不理！
> 谁可怜我的苦处啊？

像秧田稗草，像山地粟米！

　　这种重复修辞的手法，通过重复同义词，加深原意，加强艺术感染力。

　　排瑶民歌还有一大特色，就是在歌头、歌尾甚至歌中附加"呢哟""哎依""嗦咧啰""衣吔""噢喂""色啰""优嚼嗨"等瑶族语气衬词，让人一听就感觉到乡土气息和瑶山风味。这些衬词没有具体的内容，但可以表达不同的思想感情，在民歌中起渲染情感的作用。具体说来，瑶歌衬词有四种类型：其一是用于召唤、轰动性质的歌头衬词，如隔山对歌或耍歌堂盘歌、斗歌时，歌唱者往往先发出"哎依""哎啰！孟补啊咧……"等衬词，以激昂、明快、嘹亮的音韵引起对方注意和共鸣，挑逗对唱者应战。同时表现瑶家人粗犷、豪迈的性格特征和欢乐的思想感情。其二是富于歌谣自由节奏的衬词，这在山上男女唱情歌时常用，衬词很长，如"波咧衣吔……吔衣布庄连那衣捧……"等拖腔，引出缓慢婉转的旋律，牵动情人的心绪情丝，起联络情感之作用。其三在叙述性民歌中起铺垫、延伸作用，使民歌格式对称，乐句工整。如传统民歌《十二月花歌》，歌唱瑶山每月开的花时，就巧妙地用衬词连接起来："正月桃花红桃花嗦咧啰，二月李花开李花嗦咧啰……"歌中的"嗦咧啰"衬词起延伸、衔接作用，唱起来顺口、流畅、娓娓动听。其四属和声衬词，往往用于合唱、联唱、联合对歌，当领唱者唱完主体歌词之后，众人用衬词起助威、呼应作用。如："铜钱吊米吊不上高山！色啰，吊不上高山！铁线吊盐吊不上高山！色啰，吊不上高山！"其中"色啰"衬词就有"是呀！咳呀！"等呼应意思。

每一个民族、每一个地区的民歌及其特点的形成，都有其自己的发展过程。排瑶民歌的产生和其特色的形成，与排瑶的民族历史、生活环境、风俗习惯、文化生活、劳动特征是紧密相关的。

排瑶没有本民族的文字，语言区别于各地瑶语，独具一格。中华人民共和国成立前，瑶民祖祖辈辈辗转于深山大岭之中，过着刀耕火种、上山游猎的原始生活。刀耕火种属个体经济，一家一户开辟一片荒山，种粮植树。游猎多属集体行动，一起追捕野兽，共同分享追猎成果，颇有原始共产主义色彩。这样的生活经历，必然有苦有乐，也必然要交流思想感情。而要交流思想感情，在深山大岭之中，光用语言对话，就很难表达其中的喜怒哀乐。因此，随着感情变化，自然而然会产生赞美、欢呼或悲叹、哀伤等不同腔调。这些不同的腔调，逐步形成了瑶族的音乐，带着这些音乐的语言，久而久之即形成唱歌。因此，唱歌成了排瑶交流思想感情的主要手段。所以在劳动过程中，他们用歌谣倾吐情感，用对歌、盘歌互相表达心声，相互盘问事物，互相比赛聪明才智。而在深山大岭对歌，首先必须打招呼，以"噢喂！""哎！"等词语，引起对方注意。这样也就形成瑶歌附加衬词的特色。又因隔山对歌，山风林涛干扰，每句唱词不一定都互相听懂听清，为此，歌唱者常常重复一句，让对方听明白，因而形成瑶歌重复修辞的艺术特点。

随着历史的发展和排瑶迁徙的沿革变化，瑶族人民的生活阅历、生产知识、生活经验也在不断发展和丰富起来。在没有文字，缺乏学堂教育的排瑶社会中，唱歌便自然而然地成为叙述历史、传播生产知识和生产经验的重要手段。民歌也就相应地发展和丰富起来。因此干什么工种唱什么歌，祖祖辈辈口耳相传，源流一体，形成了排瑶民歌独特的风格。

独特的排瑶语言，也是形成瑶歌自己风格的因素之一。因为排瑶长期生活在深山峻岭，几乎与世隔绝，交往不广，所以他们保留的古瑶语比较多，没有规整的语法，词汇不丰富。如说一句"哎呀……"就成了"做呀，干呀，锄呀，打呀，耍呀"等等，变成了一词多义的通用词。同此道理，他们常用的口语"哎侬""呢哟""色罗"等，皆在日常对话中出现，表达一定的语气情感。随着民歌的产生和发展，这些语气词即成了瑶歌的衬词。另外，在群众口语中，也常常重复两句话说明一个问题，如："不用怕，不用惊""不信你问过阿爸，问过阿妈"！"是真的，不骗你"等等，形成语言习惯，这种语言习惯用在民歌中，即成了瑶歌重复修辞的特色之一。

排瑶民歌是瑶民文化生活、口头文学的重要组成部分。在日常生活中，瑶族长者、歌手、先生公等"文化人"，常用唱歌的形式传播民族文化，唱历史、唱故事、唱节令、唱五谷六畜、唱做人道理、唱人情世故、唱天文地理、唱神仙鬼怪等等，因此，排瑶叙事长歌、歌谣等，多数从民间传说、民间故事脱胎而来，先讲故事，后编成瑶歌。如《水淹天》《甘基王》《豆腐八王》等，故事、歌谣并存，所说的人物和故事情节基本一致。但民歌明显地要比故事丰满、完整。其中一个明显特点就是发挥了丰富的想象力，加强了故事的浪漫色彩。同是一个《甘基王》，故事录音仅半个小时，而歌唱录音却用了六个多小时。故事和民歌一对照，民间歌手在刻画人物性格，丰富故事细节和文学语言等方面，都下了一番功夫。而"文化人"在歌唱这些传说、故事的过程中，就像说书艺人一样，或卖关子，或长吁短叹，或悠然自得，长声细气。按照故事情节和人物性格，在主体音乐的基础上，插进喜怒哀乐的衬词，调节气氛，充实曲体格式，使民歌抑扬顿挫得法，高低起伏不一，扣人心弦，好听易懂。这也是形成民歌衬词色彩的一个因素。

排瑶民歌还吸取其他民族语言的精华，丰富自己的特色。如"出门无伴，入门无侣，九分难看，十分不美，瞧也不瞧，理也不理"的歌词里，"伴、侣、美、瞧、理"等词语是从汉族语言吸收来的，却丰富了瑶歌重复修辞这一特色。这也说明，排瑶民族在迁徙过程中，与汉族或其他民族交往密切，促进了本民族文化艺术的发展。

排瑶民歌，形式多样，内容丰富，民族色彩浓郁，为我们研究排瑶的历史、习俗、文化、经济等，提供了很有价值的史料。在今天的瑶寨，由于受外来文化的影响，很多瑶族青年已经不会唱瑶歌，复杂的瑶歌曲调，很多年轻人已经不熟悉了。因此，大力保护正在消逝的瑶族民歌，已成为抢救和传承民族传统文化的一项主要内容，期待专家和民间文艺工作者更多的关注。